國家出版基金資助項目

中國琉球文獻史料集成

【第二卷】

賀聖遂 李夢生 主編

賀聖遂 李夢生 張喆
秦潔 賀詩菁 熊輝 校點

寧波出版社
復旦大學出版社

第二卷目録

使琉球雜録附册封疏鈔

〔清〕汪楫 撰

校點説明

《使琉球雜録》五卷附《册封疏鈔》一卷，清汪楫撰。

汪楫（一六三六—一六八九），字舟次，號悔齋，安徽休寧人，寄籍江都。康熙十八年（一六七九）博學弘詞一等，授翰林院檢討，與修《明史》，歷官福建按察使、布政使。著有《悔齋集》及《補天石》傳奇等。康熙七年（一六六八），琉球王尚質薨，時海上不靖，至十九年世子尚貞請封，二十一年康熙帝特簡汪楫、林麟焻爲正、副使往琉球。封舟於六月二十三日由五虎門出洋，二十六日抵那霸；十一月二十四日返，十二月初四日抵福建定海所。

《使琉球雜録》五卷分五目，即使事、疆域、俗尚、物産、神異。汪楫爲古文名家，記事簡潔有序，一糾前録雜遝糾葛之弊，於所親歷之地、親見之事，娓娓述來，使人如入其境。其學問淵博，故對前人所記多有辨析，如云久米村國人多寫作「粂村」，讀「枯米所」，乃琉球語讀久爲枯，村爲所，證以中華韻書；辨舊録三清殿實爲天尊廟，祀雷神普化天尊，均鑿鑿有據。然所記山川、島嶼名，仍得之於傳聞爲多，爲後編志書所批駁不採。

自明陳侃《使琉球記》以來，歷次使臣所著，多縷述前録，而汪楫此録很少直接地、成段地徵引前録，使本書記事清晰明快。前録多將歷朝奏疏、諭祭文、敕封文等列爲首卷，本書則僅將此次出使有關奏疏另編爲《册封疏鈔》附於書後，一清眉目。凡此，均見作者創意不凡。

汪楫出使歸國後，將有關出使事及奏疏編爲本書，另考證琉球歷代世系及與中國交往事撰爲《中山沿革志》，所吟詠詩則編爲《觀海集》。據汪楫所上奏疏，其歸國不久，《沿革志》及《雜録》二書方草創成稿，即命其繕進上呈帝覽。本書初刻於康熙二十五年（一六八六），此次校點，即以此爲底本，個别誤字，徑行改正。

汪楫爲文史名家，其卒後朱彝尊爲作墓表，《清史稿》有傳；於其出使事多人爲作贈序，今一併附後，以供參考。

（賀聖遂　李夢生）

目録

敘

《使琉球録》若干卷，《中山沿革志》又若干卷，吾舟次奉使時作也。舟次在翰林，既以特簡出持使者節，聲名播於屬國，踰年返命於朝，天子徵其沿道撰録諸書，遂繕此進御，亦既藏諸金匱石室矣。及其請急歸里，四方士大夫索觀者甚夥，舟次乃鋟之於梓，而屬余序之。余觀成周之制，行人使適四方，則必述其山川形勢之要，禮俗政治與其語言風土物産之宜，凡爲五書以獻，以俾天子周知天下之故。諸如小史、外史之所掌，土訓、誦訓之所道，皆是物也。然考職方輿地，自王畿訖於若鎮、若藩，其服惟九，則行人所記亦當不越九服之内，未嘗有遠及海外，爲象胥所不及知，鞮鞻氏所不及與，而能加意撰録如此書者也。琉球自明初以來始奉正朔，守職貢，歲時往返不絶。既入本朝，不懈益虔。顧後先爲王人者，往往跋涉狂波颶浪之中，魄悸神駭，延歷旬時，甫至其國，神魄未定，率皆苟且從事，不暇從容爲書。間有作者，又多樂道怪奇，承襲譌謬，直等於郢書燕説耳。異時議禮之家，載筆之臣，猝然有所尋訪，而訖無以徵信，雖道里、土風猶不得附見簡牘之末，況其世次之大者乎？舟次丰度之俊偉，才識之敏决，文章議論之壯麗，方爲屬國所愛畏，故有言必以誠告，有事必以實應，宜其爲此書也，其搜輯也備，其據依也詳，上之可作輶軒之指南，次之可備史家之筆削，最下亦可爲四方士大夫考異聞、述荒怪之一助。惜乎《周禮》五書湮没不傳於後世，以余度之，殆未能遽勝舟次之作也。抑余聞《皇皇者華》之遣使臣也，其詞雖繁而大約命之諏謀詢度，以上報天子。今舟次之諏詢者可謂至矣，此書成而不愧王人之職矣。

康熙丙寅仲秋十有二日，宗弟琬謹敘。

使琉球雜録序

琉球自明洪武初通中國，歷今三百餘年，奉使至其地，姓名可紀者凡三十餘人。考其譔著，惟嘉靖中陳侃作《使琉球録》上之於朝，於是中山風土間爲學士大夫所稱説，然其言弗質也。萬曆中蕭崇業因之，少有增益，又附紀前此奉使者爵里姓氏，紕漏實多。嗣後夏子陽又因之。至崇禎中杜三策從客胡靖所刻《琉球圖記》，則荒誕謬妄，百無一實矣。國朝康熙三年，使臣張學禮歸自中山，有紀事一書，質實無支語，已鏤板行，後爲所知誚讓，謂海外歸來，稍夸謾以新耳目，誰相證者，而寂寥如是。學禮乃毁所鏤板，而他客輒以意爲之，今刻遂與原本大異。臣受命後，即遍購諸書以行，按籍核之，合者殊少。爰即聞見所及，雜録成編。編分五卷，曰使事，曰疆域，曰俗尚，曰物産，曰神異，皆據事質書，期不失實而已。《周禮》職方氏掌天下之圖，以周知其利害，而小行人之職，使適四方，其禮俗、政事、教治、刑禁之屬，各各條録，别爲一書，用反命於王，以周知天下之故。是知適四方者必有録，自古然矣。若比於《搜神》、《括異》志怪之書，則臣不敢以所未見侈詭異之談也。康熙二十三年六月十日，翰林院檢討臣汪楫謹序。

使琉球雜録卷一

使事

康熙二十一年，中山王世子尚貞遣耳目官毛見龍、正議大夫梁邦翰奉表貢方物，以其父中山王質之喪來告，貞以嫡嗣當襲，請授封。禮臣議航海道遠，應如暹羅例，不遣官，卹封儀物敕貢使齎回便。見龍等搏顙固請，禮臣持不可。上念貞父子世守臣節，如所請，命九卿、詹事、科道官會推可使者以聞。於是翰林院檢討臣楫、内閣中書舍人臣麟焻謬膺是選。既拜命，咨訪舊例，得未盡者七事條上之。旨下禮臣議，格不行。上復命户、兵、工三部集議，乃允行三事，而許帶修船匠役則特旨也。賜一品麟蟒服，謝恩陛辭，恭承天語體恤小邦，臣等不勝悚惕。

先是，臣懲前使逗留之失，疏請亟行，而部議必待貢使偕往。至是閩督報琉球接封陪臣至，可充鄉導，於是定期出洋。時總督姚啓聖方視師厦門，巡撫董國興已移疾旋京，布政使馬斯良入覲，知府張懷德病廢不事事，閩縣令缺官，攝篆者鄰邑佐貳也。省會之地，上無督撫藩司，下無府縣官，而册封外國爲數十年一舉之大典，事如亂絲，無有理其緒者。舊例凡百器用無弗備，即犁鋤耕穫之具亦儲以行，慮飄流絶島，不可復還，則犂作以苟活也。《使職要務》云：舟中有艙數區，貯諸器用。又造棺二具，題曰天朝使臣之柩，上釘銀牌，重若干兩，遇颶風知不免，則錮使臣其中，隨波飄蕩，冀見者取牌而收瘞之。陳侃《使琉球録》載舊例有金銀九十餘器，金帶四條，備使臣過海之用。侃自以素清約，無事華侈，省免金器壺盞諸物，止用銀者，且筆之於書，上之於朝，請宣付史館，明其廉介如此也。而前使臣駐閩一切皆取辦於藩司，即留滯不行，每歲亦支用公費銀五千餘兩，藩司奏銷，不盡得請，則派之八府，取驛站綱銀津貼焉。今各項皆無所出，而海疆軍需方亟，豈可復以此費公帑？爰取舊案盡汰之，除銅盆、錫壺、鍋、甑、碗、盞、床、棹諸器在所必需，稍非所急者悉罷去。出入皆有司主之，合計所費較曩時僅百一焉。凡二十有五日竣事，登舟遂行。及海外成命歸，不入會城，泊南臺七日，行諭祭海神禮竟，即兼程復命。城中耆老、坊店人户各具鼓樂彩幟趨送十五里外，臣笑謂曰：「七日欽差，與地方何預，而勞苦父老？」爲對曰：「册封一役，自明苦之。欽差駐閩，動輒數年。造船則有採木購柁之擾，深山窮谷，無得免者。今一到即行，不少留滯，逮于驛騷，一也。有欽差必有公費，公費一則私派必倍。今事畢而民不知，二也。往者百物皆取辦於行户，官一而役三之。今一物不取，即公署鋪設之一氈一燈，必歸原主。使來者盡然，閩其世世如新受賜乎？」言未已，淚涔涔下。臣亦爲太息久之，故知諸父老非止爲臣楫頌德而已。

海行恃船爲命，而之琉球又與他國不同。高澄《操舟記》曰：西南諸國行不二三日即有小港避風，若琉球則去閩萬里，中道無止宿地，故舊制使臣必親督造船，擇日定艫，船底也。務與使臣之年庚合，非是則不利。時閩疆治兵，戰艦方集，臣議即取戰艦以渡，既可省費，且免濡滯。爰移文閩督，就見在者選用之。閩督謂惟大帥六䑸船庶堪涉險，卒不可得，僅以二鳥船來。船視諸艦無他異，而柁皆銕力木爲之，號曰鹽柁，蓋他木浸海水中久則柔，惟鹽柁無慮也。往制柁與櫓必置副以防不虞，問之所司不應。柁必有大纜繫之，由船底兜至船頭，謂之勒肚。勒肚非椶籐不可，所司以籐價昂，易以竹篾，不踰時敗矣。爰與副使臣麟焻出俸金自購之，久之乃得。歸舟遇颶風三晝四夜，船如礟擊，如梭擲，而卒不致覆裂者，籐勒之力也。

兩船使臣共乘其一，而以稍大者載兵役，蓋少從衆多，非是不能安也。船長十五丈有奇，闊二丈六尺。桅高十丈餘，頭桅踰其半。自艙底至面凡六層，艙面爲戰臺，由面下艙有如縋井也。梯兩摺乃入官艙，艙高可八尺，中一間寬六尺許，兩使臣會食地也。左右分居，居復分兩層，名曰麻力，上下略均，主棲其上，僕處其下也。上層又劃爲兩間，一置卧具，一置衣囊也。下層則劃爲六間，間卧一人，不使轉側，防顛仆也。麻力舊有小窗踰尺，隙光入則艙藉以明，出海復錮之以避浪，於是出入皆捫壁行，儼如穴處也。艙底盡填巨石，名曰壓鈔，務下實也。前艙貯火藥，又前以居胥役。艙面載小船一，泊舟時下之，以通往來。傍有水門，由此登降，出海亦錮之，非惟自衛，亦以防奸也。又前則桅艙，接封陪臣及從者居此。又前則領兵守備及水手雜處之。轆轤二，參差設兩桅之間，藉以舉篷，篷非人力可勝也。船頭架大碇一，形如个字，代銕錨也。前後共設水艙三，以貯淡水，謂之水井，每井可受二百石。將出海道，經羅星塔，先期設醮，投銀錠中流，名曰買水，井受水滿則封之，命親丁司啓閉。人置名簽，驗簽給水，日二次，涓滴不妄費也。後有尾樓，亦名將臺，立幟列籐牌，爲使臣廳事，其下即柁樓。柁前有小艙，艙實以米，布針盤其中，晝夜然燭，夥長二人輪視之，目不轉瞬，與舵工相依爲命也。戰臺各翼以扶欄，列砲十二，他軍器稱是，備洋寇也。舵工、夥長之外有繚手，有碇手，有車手，有鴉班，各職厥事，而鴉班尤矯捷，履篷升桅，足無停晷，稱之曰鴉，紀實也。總船務者有千總，理軍務者有百總，司甲仗者有捕盜，而悉統於守備，蓋任人尤要云。

出使例有部頒儀注，奉命後即問所司，曰：「此儀制司職掌也。」而儀制又諉之主客。蓋順治間張學禮等奉使時，朝貢遣使諸事皆隸儀制，嗣因儀制事繁，主客事簡，始以貢事歸主客，案卷雖存，儀注無有也。入閩後博訪之，十得六七，而中多未安。臣不揣固陋，酌古準今，定爲諭祭、册封儀注二篇，應國君之請，其有未曉，復繪圖示之，莫不奉行惟謹，登降進反，揖讓拜跪，威儀肅然，國之老成以爲從前未睹云。

諭祭儀注：先期諭長史灑掃王廟中堂，以便迎請龍亭，設香案於廟中，設司香二人。設開讀臺於滴水西首，設開讀位，東南向，設中山先王神主位於露臺東首，西向，設世子俯伏位於先王神主位之下，北向，設世子拜位於露臺中，北向，設衆官拜位於世子拜位後，左右層，列設奏樂位於衆官拜位之下，北向。祭日黎明，法司官率衆官及金鼓儀仗畢集天使館前，天使啓門，參謁畢，迎請龍亭進公館中堂，捧軸官捧諭祭文奉安龍亭内，衆官排班，行三跪九叩頭禮畢，前導至真玉橋。世子素衣黑帶率衆官迎伏於橋頭道左，向第立候於廟門外非禮也，今更定。龍亭暫駐，世子、衆官平身，天使趨前，分立龍亭左右，通事官唱排班，世子率衆官行三跪九叩頭禮畢，衆官、世子前導至廟門外。龍亭由中門進至廟内中堂，天使隨入，左右立。捧軸官由東角門進至廟東邊門外，西向立，宣讀官、展軸官由西角門進至開讀臺下，東向立，司香二人舉香案置龍亭前添香。世子率衆官由東角門入，上露臺，各就拜位，行三跪九叩頭禮畢，退立於先王神位之下，西向。捧軸官由廟東邊門進廟中堂，天使取諭祭文授捧軸官，捧軸官高舉出廟中門，上開讀臺，宣讀官次之，展軸官又次之。捧軸官上臺立案右，宣讀官就開讀位，展軸官立案左，與捧軸官對展。通事官唱開讀，世子、衆官皆俯伏於先王神位之下，北向。候宣讀官從容讀畢，通事官唱焚帛，世子、衆官皆平身。世子至焚帛所，候焚畢，回露臺，同衆官再行三跪九叩頭禮謝恩畢，退班。世子捧先王神主由廟東邊門進廟内，安於東偏神座。天使與世子行相見禮，天使居東，世子居西，各再拜畢。世子請天使就前堂拜謝，天使左行，世子右行，至前堂，天使居東，世子居西，皆四拜畢，安坐。正使居東，副使居西，俱面南坐，世子面東北坐，茶酒皆親獻，天使辭，天使酬獻亦辭。席終請天使輿至滴水前，世子下階揖別，衆官出門跪送。世子是日不及詣館謝，先遣官至館謝勞，天使次日亦遣官入王城謝宴。

册封儀注：先一日，所司張幄結綵於天使館，國中經過處所皆結綵。設闕庭於王殿之前，王殿中楹之右樓梯峙焉，妨于行禮，特造板閣一楹爲闕庭，中置殿陛，龍亭所由升也。左右層階，便國王及引禮者登降也。設香案於闕庭前，設司香二人。於香案左右設世子受賜予位，於香案之前設宣讀臺，於殿前滴水之左。王殿西向，故注中止分左右，不分東西。設世子拜位於露臺正中，設衆官拜位於世子後左右層列。世子左右立引禮官二員，衆官左右立贊禮官二員。陳儀仗於王殿左右，設奏樂位於衆官拜位之下。册封日，黎明法司官、衆官皆吉服，國無所謂吉服也，但不衣白即是。率金鼓儀仗，畢集天使公館前。天使啓門，參謁畢，迎請龍亭進公館中堂，捧詔官、捧敕官各捧詔敕奉安龍亭中，捧幣官捧緞疋等分置左右綵亭中，王與妃各一也。衆官排班，行三跪九叩頭禮畢前導，世子率衆官迎伏於守禮坊外。向在坊下，今更定。龍亭暫駐，世子衆官平身，天使趨前，分立龍亭左右，通事官唱排班，世子率衆官行三跪九叩頭接詔禮畢，衆官、世子前導立殿下。龍亭進至闕庭中，綵亭分列左右，天使分立龍亭左右，捧詔官、捧敕官立殿陛下，宣讀官立開讀臺下，司香者舉香案於龍亭前添香，奏樂。引禮官引世子由東階升，詣香案前，樂止，引禮官唱跪，衆官各就拜位，皆跪。引禮官唱上香，案右司香者捧香跪進於世子之左，三上香訖，俯伏，興，平身，奏樂。引禮官引世子出露臺就拜位，率衆官行三跪九叩頭拜詔禮畢，平身，樂止。天使詣前正中立，稱有制，奏樂。捧詔官、捧敕官由東階升，天使取詔授捧詔官，取敕授捧敕官，高舉下殿陛，同宣讀官上開讀臺，詔敕并置案上。通事官唱開讀，樂止，引禮官唱跪，世子、衆官皆跪，捧詔敕官以次對展，宣讀官次第讀畢。引禮官唱平身，世子、衆官皆平身，奏樂，捧詔敕官各捧詔敕升殿陛，交天使奉安龍亭中。捧詔敕官下東階，國王及衆官行三跪九叩頭謝封禮畢，平身，樂止。天使宣制曰：「皇帝敕使賜爾國王御書。」奏樂，國王率衆官行三跪九叩頭謝賜禮畢，樂止。天使宣制曰：「皇帝敕使賜爾國王及妃緞疋、彩幣。」引禮官引國王由東階升，法司官隨行，國王至受賜予位，跪，奏樂。大使取緞疋等一一親授國王，國王高舉，法司官跪接，傳置案上畢，俯伏，興，平身。引禮官引國王復位，率衆官行三跪九叩頭謝賜禮畢，平身，樂止。引禮官引國王升東階，至龍亭前，跪問聖躬萬福，天使答曰：

「聖躬萬福。」國王俯伏，興，平身，奏樂。引禮官引國王復位，率衆官行三跪九叩頭問安禮畢，平身，樂止。引禮官引國王升東階，至香案前跪請留詔敕爲傳國之寶，法司官捧前代詔敕呈驗，舊録於此使臣故欲收回，待跽請至再，而後索閲舊軸，趨走往復，幾同兒戲，故令其預捧呈驗，庶不失體。天使驗明，允所請，捧詔敕親授國王，國王平身，親奉安於龍亭中，奏樂。引禮官引國王復位，率衆官行三跪九叩頭謝恩禮畢，平身。禮畢，國王請天使同入北宫，對拜安坐獻茶，一如前儀。

登岸入館之次日，例當行香，通事以天妃宫、至聖廟告。考之前録，未聞國中祀孔子，慮别有所謂至聖者，將出，前導者請曰：「宫與廟孰先？」答曰先廟。入廟升堂，搴帷審視，然後下階肅拜如禮。時有竊笑其迂者，臣曰：「外國淫祀最多，名稱不一，若入境誤拜倭鬼，辱莫大焉。如俟徐訪而後恭謁，則是奉神慢聖，豈可以訓遠人？是故詣廟不可緩，下拜不可驟也。」

天使日有供應，米麵葷蔬之屬，雜陳於庭，隨行兵役例有廩給，五日一給，粟肉甚腆。臣等於供應裁十之五，廩給裁十之二，柔遠恤下，期於兩盡也。王五日一遣官賚牛酒問安，辭之不可，因理諭之，謂牛以力耕，不得擅殺，使臣非爲國惜物，命律不可也。卒不受。已而聞國中遂禁宰牛，改問安之期爲十日。至期王遣法司一人、大夫一人，更番迭至，即以所饋酒肴宴之，仍賚以幣扇之類。

天使館設棹椅一如中國制，聞國俗皆席地布几待客，王官亦然。王宴天使之先一日，試召長史問之，對曰：「固然。陪臣入貢宴禮部亦如是也。今以爲不可，顧迫不及備，奈何？」臣曰：「曷不就公館取用之？」語塞而去。明日陳設畢具，賓主皆高坐，揖讓如禮，卒未取諸公館也。蓋王宫几故有足，增之即高，不必咄嗟而辦，聊以覘天使易與否耳。

舊制，往必夏至，乘西南風信也。還必冬至，乘東北風信也。是年六月逢閏，則冬至節氣必早。入國後知一切皆長史主之，即諭以亟修貢表，九月必歸，唯唯而已。及趣行，則曰例宴未竣也。已又曰修船未完也，已又曰貢物未全也。久之，始曰：「小邦固陋，惟知先制是遵。今冬節未届，風汛未定，舟出大洋，誰職其咎？」百諭之不能奪。及冬至則東風寂然，舟不能出港口一步，於是召長史譙讓之，始稍稍引過，請俟來春復命，語甚緩。臣麐之去，即日登舟，堅坐候風，禁從人不復登岸。越數日，兵役紛紛以糧盡告，怪問其故，守備曰：「國中舊給行糧二十日，防外洋濡滯之用。今風阻且不得出港口，而下役無賴，習見來時迅速，以爲無事多儲，不免蕩費。且所謂行糧者，開船以後之糧也。今泊此未行，則國中應供給如例。」臣曰：「小邦供億苦矣。」顧嗷嗷者又不足深責，爰與副使臣麟焻出百金買米給之。長史以爲餌也，靳不售，不得已聞之國王，王譴長史饋米而返其值。通事請收值，臣曰：「堂堂天使，可以此餌小國乎？」卒與值。凡國人役於公者皆有犒。

陪臣進謁天使，命法司官、王舅、紫金大夫、紫巾官爲一班，跪，三叩頭，天使立受，揖答之。耳目官、正議大夫、中議大夫爲一班，跪，三叩頭，天使立受，拱手答之。那霸官、長史、遏闥理官、都通事爲一班，跪，三叩頭，天使坐受，抗手答之。白事必長跪，命坐賜茶。法司官等則設氈堂内，耳目官等坐廊下，那霸官等坐露臺下。

使琉球雜録卷二

疆　域

琉球國在福建省之東，以大勢論之，當在東南，然自福州府登舟必乘夏至西南風而行，則儼在東北矣。去中國不可以里計，浮大海中，平衍如江洲，絶無高峰峻嶺，相爲起伏，故海舟遠望不易見，多有飄過山北，已復引回者。稽諸使録，十人而九也。長史云幅員周迴可五六千里，然無輿圖可考。大約東西長而南北狹，康熙癸卯前使臣張學禮等舟飄琉球之北曰伊蘭埠，埠人飛騎報王，三日乃達王所，此南北道里之大較矣。

舊制，封舟出海，皆由梅花所開洋。今因巨舶不行，沙壅水淺，遂從五虎門出口。海道難以里計，不曰行若干里，而曰行幾更，船蓋以更定里云。更之説不一，或曰百里爲一更，或曰六十里爲一更，或曰一晝夜爲十更。問何以爲更之驗，曰從船頭投木柹海中，人由船面疾行至梢，人至而柹俱至，是合更也；柹後至，是不及更也。人行後於柹，是過更也。問過不及何以損益之，皆不能對。在昔番舶時通各國，皆有程圖，轉相傳寫，獨琉球無定本，以國貧乏，無土産，商賈不往故也。按蕭承業《使琉球録》載，有過海圖，云梅花頭正南風東沙山用單辰針六更船，又用辰巽針二更船，小琉球頭乙卯針四更船，彭佳山單卯針十更船，取釣魚嶼，又用乙卯針四更船取黄尾嶼，又用單卯針五更船取赤嶼，用單卯針五更船取枯米山，又乙卯針六更船取馬齒山，直到琉球。夏子陽《過海圖》則云梅花頭開洋過白犬嶼，又取東沙嶼，丁上風用辰巽針八更船取小琉球山，未上風乙卯針二更船取鷄籠，申酉上風用甲卯針四更船取彭佳山，亥上風用乙卯針三更船、未上風用乙卯針三更船取花瓶嶼，丁未上風用乙卯針四更船取釣魚嶼，丙午上風用乙卯針四更船取黄尾嶼，丙上風用乙卯針七更船、丁上風用辰巽針一更取枯米山，又辰巽針六更船取土那奇翁居里山，又辰巽針一更取馬齒山，直到琉球那霸港。而崑山鄭若曾《日本圖纂》則云自梅花東外山開船，用單辰針、乙辰針或用辰巽針十更船取小琉球。小琉球套北過船見雞籠嶼及花瓶嶼、彭嘉山，彭嘉山北邊過船遇正南風用乙卯針或用單卯針、或用單乙針，西南風用單卯針，東南風用乙卯針，十更船取釣魚嶼。釣魚嶼北邊過十更船南風用單卯針，東南風用單卯針，或用乙卯針，四更船至黄麻嶼。黄麻嶼北邊過船便是赤嶼，五更船南風用甲卯針，東南風用單卯針，西南風用單甲針，或用單乙針，十更船至赤坎嶼。赤坎嶼北邊過船南風用單卯及甲寅針，西南風用艮寅針，東南風用甲卯針，十五更船至古米山。古米山北邊過船有礁，宜知畏避，南風用單卯針及甲寅針，五更船至馬岦山。馬岦山南風用甲卯針或甲寅針，五更船至大琉球那霸港。據蕭録則四十二更，夏圖不載東沙嶼以前針路及馬齒山以後更數，亦四十三更，而鄭圖則七十四更，此皆鏤板行世之書，其不同如此，傳寫者又可知已。臣歷稽往籍，皆言西南風大利，七晝夜可到，從未有三日飛渡者，此千古僅事，不可爲道里準，故取蕭録、夏圖與鄭圖並存之，以俟後來者考訂云。

國之南有山曰南山，亦名太平山，亦名八重山，島國人呼爲爺馬。國之北曰北山，亦名二大島，皆與中山相望，順風三日可達。洪武初，中山王察度、山南王承察度、山北王帕尼芝皆遣使入貢，後惟中山貢使時至，二王之後無聞焉。臣至中山，輒問二王興廢故事，及國都所在，絶無知者。長史曰：「國俗類以所轄地名爲人名。」敢問二王何名，或可揣而得耳，因舉二名告之，則承察度即在中山之南，帕尼芝即在中山之北，同一山而分據之，非太平山二大島之謂也。臣常以九日由那霸涉水而南，策騎東行亂山中，見廢城一坵，規模甚隘，而基址宛然，通事曰：「故王城也，而不知所自。」豈即山南王之遺跡耶？

相傳琉球去日本不遠，時通有無，而國人甚諱之，若絶不知有是國者，惟云與七島人相往來。七島者，口島、中島、諏訪瀨島、惡石島、卧蚆島、平島、寶島是也。口島去中島五十里，中島去諏訪瀨島七十里，諏訪瀨島去惡石島七十里，惡石島去寶島百八十里，寶島去平島二百三十里，平島去卧蚆島五十里，平島去中島百三十里，自琉球至寶島千四百三十里。諸島頭目來謁，所述道里如此，大率海外一里當中國十里云。人不滿萬，惟寶島較强，國人皆以土噶喇呼之。

七島頭目皆以右爲名，曰甚右，曰清右，曰三良右，曰木工右，曰次良右，曰甚七右，曰貞右。通事曰重德，書手版曰琉球國屬地，然其狀獰劣，絶不類中山人，髡其頂，髮際僅留一線約之，腦後剪存寸許，夏日着棉短衣，赤足，腰插短刃，或曰即倭也。入謁時諭以朝廷威德，以天無不覆、日無不照衍説開導之，皆合掌膜拜叩頭至再，嘔咿作語，譯者云：「共戴光天化日也。」各以土物爲獻，不受而人給以布扇，犒及從者。臣等歸舟將發，風微不能出，港口島人各駕小舟近百隻，裸而蕩槳牽船出港，纜既解，猶依依不遽去，聖化之遠被如此。

琉球所屬惟姑米山最大，在中山西南，形勢雄拔，視中山若過之。產米及土綿，人皆粗給。馬齒山介姑米、中山之間，螺殼所聚，其後山尤墝瘠，罪人多流此。硫黄山惟産硫黄，生齒不蕃，極盛百二三十人而止。是皆國之疆土，設官涖事，賦役惟命者也。太平山雖去國甚近，而別有島長，僅奉職貢而已。北山寂無人來，或云倭常執王，割地乃得返，即北山云。

那霸地週迴不過七八里，居民不過數百家，遂號爲球陽重鎮。地名有曰渡地，曰若狹町，曰中鴻，曰辻山，曰泉崎橋口，皆一望可盡。

那霸港當大海之衝，港口石岞崿立，緣石築臺，臺上環以埤堄，方廣不盈畝，名曰砲臺，其中無一人一物也。土人曰國無險可守，惟港口數里皆銕板沙，非生長斯土者不能引舟入港，大海中既不得泊，近山又慮觸礁，且遥望雉堞翼如也，有望洋返耳，以故恒不設備。然萬曆間薩州島倭猝至，王被執去，則所謂銕板沙者亦不足恃已。

緣砲臺而下爲長隄，隄長三里，其盡處爲迎恩亭，封舟近港必數百小舟牽引而入，防觸礁也。亭不知建自何代，然嘉靖中陳侃使録已載，而傳者乃謂因侃却金故建亭以識之，甚又傳爲夏言辭金之所。按言生平歷宦無奉使琉球事，而《明實録》遣使外國必大書，亦無言名，不知紀者何所據。

臨海寺距砲臺可半里，踞隄之中，南北皆港。寺草創於順治十二年，至康熙二十年始以瓦易板，寺僧有文紀事，文多不可句讀，其可識者首祝渡唐官船，國人呼中國爲唐山。次及上下貢船，又次及諸國出入之船，安穩便利，次祝國王、王子康寧獲福。其文書於木板，長三尺餘，闊五寸，藏之神座，等於碑碣云。

青芝山與臨海寺隔港相望，平岡里許，爲演武場，專爲天使所率官兵演武而設。走馬較射，遠近聚觀。國中馬雖多，皆蹀躞磴道，無絶塵而奔者。而鞍韂之制，又大與中國異，故善騎者少，射則能挽弓者亦少矣。陳侃録有云弓矢利勁，弓稍長，卓地而射，矢可至二百步者未之見。

久米村去那霸港二里，孔子廟建此，國人書作粂村，而讀作枯米所。二字三音，問之博雅者，則粂字故久米二字，而讀久爲枯，讀村爲所，則方言也。故知往籍所載類多鹵莽，非詳考莫辨。

附臣楫篡琉球國新建至聖廟記

自州縣皆得建學，而吾孔子之廟祀始遍天下，然學以外無所謂廟也。郡州守邑令博士弟子奔走對越以爲之禮，鐘鼓管絃鞉磬柷圉以爲之樂，牛羊鹿豕酒脯俎豆爵帛以爲之獻享，不如是則與浮屠、道士之事佛、老者無異，故孔子之祀行於廟而備於學，嗚呼至矣！今天子重道崇儒，常以興教化、勤學校考吏之殿最，於是職方版圖莫不以修學新孔子廟爲務。而琉球國遠在海東萬里外，亦建至聖廟於國門之久米村，蓋創始於康熙之十二年，立國以來所未有也。夫琉球自隋、唐以後國名始見於史，又千餘年至明初始修職貢，通中國，皇清受命，首列藩封，歷三十年而祀聖人於今天子踐祚十年之後，謂非皇帝盛德大業，度越千古，有以漸被之而然歟？廟爲屋二重，其外臨水爲屏牆，翼以短栅如櫺星門，中倣戟門之意，半樹塞以止行者。堂外爲露臺，東西拾級以登，皆與浮屠、道士家異制。堂内割後楹爲神座，塑王者像，垂旒搢圭，而署其主曰「至聖先師孔子神位」。座左右四人雁行立，各手一卷，則《詩》、《書》、《易》、《春秋》四經也。余惟孔子以道德爲百世師，顔、曾、思、孟配享載於祀典，不可謂其專治何經，海外之誦法者惟孔子，而所以尊吾孔子者實惟此《詩》、《書》、《易》、《春秋》之故，若知此四經者非弟子之徒之所能爲，而又見夫聖廟之有四配，與《詩》、《書》、《易》、《春秋》之數適相當也，遂人予以一經而祀之，若曰吾以祀吾經云爾，總之皆以祀吾孔子云爾。嗚呼！琉球之君若臣，其可不謂信經之篤而尊聖之至者歟？雖然，君子之舉事也，始定其規模，繼必求其美善。今日者廟既成矣，因廟而擴之爲學，則費不繁而制大備。吾聞琉球之取士也，舉秀才於童子中而不以文藝試於有司，此意最爲近古。然當其始，董戒必禀於父師，而其人亦莫不自勵以待舉。迨其後德業消長，一聽其人之自爲，吾不知果皆率循强勉而勿怠否也。夫秀才者將以儲異日長史、大夫之用，則教之不可無專師，試之不可無成法，誠因廟而擴爲學，擇國中敦行誼、工文章者爲之長，俾以時訓督其子弟修舉釋菜、釋奠之禮，國之中或難其選，則直疏其事而請於朝，乞如往昔教育故事，聖天子聲教誕敷，方將登四海於文明之治，吾知其必得當也。如此則琉球之經學日明，因所及而益廣其未備，於以表率友邦，凡有志於聖人之學者無不奉琉球爲指歸，嗚呼，豈不盛哉！豈不盛哉！

靈嶽亦名城嶽，在那霸港之東南。山不甚高，樹木蓊翳。山椒有屋一區，扁曰城嶽，爲貢舶舟子所立，壁間悉記建屋助工人姓名，略倣中國，屋中一無所祀。屋後地上錯置瓦爐以數十計，或祀一石，或祀一樹，曰神所憑依也。屋前高松數百株，坐此令人忘暑。松外地稍窪，有泉頗甘洌，國人推爲瑞泉之亞。嶽之左曰那合深麻，不知何義。

天妃宫有二。下天妃宫與天使館鄰並，門外即館垣之左地，寬平可數十畝，前有大石池，那霸居民向以此爲市易之所，今徙馬市街，宫亦就圮，國之案牘多儲於此。上天妃宫在孔子廟之右，深行曲巷，夾巷壘惡石爲墻，石面皆如髑髏，因悟《一統志》所云王居壁下多聚髑髏，殆緣此訛傳耳。宫外石埠矗起，墻壁巍然，内有榕樹，垂蔭數畝，使臣朔望必肅謁，香火視下宫較盛。

天尊廟祀雷聲普化天尊，去波上不遠。國無道士，奉香火者亦僧也。相傳永樂中貢使自京師塑像以歸，有禱必應。崇禎末年，中國多故，貢使久阻不還，王尚質特命新之，祈通渡唐之船，冀遂懋遷之願，語見上棟文中。舊録紀此地爲三清殿，殿中無三清像，國人亦無此稱。又云殿前二大松大數圍，高二十餘丈，今亦童然。殿廊懸大鐘，鐘上鐫字曰：「王大世主，庚寅慶生，兹量大慈願海，新鑄巨鐘，寄捨天尊殿，以上祝萬歲之寶位，下濟三界之衆生。辱命相國缺爲銘。銘曰：華鐘鑄就，掛着珠林。撞破昏夢，正禱天心。君臣道合，蠻夷不侵。彰凫氏德，起追蠡吟。萬古皇澤，流妙法音。景泰七年丙子九月二十三日，住持㰁律師良舜證之，大工國吉奉行，智賢并與那福中西。」按《世纘圖》云國中向無大鐘，王尚德始鑄之，其即此耶？而紀年景泰，當是尚泰久在位時事。德嗣位在天順五年，或别有鑄未得見也。

波上俗呼海山寺，舊録作石笥崖，詢之國人，止稱波上。其巔爲小板閣三楹，離立不相屬。閣門皆暗扃，云中祀阿彌陀佛，左藥師，右觀音。强啓視之，無所謂三像者，惟香一握及銅片旛一掛而已。旛鑿「奉寄御幣」四字，餘皆番字，背鑿「元和二年壬戌」六字，不解何義。閣外環以石垣，垣外餘地不數武，下瞰石壁拔起洪濤中，足縮縮不能舉。微風徐來，輕波觸石，輒迴捲如亂絮，風稍勁則垣外不可佇立矣。嘗以八月十八夜候潮於此，坐閣下自亥達寅，匉訇蕩激，從人皆屏息慴伏，迄不能出垣外一步。須臾潮平，惟見白雪萬堆，凝不可掃，亦奇觀也。下坂爲護國寺，亦名三光院，供神像，手劍而立，名曰不動，不辨何神。堂中高架火盆，僧面神坐，架前握小木柴一束，次第焚之，前置銅盞十，迴環瀉水着盞中，諵諵作語，是謂佛事。屋右偏種鳳尾蕉數十本，參差高下極有致。

天使館後有善興寺，深藏曲巷中，斗室丈階，而鑿池叠石，種花樹不可勝數。中山僧亦分兩宗，居首里者曰臨濟宗，居那霸者曰真言教。每寺必有童子數十人列坐受業，大約讀書時少，作字時多。字皆草書，無楷法也。國人就學多以僧爲師，僧舍即其鄉塾云。

天使館一倣中朝官廨制度，有照墻，有東西轅門，左右有鼓亭，有班房，類半閣，國之小吏執事者坐此。有大門，署曰天使館，門内有廊房左右各四間，以居隸役。有儀門，署曰天澤門，萬曆中使臣夏子陽題也。門内又有廊房左右各十一間，以居從人。有大堂，臣楫顔其堂曰敷命，聯於堂曰：「帝德著懷柔，正朔萬年頒上國；臣心守忠信，南風三日到中山。」堂後爲穿堂，遂達寢室，兩使臣共處其中。室後左右各一小樓，楫題其左曰長風閣，麟焻題其右曰停雲樓。樓前爲厨。周迴石垣，望同百雉，王城而外此其鉅麗者矣。

那霸置庫二區，一曰米倖庫，儲米、麵、柴、炭、酒、燭、蔬菜之屬；一曰㬿喇庫，儲猪、羊、鷄、魚之屬。庫各數十人隷事，供應廩給，各有專司也。使客所需一切儲之於庫，惟泉水汲自王宮。王日以瑞泉二箭遺天使，扃其蓋，命秀才二人護之，早行十五里至公館，啓鑰驗視，然後返命。朔望有吉果、米肌之餽，皆製自宮中。吉果以米粉爲之，如中國薄餅。米肌者婦人嚼米爲釀，與京師窩兒白酒相似，南方呼爲酒孃者是也。米肌舊録作米奇。

那霸市易之所曰馬市街，首里亦有馬市街，皆婦女爲市。午後各戴市物畢集，席地列坐。所市皆油、鹽、醯、菜之屬，豆腐、番薯尤多，此外則紙扇、木梳、絲、烟草、靸而已，稻米無售者，以百姓皆食薯不得食米也。

那霸距王宮十五里，中隔海港二里許，洪武中嘗賜以閩人三十六户，不令居内地，悉置此，若有深慮焉。後相習既久，始跨海築隄，以通出入，所謂長虹橋是也。隄盡爲真玉橋。

過真玉橋百步爲先王廟，廟貌渾樸，疊巨石爲圈門三，左右立二石碑，國人至此皆下馬。廟前老樹森列，地開廣可容九軌。過此則爲松嶺，古幹虬枝，盡松之變，林立錯出，與嶺路相爲起伏。嶺長十餘里，蜿蜒跌蕩，直達王宮，往來如龍脊上行。

去王宮二里許，嶺路突起如龍項，建坊其上，榜曰中山。又里許爲首里，今作守禮，萬曆四年封尚永嗣王制詞有云「世修職貢，足稱守禮之邦」，故即以四字易額。今或稱守禮村，或稱守禮坊，然土人多稱首里，不盡同也。

過守禮坊約半里爲歡會門，即國門也。累石爲垣，遂名王城，甚堅樸。門内百步稍摺而北，泉從石龍口出，淅瀝不絶。泉之右高建一門，榜曰瑞泉。入門東行十數步，經小樓下，榜曰漏刻。過此爲廣福門，遂入王宫。宫門曰奉神門，與正殿相向，皆七間。殿西向，殿上有樓，王妃、宫嬪聚處樓中，上奉御賜榜書「中山世土」四大字，下設一榻，王位也。中懸孔子像，絹色蒼黝，非近代物。此地王臣皆不得登，臣以御筆所在，必恭瞻安榜處，於是國王親導以前。樓梯當檻立，去王座稍右，右廂高大，與正殿埒，無樓，較有爽氣，名曰北宫，國王宴天使於此。左廂制如半閣，窗盡垂簾，潔無點塵，屋梁舉手可接，其中多作曲摺，令人行不易盡。屋角隙地不半畝，一松蟠地，遂據其半，怒石與鳳尾蕉錯立，間以烏木一二株，名曰花園，國王請臣楫題額，爲書曰聽濤，謂松濤與海濤相響答也。殿後僅屋一重，後門曰繼世門，世子嗣位由此門入。

崎山在繼世門之東，其最高處曰望仙閣。板屋一楹，不蔽風雨。倚山爲梯，因樹爲欄，極疎簡之致。閣下有土一丘，形如覆盂，是爲雩壇。壇側新建茶亭，爲國王游觀之所，屋三楹，軒窗洞開，了無塵翳，壁有箋曰：「粗茶淡飯飽即休。」王命都通事蔡某所書。亭之東培土爲小山，架石盆蓄金魚百數，陶瓦爲小龍，發機引水，從龍口噴出，週迴不竭。亭西雜植花樹。南下百步有石巖，巖上書梵字一，大盈丈。巖下可容數十人，茗竈畢具，鑿石爲虎，伏巖側下。臨大壑挹山望海，應接不窮，國王乞臣楫榜其門曰東苑。出苑循竹徑行，逶迤可十數里，植細竹成墻，密葉細枝，高不踰丈，平直如削，雖徑迴路轉，曾無參差錯出者，是爲中山第一勝境。

龍潭在王宫之西北，長里許，闊十數丈，水渟泓終歲不竭，疑即瑞泉所匯也。南岸皆種芭蕉，密不容趾，蕉陰蔽天，空潭盡碧。北岸皆世臣所居。跨東西隄爲小橋，水溢則注橋下，潛通小渠，以溉田。東岸有土埠横亘潭中，老樹環之，三面臨水。

首里有三大寺，一曰天界，一曰圓覺，一曰天王。天界寺去守禮坊不百步，王墓在焉，封而不樹，殿宇弘敞，亞於王宫。後殿皆祀先王主，殿之右盡撤户扉布席爲客座，諸寺盡爾，亦尚右之意云。座外短松如蓋，是數百年物。寺僧石峰戴冠如丱角覆額前以肅客，云王賜也。東行百餘步，摺而北爲天德山。圓覺寺較天界尤莊嚴，僧喝三則國師也，額爲靈濟法嗣徑山和尚所書。三寺僧云皆嗣靈濟法，叩以禪宗，茫如也。而天王寺僧瘦梅則工詩，詩奉《白雲集》爲宗。《白雲集》者，元僧英所作。英俗姓厲，字實存，集有牟巘、趙孟頫、胡汲序，國人鏤板譯字以行，然中國人購之殊不易，讀之則多屬明初張羽詩，而牟序又與《陵陽集》所載不同，殊不可解。

出天王寺右行入荒徑中，門廡蕭然，是爲仙江院。院就圮，而僧宗實能詩。左行南摺，夾路皆短垣，竹木怒生垣上，窄徑重陰，儼同幽谷，不半里，豁然天開，則萬松院也。院踞高阜，室小而卑，多爽致。主僧種菊成行，以時灌溉，不啻江南老圃。階下二松，去地僅數寸，縱横二丈許，奔逸儼如游龍。僧名不羈，耄矣，好苦吟，與瘦梅、宗實相倡和。

《隋書》載琉球國土多山洞，所居曰波羅檀洞，塹栅三重，環以流水，樹棘爲藩。王所居舍其大一十六間，琱刻禽獸，殿下多聚髑髏。人家門户必安獸頭骨角。《宋史》因之，《大明一統志》諸書復因之。《星槎勝覽》又載琉球國山形抱合而生，曰翠麗，曰大崎，曰斧頭，曰重曼，高聳叢林，田沃穀盛。總無一實，不知當時何以筆之於書。臣竊謂他制或可漸更，而山川不能驟變，乃往籍謬妄如此，甚矣，不如無書也。

使琉球雜録卷三

俗尚

國人初以帕纏首，後遂糊紙爲骨，而以帕蒙其外，形類僧帽而無頂，鱗次七層，不覺煩重，亦呼爲紗帽云。紫最貴，黄次之，紅又次之，青白斯下矣。國王見天使仍明時衣冠，聞居常亦裹五色帕，未睹厥狀，而攝政王則首裹花帕也。服無貴賤，男女皆大袖寬博，無衣帶，男子另以大帶束腰，貴臣則以錦爲之，人不得僭。男子婚始薙髮，去中存外，結髻於頂。貴臣簪金簪，次則金頭銀脚，又次則純銀，百姓皆簪銅、骨，無敢紊者。履無貴賤，男女皆草靸，名曰三板，編草爲底，大不及足，上横草梁一，中界寸繩，着時舉足入梁，納繩於大二指之間，往來如風，不慮脱落。其親方親官等近亦着襪，及踝而止，縫襪必别爲一竇棲將指，便着三板也。國王衣□似亦苦束縛，緣前此奉有各從其便之諭，遂沿明制以見，今不可復更。受封後欲着皮弁以朝祭之服謁天使，意實恭謹，而通事以爲倨，令易前服，故皮弁未得見。

國王詣天使館，被乘十六人肩輿出首里，過長虹橋小憩某大夫家，減輿夫之半乃行。儀衛不滿百，二十人前列，鼓吹八人，鳴金四人，方棍二人，紅隔路二人，旗十二人，銕叉二人，狼牙鎗二人，狼牙鈎叉二人，長鈎四人，鉞四人，鎗十六人，月牙叉四人，雞毛長箒十二人，馬尾長杆二人，大刀二人，張蓋四人，看馬四人，提爐二人，硃葫蘆二人，鵝毛扇二人，硃掛扇二人，線掛絡二人，紅漆杖二人，龍鳳掌扇二人，黑漆圓鞘刀二人，腰刀六人，硃掌扇二人，小硃掌扇二人，毛掌扇四人，金漆拜匣二人，小掌扇一人。其臣自法司以下皆從行，紫帕者近二十人，黄帕者百餘人。

長虹橋以西王所經之地不半里輒小作結構，或舁土爲小山，聚花樹其上，高松大竹，靡不斉致，或壅水爲池，剪紙作鸛鷺錯立池中，水匯處則浮大黿鼉水上，驟見之不辨其僞也。或空際布網，網懸蜘蛛如斗大，周行作吐絲狀。或作巨俑空亭中，戴假面，衣絳衣，爲壽星、天官之屬。王歸則撤之，他日王出復設，第小有改易，不能盡變也。

國俗九月九日於龍潭觀競渡。此地重陽節猶中朝端午節也。時以九日陰雨，改十三日爲重陽宴。侵晨設棚列幃，具榼酒，王迎兩使臣小酌棚下，傾國士女聚觀，皆趺坐水次。潭有小舟三，首尾略作龍形，舟列童子二十餘人，皆朝臣子弟，披紅簪花，兩人擊鼓爲蕩槳之節，餘皆唱歌，歌曰：「三龍舟，池中游，彩童歌唱報重恩，鳳皇臺上鳳皇游。」「天朝仁，如海深，球國歌唱報重恩，忠敬兩字萬世心。」「一朝表奏九重天，雙鳳銜書渡碧淵。風送玉音知帝德，雲捲旌旗五色懸。」「炎海藐然隔遠洲，南屏北座枕中流。福星臨照雙呈彩，草木含輝露下稠。」「氣吞雲夢壓飛塵，恭承聖澤寵賚新。自慚海岳恩難報，忠誠兩字長書紳。」「天池挺出雙瑞蓮，炎帝贈君荷蓋錢。金尊未盡莫辭醉，又看秋鴻促水仙。」「太乙星移下泰階，長安日麗擁三台。歸帆自有風神佑，萬里長途一瞬哉。」「錦舸言旋入帝京，車書萬里慶昇平。大清日月當天照，常有餘光到海城。」歌聲斷續，自成節奏，其詞初不能辨，而童子習讀，皆録着便面，故得傳寫寓目焉。亭午請觀劇於圓覺寺之右殿。演劇用七十餘人，年長者十餘人，皆戴假面，吹笛擊鼓鳴鉦爲前導，餘皆小童年八九歲至十四五，悉朝臣子弟，常人不得與，各以金扇面爲首飾，周圍插紙剪菊花短襖長裙上，以五色蕉布半臂骨之。人手二木管，圍徑寸，長不及尺，空其中，投以石子，兩手交擊作聲，歌用按節。已又易小銕管，細如箸，繩貫數十枚，握掌中爲拍板。已又易紙拂子，左右揮之。最後乃各出一扇，招摇翩反，云爲使臣助順風也。問其曲曰《躍踴歌》，强使書之，十不能辨一二，其大指略與龍舟歌同，而詞則加詳耳。晚復於北宫開宴，觀烟火，立竿放花，置爆竹草馬中，騎而馳，迴環竿下，遇火而震，以爲笑樂。漏再下始罷宴，執炬夾道，自王宫達那霸，不啻火城。

官制惟法司最尊，事無鉅細，必啓法司而後行。法司三人，輪直王宫，有事必集議，議定告之攝政王，國王受成而已，故國人最畏法司，多世卿、王舅爲之。下此則紫巾官，如散秩大臣之類。下此則耳目官，名類言官而無所建白。下此則那霸官，司錢穀。下此則遏闥理官，爲侍從。凡此皆用國人，三十六姓之裔不得與也。三十六姓者，洪武中因中山王朝貢惟謹，特賜閩人善操舟者三十六户，便其往來，其子孫皆習讀中國書，久之漸爲國臣，然國人皆目之爲唐人。唐人官止紫金大夫，位在法司、王舅下，止一人。正議大夫三人，中議大夫三人，位在耳目官下。長史二人，位在那霸官下。都通事四人，位在遏闥理官下。皆專司朝貢諸事，機密不得與。聞今所存止蔡、鄭、梁、金等七姓，亦甚不振矣。

國人無姓，或以所生之地爲名，或以上世所官之地爲名，至奉使天朝，或出謁天使，則旋乞姓名，書手版上，與本名夐異。如法司官毛泰永，本名伊野波親方。伊野波，地名也，官大者稱親方，次則稱親雲上，至攝政王臣則曰攝政下大親官，世子臣則曰世子下大親官，獨無所謂察度官者。舊録皆云察度官，司刑名，不知何據。刑名皆法司主之，權肯旁落乎？訛以傳訛，如此類甚多也。

國中不設官廨，無聽訟之所。民有犯罪當死者輒自殺，重者刳其腹，輕則徙置馬齒、硫黄諸山，又輕則令自閉室中，不得出户，或三年，或二年乃縱之。近亦設搒掠之具，然不甚施用。

國有大慶則赦，凡遠徙者皆放還，職官或遷秩或增禄米。

土田皆王所有，國人無恒產也。官必授田，遷官則改授。王四分取一，臣取一，民二之。國有大事則均税，事已輒止，故國人雖多貧乏，而不事事，農習於惰，力作者絶少。紝婦較耕男爲勤家，織蕉布，非是則無以爲衣也。土人云今以天使遠臨，皆令男子趨事，過此則僕僕者皆女職矣，即伐木負擔亦婦人爲之。

婦人無首飾，耳不穿環，蟠髮作髻，與二十内男子無别，惟衣不束帶耳。衣視男子較長，行則以手提襟，曳着右腋下。貴官婦女出亦乘馬，横坐馬上，提衣領覆額，赤足無所矯揉，着三板一如男子。土妓道遇官長必脱三板執手中，立候馬過乃行，簪不得用銀，若中國人所遺則弗禁。良家婦行市上，□持尺布，否則無以自别也。男婦皆無中衣，婦人裳踰三尺，叠其下爲兩層，俾風不得開。髮垢輒以黄泥洗之，盛暑晞髮籬落間，比屋皆然。婦女不甚避人，天使出聚觀墻頭，多舉手障半面，手背雜點靛青如大黑子。而舊録云婦人黥手指作梅花，又云作花卉龍虎之形，皆緣飾語也。行經首里則夾道多施簾幙以窺客，皆世家大族所爲，風俗亦漸變矣。

篙高不踰三尺，廣近二尺，長三尺許，啓其右以入。貴者亦編葦爲簾蔽之。輿丁以巨竹貫篙頂，舁時去地不及五寸，遠望之不知其中有人也。

嫁女不治奩具，父母走送之，壻家衣仍白，國俗不諱也。送葬者亦剪紙垂布爲旛前導。棺制高三尺，長僅及身之半，屈死者足殮之。

傳聞國祀六臂女神，手執日月，名曰辦戈天，靈異特著。以婦人不二夫者爲尸，尸名女君，王及世子、陪臣莫不稽首致敬。國有不良，神輒告王擒之。鄰寇來侵，神能易水爲鹽，化米爲沙，尋即解去，故國人事神甚謹。明有某使臣至國，與王談讌頗洽，因問王曰：「國無城郭，少兵甲，何以禦外侮？」王備言女神之靈，曰：「可恃以無恐也。」使臣曰：「脱神偶不靈，則將何恃？」其後倭忽大至，殺掠甚慘，執王及王相以去，久之始釋，王曰：「神之靈遂爲天使一言敗之乎？」嗣是不復以辦戈天爲言，所過寺院亦未見有祀之者。

屋内必布細蓆，内裹草薦，以布爲緣，名曰脚踏棉。客無長幼貴賤，必脱履入户，無拱揖之煩。席地就坐，主人則以烟架置客前，聽客自取。架列小罏一貯火，小盒一貯烟，虚其一以當唾壺。烟管横着架上，一室常置數架。烹茶頗類撮泡，水沸瀉甌中以茶末投之，用小筬箒攪匀敬客。燕會人各一器，不共食。刳木爲椀，椀小亦無多設，而召中國人飲則亦如中國之制，磁盌羅列，亦設調羹。通事云數年前尚未有此，日趨華侈矣。

錢大不及鵝眼，無輪廓文字，虚其中以受貫，大約四千文當中國百文，亦復有公私之别。中國人不能辨，或誤以私鑄入市，市人不受也。

國人皆無所事事，士大夫恒好奕，僧院無不設棋局者。設恒三四局，客群坐，久則舉局置客前。棋子皆磨黑白石爲之，較滇南子殊有紋理。客有倦意，則人授以枕。枕如小文具，微規其面，内藏抽箱三四層，莫知何用。

士大夫無事輒聚飲，好以拇戰行酒。酒半曼聲而歌，搊三絃和之，其音哀怨，抑而不揚。嘗于中秋夜升館垣遠望，于時淡月蒙雲，水天黯慘，悲吟四起，絲肉斷續，悽然盈耳，恨不得鄒衍吹律以煖之也。

國人無貴賤老幼，遇中國人稍相浹洽，必出紙乞書，不問其能書與否也。國中紙有類高麗者，寬不踰尺，曰事宜紙。亦有絶佳似宣德紙鏡面箋之類，皆不以屬客，必購中朝毛邊紙以求，名曰唐紙，乞使臣書尤恭謹，得之輒俯身搓手，高舉加額，焚香而後展視。其見重如此。

國中不見有兵，册封日自王廟至首里約十數步即對立二人，執長竿如鎗，其末加短鞘，迫視之，中無寸鋏也。亦無弓箭火器，近王城有鎗刀十數對，即王之儀衛云。

使琉球雜録卷四

物産

中山地廣人稀，山多田少，耕穫亦與中土異。十月行萬松嶺上，見稻秧滿池。閩役有習於國俗者曰：此中耕穫皆無定時，有歲三四熟者。及問之長史，則云種以今秋，收以來夏。未知孰是。

稻田殊少，米惟國君及諸巨族常得食，小民則皆食番薯。番薯亦名朱薯，莖葉蔓生，瘠土砂岡皆可長，蒔之則加大，天雨根益奮滿，即旱亦不失徑寸圍，如山藥、山蕷之屬，可熟食，亦可生食，熟食如芋如蹲鴟，生食如萊菔如何首烏，味不一也。今閩省多種之，相傳萬曆間閩人有賈於吕宋國者食而甘之，乞種吝不與，因潛截其蔓尺許藏盎中歸。初種於漳郡，漸及泉州、莆田，今則長樂、福清皆遍矣。種初入閩時，值閩饑，得是而人足一歲。常見《閩小紀》中有《朱薯頌》曰：「不需天澤，不費人工，能守困者也。不争肥壤，能守讓者也。無根而生，久不枯萎，能守氣者也。五穀不登，民食草木之實無厭，今用代五穀，能助仁者也。可以粉，可以爲酒，可祭可賓，能助禮者也。莖葉皆無可棄，其值甚輕，易爲飽，能助儉者也。耄耋食之不患噎，能養老者也。止童孺啼，能慈幼者也。下逮鷄犬，能及物者也。而粱肉之家顧藐之不肯食，食之則謂同於窶與賤，於是慨然爲之歌曰：令珠而如沙，人以之彈雀。今金而如泥，人以之塗膢。令朱薯而如玉山之禾、瑶池之桃，人以之爲不死之大藥。」按此頌表彰番薯已極，閩人皆謂其種傳自吕宋，不知中山蓋須此以生也。臣等以供應不設，常令家人出買之，國人驚持相告，後偶舉以問其大夫，曰：「大夫輩頗復食此否？」其人面發赤，數數摇首曰：「彼窶與賤者乃食此耳。」其文飾如此。

芭蕉結實名甘露，形如藕梢，國人常以此相餉，煮食甚甘，略同番薯。蕉葉則織以爲布，五色具備，其民間常服，及售之唐人者，惟本色一種，間有花紋工細者，則皆自出機杼製成，以爲己服，不相交易也。然遠望非不可觀，而着體經旬輒敗，故不足貴。

甘蔗間亦有之，味淡於水。西瓜則與中國等。

國以醬蔬供天使，初不知爲何物。按《廣雅》名冬瓜爲菰，疑其筆誤，問之果冬瓜也。製出首里，味絶佳，然設客不過二三片，大不逮小指，或設冰糖橘餅，多寡稱是。貴官勸客，常以筯蘸醬少許，納着客唇以爲敬。

紅菜類石花而稍扁，色微紅，國人常於海灘拾之，聚而售之，中國茹素者等於海錯也。雞脚菜、麒麟菜大率相類，然皆非中山所産。

海帶菜一名昆布，今酒筵間多用之。國人與中朝人相餽問，輒書昆布一束，不知者以爲布也。展之則片類筍乾，束止數片而已。

鳳尾蕉土名銕樹，與椶櫚同根異葉。葉如鳳尾，灼灼有光，四時不改。

鬬鏤樹名絶佳，而中山無此。按《隋書》云似橘而葉密，條纖然如髪下垂。歷舉以問土人，問通事，皆不知也。常過孔子廟，見墻頭樹，葉大類橘，横紋細如刻絲，蒼黝有光，意以爲是，然絶無纖條下垂。後由王城詣崎山，見道傍叢樹蔽日，垂條可丈餘，留連諦視，顧其葉又絶不似橘。役人曰是榕也，閭處處有之。

黄楊、烏木時一見之，不甚大。烏木中多白，不盡烏也。

扶桑花一名照殿紅，鮮紅非群芳可比，第不耐久，或曰即朱槿之別種也。冬十月，觸目盛開，如火如錦。按東海日出處有扶桑樹，其花光燄照日，其葉似桑，後人訛爲佛桑，殆即此耶？

海松生海水中，大者可二三尺，根蟠石上，久之與石爲一矣。漁人泅水鑿出之，枝與柏葉無小異，扶疎有致。乍出水色鮮紅如火，足稱火樹。然腥氣不可嚮邇，浸淡水中數日氣稍息，而色亦枯淡不堪復把玩，蓋性與鹹習也，出水久則枝多脱落，不能致遠。

中山馬大蕃息，故耕地皆用馬，終歲食青，不費芻豆，貧民亦常蓄之，有事則役於公家。天使入國，從人無不乘馬者，馬較川馬稍大而遠不及邊馬，洪、永間例以充貢，且常令人渡海市之。

螺肉大類鰒魚，國人多以其殼爲户樞，近亦學製螺鈿飾器具，然粗疎甚，殊不足觀。

海螺種類不一，頗有文采璨然，足供文房之玩者，而國人志在螺肉，第取其口大易鈎致者以爲佳，餘非所重。

龍蝦頭目皆作龍形，絳甲朱髯，血睛火鬣，見之悚然，庖人製爲鮓，不敢下箸也。或云空其肉可爲燈，而出水逾日輒腐敗，甲亦脱落不可收拾。

海蟳，蟹族也。螯長於身，齧堅立斷，味最鮮美。中山海錯，推此爲冠。

海蛆如蛤醬之屬而加腥。

小魚長不半寸，外視腐矣。云中有佳致，貢使入中國多携之。

佳蘇魚長者可半尺，方體鋭末，形類梭，色如朽木。國人食時用温水略浸，沸以肉湯，薄削如紙，以供客，矜爲上品。

國王按期問使臣安，必具海蛇，長可一二尺，僵直如朽索，獰狰可憎，國人以爲殊不易致也。問其用，曰可以爲饌，性熱，能療痼疾。

壁間蟲與蜥蜴無小異，時作大聲如雀，初甚訝之，久始相習。蛇常緣壁登樓，牀榻間亦復蟠入，然不聞齧人。

舉國皆飲火酒，閩人呼爲氣酒，烈甚，《隋書》謂釀米麵爲酒，味甚薄者未得嘗也。間有土噶喇酒，醇醲不可多飲，亦不易購，王宴天使必以此勸客，必舉盞相向，先自斟酌揚觶而後敬客。

海邊産石芝絶奇，有根有葉，大者如盆，小者如盌，陰森碧水中，參差叠出，不啻千葉青芙蓉也。第出水則脆裂，無復舊觀。其他如菌如菊如荷葉者不可勝數，靈璧、羊肚不足道矣。

使琉球雜録卷五

神異

康熙二十年九月十四日黎明，夢與同官臣喬萊登一山，入小廟，仰視懸旛，末有「碧霞元君」四字，疑爲泰山之神，爰下拜。有女官搴帷出，延入後宫。宫甚隘，神趺坐炕上，衣飾如妃后，命臣坐，辭不敢。神曰：「公操爵人之柄，坐宜也。」因就坐案側，神語甚多，不能悉記。已復賜食一器，略似薏米，玉色天香，不同人間味。覺以告萊，不解何故。二十一年元旦謁關帝廟，得籤曰「一紙官書火急催，扁舟速下浪如雷」云云，益不解。入朝見高麗、土魯番諸國朝賀中有黄首帕者數人，問知爲琉球貢使，三月始奉有選擇出使之命，與中書臣林麟焻同膺選。麟焻字石來，夢中與偕之喬萊則字石林，昔官中書，始悟與偕者故中書林石來也，乃知夢語、籤詩莫非預定，而夢尤巧幻，獨未明此何與泰山神事而先期示告如此。後行經杭州，登吴山致祭唐越國公祖廟，廟之左有天妃宫。天妃爲海道正神，臣方疏請諭祭，因肅謁見，懸旛累累，皆大書碧霞元君，驚呼道士問之，未得其詳。越日過孩兒巷天妃宫，得天妃經一函，其後詳書歷朝封號，始知碧霞元君爲崇禎十三年加封天妃之號，示夢者即天妃也。

二十二年六月十六日，由福建南臺登海船，船大水淺，必乘潮乃可行，日行數十里或十數里而止。

十九日至怡山院。先是檄所司備祭物於登舟處所行諭祭海神禮，至期漠然，臣等深以褻神辱命爲懼，蠲吉於怡山院設醮，別於近院高阜處建廠望海以祭。是時東風日盛，群言夏汛已過，不可開洋，於是官兵從役皆無去志，接封陪臣亦以往例不妨改歲爲請，臣不聽。恭行諭祭禮畢，語院僧以事竣歸當建寶文閣於院後，奉諭祭文以垂不朽。俄而舟人趨報曰：「風自東而南矣！」出院視之，則衣袂群飛，聲如潮湧，柁樓旌旗盡皆北向。亟諭兵役戒行，守備林五瑯進白曰：「行有期矣，顧風勢猶未定，盍稍俟之。」因遣小舟至口外偵視，則外洋故東風未轉也。還報，群疑復起。臣曰：「曷疑乎？某以天子命禱神，神許我矣，故假此尺寸之地以示異。今勢在必行，姑俟三日，三日後即風不競，亦必出洋。」已而風漸息。二十一日，風如故。明日東風更大，又明日風息，遂令起碇出口。三船往復商確，辰刻始行，初擬出五虎門徐爲計，及張帆則南風大作，瞬息已過東沙山，一望茫茫，不可收泊矣。非聖德感神，何以效靈若此？

海行以針爲路，針盤則夥長主之。臣懼其偶忽也，亦手一盤，針少移則呼而警之。出洋後，夥長主用辰針，考之圖說亦然，而琉球人爲嚮導者謂歷年歸國皆用乙針，爭之甚力，不得已，參用辰乙針，顧接封之船倏已瞠乎其後，因悟乙針之鈍，仍用辰針占上風也。廿四日五鼓，倦而假寐，忽一人拊臣背曰：「起，起！船行太上，再上則臺灣矣。」驚寤，急呼守備林五瑯問域外方向，語以夢，五瑯曰：「頃固疑之，今當捩柁耳。」柁轉風疾如駛，天明遂見彭佳山。向非神覺，得不有毫釐千里之誤乎？

過東沙山有兩大魚傅舟左右行，或前或後，時見首尾，魚長略與船等，舟人初忽視之，及夾舟不去，始覺其有異。入夜星光爛然，船行水天中，疑日疑月，白鳥不可數計，環檣而飛。竊怪海心去山萬里，鳥於何來，飛繞終夜，天明復安往，迎棹之神鴉不足異矣。

按海圖過東沙山後應過小琉球、鷄籠嶼、花瓶嶼諸山，及二十四日天明見山則彭佳山也，不知諸山何時飛越。辰刻過彭佳山，酉刻遂過釣魚嶼，船如凌空而行，時復欹側，守備請循例掛免朝牌，許之，浪竟平。二十五日見山，應先黃尾後赤嶼，無何遂至赤嶼，未見黃尾嶼也。薄暮過郊，或作溝。風濤大作，投生猪羊各一，潑五斗米粥，焚紙船，鳴鉦擊鼓，諸軍皆甲露刃，俯舷作禦敵狀，久之始息。問郊之義何取，曰：「中外之界也。」「界於何辨？」曰：「懸揣耳。然頃者恰當其處，非臆度也。」食之復兵之，恩威並濟之義也。」過赤嶼後按圖應過赤坎嶼，始至姑米山。乃二十六日倏忽已至馬齒山，回望姑米橫亘來路，而舟中人皆過之不覺。是時琉球接封大夫鄭永安駭嘆之餘，繼以惶懼，謂天使乃從天降國中，無由前知，突入其境無一備，則陪臣且重得罪。欲求暫泊嶴中，容其馳報。情詞哀切，於是亟令泊船，無如篷落不得下，碇抛不可留，瞬息已入琉球之那霸港，直抵迎恩亭前矣。時方辰刻，距五虎門出洋時僅三晝夜耳。嚮導曰：「無論其他，即舟入港口尋常亦須數日，安有神速至此者？」

國以番薯爲命，最苦颶風，而稻田又久苦旱。冊封後甘雨時降，風不鳴條，臣庶相看，欣欣色喜。天朝寵命，關係如此，傾心向化有以夫！

十一月十五日，歸舟泊迎恩亭前，西風不能移尺寸。十七日，虹見西北，午後見東北，舟人曰：「午後見者名曰破篷，主怪風。一曰颶母，謂颶風之母也。一曰海暈。」十九日又見西北，其色青紅如霞，光熖尋丈，不似長虹之亘天也。二十一日早見西北，午後又見直北，占驗一無所據。廿三日虔禱於天妃曰：「固知風汛已過，但君命不可久稽，而兩親垂白，日望返命，設有他虞，則辱命以遺親憂，生不如死，惟神昭鑒。」廿四日決令放舟，風微船滯，賴七島人力牽出港。是晚就泊馬齒山，見後船不至，舉號火待之，三鼓始來，云：「非望火捩柁則船幾東下矣。」東下者隨水趨下，百無一返，《元史》謂之落漈，而陳侃辨其誣，詢之舟子則誠有之，但非「落漈」兩字耳。廿七日早過姑米山，南風甚利，海中魚不可數計，皆長四五尺，擁舟疾馳，脊尾盡露水上，舉船方共嘆奇絶，且以爲前此之徵。舵工曰：「是神遣護行也，恐有風暴，謹備之。」二十八日一鼓，颶風大作，雲垂水立，一帆如夾雪壁中，雖預爲之防，而四夜三晝不止，舟行忽上忽下，上則九天，下則九地，跳擲奔騰，不可名狀。掀簸既久，時聞格磔作聲，如轉水車，如鋸濕木。有頃船身又如病瘧，顫不已，而一浪蓋船艙中如瀑布四垂，數人汲之不給，勢危且急，萬不可支。於是匍匐登戰臺，撫循水手，勉爲激勸，而合舟强起者僅十六人，餘皆在反逆眩亂之中，僅存一息。前後二十餘竈盡委逝波，爨烟久斷矣。禱天妃許爲請春秋祀典，風稍定。船中大桅高可十丈，桅心勁直，慮其力不勝篷也，傅以四木，製巨鋏箍束之。俄聞劃然有聲，一箍飛墮，不踰時墮至十三，頃之頂繩又斷，篷失所繫，相顧盡無人色。乃箍斷而桅不散，頂繩斷而篷不落，與波上下，竟保無虞。十二月二日，見温州之南屺山。三日，小泊青嶴，守備始告曰：「桅前金拴摇裂踰尺，以爲斷無生理，不意尚得至此。」視之果然。

往者兩舟還閩，相去常數日，或十數日，獨此行中流遭險，而收港同時，亦一奇也。第二舟主吏云：方風濤震撼時，舉舟眩卧，惟餘持舵者三人，雪浪壓天，前路咫尺不辨。一水手呻吟艙底，忽復少甦，自語曰：「不知漂流何地。」且起視之，甫出艙，見紅光前墮如垂絳燈，以爲與前船銜尾相及也，大呼柁工看柁。柁工方瞑坐，懵然舉手則船已逼山，適循山礁而轉，踰尺寸糜爛矣。船稍觸損二處，大如甕，幸去水遠無害。

初四日，泊定海所，聞廿八日有温、台賊二十餘艘集于此，若有所待，已而四望杳然，遂大掠居民去，赴閩投誠。計陽侯爲難，正眈眈虎視之時，既遠兇鋒，又出駭浪，不可謂非天佑矣。

使臣登舟必先迎請天妃奉船尾樓上，而以拏公從祀。拏公者福建拏口人，常行賈，卧舟中，夜聞神語曰：某日某時將行毒於某處。公謹伺之，至期果見一人拋毒物水中，公投水收取，竟食之，遂卒，以是面作靛色，後爲土神。明兵攻閩不即下，出牌誓曰：「入閩不留一人。」公化爲耆老，進説曰：「若改留字爲殺字，當獻城迎王師耳。」從之，請以水燈爲號。時荻蘆門水深不設備，而居民以神誕日於此放燈，明師望燈入，公壅沙助之，遂克城，果不殺一人。後封宣封護國天下兵馬司協佑尊王，海船必奉之以行者，以海港多礁，專藉神力導引云。

天妃，莆田林氏女也。父名愿，宋初官都巡檢。妃生而神靈，少與群女照影於井，有神捧銅符出井中，群女駭奔，神以符授妃，自是屢著神異。常乘蓆渡海，驅簷前銕馬涉江，人咸稱爲神姑。一日方織，忽據機瞑坐，手持梭，足踏機軸，顔色變異。母蹴起問之，寤而泣曰：「父幸無恙，兄没矣。」有頃使至，則父與兄方渡海，舟幾覆，若有挾之者，父得不溺，兄以舵摧遂墮海中。雍熙四年昇化於湄洲嶼，時顯靈應，或示夢，或示神燈，海舟獲庇無數，土人相率祀之。宋徽宗宣和間，給事中路允迪使高麗，八舟溺其七，見妃朱衣坐桅上，舟藉以安。歸聞於朝，賜額名順濟。高宗朝屢封崇福靈惠昭應夫人。孝宗朝以助勦温台寇封靈慈昭應崇善福利夫人。光宗朝以救旱封靈惠妃。寧宗朝以救潦加封助順，又以淮甸退敵擒賊屢加顯衛護國助順嘉應英烈妃，父母兄姊皆錫封。理宗朝以濟興泉饑加封協正，又封靈惠助順嘉應慈濟妃，尋以錢塘隄成加封善慶，既又以顯靈焚寇進顯濟妃。元世祖封護國明著天妃，進顯佑。成宗加封輔聖庇民。仁宗加封廣濟。文宗加封靈感助順福惠徽烈，賜額靈慈，皆以漕運危險，歷見顯應故也。明太祖封昭孝純正孚濟感應聖妃。成祖封護國庇民妙靈昭應弘仁普濟天妃。莊烈帝封天仙聖母青靈普化碧霞元君，已又加青賢普化慈應碧霞元君。皇清仍如永樂時封號。歷朝遣官進香致祭，不可勝數，蓋禦災捍患，允稱正神，而聖德所感，尤捷於影響云。

册封疏鈔

奉天承運皇帝詔曰：朕恭膺天眷，統御萬邦，聲教誕敷，遐邇率俾。粤在荒服，悉溥仁恩，奕葉承祧，並加寵錫。爾琉球國地居炎徼，職列藩封。中山王世子尚貞，屢使來朝，貢獻不懈。當閩疆反側，海寇陸梁之際，篤守臣節，恭順彌昭，克殫忠誠，深可嘉尚。兹以序當纘服，奏請嗣封。朕惟世繼爲家國之常經，爵命乃朝廷之鉅典。特遣正使翰林院檢討汪楫、副使内閣中書舍人加一級林麟焻，齎詔往封爲琉球國中山王。爾國臣僚以曁士庶，尚其輔乃王慎修德政，益勵悃忱，翼戴天家，慶延宗祀，實惟爾海邦無疆之休。故兹詔示，咸使聞知。

皇帝

之寶

康熙二十一年六月十一日。

皇帝敕諭琉球國中山王世子尚貞：惟爾遠處海隅，虔修職貢，屬在冢嗣，序應承祧，以朝命未膺，罔敢專擅，恪遵典制，奉表請封。朕念爾世守臣節，忠誠可嘉，特遣正使翰林院檢討汪楫、副使内閣中書舍人加一級林麟焻，賫敕封爾爲琉球國中山王，并賜爾及妃文幣等物。爾祗承寵眷，懋紹先猷，輯和臣民，慎固封守。用安宗社于苞桑，永作天家之屏翰。欽哉！毋替朕命。故諭。

頒賜國王

蟒緞二疋　青彩緞三疋

藍彩緞三疋　藍素緞三疋

閃緞二疋　衣素二疋

錦三疋　紗四疋

羅四疋　綢四疋

頒賜妃

青彩緞二疋　藍彩緞二疋

粧緞一疋　藍素緞二疋

閃緞一疋　衣素二疋

錦二疋　紗四疋

羅四疋

廣　運

康熙二十一年六月十一日。

之　寶

維康熙二十二年，歲次癸亥，八月庚子朔，越六日乙巳，皇帝遣正使翰林院檢討汪楫、副使中書舍人林麟焻，諭祭於故琉球國王尚質之靈曰：朕受景命，君臨萬邦，殊方海澨，罔不賓服。凡有恪共藩職，累世輸誠，則必生加錫命之榮，歿隆賻卹之典。所以旌揚歸附，柔懷荒遠，垂爲國憲，昭示億年。爾琉球國中山王尚質，式廓前徽，誕膺世祚。作籓屏于南海，綏島服以咸寧。輯圭瑞于中邦，莅民人而胥靖。浮航貢賮，凜遵王享之規；踰險求章，虔秉朝宗之志。方謂河山永固，帶礪之祚常存；何期霜雪遄零，松柏之姿忽謝。眷言藩服，朕實傷焉。爰沛褒綸，優加祭卹。嗚呼！爾敦以下奉上之節，忠誠克勵于遐方；朕弘視遠如邇之仁，錫賚宜崇夫異數。肆陳芬苾，尚其來歆。

維康熙二十二年，歲次癸亥，六月壬申朔，越二十日辛卯，皇帝遣册封琉球國正使翰林院檢討汪楫、副使中書舍人林麟焻，致祭于海神曰：惟神顯異風濤，效靈瀛海。扶危脱險，每著神功；捍患禦災，允符祀典。兹因册封殊域，取道重溟，爰命使臣，潔將禋祀，尚其默佑津途，安流利渉，克將成命，惟神之休。謹告。

維康熙二十二年，歲次癸亥，十二月戊戌朔，越八日乙巳，皇帝遣册封琉球國正使翰林院檢討汪楫、副使中書舍人林麟焻，致祭于海神曰：惟神誕昭靈貺，陰翊昌圖。引使節以遄征，越洪波而利濟。殊邦往復，成事無愆；克暢國威，實惟神佑。聿申昭報，重薦苾芬，神其鑒歆，永有光烈。謹告。

禮部謹題，爲恭請天朝恩賜封爵，以昭盛典，以守藩服事。禮科抄出琉球國中山王世子尚貞奏前事，内開：切臣父先臣尚質於康熙七年十一月十七日以疾告薨，臣貞派由嫡嗣，例應承祧。但賜命必從君恩，微臣焉敢擅擬。謹遵舊典請封，仰望綸恩賜襲。兹敬遣貢使陪臣毛見龍、梁邦翰等賫馳伏奏，冒瀆聖聰，伏懇皇上垂念臣祖父久循恭順之微忠，大造彈丸之澤國，賜降恩封，俾效職守。庶寵命得以重承，緒業無虞隕墜矣。臣貞謹奉表請外，合具奏明。無任激切翹首待命之至，謹具奏以聞。康熙十九年九月三十日奏。二十年十一月十四日，奉旨：「該部議奏。」欽此。欽遵於十一月十五日到部。查康熙八年，臣部題覆福建巡撫劉秉政爲稟報事一疏，内開琉球國中山王尚質於康熙七年十一月十七日病故，因海國不可一日無君，權爲執政，未敢稱王，容後貢之日題請册封王爵等語。應俟其進貢請封具題之日，封王并故王賜卹一併再議等因具題。奉旨「依議」，欽遵在案。又查順治十一年臣部題覆琉球國中山王世子尚質爲請封王賜給敕印事一疏，内開琉球國係初歸遠國，相應特遣官員賫捧敕印前往册封，以示皇上柔遠之意等因具題。奉聖旨：「琉球遠國歸化，忠誠可嘉，著照例特遣官員賫捧敕印前往册封，昭朕柔遠之意。餘依議行。」欽此。欽遵特遣官員賫敕印前往，將琉球國王世子尚質封王在案。該臣等議得，琉球國中山王世子尚貞奏稱臣父尚質于康熙七年十一月十七日以疾告薨，謹遵舊典請封，綸恩賜襲等語。今琉球國中山王世子尚貞，照伊父尚質封王之例，賜敕封爲琉球國中山王。其給與敕諭，内閣撰擬，俟命下臣部之日，將遣官并賜卹故王尚質之處再議具題可也等因。康熙二十年十二月初一日題，本月初四日奉旨：「依議。」

禮部謹題，爲恭請天朝恩賜封爵，以昭盛典，以守藩服事。禮科抄出該本部題覆琉球國中山王世子尚貞奏前事等因。康熙二十年十二月初一日題，本月初四日奉旨：「依議。」欽此。欽遵于本月初五日到部。該臣等議得，查順治十一年封琉球國世子尚質爲王，時因初歸之國，特遣官給敕印授封。康熙十三年安南國王黎維禧病故，臣部具題賜卹，給銀一百兩、絹五十疋，遣官讀文致祭。康熙十二年封暹羅國王，時因航海道遠，隨去官兵甚多，又需時日，暹羅迎送勞苦，停其遣官，將誥印令來使帶去等因具題。已令帶去。今與琉球國故王尚質賜卹及世子尚貞襲封王爵，若遣官航海道遠，隨去官兵甚多，所需錢糧甚廣，相應停其遣官，將給與尚貞承襲伊父中山王之敕及給與故王尚質賜卹銀一百兩、絹五十疋、祭文謄黄令來使捧去，俟命下之日祭文由翰林院撰擬，銀絹由户部支取。又查順治十一年具題，因初封尚質爲中山王，賞賜王各色緞三十疋，賞賜妃緞二十疋，其賞賜禮物數目，仍照例由内閣撰敕一道帶去與王，後不爲例等因。奉聖旨：「依議。」欽此。遵行在案。今琉球國中山王世子尚貞係承襲王爵，所賞給王併妃之處無容議可也等因。康熙二十年十二月十八日題，本月二十二日奉旨：「依議。琉球國世子尚貞父子世守臣節，忠誠可嘉，王併妃著照例賞賜。」

禮部謹題，爲懇查封典成例，以彰皇恩，以全使臣歸國事。據琉球國貢使毛見龍等呈稱，切龍等奉本國世子差來進貢及請封事宜，臨行吩咐，凡事務求前例，以盡琉球世世臣事中國之道。此番敝國照封先王之例，所有接待天使衙門諸物，舉國臣民盡心竭力，皆已齊備，唯望天使賁臨，同沾雨露。近龍等元旦入賀，聞知俞旨，允襲王爵，其敕書、賜卹等物令龍等帶回。龍等晝夜驚惶，切思琉球歸順多年，朝貢不絶，歷代受封俱有遣官，與别國不同。且今日皇威遠播，一統昇平，凡屬赤子，莫不謳吟。即龍等海外末員，聞知亦自歡呼起舞。若此敕書令龍等帶回，何以昭帝治于海域，布神武于遐方？冊封重典，彝員難任，不已合情冒叩大部，哀憐屬國末員奉世子吩咐，倘有難已事情，必須哀求轉奏。今大部已爲題准襲封，唯遣官一事未行，無以爲報世子，使臣難以歸國，不得不冒死哀求，乞爲原情轉奏，俯察遣官舊例，以廣皇恩，而大部柔遠洪慈，與天地等矣等因，具呈到部。查先封琉球國世子尚質爲王，時因初歸之國，特遣官給敕印授封。封暹羅國王時因航海道遠，隨去官兵甚多，又需時日，暹羅迎送勞苦，停其遣官，將誥印令來使帶去。今琉球國歸順年久，非初歸之國，其琉球國貢使毛見龍等具呈懇請之處無容議，仍照前旨遵行可也等因。康熙二十一年正月二十二日題，本月二十五日奉旨：「冊封琉球國王應遣官前往，着再議具奏。」

禮部等衙門謹題，爲懇查封典成例，以彰皇恩，以全使臣歸國事。禮科抄出該臣部議前事，内開禮科抄出臣部將琉球國貢使毛見龍等呈前事題覆，賜卹琉球國故王併封世子尚貞爲王，將内閣、翰林院、臣部六科、行人司漢官爲正、副使前去，應俟命下之日，將應遣官員職名開列具題等因具題。奉旨：「依議。」欽此。該臣等議得，賜卹琉球國故王并封世子尚貞爲王，將内閣、翰林院、臣部六科、行人司應遣漢官職銜開送，已經行文咨覆前來。今准内閣開送漢典籍一員、撰文中書舍人四員、辦事中書舍人二十員，翰林院漢編修二十三員、檢討二十四員、修撰一員，臣部漢主事三員、吏科等六科漢給事中三員，行人司行人三員，咨送前來，其内應遣正、副使官二員等因。康熙二十一年二月十九日題，本月二十二日，奉旨：「這本内各衙門官員有全行開列者，有開列甚少者。且應差官員自何品級開起，有無定例？著再一併察明具奏。」欽此。欽遵于本月二十三日到部。該臣等再議得，查康熙十二年題定，嗣後凡外國進貢請封，應遣官員具題請旨，將内閣、翰林院、禮部六科、行人司漢官爲正、副使等語，並無定有差何品級官員。又查順治十一年差往封琉球國世子尚質爲王，臣部將科衙門漢給事中官員、行人司衙門官員職名開列具題，奉旨着給事中張學禮、行人王垓前往在案，故臣部郎中職名未曾開列。其六科行人司未曾開送官員，有何事故，查明開送，移文去後。今准六科手本内開，查舊例，順治十一年封琉球國王，六科開送散給事中六員，相應照例開送等語。又准行人司手本内開，司正、司副、行人共十四員，内有出差四員，其餘官員因染病未曾開送，今據開送等語。臣部郎中四員、員外二員、主事四員，員外郎一員，闕差一員，缺未補主事一員，降級調用主事二員，因有會試提調事宜，未曾開列。臣部先將郎中及會試同考官員並出差官員俱未開列。今因會試事畢，將翰林院編修六員、檢討三員、臣部郎中四員、主事二員，户禮刑三科給事中三員，行人司衙門官七員，一併增加開列，應遣正、副使官二員，臣等未敢擅便，謹題請旨。康熙二十一年三月初二日題，本月十九日奉旨：「關係出使外國，着九卿、詹事、科道會推具奏。」

禮部謹題，爲懇查封典成例，以彰皇恩，以全使臣歸國事。禮科抄出該臣部題前事，内開禮科抄出臣部將琉球國貢使毛見龍等呈前事等因，開列職名，于康熙二十一年三月初二日題，本月十九日奉旨：「關係出使外國，着九卿、詹事、科道會推具奏。」欽此。欽遵于本月二十日到部。該臣等公同會推得，琉球國應差部院衙門官員内翰林院檢討汪楫爲正使，内閣辦事中書舍人加一級林麟焻爲副使前去可也等因。康熙二十一年三月二十六日題，四月十四日奉旨：「遣汪楫爲正使，林麟焻爲副使。」

册封琉球國正使翰林院檢討臣汪楫等謹題，爲册封事關大典，奉使理宜詳慎，謹陳管見，仰冀睿裁事。我皇上文德武功，無遠弗届，域中既已大定，海外莫不歸誠。近者琉球請封，恩俞遣使。切炤本朝成例及故明《會典》，皆遣科員、行人爲正、副使，皇上以關係出使外國，特命九卿、詹事、科道會推，臣等樗櫟散材，濫叨衆舉，欽承特簡，不敢畏難，祇愧專對之無能，敢謂涓埃之可效。除應行舊典，已經部題請旨，俱照順治十一年之例欽遵在案。臣等不揣愚昧，謹將未盡事宜，臚列七條，爲我皇上陳之：

一、請頒御筆。皇上聖學開天，超絶萬古。現今遣官恭賫御筆，頒賜各省。臣愚以爲琉球國嚮化既久，夙稱守禮之邦，似應沛恩頒賜，俾海外臣民群瞻睿藻，亦亘古未有之盛事也。伏候上裁。

一、請諭祭海神。海神天妃靈感最著，已蒙皇上敕封。臣見萬曆四年使臣蕭崇業所刻《使琉球》一書，詔敕之外，即載有諭祭祈海神文、報海神文二道，確然可考。皇上懷柔百神，萬靈效順，似當照例祈報，以迓神庥。伏候上裁。

一、渡海之期。部議臣等至福建等候琉球進貢來使至京事畢，一同前往。但貢使今春方去，未必今冬即來，臣等既奉欽命，不敢觀望遷延。查順治七年，琉球進貢船隻飄没無踪，而現今又見部覆琉球阻風未返之難彜請給口糧豢養，可見海波最險，風信難憑，彼國貢使難望其剋期必到。臣請惟候渡海船隻及器用各事備齊，但有彼國鄉導，便可按期出洋，似不必專候貢使同往。庶公事得以早竣，廪給不致虚糜。伏候上裁。

一、請帶修船官匠一同渡海。大海茫茫，人惟以船爲命，若監造不力，修艌不固，萬一中流失事，則諉其過於風濤而已無與，非所以重大典也。臣請敕下福建督撫，第一以選船爲急務，無論造新修舊，務委廉幹官員，誠實工匠，料理堅好。臣等渡海即帶所委官匠一同前往，庶任事時各各經心，不敢以他人之性命爲輕試。而臣等仗皇上洪福，庶幾無意外之虞矣。伏候上裁。

一、請給關防。奉使海邦，遠涉異域，恐有章奏、文移，若無關防，何以爲信？查部文開載，如有奏請，許從該撫代奏。臣思即屬撫臣代奏，亦必據臣之咨文而後可以具題，若空白文移，從何稽查詐冒？况遠方或有見聞，誼當自行封奏，則關防實不可無，似宜鑄給以爲符驗者也。伏候上裁。

一、請酌定護送渡海官兵。臣謹按，《宋史》、《元史》及《廣輿圖考》諸書，琉球與彭湖島相望不遠，今爲海逆竊據，閩督臣姚啓聖等正在統兵進勦，仰藉皇上天威，知不日可以奏捷。但風帆瞬息千里，遊魂出没難防。臣等賫捧詔敕，理宜加慎。查故明承平之日，例撥官兵四百名護送，今止議撥二百名，應否酌增，以壯國威。伏候上裁。

一、請預支俸銀。舊例京官出差，其俸銀仍在京支給。但臣等遠使海外，與各差實實不同。目前既無以辦裝，而行後又難於領寄。查前此曾有籲借俸銀之例，臣等不揣，亦冒懇預支俸銀二年。應否照特賜品服頒給，悉出皇上隆恩，非臣等所敢擅必也。伏候上裁。

以上諸條，上關國體，下盡臣職。臣等既蒙任使，不敢不竭其愚，緣係條陳事宜，字多逾額，貼黄難盡，伏乞睿慈電鑒，敕部速議施行。爲此具本謹題請旨。奉旨：「該部議奏。」

禮部題，爲册封事關大典，奉使理宜詳慎，謹陳管見，仰冀睿裁事。禮科抄出翰林汪等題前事，奉旨：「該部議奏。」欽此。該臣等查得册封琉球國王正使汪等條奏，内開：一、請頒御筆一款。查得《會典》，御筆無賜給使臣帶往頒賜外國之例。今汪等所請之處，伏候上裁。一、請諭祭海神。查得《會典》，凡往封外國，無諭祭海神之例。又查琉球國尚質封王時，張學禮等册封前去，亦並無諭祭海神。其汪所請諭祭海神之處，應無庸議。一、請渡海之期。查得先經臣部具題，等候琉球國貢使，俟來使至京事畢，一同前往等因具題，奉旨：「依議。」欽此。遵行在案。查得水路與旱路不同，今汪等如遇進貢來使，在閩一同前往，來使倘已起身，仍炤前議，俟進貢來使一同前往。一、請給關防。查得《會典》，册封官員無頒給關防之例。又查往封琉球國尚質爲王，張學禮等請頒印信，臣部具題，如有奏請，許從該撫代奏，並無頒賜印信。今汪等現無别項理議事宜，雖有奏請，交與該撫代奏，未爲不便。其請給關防之處，無庸議。一、請帶修船官匠一同渡海。查得監修船隻官匠，應否一同遣發之處，事隸工部，應交與工部議奏。一、請酌定護送渡海官兵。查得所請增添官兵，事隸兵部，其應否增添之處，應交與兵部議奏。一、請炤現賜品服預支二年俸銀。查得職掌内無炤所賜品服頒給俸銀之例，其汪等所請預支二年俸銀，事隸户部，應否照原品預支俸銀之處，應交與户部議奏可也。奉旨：「這本内事情，爾部會同户、兵、工三部一併再議具奏。」

禮部題，爲册封事關大典，奉使理宜詳慎，謹陳管見，仰冀睿裁事。禮科抄出臣部覆翰林院汪等題前事，奉旨：「這本内事情，爾部會同户、兵、工三部一并再議具奏。」欽此。該臣等會同再議得：一、請頒御筆。查御筆頒賜外國，《會典》雖未開載，且皇上御書原以垂訓萬世，理應頒賜，俾海外臣民共沾聖教。至於御書頒賜何字之處，伏候上裁，俟命下給與汪等，頒賜琉球國世子尚貞。一、請諭祭海神。查得《會典》凡往封外國，並無諭神之例。但航海往封琉球，不比尋常差使，其所請諭祭海神之處，應行致祭，俟命下之日，祭文内閣撰擬，祭品交與該地方官員備辦。汪等至閩致祭起身。一、請渡海之期。仍照前議，如遇來使在閩一同前往，倘已起身，應俟進貢來使一同前往。一、請照現賜品級預支二年俸銀之處。查並無照所賜品服給與俸銀之例，汪等航海往封外國，非比尋常差使官員，應照伊原品級汪等給與二年俸銀，後將伊等俸銀扣除二年可也。一、請頒給關防之處。仍照前議，無庸議。一、請酌定增添護送渡海官兵之處。查順治十一年六月内，户、禮、兵、工四部會議具題，往封琉球國王張學禮等遣發官二員、兵二百名護送在案。今所請應添官兵之處，無庸議。一、請帶修船官匠一同渡海之處。查《會典》內前往外國封王官員並無帶修船官匠之例，即順治十一年間科臣張學禮等差往封琉球國之時，亦無帶修船官匠，所請修船官匠帶往之處，無庸議。奉旨：「依議。修船匠役准令酌量帶往。」

差回冊封琉球國王正使翰林院檢討臣汪楫等謹題，爲聖德與神庥交應，謹陳海道往返情形，仰祈慈鑒事。臣等一介小儒，遭逢聖主特允會推，遣使海外。臨軒天語如典如謨，臣等凜遵訓誨，恭捧御筆、詔敕及諭祭文三道，星馳赴閩。於二十二年六月二十日諭祭海神天妃於怡山院。是時東風正猛，群言夏汛已過，未易開洋。乃行禮甫畢，風聲忽轉，柁樓旌旗盡皆北向。臣等知屬天妃示異，決計放舟。二十三日辰刻遂出五虎門，過東沙山，一望茫茫，更無山影。日則雙魚導引，夜則萬鳥迴翔，助順效靈，不可殫述。以海道考之，二十四日當過小琉球、花瓶嶼、雞籠、淡水諸山，而是日辰刻已過彭佳山，酉刻已過釣魚嶼，不知諸山何時飛越。二十五日應見黃尾嶼，不知何以遂踰赤嶼。二十六日應見姑米山，又不知何以遂至馬齒山。此時琉球接封之陪臣惟恐突如入境，國中無所措手，再拜懇求暫泊嶴中，容其馳報。乃落篷而篷不得下，拋碇而碇不可留，瞬息已入琉球之那霸港，直達迎恩亭前矣。時方辰刻，距開洋僅三晝夜耳。臣等未經蹈險，視等尋常，而彼國臣民，莫不相看咋舌，群言自古迄今，未有神速如此者。昔稱聖人在上，海不揚波，今則聖人在上，海可飛渡，遠人駭嘆如此，臣不敢不據實奏聞。至於貧瘠小邦，常苦風旱。乃者典禮既竣，甘雨如傾，颶風不作，群忻足食。凡此天澤之應，何非聖德之感，洵足流光史册，焜燿千秋者也。臣等潔己勵衆，幸免愆尤。冬汛歸舟，還思利涉，而其時御筆、詔敕盡留海邦，百神呵護不可復冀，風濤震撼，浪與天高，掀簸無已，人皆顛覆。臣等當萬死一生之際，惟有忠誠自信，必無他虞，而烟灶盡委逝波，無由得窺彼岸。於是肅將簡命，共籲天妃，謂神既受封聖朝，自應佑臣返節。如其獲濟，當爲神乞春秋祀典，永戴皇恩。虔禱方終，神應如響。於時束桅之鐵箍已斷十三而桅不散，繫篷之頂繩一斷不可復續，而篷不墮，桅前之金栓摇裂踰尺而船不壞。有此三異，可驗神功。伏乞敕下禮臣議舉春秋二祭，着令地方官敬肅奉行，則海疆盡沐神庥，履坦無非聖澤矣。緣述海道往返情形，字多逾額，貼黄難盡，伏乞睿覽施行，爲此具本謹題請旨。奉旨：「該部議奏。」

差回册封琉球國王正使翰林院檢討臣汪楫等謹題，爲恭述遠人向化之誠，請賜就學，以廣文教事。臣等蒙皇上特簡，遠使琉球，海若效靈，三日飛渡。於是先行諭祭，再舉册封。儀注則更定加詳，國王亦奉行惟謹。至於拜瞻御筆，歡忭靡涯；祝問聖躬，雍容中節。邦名守禮，似屬非誣。臣等宣布德意，加惠小邦，不獨舉國傾心，即七島亦莫不慕化。國中舊無孔子廟，自康熙三年受封後，貢使時通，聲教漸被。十二年始建至聖廟於那霸之久米村，雖制多荒略，而意實可取。但苦地無明師，以故譽髦終鮮。臣等事竣將旋，中山王尚貞親詣館舍，酌酒祖道，令陪臣通事向臣等致詞曰：「海隅下國，遠被皇仁，宸翰褒嘉，綸音寵錫。惟期忠誠世守，仰答天心。但僻處彈丸，常慚鄙陋。執經無地，向學有心。稽之明代，洪武、永樂年間，常遣本國生徒入國子監讀書。今皇上聖學高深，超邁萬古，願令陪臣子弟四人赴京受業，敢祈天使轉奏，不勝悚企。臣等居常披覽前史，見有外國就學成均者，常嘆爲千秋盛事。今皇上文德覃敷，無遠弗屆，是以聲教四訖，薄海同風。伏乞俯鑒遠人向化之誠，用廣盛代文明之治，敕部確議，則辟雍鐘鼓之地，又增獻奇納質之徒，行見日月出入之鄉，無不朝宗恐後矣。伏乞睿覽施行，爲此具本謹題請旨。奉旨：「該部議奏。」

禮部謹題，爲聖德與神庥交應，謹陳海道往返情形，仰祈慈鑒事。該臣等議得，翰林院檢討汪等疏稱，諭祭海神時，東風正猛，未易開洋，行禮甫畢，風聲忽轉。及冬汛歸舟，風濤震撼，浪與天高，於是肅將簡命，共籲天妃，如其獲濟，當爲神乞春秋祀典。虔禱方終，神應如響。伏乞敕下禮臣，議舉春秋二祭等語。查得康熙十九年，據福建提督萬正色奏，請封祀天妃，臣部題覆，照永樂年間封爲護國庇民妙靈昭應弘仁普濟天妃，遣官獻香帛，讀文致祭在案。查祀典，嶽瀆諸神，載有春、秋二祭。又康熙十二年二月内，雞公山廟神奉特旨着該地方官每年春、秋二次致祭。此外如敕封黄河、運河、洞庭湖等神，俱無春、秋二祭之例。今檢討汪等奏請海神天妃春秋祀典之處，應無庸議可也。康熙二十三年六月初六日題，奉旨：「依議。」

禮部謹題，爲恭述遠人向化之誠，請賜就學，以廣文教事。欽惟皇上聖德誕敷，仁風翔洽，宸章御藻，光被遐陬，薄海内外，罔不嚮化輸誠，欣承文教。兹册封琉球國王使臣翰林院檢討汪等疏稱，事竣將旋，中山王尚貞親詣館舍，令陪臣致詞，言：下國僻處彈丸，常慚鄙陋，執經無地，嚮學有心。稽明洪武、永樂年間，常遣本國生徒入國子監讀書。今願令陪臣子弟四人赴京受業等語。考之史册，唐貞觀中興學校，新羅、百濟俱遣子入學。琉球自明初始内附，《會典》載大琉球國朝貢不時，王子及陪臣之子皆入太學讀書，禮待甚厚。又載洪武、永樂、宣德、成化間，琉球官生俱入監讀書。今該國王尚貞以本國遠被皇仁，傾心向學，懇祈使臣汪等轉奏，願令陪臣子弟四人赴京受業，應准所請，聽其陪臣子弟入監讀書。應行事宜，俟到日再議題請可也。康熙二十三年六月初六日題，奉旨：「依議。」

琉球國中山王臣尚貞謹奏，爲恭謝天恩兼陳封舟瑞應，以慰睿懷，以彰使節事。臣貞彈丸小國，僻處海隅，感沐皇仁，已經再世。蒙天恩特遣正使翰林院檢討汪楫、副使内閣中書舍人加一級林麟焻，賫捧詔敕、幣帛，封臣貞爲琉球國中山王。臣與通國臣民，恭設香案，叩頭跪聽宣讀畢，又蒙皇上特恩賜臣御筆，煌煌天翰，遥頒小邦，榮光燭天，不特臣守藩之爲榮，即奕世之爲光矣。臣歷查前代請封，雖蒙恩准遣使，而奉命以後，每遲至三四年而後臨臣國，甚有十餘年而後臨臣國者。如前封順治十一年遣使，直至康熙二年始臨臣國。若使臣汪楫、林麟焻之朝拜命而夕就道，且當海疆多事之時，衝風冒險而來，從前所未有也。更有未見之瑞應，不敢不爲我皇上陳之。臣國僻在海東，去中國不可以道里計。往者封舟開駕，惟恃西南風而行，中道絶無停泊之處。故二三十日而至者有之，月餘而後至者有之，甚至水米俱盡，更有不可言者，從未有自五虎門開洋三晝夜而達小國者也。臣差有大夫、通事、舵工、夥長迎護封舟渡海，親見舟行之際，萬鳥繞篷而飛，兩魚夾舟而送，經過之處，恍若夢寐，不知已抵琉球内地矣。通國耆老臣民，無不以爲此開闢以來所未有，不啻從天而降也。此皆皇上之文德功烈，格天感神，且有御筆在船，所以有如此之瑞應也。臣自受封以後，颶風不作，雨澤應期，五穀有收，窮民得食，臣身亦加安泰，此皆皇上之恩賜也。而兩使臣之克副任使，真不愧皇上之特簡矣。臣以爲宜宣付史館，記載其事，以彰盛朝之瑞應，以紀皇上之實政也。至兩使臣成勞議叙，知皇上自有鑒裁，非臣所敢妄奏。但查前封使臣張學禮等以數年渡海，經臣奏請，蒙加復職之恩，則今日之兩使臣，勤勞茂著，似不可不從優議叙，以勵臣工者也。至於皇上所頒詔敕，臣懇留爲傳國之寶，已經兩使臣查驗前封卷軸，付臣一併珍藏，理合題明。皇上所頒御筆，臣舉國瞻仰，惟有舞蹈歡忻，不能仰酬萬一。奉上土産物件，少佈涓滴微忱，統祈慈鑒。爲此具本，特差法司王舅毛國珍、紫金大夫王明佐、使者昌威、都通事曾益等官，賫奏謝恩。臣無任激切屏營之至，謹上奏聞。奉旨：「覽王奏謝，知道了。餘着議奏。」

琉球國中山王臣尚貞奏，爲頒封事竣，懇存舊禮，以勞使臣事。康熙二十二年，蒙欽差正使翰林院檢討汪楫，副使内閣中書舍人加一級林麟焻，捧頒詔敕，允臣嗣封。又蒙御筆輝煌山川，烜耀物色，更新號令，從兹伊始，此誠天朝之殊恩，而臣貞曠世之奇遇也。切惟皇上覆載無外，覃恩於弱小之邦；使臣衝風破浪，艱險驚虞，莫此爲甚。使臣入國以來，減免供應，約束兵役，舉國無不感仰。所愧臣國荒野，無以將敬，故於宴款之際，代物以金。雖自知乎菲薄，實世緣以爲例。乃辱二使臣屢辭，往返再三，堅持大義，固卻不受。在二使臣冰兢自矢，允矣有耻，不辱爲聖朝使節之光矣。但念二使臣間關勞瘁，遠涉萬里風濤，實爲臣躬之故，藉物表敬，禮不將儀，心切難安。臣臨行復將屢宴前金特遣法司、大夫、長史等官專送懇受，不意二使臣復遣送還，清白之操，可謂終始靡間。獨是微臣酬德報功，莫展萬一，殊慚舊禮有缺，微敬莫伸。謹將送還屢次宴金二封共計一百九十二兩，具本特遣謝恩官法司王舅毛國珍、紫金大夫王明佐等順賫奏聞，懇乞聖恩，敕賜二使臣收受。臣貞不勝惶恐激切之至。奉旨：「該部議奏。」

禮部爲恭謝天恩，兼陳封舟瑞應，以慰睿懷，以彰使節事。該臣等議得，琉球國中山王尚貞奏稱，使臣汪楫、林麟焻自五虎門開洋，三晝夜而達小國，臣差有大夫、通事、舵工、夥長迎護封舟渡海，親見舟行之際，萬鳥繞篷而飛，兩魚夾舟而送，此皆皇上之文德功烈，格天感神，且有御筆在船，所以有如此之瑞應也。而兩使臣之克副任使，真不愧皇上之特簡矣。臣以爲宜宣付史館，記載其事，以彰盛朝之瑞應，以紀皇上之實政。前封使張學禮等以數年渡海，經臣奏請，蒙加復職之恩，則今日之使臣勤勞茂著，似不可不從優議叙等語。查使臣汪楫等自五虎門開洋，三晝夜即抵琉球，實荷皇上德澤遠敷，恩翔殊域，御書頒發，光被海邦，故神祇庇佑，著有瑞應，允宜載之史册，垂示無窮。又查前使臣張學禮等原係革職之官，曾交吏部議復原任。今汪楫、林麟焻非張學禮等可比，其奏請議叙之處，無容議。又奏稱皇上所頒詔敕，臣懇留爲傳國之寶，已經兩使臣查驗前封卷軸，付臣一併珍藏，理合題明等語。查康熙三年册封琉球國王尚質，該國王請將所頒敕諭留爲傳國之寶，臣部具題准留。今該國王尚貞奏請皇上所頒詔敕留爲傳國之寶前來，相應如其所請可也。謹題請旨。康熙二十三年七月二十六日題。八月初七日，奉旨：「汪楫等奉使琉球，往回甚速，黽勉盡職可嘉，着吏部議叙具奏。餘依議。」

禮部爲頒封事竣，懇存舊禮，以勞使臣事。該臣等議得，琉球國王尚貞疏稱，册封使臣汪楫、林麟焻間關勞瘁，遠涉萬里風濤，實爲臣躬之故，藉物表敬，禮不將儀，心竊難安。至臨行時復將屢宴前金特差法司、大夫、長史等官專送懇受，不意二使臣復遣送還。清白之操，可謂始終靡間。謹將送還屢次宴金二封共計一百九十二兩，具本附遣謝恩官法司王舅毛國珍、紫金大夫王明佐等順賫奏聞，懇乞聖恩敕賜二使臣收受等語。查康熙三年張學禮、王垓爲册封琉球國王，該王送與布各五十疋，扇各五十把，烟各五十匣，小刀各十把，俱係小物，已經收受，其金退回。臣部因布疋等物既經收受，其金不便議准收受等因具題。奉旨這琉球國所與宴金仍着使臣收受等因，欽遵在案。臣部隨問汪楫、林麟焻，除宴金外別有餽物否。據稱送蕉布各五十疋，小刀各十把，扇各五十把，烟各五十匣，因係小物，俱經收受，其宴金退回等語。布疋等物，既經收訖，其金仍不便議准收受。臣等未敢擅便，謹題請旨。奉旨：「這琉球國所與宴金，仍着使臣收受。」

福撫金題，爲册封事關大典等事。該臣看得册封琉球國王使臣汪楫等抵閩，備辦供應隨船各物，據藩司詳稱，此番一切動用，奉行部減，較前省約甚多。製造船上旗幟、御筆扁額，隨船帶往過海物料、祭品、廪給、工食等項，核實用銀九百二十三兩，米三十三石，價銀三十二兩，通共用銀九百五十五兩五錢零，造册詳銷。臣覆核無異，除册送部外，謹題請旨。奉旨：「着察核，該部知道。」

户部題，爲册封事關大典，奉使理宜詳慎，謹陳管見，仰冀睿裁事。禮科抄出福撫金題前事，奉旨：「着察核，該部知道。」欽此。該臣等查得，福撫金將册封琉球國王正使汪等到閩支過廪給口糧併製造船上旗幟、御筆扁額，帶往過海物料等項，價值共銀九百五十五兩五錢零，造册具題前來。查册開供應過廪給口糧銀六百八十八兩七分零，咨查兵部去後，今准回稱，與勘合牌内所填數目相符等語。又浦城、甌寧、南平、侯官、閩縣供應過行糧粟米三十三石九斗一升零，每石價銀六錢一分至一兩五分零，比單璧等查回價值低賤，應准開銷。又製造旗幟、扁額，修船釘油，并帶去藥味等項，共用銀二百三十五兩一錢二分零。查奉旨准帶醫生、木匠，該撫既稱此帶往藥料節省供應，無庸議者也。奉旨：「依議。」

翰林院檢討臣汪楫等奏，爲遵旨進書，瀝陳下情，仰祈慈鑒事。臣等奉使琉球，仰賴聖德孚天，往返得無濡滯，一應節省錢糧，有福建巡撫金題報在案。宣恩海外，有琉球國王尚貞奏聞在案。臣等不敢瑣陳。昨復命陛見，慶天顔之再覩，幸清問之重聆。温旨賜茶，恩榮無既。嗣蒙内閣傳諭，命臣等繕進

《沿革志》及《雜録》二書。臣楫備員史職，分所當爲，但草創有稿，而詮次未就，况聖學之高深已極，而臣愚之紀載多疎，非徐加修飾，曷敢率呈睿覽。已經面瀆宸聽，乃今復蒙宣諭，拜命之際，實切悚惶。伏念臣楫歸舟遭險，失血盆餘，病骨支離，未敢暫息，旋即兼程踰嶺，行次浙江，臣本生母閔氏遣家人來迎，始知臣本生父汪汝蕃已于去年八月在籍身故。臣突聞此信，五内寸裂，搥心迸血，不知所爲。緣臣母急望臣歸，不得不强勉視息，及匍匐抵家，而臣母尫羸已極，抱臣一慟，不十餘日又復長逝。臣于斯時，實無生理。當經具呈原任江南巡撫余懇乞代題治喪。撫臣以復命爲重，敦迫就道。陛見之時，既不敢驟及私情，奉命而後又不敢不勉完公務。俟另具呈吏部代題，懇恩治喪外，今力疾詮次繕就《中山沿革志》二卷、《使琉球雜録》五卷，恭賫進呈。其《中山沿革》或用補故府之遺，《琉球雜録》聊以正往籍之誤。但愧潦草淺陋，不足當聖明觀覽。惟冀皇上憐其荒迷，恕其朴略，則天度包容，臣等感戴皇仁于永永矣。爲此具本謹具奏聞。奉旨：「該部知道。書留覽。」

附録一　傳記

通奉大夫福建布政司使内陞汪公墓表

朱彝尊

公諱楫，字舟次。世居徽州休寧縣，至曾祖考某遷江都。公幼補學官弟子，既而屢試有司不遇，以貢署贛榆儒學訓導。會天子特開博學宏詞科，徵文學之士備顧問著作之選，於是巡撫江南靜寧慕公天顔以公名應詔。康熙十有八年三月朔，召試體仁閣下。大官具酒饌，授几坐，譔罷，公賦就纚纚千餘言，詩獨用險韻，天子拔置一等，授翰林院檢討，充《明史》纂修官，開局東安門内。公請監修總裁官仿宋李燾先撰長編，然後作史。乃取崇禎十七年事，凡詔諭、奏議、文集、邸報、家傳，輯爲長編，由是十六朝史材皆備。

二十一年春，琉球國王表請封爵。舊典用給事中、行人各一員往，天子重其選，特命廷臣會推可使者以聞。入朝人多，俛首畏縮，公鶴立班中，大臣遂以公對，充正使，賜一品服。臨發，公詣闕上言七事，其一謂本朝文教誕敷，皇上方頒御書于封疆大吏，宜并及海外屬國。禮部以無故事，持不可，天子特允四條，給鑾仗之半，縹囊鈿函，賫宸翰以往。既達螺江，釃酒梅花洋，百神衛護。帆開風便，七日抵彭湖島。中山王率所部郊迎，公諭以天子威德，王及臣民小大稽首，陳天書殿中，告諸宗廟。琉球自隋始通道，明初析而爲三，其後山北、山南復合于中山爲一，分合之故，史不能詳，公思采入《明史》，乃入廟觀所立主，一一默識之，撰《中山沿革志》二卷。又述其山川、風俗、禮儀爲《琉球使録》〔五〕卷。國王之讌公也，酒半手自彈琴以悦公。公故善樂律，與譚長清短側之辨，王大悦服。及請公書殿牓，公縱筆爲擘窠書，王大驚以爲神。國雖有孔子廟，庳陋將圮，公俾修治，既成，爲文刊諸石上，頌天子神聖，聲教洋溢海外，繇是國人知學。使還，國王例有餽，王重公有加禮，却不受，朝命受之，乃受。因奏琉球子弟願入國學，天子允之。以公奉使盡職，從優議敘，俾宫坊官缺出用。適聞本生祖考訃，乞歸治喪，里居三年，始就京師補原官。

是冬天子加意民牧，思得良二千石以爲表率，乃以公出知河南府事，治績爲中州最。擢福建按察使司，後三年轉布政司使。莅官五載，民戴其德。誥授通奉大夫，召入京師，將擢卿寺，公以疾告。屬車南巡，猶强起迎于宿遷，駕至揚州，衣朝衣伏道左，天子熟視曰：「汝老邪？朕幾不識卿矣。」宣賜御書。未幾卒，年六十有四。

公少與三原孫枝蔚、泰州吴嘉紀齊負詩名，所作務去陳言，盤硬語，又不墮澀體，見者比之斬新花蕊。書法以骨勝，得楊凝式、米芾之神。自守郡後，躬親判牘，吟咏漸寡。然海内稱詩者數當代大小雅材，必爲公屈一指焉。所著有《悔齋集》。

公之通籍也，同日入翰林者五十人，予亦與焉。久之，睢州湯公斌由内閣學士巡撫江南，風俗移易，民之頌德不衰。公繼爲廉吏，明刑敷政，而又奉使絶徼，擅言語之科，可不謂難焉。表諸墓，庶後之尚論者以制科爲可行，匪獨文學之選已爾。

（四部叢刊本《曝書亭集》卷七十三）

清史稿汪楫傳

汪楫，字舟次，江都人，原籍休寧。性伉直，意氣偉然。始以歲貢生署贛榆訓導。應鴻博，授檢討，入史館。言於總裁，先仿宋李燾《長編》，彙集詔諭、奏議、邸報之屬，由是史材皆備。二十一年，充册封琉球正使，宣布威德。瀕行，不受例餽，國人建卻金亭志之。歸撰《使琉球録》，載禮儀暨山川景物。又因諭祭故王，入其廟，默識所立主，兼得《琉球世纘圖》，參之明代事實，詮次爲《中山沿革志》。出知河南府，置學田，嵩陽書院聘儋事耿介主講席。治行爲中州最。擢福建按察使，遷布政使。楫少工詩，與三原孫枝蔚、泰州吴嘉紀齊名。有《悔齋集》、《觀海集》。

（中華書局校點本《清史稿》卷四百八十四《文苑傳》一）

附録二　贈送詩文

送汪舟次檢討使琉球四十韻

尤侗

帝德敷干羽，王圖集共球。職方通寄象，封典及流虬。古名流虬，如虬浮水中也。天子咨專使，廷臣相遠侯。官宜太史筆，人是巨川舟。汪名楫。容貌夔龍偉，言辭僑肸優。皇華持漢節，吉日佩吴鈎。祖道儀章重，臨軒錫予稠。頭銜一品服，傔從五花騮。孔翠承高蓋，交龍樹曲斿。朝衣辭北極，鹵簿指東甌。六月同車馬，雙星入女牛。副使林玉岩中翰。風師吹喜氣，海若送安流。遂自梅花所，遥臨古米洲。雲端仙子降，天末遠人柔。長史迎牙纛，番君拜冕旒。國門歡會啓，宫井瑞煙浮。彩扇葫蘆貼，金簪瑪瑙鏤。雕翎文在手，結髻錦纏頭。箬笠垂環具，犀渠繫蒯緱。四時蕉爛熳，萬户鳥鈎輈。食祇炊螺殼，居寧聚髑髏。擊刁童子舞，帶草女君謳。嚼米成奇醞，團酏佐庶羞。法筵天界廣，宴席水亭幽。戲任龍標競，文從太學搜。敕書金匱襲，賜物玉杯酬。明武宗舊賜玉杯。七島遺風在，三山故老留。賦詩題館閣，記事載軒輶。能却千金贈，何辭萬里游。宗生真破浪，尼父亦乘桴。忠信符潮汐，威嚴退石尤。雲霞依畫鷁，蛟蜃擁層樓。捩柁暹羅望，二國名。迴飄旗鼓收。二山名。蠻邦觀禮樂，澤國歷春秋。争艷才名盛，因知文德修。椒蘇充貢舶，翰墨定邊籌。小嶼環天闕，洪波達御溝。勳勞傳禁掖，姓字動遐陬。馬上黄羅帕，車中紫綺裘。歸來歌燕喜，鼓吹滿揚州。

（清順治刊本《西堂詩集·於京集》卷五）

送汪悔齋使琉球

吴嘉紀

異域需新命，朝端餞遠行。路從雲際下，人過竹西榮。悔齋家廣陵。鴈鶩歡徒御，關河别弟兄。中原樹靉靉，回首若爲情。

又

使命儒臣重，推尊衆議同。節臨尚氏國，帆滿鄭公風。忠信魚龍衛，遐荒雨露通。舟人笑相指，黿鼊海波中。黿鼊嶼在琉球國西。

又

渺渺仙舟遠，翩翩彩斾揚。東南心眼闊，中外姓名香。始快鯤鵬意，誰言天海長。共瞻上國使，文德布殊方。

又

波濤休遠駕，島嶼繫孤槎。傍日承恩國，含煙迓客花。蔗馨濃酒熟，螺飾舞衣華。景物争芳夜，歡娱未有涯。

又

漢字咸來問，雲車試一停。教行守禮俗，人祝使臣星。海色三峰秀，松陰四境青。廉名知久著，不羡却金亭。

又

舉步中山頂，披襟四望時。看君何縹緲，念我未追隨。痛飲婦人釀，其俗婦人嚼米釀酒。獨吟才子詩。蕃王供翰墨，醉態想淋漓。

又

雲路達三島，王程經兩淮。素交猶在目，緑酒暫相偕。自愧星霜鬢，餘生齷齪懷。煩君語仙鶴，雞鶩戀藩柴。

又

亦既竣公事，願言還故郊。祖筵精製饌，嬌媛自臨庖。海舶飛天際，閩峰見樹梢。囊中蕉布在，歸以贈貧交。

（清道光刊本《陋軒詩》卷十一）

送汪舟次檢討册封琉球

施閏章

九州丘垤海爲坳，人生牖下如蠐螬。眼前馬首皆風濤，恨不乘槎萬里潮。海隅日出歸神堯，分圭錫命仰天朝。皇華特簡稱人豪，諸侯負弩擁星軺。牙檣錦纜隨靈飈，如山巨艦輕鴻毛。玉節龍旂光氣高，鞭蛟馭螭不敢驕。島嶼蒼茫紛動摇，扶桑咫尺森高標。安期松子來招要，珠宫貝闕浮烟霄。横空鰲背凌山椒，噴沫長鯨風雨交。伐鼓中流吹玉簫，淵客陽侯驚叫號。天清浪静無塵囂，澄波萬頃堆瓊瑶。鮫人出舞呈冰綃，殊方屬國迎旌旄。曰臣北面瞻斗杓，厥貢珊瑚兼寶刀。任生長嘯且釣鼇，閒看風物紀風謡。往來破浪歌蘭橈，《海賦》玄虚將見嘲。

（清康乾間施氏刻本《學餘堂詩集》卷二十三）

送林石來舍人册封琉球

施閏章

東南海色遠蒼蒼，萬里風帆接混茫。錫命殊方還帶礪，共球屢世效梯航。璽書氣壓蛟龍静，蜃閣光連島嶼長。莫畏波濤苦離索，王程先喜到家鄉。

（清康乾間施氏刻本《學餘堂詩集》卷四十二）

送汪舟次檢討册封琉球

沈進

殊命今重錫，中山豈外臣。已知同覆載，况乃荷陶鈞。卉服通南紀，滄溟拱北辰。從兹宣德意，一洗小邦新。

周南太史氏，禹穴僅探奇。絶島曾無跡，遐陬未勒碑。聖朝收屬國，詔使重陳詩。禮法行應辨，非惟問土宜。

（清乾隆寸碧山堂刊本《梅會詩選》二集卷十一）

送汪舟次太史奉使中山

吴綺

諭蜀何煩羡馬卿，緋驂夾道送君行。裝從南越臺前盛，文向東坡海外成。島嶼豈期才子見，波濤終爲聖人平。獨憐異國相思處，萬里蓬壺月又生。

（清康熙吴氏家刻本《林蕙堂集》卷二十）

送汪舟次册封琉球

孫枝蔚

兵威昨已靖蠻陬，萬國今看若綴旒。宫錦仙人辭殿陛，皇華使者向琉球。相如只草巴中檄，太史應輸海外遊。爲問却金亭在否，清名期爾並前修。

暫逢親舊去驂停，預擬揚帆島嶼青。囑指何煩防海怪，孫次知飛魚詩注云：舟人見海怪則囑指注血於波中，其怪乃没。回頭自認是文星。不因奉使同西漢，誰信飛鵬起北溟。旌節蚤臨尚氏土，皇猷好使外藩聽。

（清康熙刊本《溉堂後集》卷四）

聞汪舟次楫出使琉球

顧景星

慷慨汪郎出使時，天風玉節手親持。殷勤餞遍長安句，未得儂家一首詩。

（清乾隆刊本《白茅堂集》卷二十二）

送汪舟次檢討奉使册封琉球

丁澎

孤懸鼊嶼海涯間，襟帶窮荒控百蠻。已奉春秋知正朔，何年南北併中山。自天宸翰龍鱗動，繞日珠旓豹尾班。底事皇華念將母，乘風歸路指刀環。

（清乾隆刊《國朝詩别裁集》卷四）

送汪檢討林舍人奉使琉球册封中山王四首

毛奇齡

水國稱藩遠，儒臣奉使遥。玉函天外啓，金節日南標。鯨路開雲驛，虹旗結海橋。殊方倘懷闕，萬里趁歸潮。

二

北顧敷文命，東行載德音。片帆沙際急，孤島霧中深。天賚三繅玉，波涵萬頃金。針槃隨所向，總見使臣心。

三

鳳詔從天下，鵬程擊水飛。封留傳世寶，到着賜時衣。蜃氣看成幄，鮫人喜下機。主賓迎饗後，頫首奉恩輝。

四

荒服行人罕，還朝觀禮成。高風占使節，落日驗歸程。晚向龍宫别，春從鰲背生。蠻方書帶礪，敢不藉芳名。

（清康熙書留草堂刊本《西河文集》卷一七三）

送汪悔齋同年奉使琉球

嚴繩孫

憶昨元會日，玉陛羅四裔。側見中山人，遠自重譯至。纏頭尺帛黄，拜舞乃不異。其王昔歸化，保世遂及嗣。抗表請朝命，天子嘉其義。畀之紫泥封，爲擇皇華使。鄭重詔九棘，屢集金門議。海國遣詞臣，昭代未有例。吾聞重溟險，萬里若鳥逝。日月互吐納，合散在一氣。吹澇見移鯨，山嶽□易置。天琛與水怪，包舉及瑣細。行子凌窮髮，脱身信遐厲。行坐覘五兩，一失不可紀。況聞田横首，魏闕未旋繫。島嶼憤所歷，何年掃氛翳。當時語風濤，人盡爰居避。汪子軒然來，用舍非所計。春卿一顧起，遑復問其次。副以薇省郎，明朝入封事。九重親試人，由來識名字。便宜所陳章，一一經睿思。上許扶桑東，永鎮扆章麗。下軫風波情，宛轉及廪賜。車服何輝赫，公侯良不啻。麒麟織成錦，寶帶垂緑綟。天仗引華芝，簫笳列横吹。每逢疲馬間，覺我神明弊。喧闐青綺門，出祖恐無地。子行拜嘉慶，庶展平生志。稱觴歡父老，負弩驅長吏。一深捧檄情，敢後叱馭意。此邦秉聲教，祇事故弗替。要使識皇仁，不共珠厓棄。使君挺高標，氣與秋旻霽。一段生黄金，逡巡敢前致。久歷厭人情，山川起睚眦。何況絶島間，飄飄一秋蔕。天生當世才，會必有所試。所幸明膏煎，無爲多才累。共通金閨籍，結好踰兄弟。風雨此爲别，何當望歸枻。差池悲世網，哀樂傷中歲。情知萬里行，更執臨岐袂。西風吹我心，逐子去安税。理我五湖帆，相逢始成醉。

（清康熙刊本《秋水集》卷六）

嚴秋水餞別圖諸鴻博題詠書畫卷

嚴繩孫等

手奉天書出帝京，吟朋餞別話深更。去從馬齒看山色，喜有賢王立馬迎。壬戌之秋，悔齋年長兄奉使琉球，諸同年賦詩餞別，余因寫此圖并題短句求正。勾吴弟嚴繩孫。

奉送悔翁年長兄使琉球二首即請教正

蹔輟鑾坡草，還乘博望槎。文章傳海外，名字滿天涯。人地堪華國，王程得過家。繡衣歸省日，晝錦未須誇。

見説高華嶼，南行只片帆。土風宜稻黍，方物有楓杉。候吏迎仙棹，詞臣領畫函。好將柔遠意，霑灑及嵁巖。海鹽弟彭孫遹。

奉送悔齋年長兄使琉球二首並請教正

暫輟含香直曉班，金符玉節下閩關。日繞五文皆御氣，海浮一髮是中山。風霆夜護鑾龍簡，雲霧朝披玉雪顔。聖主恩深及海外，薇垣隔歲望君還。

琉球遠接扶桑國，萬里波濤此去看。嶼轉梅花吞倒景，洋開黑水盡驚湍。長鯨鼓浪雲垂墨，老蚌含珠夜吐丹。身到南溟瞻北斗，珮聲猶憶鳳樓寒。秣陵弟倪燦。

聖世務懷柔，駿烈被遐壤。窮裔通王會，梯航盡來享。中山東海隅，天威素崇仰。數因朝貢至，舟溯滄溟廣。我皇湛殊恩，册遣使臣往。石渠采儁彦，臨軒副宸想。萬里揚德音，悠哉念鞅掌。

三山渺何際，仗節辭神京。内顧無所私，慷慨壯兹行。青門張祖席，騶從何縱橫。握手賦驪歌，寸心共杯傾。皇路固逶迤，丈夫志遐征。崔巍凌閩嶠，浩蕩觀蓬瀛。乘風指華嶼，長嘯雲霞生。

彭島插東溟，嵚嵚出馬齒。代産名賢王，羽冠素守禮。瞻雲拜璽書，卉服謁天使。天使蘭臺選，亭亭玉山峙。丰采照鬚眉，揮翰雲滿紙。絶域激清風，宣威信良史。聞有却金亭，巋然立山址。海邦豈不遠，去去凌洪濤。石華俯可拾，列嶂撐天高。蛟龍彌爪鬣，天吴晝潛逃。始知聖朝使，萬靈護旌旄。照乘非所珍，焉貴雉與獒。臣職佐修文，袞衣勵貞操。歸來報天子，坐論嘉謨勞。里言四首送悔翁年長兄并正。晉陵弟周清原。

壬戌新秋偕諸同年送別悔齋年長兄奉使册封琉球公讌序

蓋聞誦詩專對，傳稱大夫之材；投筆從征，史紀封侯之相。張騫星槎之使，宋雲葱嶺之行。競説奇踪，争侈遠駕。要其津涯易測，軌轍可尋，邃古相傳，於今爲烈。若乃綜《爾雅》以名四海，超《禹貢》而大九州。宇宙太和，乃聞重譯之使；車書混一，始成王會之圖。章亥之所莫步，羲和之所未宅。天關雷動，地軸飈迴。群飛洶湧，忽作恬波；六種震驚，皆爲安土。生聖德神功之世，負超山越海之奇。赫矣休乎，皇哉盛矣！我國家蕩平反側，雨露群生。惟居重以馭輕，乃平天而成地。光華日月，奠定山川。包含九有，悉主悉臣；參贊二儀，職幬職載。至於東漸烏弋，西極白狼，高柳生風，扶桑御日。莫不編名鴻署，輸賮象胥，委質古人，徵歌槃木。固已尉候定其朔南，梯航窮其水陸矣。惟琉球之一區，泛重溟而萬里。途經閩嶠，形恍惚於鼓山；粵接離倚，勢縈迴於彭島。地方千里，君長歷年。昔者三姓分雄，今則一王合併。有如新羅、百濟，共入句驪；苴緬、哀牢，同歸南詔。值新君之嗣位，主厥鬯卣；戢天子之明威，倫兹冠帶。厥辟引領於渤澥，陪臣拜手於闕庭。如綍如綸，慕王言之下勞；爲英爲蕩，期使節之特將。皇帝於是其難其慎，爰度爰咨。魯論稱四方之才，居孝弟之上；漢詔舉使絶國者，與將相同科。誰是終童、賈傅之資，足當陸賈、相如之任。一時廷臣，共推翰林檢討汪子楫爲正使，中書舍人林子麟焻副焉。汪子孝友傳家，文章華國。悟易簡而出險阻，憑忠信以涉風濤。一日科頭，尚無管寧之過；千人投足，寧同徐市之求。王尊效忠，乃抗詞於叱馭；仲由稱勇，亦慰志於乘桴。雖落落之懷應求匪易，而温温之度唱和有人。爰輟紫薇之班，來作玉堂之介。水衡錫之内府，禄滿三周；金縷出自上方，榮躋九命。御書高捧，鸞騫鳳翥之華；宸翰遐頒，飛鵠潛虯之勢。綈帆絲纜，無非玉府之縑；雪戟霜戈，並是雲臺之仗。於時天威熚赫，地勢安貞。百谷之王，同四靈而效順；群陰之長，統萬派以朝宗。波臣、潮使，相率歸心；龍伯、鮫人，咸爲稽首。不逢不若，長絶神奸。罔象潛其當蹊，天吴讋其邀路。温嶠燭怪，不藉燃犀；歐冶鑄金，允堪剸兕。爾乃乘風破浪，似傍青霄；掛席凌霞，如遊明月。晝草元虚之賦，宵繙曼倩之書。湍迴則日月如驚，浪轉而星河欲動。才人屬目，便是奇觀；名士攖懷，無非勝境。殊疆草木，咸來博望之林；徼外山川，盡入形方之志。於焉針分甲乙，道經赤坎、黄麻；船避礁磡，山有雞籠、馬岊。從此宣九重之威德，昭萬里之神明。裔王傳告夫種人，庶族長思爲臣僕。覩篇章而横錦，群驚中土之華；聞言論以成珠，共仰九天之唾。丈夫壯志，於此云酬；昆友素心，還深屬望。向者鹽車久困，不徒邀苜蓿之盤；豈今龍節驟膺，肯僅索葡萄之種。屬者海外餘氛，島濱延息。渠魁雖殪，遺孽猶存。四十載之逋誅，妖同孫泰；五百人之嘯聚，節豈田横。曾豨突於江潯，間鴟張於吴會。屢頓水犀之甲，時勞組練之師。東南杼柚之空，無非爲此；江左衣冠之禍，靡不由之。近者克平金廈，漸撤藩籬。議勦臺灣，未窮巢窟。庶其參卿軍事，張我天威。苟利社稷，不辭出境之專；相彼情形，或收屬國之效。約束蛟鼉，不煩秦濟之陳詞；京觀鯨鯢，肯許盧循之續命。豈如捐之建議，徒棄珠崖；滕畯邀功，但盟林邑已哉！兹者成行有日，祖道盈庭。連枝非行路之人，同調有天倫之樂。離歌頻唤，不聞變徵之聲；別酒時行，間有清商之奏。長湄遠曲，豈似江淹；崎路河梁，非同蘇武。實良遊之可羨，徒惆悵其奚爲。况乃資父事君，雖王程之不宿；移忠作孝，暫子舍之堪娱。始出名都，好奉天孫之錦；言經故里，適觀揚子之濤。惟申繾綣之懷，庶幾贈處之義。斯時也，暑霞新霽，凉露未霜。楊柳金堤，緑映三秋之月；芙蕖碧沼，紅餘千頃之花。是宜讌集魚魚，高賢群和；無令篇章寂寂，來哲笑人。鴛水同學弟徐嘉炎製。

去年君作觀海圖，萬里雲濤生素練。波中島嶼湧千尋，潮裏魚龍争百變。水光澹澹山竦峙，多君空闊堪擬此。長風破浪亦偶然，激蕩奇懷聊爾耳。一朝玉節發金閨，龍章虎竹麒麟衣。九重乍覲紫泥出，十洲行見黄塵飛。雲屯千騎從天下，弩矢前驅擁使者。立功絶域固有人，雄才自昔推司馬。赤車高蓋輝光生，玉霞紺雪齊蓬瀛。君行乘潮海東去，凌風拾月相將迎。歸來攜得驚人篇，貝宫錦罽鮫珠圓。遲君劇談海外事，使我胸次長悠然。送行詩一首，計一百六十八字。嘉炎又製。

海外環三島，寰中大九州。言持龍虎節，去訪鳳麟洲。國已兼南北，槎仍泛斗牛。扶桑真向化，歸獻白狼謳。

王程敢憚遠，辛苦越重溟。屬國遲卿月，歸帆轉使星。染波霞影赤，吞浪嶼光青。安穩看還往，朝宗仰帝靈。奉送舟次年長兄册封琉球并請教正。吴江弟徐釚。（按：以下尚有尤侗一首，已録，今删）

奉送舟次老先生古詩二十韻并求教正　　王會古有極，化域今無外。南窮廪竹鄉，東際扶桑界。驛路直閩天，邦名著隋代。貢修臣職詳，詔出王言大。封崇玉册頒，典重金繒賚。恩信藉宣揚，精誠孚簡在。公才九殿英，儀表千宫最。品服稱緋衣，腰圍宜玉帶。出郊持使節，餞野發征旆。筆輟螭頭簪，帆從鷁首掛。槎影漾日移，花裙望塵拜。篋中貯絲綸，道左迎車蓋。國體示鮫人，皇威恬水怪。樓憑結蜃成，石立分鰲戴。島樹直如薺，山城浮若芥。神異紀詩篇，俶詭收圖畫。天闕指星榆，雲章垂露薤。堯堦教已敷，宣室歸仍對。既見舞羽干，方期調鼎鼐。還志十洲經，瑰奇擅千載。西泠弟邵吴遠具草。

禁甎花影日曈曈，制草金鑾出内宫。江上九秋霜葉冷，海邊六月荔枝紅。星隨婺女東西闊，帆引中山南北通。不比漢唐殊雨露，聖朝天子脱彤弓。其一　秦女秦童事有無，聖人功業亘前途。王朝久却珊瑚使，絶島重瞻日月符。地湧樓臺真海市，天開煙霧指彭湖。何須晦朔占芳草，嵩祝春王萬歲呼。其二　清華才子重雞林，簫鼓樓船出海潯。萬里蛟龍團水練，三山風雨結秋陰。莫逢方士重求藥，但聽成連一鼓琴。入夜珠光千月起，恬波酹酒快豪吟。其三　泬寥天外指虹霓，汩没河梁笑鸊鵜。正欲鑿荒同博望，可將原毁問昌黎。衣裳奉朔新知歲，桃李無言下有蹊。珍重北方星使到，高華圓覺話留題。其四　壬戌秋日奉贈舟翁老年親臺出使流求四律請政。同學弟趙吉士頓首。

皇帝二十載，雍和被八方。屬國奉正朔，月竁皆賓王。卹封有舊制，恩施逮遐荒。聖朝重典禮，盈庭簡材良。我友汪伯子，王命維所將。丈夫飽經術，用世罔不藏。及兹使絶域，駕海排帆檣。驚濤鳴作處，開闔變陰陽。月明蚌珠吐，標建蝦鬚張。彷佛龍威出，貝闕□瑤光。回顧地維盡，仰視唯青蒼。丹詔百靈護，御氣如清霜。倏忽超落滦，揚光日月傍。出使能不辱，雖遠庸何傷。夙昔同心友，臨岐各盡觴。驪歌秘不發，君命寔煌煌。文德溥淳熙，武功銘旂常。待君萬里歸，謨烈高無疆。恭送悔翁年兄奉使琉球即求教政。東武弟李澄中。

趙天羽《泛葉寄》紀汪太史出使時，三晝夜遂抵其國，蓋御書「中山世土」四字賜國王尚貞者在船也。及返時，波濤萬狀，曠日遲久，然有烏鴉千餘，夜繞檣帆，船破數尺，又有巨魚塞其缺處不漏。封君太翁生伯七旬誕，琉球君臣預撰序文，製松竹詩書錦屏寄祝，可謂極皇華之盛事矣。此太史出都時諸公送別之作，天羽而外，皆制科碩彦，煌煌巨篇，一時作手之長，而吾郡徐勝力、吾邑彭羨門尤爲鄉邦前哲，馮文毅署簡、嚴藕漁製圖亦近時鑒家所目爲星鳳者也。太史還朝撰《中山沿革志》若干卷呈御覽，更繪《乘風破浪圖》，今不知流傳何所，延津之劍，有時而合，則嬾民之願也。戊午夏四月望日，時雨初霽，焚香小閣，桐谿嬾民陳德大跋。

（清宣統刊本《虚齋名畫續録》卷四）

送宗人舟次出使流求序

汪琬

予聞古王者之待其臣也，亦既寵之以尊位，厚之以恒禄矣。方其平居無事，則又往往略上下之分而敦賓主之誼。於是乎筐篚玉帛以貺之，膳羞酒醴以饗之，鼓瑟吹笙、考鏞伐鼓以娱樂之。一旦有事，若行師出使之屬，則曲體其道塗之勞，與夫家室之私，以慰藉而臨遣之，《小雅·四牡》之詩所謂「王事靡盬，不遑將父母」者是也。惟其情文周浹至於如此，然後爲之臣者莫不安其勞而忘其私，僊心神，竭膂力以圖報稱而無難。後世不然。平居則體貌之文不至，臨事則慰勞之情不周，君之視臣，奚啻秦人之於越人，而大夫從事者亦遂咨嗟感歎於下，《北山》之詩所謂「王事靡盬，憂我父母」者是也。夫是二詩者，其不得養其親一也。使人主代爲言之，則皆説而知奮，苟出於臣子之自言，即不免乎怨且懟矣。

今吾舟次才高而學贍，器博而志雄。天子拔諸學官之中，超授史職，知遇不可謂不隆也。會有詔集廷臣慎簡出使流求者，争首推舟次應命。天子大説，諸賚予悉越故例，而舟次復條上便宜數事，部議俱格不許，特出中旨，曲從其請者四事，且俾俟陪臣來逆而後行，恩數不可謂不渥也。知遇之隆，恩數之渥，天子之待舟次以校古王者之時幾無以異也。舟次有親在堂，年且八十，士大夫咸謂宜陳情乞留，然而舟次不以親爲解，闕尊甫生伯先生之心，亦不以其子遠冒煙海波濤萬里不測之險爲虞。及舟次馳傳便道過家，奉觴上壽，父子間氣貌怡然，議論偉然，安其勞而忘其私，未嘗有毛髮咨嗟感歎之意。所相勸勉，惟懼賈越上命耳，是誠賢矣哉，其能報效天子如古四牡皇皇者華之使無疑矣。予與舟次同祖越國，又嘗同官翰林，於其行也，義不能無言。既深嘉舟次父子間之賢，而又推本天子所以寵待舟次者，爲之追述前聞以贈。

（清康熙刊本《堯峰文鈔》卷二十四）

送汪檢討奉使琉球序

湯　斌

國家威德誕敷，臣服萬邦，大荒之外，日月之所出没，罔不梯山航海，貢琛獻貝，象胥之傳譯爲勞，鴻臚之贊引不給。琉球爲東南島裔，奉職尤謹，自定鼎以來，朝會之使數至。康熙二十一年，中山王世子遣陪臣來請襲封，天子嘉其守禮惟謹，下廷臣會推可使者以名聞。僉曰檢討汪某學行足稱，儀度俊偉，以充正使，必能光照下國。天子曰可。賜麒麟服、璽書、金册，臨軒遣之。汪君既受命，上書陳使事，皆所以昭聖德，重國體，優詔悉付所司。

余方與汪君載筆史局，晨夕共事。今一旦傳乘出都，宣布天子威德於海外萬里之邦，公卿大夫相率餞焉，余何能無一言以贈？竊以聖人論士必曰使於四方，不辱君命，春秋大夫如叔向、子産之徒，皆以辭令增重鄰國。夫友邦聘問，當時猶難之，至天王使於侯國，必大書特書，誠重之也，而二百四十二年無貶詞者蓋鮮焉。按史稱琉球植棘爲藩，以盈虚爲晦朔，以草木爲冬夏，隋、唐以後屢興師討之，賓服無聞。至明初，不煩軍旅，遣子弟讀書太學，策名朝著，彬彬爲守禮之國，豈非文德來遠之效哉？今天子湛恩汪濊，不寶遠物，而汪公學古通今，識體得宜，尤長於辭令，廷臣此舉爲得人矣。夫叔向、子産皆以博物著聞，世固未有學無本原而能專對不辱君命者也。以汪君之學，兹行也，必能使其國君敬信而悦服，上以增天朝之重而益堅其服事之心，且使環海後至諸國，不煩樓船横海之師，而聞風景附，稽首來享，後世傳之，爲奉使者所取法焉，君之功亦偉矣哉！余株守史局，汗青無日，因念司馬子長周游天下，歸而作《史記》，然猶未至海外也。君涉海萬里而至於其國，波濤浩淼，極天下奇詭瑰瑋之觀，非僅僅空同、江淮、會稽、禹穴者比，歸而筆挾風雲，上下千古，當有過於子長者，余與同人執筆以俟之。

（清同治湯氏祠堂刊《湯子遺書》卷三）

送林玉巖奉使琉球十二韻

湯　斌

水國藩封遠，儒臣星使遥。鸞章頒絳闕，麟繡下青霄。嶺路秋花麗，閩山宿霧消。前驅陳玉節，負弩簇金鑣。到海風常正，開帆浪不驕。扶桑看湧日，蜃市障迴潮。島嶼疑神岳，京華認斗杓。鮫人迎上客，卉服護仙橈。博望通殊域，陸生重漢朝。文章堪喻蜀，干羽足征苗。不數樓船績，寧煩銅柱標。歸來王會日，拜手聽簫韶。

（清同治湯氏祠堂刊《湯子遺書》卷十）

贈汪檢討出使琉球序

姜宸英

古天子行人所至，止於五等封國而已。自漢開西域，持節而馳者，鑿空生事於萬里之外，爲君子所不道，然猶未及於海外諸國也。其後東南諸種類始稍稍通貢中國，而其中所謂琉球者，隋大業間嘗發兵攻之，終不能臣服，至前朝始禀正朔，奉職貢。以及於國家開創之際，尤祗效臣節，四十年間，航海之賚數至。天子嘉其勤也，復以其國俗好文學，敦禮義，不欲鄙夷其人，迺妙選臣僚，銜命往撫之。於是禮官同諸大臣及科道官會推以翰林院檢討汪君充正使，名上，依故事，賜一品服，賫詔往。

前年，汪君以文行超卓膺制科之選，天下無不聞其名而慕之。今將中朝之命，臨賜絶島之國，百靈效順，趨走翼衛，揚帆鼓棹，直不十日可抵其境上。則夫聆其聲名，挹其言論風采，以帖服震讋，竦然增上國之重者，豈獨中山君臣區區之是爲哉！環島而居者小大國以十數，將必有聞風景附，争集闕下者，使盛朝之崇德鴻業，磅礴無外，汪君且與有力焉。君行出自閩嶠，乃者封疆大吏鳴劒踴躍，庶幾伏波横海之功，然艅艎之師銜尾相屬，迴翔而不進者三年於兹矣。或謂十萬之衆不必賢於一使之任，然其利害未可懸度也。傳曰：有可以安國家利社稷者則顓之。言使之有遂事也。以君之才，顧其勢不得以遂事比。其歸也，圖畫其所見山川形勢，設爲方略以上之，以待謀國者之有所擇而用焉，此亦良使臣之職也。

（清康熙二老閣刊本《湛園未定稿》卷三）

送太史汪悔齋老伯册封琉球二十四韻

鄭熙績

帝德包區宇，皇仁播海隅。扶桑均丕冒，卉服仰弘模。守土中山舊，輸誠世子慺。彭湖沾大造，翰府擢鴻儒。聖武驚鮫室，文章耀寶珠。鰲身滄溟曠，鵬翼錦雲扶。島嶼清車指，蓬山起嶽呼。九州投赤縣，重譯凜昆吾。玳瑁金墀滿，珊瑚彩殿鋪。黄麻宣蜃市，花筆吐瀛壺。鼉鼊環螺髻，蛟龍擁舳艫。

越裳梯鬬鏤，肅慎獻雕弧。水國萑苻靖，波臣貢典孚。歸帆衝閩霧，仗節拱神都。盛績鐫麟閣，奇功邁虎符。山河垂帶礪，竹帛表馳驅。博望仙槎幻，牂牁蒟醬誣。封侯萬里重，絶域幾人徂。夙學名無媿，新恩禮獨殊。緑堂歡白首，紫綬映青鬚。閭里歌威鳳，乾坤舞孝烏。斑衣陳碩棗，負弩進屠蘇。破浪當年志，窮荒此日謨。採風應有紀，拜獻代河圖。

（清康熙含英閣刊《含英閣詩草》卷七）

題汪檢討楫乘風破浪圖

朱彝尊

汪君才地何峥嶸，直與東馬嚴徐并。一朝銜命使絶域，瀕行封事上九閎。乞降御筆示海外，永使荒服輸其誠。僉曰不可帝曰可，濃墨大字摇光晶。天子臨軒賜顔色，容臺諫院那得争。琅函錦題國門出，車前騶唱揚三旌。麒麟之袍繡織成，青絲絡馬雙盤纓，被以重罽紅猩猩。南浮江淮達閩越，長風五月沙雨晴。天妃廟前釃酒行，柁樓語笑潮已生。梅花洋東天水黑，但見日月星辰明。一夫危檣赤脚撑，捷如山木騰鼯鼪。百夫仰望目盡瞠，峭帆風飽弓在檠。又如張翼鶖鳥征，有時吟嘯訝鉼笙。千人同舟一心力，不比吴越交相傾。巨魚長似金背鯨，揚鬐前導莫敢攖。滿空霜禽飛且鳴，黄衣蝶翅方鸝庚。昏波忽拔虎蛟穴，静夜或睒驪龍睛。潮雞報曉鼉報更，三日竟指中山城。中山君長搓手迎，道旁張樂聲瑽琤。傾城士女堵牆立，筍皮笠重蕉衫輕。叢筠夾岸煙梢平，佛桑花開白紫赬。日長使館坐無事，圍棋隔院聞楸枰。銀光研紙百幅呈，詩篇或與沙門賡。愛君臨池用筆精，草書不減張伯英，八分遠過梁昇卿。宣尼新宫碑一丈，高文摹勒傍兩楹。更聞島中田少耕，賓筵日日羅香秔。佳酥之魚翠釜烹，香螺勸酒黏緑餳，模糊深椀山藷羹。遐陬風土正不惡，亦有花藥同揚荆。歸艎仍以鍼計程，往還七見蟾蜍盈。君來詣闕因陳情，請假讀禮旋書棚。却金復荷主恩賜，投牒翻來遷秩榮。憶昨送君秋氣清，纔逾一暑入帝京。金門咫尺我顛蹶，君乃萬里來蓬瀛。披圖雪浪看尚驚，眼花欲眩心怦怦，耳中髣髴波濤聲。粉精墨妙誰經營，恍疑博望星槎横。我歌長句揮散卓，青雲敢附千秋名。

（清康熙刊本《曝書亭集》卷十二）

一枝春 汪舟次貽流求筆、筠管、蘆管各一，同查客賦之。

朱彝尊

海外青羊也中書，偶被星查攜到。明牕脱帽，掐破麻姑纖爪。黄蘆墨竹慣斜鏤，一枝花裊。持比似，諸葛宣城樣變，束心翻巧。　遥憐水雲孤島。想銀光砑紙，留題多少。小扇香匳，愛染夕陽芳草。層波萬里付，吴下阿儂誰料。端可惜，老去章臺，畫眉嬾了。筆帽裂其一面，活脱下之。

（清康熙刊本《曝書亭集》卷十八）

送汪檢討使琉球序

朱彝尊

古之儒者誦詩執禮，非徒學爲仕，達邦國之政而已，必以使于四方，不能專對爲慮。故《皇皇者華》、《四牡》所以勞使臣之詩，于鄉飲酒則歌焉，于燕飲則歌焉。君以此勗其臣，父兄以此教其子弟，惟不辱君命，始謂之士，而君將有大問，則與卿圖事，擇其可使者，既謀其人，然後命之，戒宰夫官具問所宜，賮夕幣乃行。其或聘而誤，主君勿親饗食以媿厲之。蓋使臣之重若是。然則使絶域者得與，可爲將相同科，夫豈過哉。

康熙二十有一年春，有詔命公卿擇廷臣之可使琉球者。衆以翰林院檢討江都汪君對，天子曰俞。命既下，君詣闕上言七事，其一謂邇者方頒御書于封疆大吏，宜并及海外屬國。禮部以無故事，持不可。天子復集公卿議于廷，終允君所請。秋八月，親灑宸翰，縹囊鈿函，俾君賫以往。蓋嘗稽之，宋端拱、咸平、祥符之際，其于西夏、高麗、交阯咸出御書賜焉。是役也，天子命使，必咨于廷，君請于朝，必言所宜賫者，可謂合乎古而從其宜矣。

吾聞琉球自隋始通道，至唐無聞，載諸宋、元史者略焉不詳。明之初，析而爲三，其後山南、山北復合于中山爲一，其所以分合之故，中土之士多不能言之。君史官也，職修明史記，宜考其本末，歸上諸史館，是則吾黨私心屬望于君者。雖然，馳驅而咨諏詢度，其亦使者所有事歟？于其别，序以送之，且作歌以道行邁之光華焉。歌曰：

君之選兮彤庭，鶴斯立兮鸞斯停。迺上言兮七事，帝心用嘉兮特可其四。宸藻兮秀霄，虎卧兮龍跳。受書兮北闕，載旜兮東郊。八騶兮道左，摇三旌兮婀娜。白澤袍兮猩茵，郵籤便兮娱親。截江流兮踰浙，誕登艫兮閩越。仰瞻兮天星，無分野兮可經。旁睇兮三老，指一髮兮彭湖島。島之樹兮青青，烏了帥兮紛來迎。小大兮奉酒，跪雙膝兮搓兩手。陳寶章兮殿中，祝皇帝兮萬壽。神靈兮天妃，螣蛺蝶兮黄衣。微飈兮七日，景南至兮送君歸。數歸年兮甲子，春載陽兮來止。帝益眷兮信臣，被新渥兮今始。

（清康熙刊本《曝書亭集》卷四十一）

送林石來使琉球

彭孫遹

鯨波千頃外，洞壍一行開。俗與鯷人近，時當卉服來。畫函將玉節，丹紙出雲臺。專對今誰屬，群知使者才。

祖帳滿秋色，清飈動綵旃。功名萬里外，意氣八騶前。風帆無淹晷，星軺不計年。從容將母在，真覺主恩偏。

（清乾隆武原彭氏刊本《松桂堂全集》卷二十一）

送林石來中翰充册封琉球副使

袁佑

八月霜濤萬里風，星槎遥落一帆通。節兼龍虎尊王會，衣借麒麟賜上公。捧日忽來南海外，望雲先赴北堂中。明年應計乘潮候，紫閣翻翻芍藥紅。

（清康熙刊本《霽軒詩鈔》卷二）

送汪舟次使琉球序

毛際可

癸亥春王，余旅泊邗江，適檢討汪君奉璽書使琉球，道過里門，虎節龍旌，照耀鷁首，父老咸踴躍聚觀，以爲盛事。而汪君間出其贈言相示，則自大學士高陽李公以下爲詩文以壯其行多至數百餘篇。嗚呼，亦榮矣！復徵言于余。

余謂列國每相覿以使，僑、肸諸大夫猶彬彬有君子之風焉。其後奔走兩敵之間者，强弱不能不以相校，勝負不能不以相衡，於是務爲虚疑恫喝之辭，若毛遂按劒而定盟，相如睨柱而完璧，以至秦宓談天之詞，徐孝穆寒暑之對，所謂摺衝于口舌者，亦其勢不得不然也。我國家耆定告成，既治封内就法度，而薄海以外延頸翹足，歸附恐後，即如琉球君長以襲爵請封，禮臣比暹羅例不欲勞一介之行李，而其陪臣搏顙籲請者至再，此豈復有强弱勝負之見敢絲毫萌其意中也哉！而爲之使者亦何必復以虚疑恫喝往復而瀆告之也。余願汪君駐節之餘，化之以道德，率之以禮樂、文章，誨其所不知而匡其所不逮，睿之也如父兄，廸之也如師保，斯稱聖天子字小之義，而傳所稱樂天者保天下，其氣象固如是也。況皇上特越常格，簡用詞臣，亦以養望金馬、石渠之間，其體必雍以和，其詞必藹以吉，專對不辱，固在此而不在彼。乃或謂彭湖之間餘蘖未靖，行者不無戒心，余以爲不然。往者三方構亂，大師臨之，如摧枯拉朽。兹王命宣布，赫聲濯靈，當惕息竄伏之不暇，何亂之敢生？然彼之所以依回海島而魚鼈與居者，亦以久阻聲教，德意無由下逮耳。汪君方以道德禮樂文章之盛，由琉球而漸被海隅日出諸國，則彼宗族墳墓近在域内，有不愧斯悔悔斯服者歟？余知使旋之日，必有釋胄投戈，接踵而歸命闕下者已。

（清康熙刊本《安序堂文鈔》卷八）

送汪舟次太史林石來舍人奉使琉球六首

王士禛

屬國滄波外，微茫萬里流。雙持龍虎節，遥拂鳳麟洲。守禮諳殊俗，乘槎愜壯遊。使星霄漢上，先入大琉球。

挂席指歸墟，通言隸象胥。避風占海鳥，跋浪舞神魚。卉服看天使，金函護璽書。雄才能作賦，休讓木玄虚。

積氣浩茫茫，乘流出大荒。嘯歌聞海若，擊汰薄扶桑。日月相吞吐，蛟龍或遯藏。始知九州大，騶衍未荒唐。

太史承明彦，名高著作庭。石渠窮部録，山海問圖經。筆掣鯨魚動，文驅蝄象靈。夜闌看北斗，身已到南溟。

舍人木蘭秀，五字逼風騷。奏對明光殿，承恩白澤袍。文章傳海外，笳吹動江皋。上壽慈顔喜，春風擁節旄。

見説彭湖嶼，元戎佇捷勳。習流多戰士，横海拜將軍。出險雲濤壯，飛書露布聞。早成風土記，歸報聖明君。

（清乾隆刊本《帶經堂集》卷三十七《漁洋續詩》十五）

題門人汪舟次乘風破浪圖四首

王士禛

海外真看大九州，青天一髮是琉球。人間奇觀君知否，萬里滄溟萬斛舟。

扶桑東望海天孤，虎節龍章擁萬夫。正是水犀酣戰日，樓船十道下彭湖。

百靈不散石郵閑，親見神魚跋浪間。青史他年詫奇事，天風三日到中山。

竹册親頒異姓王，歸來封事動明光。儘教乞與丹青手，寫作靈槎著日傍。

（清乾隆刊本《帶經堂集·蠶尾詩》卷一）

送汪舟次使琉球

徐元文

聖代振長策，聲教踰東瀛。柔遠有令典，專對需詞英。盈廷妙推簡，之子良國楨。史曹輟柔翰，王路抗長旌。拜表上方略，慷慨萬里行。丈夫志四方，豈作離別情。華星動京邑，衮服炫都城。繁絃佐別觴，祖送傾公卿。治艦冶山接，峭帆赤嶼迎。潮景漾旜旆，海氣潤甲兵。揚靈静川后，凌濤偃長鯨。龍光被絶島，舉踵同歡聲。詎惟詔命重，兼蒙君子榮。執禮示誠信，矢言貴瑶瓊。嘉藻詠方俗，林嶠含餘清。長令中山域，服義傳令名。歸來報天子，永爲使者程。

（清康熙刊本《含經堂集》卷八）

送汪舟次檢討奉使琉球四首

王又旦

詔入中山萬里賒，詞臣特遣降黄麻。翠毛已賜三宫錦，銀漢真乘八月槎。滿路風林摇荔子，極天雲海近梅花。梅花所在福州，之琉球開洋處也。征帆莫歎經行遠，徼外車書本一家。

夏至風來海霧收，挂天帆影趁潮流。須臾彩鷁三千里，古賦「一越三千」。彷彿銀山十二樓。鼉嶼過時濤勝雪，蚌珠開處月如鈎。書生更欲探奇蹟，笑問何洲是祖洲。

路近高華好泊船，蠻王出郭簇鞍韉。府名刻漏連雲出，樂擬歌鐘傍水懸。黥手佳人行蔗酒，黄頭大吏奉甘泉。淹留不覺波濤惡，又是秋風白鴈天。

不向殊方涉險來，誰知恩遇信奇哉。青山一髮天爲岸，絳闕千重蜃作臺。騶衍著書徒浪語，張融作賦豈多才。何人得似西園客，親自蓬壺舶上回。

送林石來舍人之琉球三首

王又旦

奉使寧辭遠，舟航萬里通。那知瀛海外，只在故鄉東。路指扶桑日，帆迎舶趠風。島人占象緯，遥出太微宫。

颶母静狂流，危檣日夜浮。三山連海市，一氣拱神州。旌節天邊合，文章徼外收。須令殊域見，上國有枚鄒。

傳聞隋大業，郎將竟揮戈。奉義何年始，承恩此日多。風濤移地軸，客舶壓星河。此後看閩海，遥天浄白波。

（以上清康熙刊本《黄湄詩選》卷八）

送汪舟次同年奉使琉球二首

徐釚

大小琉球國，微茫一氣中。神魚曾跋浪，海鳥欲占風。玉檢金泥秘，牙檣絳節崇。殷勤宣卉服，傳語到蛟宫。

萬里扶桑外，滄波正窈冥。乘槎來屬國，銜詔出彤庭。日月吞舟楫，魚龍護使星。歸來志山海，重與續圖經。

（清康熙刊本《南州草堂集》卷九）

送汪舟次檢討册封琉球

秦松齡

清秋銜命出明光，遠錫藩封按舊章。冠珮曉沾宫露重，旌旗晴入海雲長。炎方風物搜圖志，行篋詩篇接混茫。暫遣儒臣持玉節，青編猶待定雌黄。時修明史未竣。

公卿多恨識君遲，籍甚盈廷集議時。器識本求爲國重，艱難何敢以親辭。秋風車騎鄉閭近，霄漢星文海外知。好慰高堂雙白髮，門前潮汐話歸期。

上使風儀望若神，前迎鑾長拜清塵。威靈聖世原無外，禮樂中朝自有人。高宴不陳堂下伎，歸舟應少異方珍。可憐閩嶠兵初戢，疾苦憑君達紫宸。

闕下朝來一上書，王程萬里肯躊躇。空傳島嶼留殘孽，自有風雷助埽除。下瀨蛟龍開道路，迴帆簫鼓動清虛。衰遲不少乘槎興，白日昏昏卧直廬。

（清康熙刊本《蒼峴山人詩集》卷四）

送汪舟次太史奉使册封琉球四首

吴　苑

鄭重傳天語，詞臣作使臣。南溟垂大翼，北闕奉温綸。雨露中山早，梯航萬國春。憑將柔遠意，霑灑及鮫人。

炎夏薰風裏，皇華擁傳驅。棄繻關吏識，負弩縣官趨。鳳藻傳金節，麟文護玉符。辭親還叱馭，惆悵笑庸夫。

鳳詔宣宸極，龍旌越海東。煙開鰲背紫，霞起日車紅。彭嶼無驚浪，螺洲有便風。乘槎正安穩，賦較木華工。

萬頃鯨波内，兹邦一芥浮。島人呼鳥了，奇木識荆榴。筆已名山遍，詩今異域求。歸圖王會表，拜手獻螭頭。

（清康熙刊本《北黔山人詩》卷五）

送同年汪舟次使琉球

吴震方

綵仗導中流，天清蜃氣收。江神持璧獻，龍女抱珠游。風日如三輔，乾坤此十洲。崆峒有長劍，抵掌説封侯。

部内山川古，搜奇好繫船。酒醒龍酢苦，鹽沃蠣房鮮。史託徵車譯，詩從賈舶傳。洪荒開闢後，長此祝堯天。

（清嘉慶刊阮元《兩浙輶軒録補遺》卷二）

流求刀歌爲汪舟次作

陳廷敬

丈夫得志爲雲龍，摶服蛟兕羞雕蟲。歸來畫笏奏天子，寶刀拜獻明光宫。餘者虎氣亦騰躍，拔鞘漠漠生涼風。滄波險絶窮髮東，乘槎使者浮空濛。圖書裝輕不滿篋，碧花鐫錯青芙蓉。含霞飲景霜鍔動，方口斫地如渴虹。麟角鸞趾距所觸，剸割暴猛斵妖凶。古强入山豺虎逸，方平獨卧鬼物空，豈似此刀光熊熊。大食日本皆提封，三金合冶紫烟重，海日鼓橐波雲紅。洮鴨緑石不受礪，雪刃凌亂神鼇峰。東方侏儒飽斗粟，昔者賜出驚鳴鴻。君方入侍禮遇崇，身挾日月乘天風。遠人脱贈意有以，斷金切玉理則同。沙場此物久不試，來庭文齒兼穴胸。禁中頗牧掞翰藻，摇筆辟易千夫雄。清晝造膝三數公，英盼往往迴重瞳。男兒致身有如此，况值威德兼黄農。試看渭叟鼓刀者，干戈載戢櫜强弓。

（康熙刊本《午亭文編》卷五）

送汪舟次檢討使流求二首

陳廷敬

萬里滄波使，三宮法從班。吾曾泛積水，別久問神山。天遠客星見，孤帆秋汐還。丈夫事異域，那肯老離顔。

彭湖接烟火，軍鼓亦闐闐。絶島真無地，中原只有天。節旄來殿闕，戈甲在樓船。借問隆慮平聲將，何如陸賈賢。

（康熙刊本《午亭文編》卷十三）

送汪悔齋使流求序

陳廷敬

國家受命宅中，統壹方夏，威燀旁達，覃及無垠，至於海外，罔不震慴，悉享悉庭，其有阻疆自雄，悖暴淫逞，則不憚取亂侮亡，奮雷霆百萬之師，臨其區域，立就殞滅。於是天子曰：嗚呼！予一人受天顯命，盡天所覆，以畀予有家。惟天眷在德，務廣地者荒，務廣德者强。廼顓任仁義禮樂教化，以保惠黔首，懷柔遠人。

流求自先朝奉職貢爲外臣，不懈罔愆。康熙二十年冬，中山世子尚某遣陪臣某表奏其先王喪，乞嗣封爵。禮臣議流求越在海外道遠，宜以册命頒給陪臣，不遣使便。於是陪臣某具狀陳乞，欲得天使爲小邦榮寵。其時天子御門覽狀，臣廷敬實侍起居。上曰：「海邦嚮化，宜遣使宣布朝廷德意，如陪臣請。且宜得通經術、善辭命、可使遠方絶域者，下公卿臺諫推舉。」臣廷敬退而謹書其事於册。公卿臺諫廷推翰林檢討臣汪楫爲正使，中書舍人臣林麟焻爲副使，上曰可。二臣銜命，行有日矣，輦下大夫士能爲詩歌者競賦詩以壯其行，汪君不以余不能文也，而屬予爲餞别之序。

余舉一觴謂汪君曰：嚮者廷敬侍起居，親見上之鄭重遣使臣也。夫余與君歷玉堂，升清禁，從容侍從之班，見主上聖文以開太平，神武以遏亂略，載之左右史者多矣，而大要於仁義禮樂教化之大，以保惠懷柔夫天下者尤孳孳焉，汲汲焉。宵衣而待旦，日中不暇食，遠人之來，其亦聞風慕義而至乎？傳曰：於遠人則修文德以來之，既來之則安之。傳又有之，招攜以禮，懷遠以德。上之鄭重遣使臣之意，其必有所甚念於此與？且吾聞古稱流求驍健，喜擊鬭攻刺，其俗多與中國殊。廼今或者又謂好禮義，悦詩書，安知今之俗不異於昔耶？然則宣達國家以仁義禮樂教化懷柔之至意，使之服教畏神，廪廪聖化，暨環洲島而處者永爲冠帶之邦，不專屬於君之此行與？使成而旋，必有以此稱塞上旨者，廷敬又將執簡而書其後。

（清康熙刊本《午亭文編》卷三十六）

送兄舟次册封琉球序

汪懋麟

古帝王懷馭遠之略，咸欲控撫荒外，聲行海表，令濊貊倭韓、文身雕題之族，露頂肘行，獻奇納賮，梯航萬里，賓於王門，所恃德修化格，時和氣應，然後海邦百國，瞻雲望波，歸我神聖。此石砮、楛天所由駢集，蓋有不期而自致者。迨好事之臣起，倖功媚上，黷武開邊，於是睹瑇瑁、枸醬、天馬、蒲陶則建珠崖，開牂柯，通大宛，抵安息，張官置郡，授印封王，由此火珠、翠羽、通犀、文甲之珍奇，騕褭、象師、猛犬、大雀之異物，莫不四面環至，充於宫闕，何其盛也。不知强弱何常，乖畔罕定，兵威之肅服有時而窮，財賂之懷誘有時而竭，旋置者未始不旋罷，其爲國家悔辱者幾何矣。此千載而下，言西南夷則首唐蒙、司馬相如，言兩粤則首嚴助、朱買臣，言朝鮮、西域則首涉何、張騫之數人者，蓋功半而過倍也。我國家綏乂四海，罔有不臣，乃若身熱、首痛、龍堆、葱嶺諸異域，皆懸度梯棧，稽顙角崩，如朝鮮、蒙古、土魯番、暹羅、荷蘭、安南、西天、西洋諸國，朝貢以時，吉凶必赴，其有易世改王，必束身奉璧，待命天朝錫以制敕，賜以龜綬，乃敢君長其國，否則主臣戰栗，不敢安寧，而朝廷初未嘗加兵賜繒，馳命走驛，或投書於辯士，或假道於旁邑，而來享來王如是其恐後，何歟？

康熙二十年冬，琉球國中山世子遣陪臣奉表，告其先王即世，乞嗣封。禮臣以界在海外，議以册命遥授，而陪臣具狀哀陳，必得使者儼臨藩屬爲光寵，報可。臚列應遣諸臣以進，天子曰：「銜命海邦，其慎選學識宏博、儀觀俊偉者以行。」乃下九卿、詹事、臺諫推舉，僉曰莫如翰林檢討汪某。奏上，即以吾兄爲正使，中書舍人林君麟焻副，賜一品麒麟服，天仗前導，龍旗揚揚，使臣迺服五等，乘八騶，自燕歷閩，將駕萬斛之舟，樹十丈之檣，甲士數百，從官先後，以朝廷寵命馳告海神，百靈恭順，風與帆從，瞬息萬里。度來往時月，由夏徂冬，成命來歸，可尅日待也。

按琉球得通中國，始於隋大業朱寬、陳稜迫以兵威，唐、宋以來，招之不至。明代使聘相望。迄我本朝，稱藩尤謹。初得封於世祖，再降封於今上，皆不煩咨籌，自然馴服。雖其守禮固然，良以盛德大化，無遠弗届，其得之占驗感召，亦有不期而自致者乎？吾兄負淵雅之才，敦忠信之學，奉天子命令，詔告東遐，風以仁義，教以詩書，海外諸國鮮不冀先馴之賞，凜後服之誅，鉥腎革心，歸命我后。使臣雖有招携懷遠之策，都無復施，若史氏所云境俗性智之優薄，産載物類之區品，川河嶺障之基源，氣節凉暑之通隔，必能審根求實，達情寫形，編之箋帙，歸獻闕下，備職方之採。由是中國無事，外藩清静，荒陬窮島，聽其自來，雖有倖功多事之臣，屏無所用，豈非萬世馭遠之良規哉！

（康熙刊本《百尺梧桐閣集》卷二）

送舟次二兄册封琉球

汪懋麟

細斑之布青黑絲，黄帊勒巾巾服奇。短軀廣袖細馬騎，天街街南曾見之。海邦陪臣幾萬里，天風一夜能北吹。元正百國列王會，中山守禮來無遲。稽顙請封聖人喜，虎節特令儒臣持。賜以一品上公服，歸昌遊聖麟與麒。閩海六月南汛至，樓艑十丈揚熊旗。神魚潛蛟避命吏，一一縮息如寒龜。珠宫貝闕自隱現，群仙出没乘龍螭。恍聞張樂洞庭野，碧海明鏡分毫氂。平佳彭佳舵尾辨，黄嶼赤嶼針頭移。忽聞泊船到那霸，夷官導引紛旌麾。歡會門前世子出，拜謁道左躬何卑。夷山之顛殿宇正，安置誥令平不欹。君臣妃妾拜受命，王者被飾嫺威儀。宗臣子弟好裝束，巽舞蠻歌無不爲。禮成更爲北宫宴，山海艤錯登盤匜。金荆榴木似美錦，香可作枕供支頤。歸帆却與善風便，枕此或可添奇詩。海東亦有良畫師，壁間定貌天朝姿。么魔但覺國人小，蠻女亦媿顔徒施。中朝紗選固不爽，威遠所重兼文詞。吾兄大筆恣揮灑，自能宣播君王慈。歸來細説日南事，笑我聞見猶參差。

送林石萊舍人奉使琉球

汪懋麟

海於天地間，其大幾萬里。連山有巨魚，每每劃波起。若無王命來，百怪不肯徙。留仇海中央，四面積黑水。蛟魚之所宫，日月浴其裏。隋唐梗聲教，不足煩鞭箠。明初賜棹卒，三十六姓始。遂與中國通，得共外藩齒。格心歸聖朝，稽顙請敕璽。舍人金閨彦，足爲海邦使。况復生閩疆，海其所知耳。吾聞彭湖島，烟火望尺咫。餘寇乘風帆，往來疾如矢。近日樓船軍，聲言向東矣。軍儲數百萬，揮此等糠粃。所冀銅柱成，勿爲伏波耻。君學藴經術，必已審進止。誰謂書生謀，而不中邊鄙。昔賢服蠻荒，惟在操一紙。今古無異才，兹行毋乃是。中山奉禮法，約束但唯唯。鄰封諸島夷，睢盱望風軌。倘能悉歸附，不讓超勇美。大化周四方，歸朝奏豐芑。

（以上康熙刊本《百尺梧桐閣遺稿》卷四）

得舟次二兄琉球使還消息寄懷時有陟岵之痛兼奉慰

汪懋麟

聞道乘槎客，安流實快哉。南風三日正，聞由閩達中山僅三日夜。東海一帆開。波静蒼龍避，舟輕粉蝶回。海中見粉蝶即慶平安。島王傾國出，驚看使星來。

半載中山住，鄉思日夜懸。蠻歌山館外，海氣殿廬前。九日曾開宴，三秋亦放船。中秋九日宴天使，設水嬉諸樂。不知桑落會，可似菊花天。

葭管一灰飛，樓船海上歸。神鴟翻作惡，綵鷁欲何依。百怪斜迎棹，驚濤逆濺衣。平生忠信在，况復仗天威。

持節當炎夏，還家值早春。親朋齊失喜，時序轉傷神。命服方歸省，麻衣忽在身。好將安穩信，報與下泉人。

反命原臣誼，陳書實子情。八騶歡奉使，一杖痛還京。憔悴應憐弟，艱難再見兄。連牀能幾日，白馬又南行。

此恨嗟曾歷，悲凉直至今。一官羞計拙，萬里豈初心。上塚紛歸騎，磨碑出賜金。猶堪慰哀毁，顧我獨浮沉。

（康熙刊本《百尺梧桐閣遺稿》卷六）

送汪悔齋太史出使琉球

鄭爲霆

盛代梯杭拱上都，簡書萬里使臣驅。職方自入齊諧志，禹貢今歸王會圖。詩探驪珠驚水母，劍彈蛟室遡天吴。知君夙負任公釣，乘得長風過海隅。

送汪悔齋太史出使琉球

湯彭年

江干把酒送孤航，瞬息賢勞天一方。旌旆影斜勤夢寐，波濤聲静驗文章。迎風七宴他鄉醉，倚馬千言上國光。博望于今仍犯斗，仙槎明月接雷塘。

（以上清道光刊本《淮海英靈集續集》己集卷二）

送汪悔齋太史出使琉球

蕭玥

猩袍冉冉下蓬壺，獨指蒼茫島嶼孤。欲使文章傳瀚海，特將天藻命真儒。蠻荒下識周官禮，仙仗遥分漢殿呼。踏破蛟宫消蜃氣，六龍千載奠瑶圖。

（清道光刊本《淮海英靈集續集》己集卷三）

送汪悔齋太史

須秉真

玉堂聲價重瀛洲，萬里風雲擁節遊。時太史適有出使琉球之役。御藻絲綸光九服，中山屏翰壯千秋。潮聲入夜浮銀漢，劍氣隨槎到斗牛。一自鳳麟馳遠譽，已知姓字覆金甌。

送汪悔齋太史出使琉球

鄭爲旭

長安五載共依依，惜別欣看四牡騑。麟服映雲臨海甸，鶴書御日自綸扉。手傳聖藻承宸眷，口達天言布德威。此去正同張博望，仙槎應許度支機。

（以上清道光刊本《淮海英靈集續集》己集卷四）

送汪悔齋太史出使琉球

蘇　宇

侍臣聲望重朝簪，綸綍親承到海南。萬里長安瞻斗柄，一帆孤嶼指晴嵐。迎來鳥雀隨星旆，舞罷蛟龍隱月潭。八景會須題詠徧，問誰能屈摯虞談。

（清道光刊本《淮海英靈集續集》庚集卷二）

送汪悔齋太史出使琉球

阮士悦

才華夙昔名天下，今立朝端第一人。持節自能通異國，賜書應不愧良臣。聲馳瀛海蛟龍静，恩浹彭湖草木春。到日拜瞻天使後，好風吹送福寧津。

（清道光刊本《淮海英靈集續集》庚集卷三）

送汪舟次太史册封琉球

王鴻緒

梯航重譯集共球，玉節遥頒出鳳樓。東觀日邊承簡册，中山天外列諸侯。

其　二

一疏天飄御墨香，詞臣親捧下扶桑。金函直壓蛟龍氣，雲漢遥垂島嶼光。

其　三

三載鳴珂入紫微，争看負弩八騶歸。養堂秋日開瓊斝，誰似麒麟作綵衣。

其　四

聖主威靈巨壑通，金書穩度海雲東。莫言弱水三千路，自信牙檣七日風。

其　五

祖帳青門柳拂霜，乘風萬里興偏長。蓬萊未淺還金闕，爲覓安期棗共嘗。

其六

蕃王虎拜紫綸明，渤澥榮光接帝京。陸賈豈煩陳禍福，無波早識聖人生。

其七

南溟争喜使星臨，絶島歡騰瑞靄深。夾道鮫人知姓氏，舊傳詞賦到雞林。

其八

重曼山圍氣鬱葱，瑞池晴淥繞王宫。蹋蹄行酒多蠻曲，可否輶軒備國風。

其九

彭湖旦暮翦長鯨，好諭孫恩乞解兵。丈組繫降賢十萬，他年麟閣繪書生。

其十

太史河光映客星，浮槎何日返東溟。祖麟群島應須記，暹爾高文早汗青。

（清康熙刊本《横雲山人集》卷十三）

送汪檢討舟茨林中翰石來册封琉球

顧　汧

丈夫不得援枹拔幟赴戰場，會須秉册捧詔敷遐方。萬里于役豈辭遠，聲名文物資鋪揚。天子德威播中外，叛者殲滅順者昌。櫜弓桀戟歸武庫，雍容干羽舞明光。六服畏威且懷德，畢貢琛矢來梯航。惟此琉球素恭順，班班内府考舊章。嗣世守業上表請，禮臣按籍曰允當。帝念錫封闕鉅典，廷推二妙皆人望。瀛洲著述重寓内，鳳閣文章掌日傍。雙承寵命敦賓禮，共羨尊優賜衮裳。忼慨封章奏七事，騑騑四牡晨俶裝。閩海懸帆高百尺，群龍弭尾來驂翔。天吴爲前驅，海若導顔行。精衛建雲罕，鮫人擁艅艎。中朝黄河今已清，渤海之波自不揚。夜殘日映滄溟紅，諸島磊砢幾點蒼。迎恩亭畔使館盛，中山父老争趨蹌。經歷歡會漏刻門，指顧山南山北王。玉節金函麗天界，高文典册輝琉黄。山名。新書不用招南越，諭檄何煩下夜郎。舊傳朝鮮有圖記，近見安南誌遠疆。使車齊驅返京國，許惠一册談要荒。令我讀之壯神采，不啻隨君乘槎破浪觀扶桑。

（清康熙刊本《鳳池園詩集》卷二）

送同年汪舟次奉使琉球

潘　耒

扶桑之西窮髪東，千洲萬島浮空濛。奇肱長臂兼穴胸，殊名詭狀不可窮。向化慕義理則同，惟聖人出斯朝宗。我皇至德苞黄農，薄海内外咸銷鋒，日窟月窶梯航通。琉球僻絶瀛海中，其土衍沃人敦龐。

世奉王正臣職供，奏書萬里求嗣封。帝曰俞哉嘉汝忠，汝冠汝帶君汝邦，疇爲予使洛群工。汪君才氣真無雙，龍文之鼎筆力扛。純鈎淬鍔披芙蓉，廷推而往惟帝聰。奏請十事四事從，螭頭占對何從容。至尊屢盼迴重瞳，賜衣麒麟茵紫絨。龍旃玉節光熊熊，儀從赫奕侯耶公。域中之觀海爲雄，海面日出玻璃紅。雲景變眩樓臺重，大魚如山小如松，無垠雪浪粘虛空。皇靈熚赫天澤濃，奔走海若將豐隆。天吴象罔蛟螭龍，妥角縮尾潛其踪。西風七日吹征篷，徑度大海如鵬翀。蠻人羅拜虔以恭，詔書煌煌識天衷。宸章掞藻摩蒼穹，瞻戴永永傳無終。翠霄重曼多奇峰，脂香之酒浮春缸。醉來揮灑如煙虹，一字寶過徑尺珙。白狼槃木歌南翁，宣布威德流鄰封，八荒引領胥喁喁。歸來奏事明光宫，畫笏山川見横縱。始信單車能摺衝，豈惟華國誇雕蟲。丈夫有志乘長風，局促轅下何其庸，書生於國真何功。浮沉却羨冥飛鴻，遲子勳名垂鼎鍾。

（清康熙刊本《遂初堂集》詩集卷四）

送汪舟次奉使琉球序

潘　耒

世稱文人類多浮華少實用，豈其然哉！夫果其爲大雅之材，必能通古今，識時變，措諸事業，無施不宜，而非然者謭謭拘拘，謏聞曲學之士，其於文也末矣。人臣銜命出疆，有安危利害之寄，專對不辱命，聖人猶難之，使之職誠重矣。然自古奉使有聲者往往多文雅之士，春秋子産、季札、晏嬰之徒，皆閎覽博物，長於辭命。漢世陸賈、嚴助、終軍、司馬相如諸人，亦數數奉使。至如陳湯立功絶域，而傳稱其工爲章奏，蘇子卿大節皦然，而贈别五言爲千古風詩之祖。以是知爲天子使，惟文人最宜也。

今年春，琉球世子來告哀，且請襲封。往時封琉球常以給事中、行人爲正、副使，惟天子以爲遠使海邦，宜得才學雋異之臣，詔公卿推擇可者，而余同官汪君悔齋選爲正使以行。君文章翰墨妙天下，意氣偉然，開敏精强，習於當世之故，是舉也，中外以爲宜。故事，使海外者特賜一品服，將吏護行，威儀節制比開府，君不以爲榮。琉球去閩萬二千里，浮孤航，絶大海，有風濤震撼之虞，君不以爲戚。惟是規使事便宜條上，部議持不可，天子命公卿廷議，卒見施行，君之才賢稍稍見於當世矣。其能伸主威，尊國體，不辱命以往返，又可知也。余惟詞林號爲清班，不涉吏事，雖有奇才擘畫，難自表見。明三百年來多有積資養望至高官而傳無可書之事者，余嘗恨之。又况吾曹起田間，列禁近，荷國恩至深重，如其優遊食禄，旅進旅退而已，天下後世謂吾黨何如人？今君奮身慷慨，徑不測之淵，爲國任事，與棲遲偃仰者異矣。因以發抒其才華，展布其智略，揚名殊域，垂輝史書，於以見館閣之多材，文人學士之果足爲世用，不亦休乎！於其别也，同人多贈詩以寵其行，而余序之如此。

（清康熙刊本《遂初堂集》文集卷九）

送悔齋叔翁奉使册封琉球

汪文柏

冰銜清望冠諸曹，萬里揚帆賜錦袍。鄴下文章承寵渥，廣陵煙月擅風騷。吾宗喜蔭高枝茂，當代驚稱間氣豪。帝遣詞臣宣德意，朝推偉器矢賢勞。通經豈獨光鵷序，柔遠無煩藉豹韜。青瑣上書申典故，丹宸灑翰重封褒。銜恩遂指中山路，將命休疑碧海濤。繡蹙麒麟圍寶帶，旗分熊虎駕長艘。湍浮併覺星辰動，煙浄惟知斗極高。四顧總連雲渺渺，十洲何處水滔滔。扶桑曉日迎蘭櫂，南極薰風送綵旄。浪説島民仍黑齒，虚傳海邑近紅毛。梅花嶼外看姑米，鼊鼊山頭望巨鰲。亭號迎恩遵禮法，門名歡會足遊遨。鑾王舞蹈瞻天仗，長史趨奔駕小舠。瑇瑁簾開攜畫扇，紫螺杯暖進香醪。文身喜獲霑聲教，異域都應化桀驁。豈向夜郎求蒟醬，寧須大宛貢葡萄。蒙麻魚鱉猶咸若，後至鯨鯢孰可逃。諭蜀并馳司馬檄，封侯還佩吕虔刀。越裳久矣來馴雉，西土猶然却旅獒。絶島情形能入告，遐方題詠待揮毫。金泥玉檢同頒瑞，盧矢彤弓美建櫜。計日王程暫分手，海天南望首頻搔。

（清康熙刊本《柯庭餘習》卷八）

中山沿革志附中山詩文

〔清〕汪楫 撰

校點説明

《中山沿革志》二卷附《中山詩文》一卷，清汪楫編撰。

汪楫生平及出使琉球經過，已見前《使琉球雜録》介紹。

據汪楫自序，其出使琉球，有感于琉球世系不清，「以諭祭故王，入其祖廟，預敕從吏具筆札，俟行禮時密録其神主以歸」，又購得《世纘圖》一卷，「就圖中所載可識者書之，疑者闕之，參以《實録》」而成此書。書即歷記中山歷代世系傳承，詳叙明代封敕及琉球入貢情況。書之優劣，正如稍後出使琉球的徐葆光所撰《中山傳信録》卷三所言，《沿革志》「皆採前明《實録》，時汪與修《明史》，採録頗稱詳備，至本國承襲先後之間，或多昧焉，時據所稱《世纘圖》所載互訂一二而已」。又云所謂《世纘圖》，「不獨民間無其書，即國庫中亦無其圖」，細詢之，乃知「此書乃尚質王弟尚象賢字文英者爲之」，時書未成，故所録不全，亦多誤。此誤後經徐葆光及乾隆年間使臣周煌據《中山世鑑》等官修書予以訂正，方大致無謬，然宋以前仍無考。

本書後附《中山詩文》，係録在琉球時，中山王與諸臣預爲汪楫父翌年八十壽誕所作，然汪楫使事方畢，於進京途中即聞父親逝世，匍伏歸里，未幾母又去世，故此殿以琉球謝恩使法司官毛國珍等祭文。

汪楫在家未及料理喪事即赴京復命，旋受命將所作《雜録》及《沿革志》繕清上呈御覽。丁憂返鄉不久，于康熙二十五年即將二書刊刻。此次校點，係據鷺江出版社《傳世漢文琉球文獻輯稿》影印《悔齋集》本爲底本，應亦刊於康熙二十五年或稍後。校點時對個别錯字徑行改正。

（賀詩菁）

目録

中山沿革志序

琉球《隋書》、《宋史》皆曰流求，《元史》則曰瑠求，時皆未與中國通，故紀名各異。隋煬帝大業三年，令羽騎尉朱寬入海訪求異俗，海師何蠻言之，遂與俱往，抵其國，語言不通，掠一人而返。明年寬復受命往，撫之不服，武賁將陳稜率崑崙軍人通語言者往，終不服，逆戰，爲稜所敗，掠男女千人，嗣是遂絶。元世祖至元二十八年，海船副萬户楊祥請以六千軍往降之，給金符賫詔以行，出海洋遽掠一山，軍小挫，未至瑠求引還。成宗元貞三年，福建省平章政事高興上言瑠求可圖狀，遣省都鎮撫張浩等襲之，禽生口百三十人，抗命如故。明洪武五年，命行人楊載詔諭，而中山王察度遂遣使入貢。明太祖待之恩禮有加，於是山南王承察度、山北王帕尼芝亦相繼臣服，俱受封于朝。其後二王使不復至，云爲中山所併，然年時皆不可考，終明之世亦無有疑而致問者。臣楫備員史官，常思搜羅放軼，補舊乘之闕，會有册封之役，入國首以此爲問，皆謝不知，世系沿革亦秘不以告。蓋國有厲禁，一切不得輕洩也。嗣以諭祭故王，入其祖廟，預敕從吏具筆札，俟行禮時密録其神主以歸。已又購得琉球《世纘圖》一卷，卷中番字多不可辨，委曲探索，始知其國南宋始稱王，明初始通中國。元延祐間國剖爲三，明宣德時復合爲一。自宋至今代已四易，所謂姓歡斯者無據，謂皆尚姓亦非也。爰就圖中所載可識者書之，疑者闕之，參以《實録》，約略詮次爲《中山沿革志》二卷，用備稽考云。康熙二十三年七月望，翰林院檢討臣汪楫謹序。

琉球國先王廟神主序次圖

歷代有功王叔	尚圓	察度	西威
大成	尚清	尚質直高	王城
尚巴志	尚永	尚賢秀英	思紹
尚思達	尚寧康翁	尚元	武寧
尚金福	尚豐宗盛	尚真	義本
尚泰久	英祖	尚忠	舜馬順熙
尚德	舜天	英慈	歷代王妃
宣威			

右神主所書皆漢字，舜天居中，左英祖，右察度，似是不祧之位，制皆甚朴，寧、豐、賢、質四主制漸華矣，即列于中三主之左右，豈高、曾、祖考之義耶？諸皆稱神主，獨此四主稱尊靈，曰未葬故也。寧爲康翁，豐爲宗盛，賢爲秀英，質爲直高，或曰謚，或曰生時之别字也。其餘序次多淆，未詳其義。歷代多王叔攝政，故祀之，今王之弟亦稱攝政王云。

中山沿革志卷上

《世纘圖》原本前列盤古至夏、商、周、秦、西漢、東漢、後漢、西晉、宋、齊、梁、陳、隋、唐、後梁、後唐、後晉、後漢、後周、北宋、南宋、大元、大明、大清歷代年號，越一幅乃書大琉球國中山王舜天以來世纘圖，今削之，斷自舜天始。

舜天

南宋淳熙十四年丁未，《世纘圖》誤作二十四年。舜天即王位。《世纘圖》曰：舜天爲朝公之男子，不知何許人。按《宋史·流求傳》有云淳熙間常率數百輩猝至泉之水澳、圍頭等村，肆行殺掠。殆即舜天稱王時耶？在位五十一年。

舜馬順熙

嘉熙二年戊戌，舜天長子舜馬順熙嗣位。在位十一年。

義本

淳祐九年己酉，《世纘圖》遺己酉二字。舜馬順熙長子義本嗣位。在位十一年。

英祖

景定元年庚申，英祖即王位。英祖者不知所出，《世纘圖》曰天孫氏之後義本時，民苦疾疫，多依英祖，義本遂遜位。時二大島來貢，二大島者即今所謂北山也，是爲琉球闢地之始。在位四十年。

大城先王廟神主作大成。

元大德四年庚子，英祖子大城嗣位。在位九年。

英慈

至大二年己酉，大城次子英慈嗣位。在位五年。

王城

延祐元年甲寅，英慈第四子王城嗣位。于時山南、山北割據稱王，琉球國始分爲三。在位二十三年。

西威

至元三年丁丑，王城長子西威嗣位。在位十四年。

察度

至正十年庚寅，察度即王位。察度者不知所自始，《世纘圖》云其父爲浦添按司。浦添地名，按司國人讀作安知，如中國官長之稱。明洪武五年，行人楊載賫詔至國。詔曰：「昔帝王之治天下，凡日月所照，無有遠邇，一視同仁。自元政不綱，天下兵争者十有七年。朕起布衣，開基江左，命將四征不庭。西平漢主陳友諒，東縛吴王張士誠，南平閩越，北清幽燕。朕爲臣民推戴，即皇帝位，定有天下之號曰大明，建元洪武。是用遣使外邦，播告朕意，使者所至，稱臣入貢。惟爾琉球在中國東南，遠處海外，未及報知。兹特遣使往諭，爾其知之。」于是王遣弟泰期奉表貢方物，太祖賜王大統曆及金織文綺紗羅各五疋，賜泰期衣幣有差。是爲琉球通中國之始。七年，王又遣泰期等入貢，并上皇太子箋，貢物如之。太祖賜王曆及幣帛有加，賜泰期衣幣、靴襪，副使惹爬燕之及通事、從人皆有賜。八年，太祖命附祭琉球山川于福建。先是，天下山川太祖皆躬祀，太常以琉球已入朝貢，亦請祀，祀兩年矣。禮部尚書牛諒言躬祀非禮，始命附祭。九年，太祖命刑部侍郎李浩至國市馬及硫黄，王遣泰期從之入貢。

浩因言國俗市易不貴紈綺，惟磁器、鐵釜是尚。自是賜予、市馬多用是物。十年，王又遣泰期等表賀元旦，貢馬及硫黄。十一年、十三年貢方物，賜賚悉如例。十五年，王又遣泰期及陪臣亞蘭匏等貢馬及硫黄，太祖賜幣帛有加，命尚佩監奉御路謙送泰期等返國。路謙歸言，琉球三王爭雄，長時相攻也。十六年，王遣亞蘭匏表賀元旦，貢方物，而山南王承察度亦遣其臣師惹等奉表入貢。太祖賜王鍍金銀印及幣帛七十二疋，山南王賜幣帛如之，而遣中使梁民敕王曰：「王居滄溟之中，崇山環海，爲國事大之禮不行，亦何患哉！王能體天育民，行事大之禮，自朕即位十有六年，歲遣人朝貢，朕嘉王至誠，命尚佩監路謙報王誠禮，何期王復遣使來謝。今令内使監丞梁民同前奉御路謙賚符賜王鍍金銀印一。近使者歸，言琉球三王互爭，廢農傷民，朕甚憫焉。《詩》曰：『畏天之威，于時保之。』王其罷戰息民，務修爾德，則國用永安矣。」諭山南王承察度、山北王帕尼芝曰：「上帝好生。寰宇之内生民衆矣，天恐生民互相殘害，特生聰明者主之。邇者琉球國王察度，堅事大之誠，遣使來報，而山南王承察度亦遣人隨使者入覲，鑒其至誠，深可嘉尚。近使者自海中歸，言琉球三王互爭，廢棄農業，傷殘人命，朕聞之不勝憫憐。今遣使諭二王知之，二王能體朕意，息兵養民，以綿國祚，則天必祐之，不然悔無及矣。」于是王及山南王、山北王皆遣使入謝，各賜衣幣。十七年，王遣阿不耶等入貢，賜鈔幣。十八年，表賀元旦，貢方物。太祖賜王海舟一，山南王如之，又補給山南王、山北王駝紐鍍金銀印各一。十九年，王遣亞蘭匏等貢馬百二十四、硫黄萬二千斤，賜宴及鈔。二十年，王遣亞蘭匏等貢方物，進皇太子箋，獻馬。而山南王承察度及其叔汪英紫氏、山北王帕尼芝亦各遣使入貢。二十一年，王遣使甚模結致等貢馬，賀天壽聖節。二十三年，表賀元旦，貢方物，世子武寧亦貢馬五匹、硫黄二千斤、胡椒二百斤、蘇木三百斤。所遣通事屋之結者私携胡椒三百斤、乳香十斤，閽者驗得以聞，論没入其貲，詔還之，仍賜屋之結等六十人鈔各十錠。是時宫古、八重山島來貢于中山。宫古國人讀作迷姑，島名也。八重山島讀作爺馬，今所謂太平山也。于是中山始强。二十四年，王及世子武寧遣亞蘭匏、嵬谷致等貢馬及方物，而山南王叔汪英紫氏亦遣使表賀天壽聖節。二十五年，王及世子武寧各進表箋貢馬，并遣從子日孜每闊、八馬寨官子仁悦慈入國子監讀書，國人就學自兹始。太祖各賜衣巾靴襪，并夏衣一襲、鈔五錠，秋又賜羅衣各一襲，及靴襪衾褥。王具疏言，通事程復、葉希尹二人以寨官兼通事，往來進貢，服勞居多，乞賜職加冠帶，使本國臣民有所仰止，以變番俗。報可。先是，國人才孤那等二十八人採硫黄于河蘭埠，遇風飄惠州海豐，爲邏卒所獲，語言不通，以爲倭人，送至京，至是貢使爲白其事，太祖皆遣歸，賜閩人善操舟者三十六姓，以便往來。時山南王承察度亦遣從子三五郎尾及寨官子實他盧尾、賀段志等入國子監讀書，賚如中山例。二十六年，王遣使麻州等貢方物，已又遣使壽禮結致等貢馬，偕寨官子段志每入國子監讀書，太祖命賜夏衣、靴襪，秋又賜羅絹衣各一襲，傔從各給布衣。嗣是歲必有賜。二十七年，王遣亞蘭匏等貢方物，賜宴于會同館，王疏言亞蘭匏掌國重事，乞陞授品秩，給賜冠帶。又乞以通事葉希尹等二人充千户。太祖皆從其請，俾其王相秩同中國王府長史，稱王相如故。二十八年，王遣王相亞蘭匏貢方物，而山北王珉、山南王叔汪英紫氏亦各遣使入貢，太祖賜鈔有差。二十九年，王兩遣使貢方物，而山北王攀安知、山南王承察度及山南王叔汪英紫氏亦入貢。詔遣三五郎亹《實録》前作三五郎尾，今作三五郎亹。等歸省，賜三五郎亹白金七兩、綵緞六表裏、鈔五十錠，寨官子實那盧亹《實録》前作實他盧尾，今作實那盧亹。鈔二十錠、綵緞一表裏。歸未數月，會世子武寧遣使貢，偕寨官子麻奢理、誠志魯二人入國子監就學，三五郎亹復與俱來，請卒業，太祖許之，仍賜衣巾、靴襪。三十年，王兩遣使貢馬及硫黄，山北王攀安知、山南王叔汪英紫氏亦入貢。三十一年，王遣亞蘭匏等貢馬及硫黄，世子武寧貢如之，女官生姑魯妹偕入謝恩，以昔常在京讀書也，太祖賜鈔有差。三月，太祖命以冠帶賜王。先是，王嘗請中國冠帶，太祖命禮部圖冠帶之制示之，至是匏等復以爲請，賜如制，并賜臣下冠服。永樂改元，遣使以即位詔諭王，王遣從子三吾良亹奉表賀，且貢方物，成祖賜鈔幣、襲衣，宴于會同館，遣行人邊信、劉亢齎羢錦綺幣賜王。還奏稱旨，成祖擢信爲湖廣道監察御史，亢爲工料給事中。未幾王卒，在位四十六年。

武寧

察度既卒，其子武寧遣三吾良亹訃告于朝。永樂二年正月，成祖遣行人時中往祭，賻以布帛。詔武寧襲爵。詔曰：「聖王之治，協和萬邦；繼承之道，率由常典。故琉球國中山王察度，受命皇考太祖高皇帝，作屏東藩，克修臣節。暨朕即位，率先歸誠。今既殁，爾武寧乃其世子，特封爾爲琉球國中山王，以承厥世。惟儉以修身，敬以養德，忠以事上，仁以撫下，克循兹道，作鎮海邦，永延世祚。欽哉！」四月，山南王弟汪應祖亦受封于朝。應祖故山南王承察度從弟，承察度無子，遺命應祖攝國事。

元年，常遣長史王茂朝貢，會山北王攀安知遣使善住古耶貢方物，丐賜冠帶衣服，以變國俗，成祖許之。至是應祖遣使隗谷結致來朝貢方物，且奏乞如山北王例賜冠服。成祖謂吏部尚書蹇義曰：「國必有統，衆必有屬，既能事大，又能撫衆，且舊王所屬意也，宜從所言，以安遠人。」遂遣使齎詔封之，賜如所請，偕其使俱還。已而禮部尚書李至剛奏，其使擅詣處州市磁器，當逮問。成祖曰：「遠人知求利而已。朝廷於遠人當懷之，不足罪。」暹羅船往琉球遭風，漂至福建，布政司籍記所有請命。成祖諭至剛曰：「暹羅與琉球通好，自是番邦美事，豈可乘其危而利之？鄉有善人，猶能濟困，况朝廷統御天下哉！其令所司，舟壞爲之修理，人乏食給之粟，或歸或往琉球，俟風便導之去。」三年，行人時中使琉球還，命復職。中初爲四川布政司右參議，坐罪當戍，上書願改過，遂命爲行人使琉球，至是還，復其職。時山北王遣三吾良亹奉表貢方物，謝襲封恩，賜衣幣，宴于會同館。已又遣養埠結制等賀萬壽聖節。時山北王攀安知、山南王汪應祖亦遣貢，而應祖又遣寨官子李傑赴國子監受學，賜衣如例。四年，王及山南王、山北王皆表賀元旦，王遣寨官子石達魯等六人就學，賜衣鈔有差。王進閹者數人，成祖曰：「彼亦人子，無罪而刑之，何忍？」命禮部還之。禮部言恐阻遠人歸化之心，請但賜敕止其再進。成祖曰：「諭之以空言，不若示之以實事。今不遣還，彼欲媚朕，必有繼踵而來者。天地以生物爲德，帝王乃可絶人類乎？」卒不受。

《世纘圖》云：洪武二十九年王即位，凡在位二十六年。臣按其國繼世嗣位，類先自立而後請於朝，故所紀嗣位之年與中朝遣封之時多不合。而其後憚於供應，甚有遲至十餘年乃上請者。

然明初貢使時通，歲或二三至，幾與域中郡縣無異，封卒年歲不應參差如是。即云洪武二十九年嗣位，中更靖難，赴告踰期，顧在位二十六年，則永樂之末尚宜無恙，何五年遂有祭賻之典耶？或云武寧爲尚巴志所滅，然其詳亦不可考，謹闕疑，以俟來者。

尚思紹先王廟神主作思紹，無尚字。

永樂五年，世子尚思紹遣三吾良亹貢馬及方物，別遣使以其父武寧訃告。成祖命禮部賜祭賻，詔思紹嗣王爵。六年，王遣使阿勃吾斯奉表貢方物，謝襲封恩。時山南王汪應祖亦貢馬，各賜鈔幣。七年，王遣使賀萬壽聖節，山南王汪應祖亦貢馬，各賜衣幣。八年，王遣三吾良亹朝貢，山南王汪應祖亦遣使賀萬壽聖節，皇太子皆賜之鈔幣。王遣官生模都古等三人入國子監受學，皇太子各賜巾衣、靴絛、衾褥、帳具。通事林佑本中國人，啓請賜冠帶，從之。是年冬，成祖又賜琉球生李傑等冬衣靴襪，禮部尚書呂震曰：「昔唐太宗興學校，新羅、百濟皆遣子入學，當時僅聞給廩膳，未若今日賚予周備也。」成祖曰：「遠方慕中國禮義，故遣子入學，必足於衣食然後樂學。太祖高皇帝命資給之，著於令典，所謂曲成萬物而不遺者，安得違之？」九年，王遣三吾良亹賀元旦，偕王相之子懷得、寨官之子祖魯古入國子監受學，又遣使坤宜堪彌貢馬及方物。疏言長史王茂輔翼有年，請陞茂爲國相兼長史事。又言長史程復饒州人，輔臣祖察度四十餘年，勤誠不懈，今年八十有一，請命致仕還其鄉。悉報可。時使人有匿其方物不盡貢者，監察御史廉得其實以聞。成祖曰：「此非國王意也，宥之。」王遣使謝，貢方物，敕賜王鈔及綵幣。十年，王遣使賀元旦，山南王汪應祖亦入貢，已又遣使賀萬壽聖節，成祖賜鈔幣，又賜琉球生夏布襴衫、條靴。十一年，王兩遣使貢馬，偕寨官子鄔同志久等三人入國子監受學，已又與山南王汪應祖各貢馬，賜鈔及永樂錢。琉球生模都古等三人奏乞歸省，成祖曰：「遠人來學誠美事，思親而歸亦人情，宜厚賜以榮之。」賜衣幣及鈔爲道里費，仍命兵部給驛傳，留學者皆賜冬夏衣。十二年，王遣使賀元旦，遣三吾良亹貢馬及方物，賜鈔幣。皇太子賜琉球生益智每等二人羅、布衣各一襲，及襴衫、靴襪、衾褥、帷帳，從人皆有賜。成祖賜鄔同志久等三人衣鈔。十三年，成祖遣行人陳季芳等齎詔封山南王汪應祖世子他魯每爲琉球國山南王。時應祖爲其兄達勃期所弑，各寨官合兵誅達勃期，推他魯每攝國事。他魯每表請襲封，故遣使往，并賜誥命冠服及鈔萬五千錠。王及山北王攀安知俱各遣使貢方物，王世子尚巴志亦遣使宜是結制貢馬及方物，賜文綺三十表裏。十四年，王遣三吾良亹貢馬及方物，謝遣使不謹之罪。先是王所遣使直佳魯犯法坐誅，成祖敕諭王曰：「比王所遣直佳魯等來京，朕優待之。及還至福建，乃肆狂悖，擅奪海舶，殺死官軍，毆傷中官，奪其衣物。直佳魯首罪當寘大辟，已命法司如律。其阿勃馬結制等六十七人與之同惡，罪亦當死，眷王忠誠，特遣歸，俾王自治。自今遣使宜戒約之，毋犯朝憲。」已又遣使貢馬，而山南王他魯每亦遣使來貢，謝襲封恩。成祖賜琉球生夏衣。十五年，王及山南王他魯每俱遣使貢，賜賚甚厚，已又與世子尚巴志各遣使貢馬。十六年，王兩遣使貢方物，成祖賜使者冠帶鈔幣有差。十七年，王三遣使貢馬及方物。二十年，王遣使賀元旦，已又遣貢方物。二十一年，世子尚巴志遣使奉表貢方物，皇太子令禮部宴勞之。二十二年二月，王訃聞於朝，命禮部遣官賜祭，賻以布帛。九月，遣行人周彝齎敕以行。

按山南王承察度遣從子三五郎尾尾又作亹。入學，中山王察度遣從子三吾良亹入謝，自是兩人無疑。第良亹既爲察度從子，則是武寧兄弟行矣。而武寧遣三吾良亹赴告，表稱良亹曰姪，再遣入謝亦然。至思紹遣三吾良亹入貢凡四，皆以姪名。豈數人者名稱皆同，抑臣主不以世系爲序，國俗固爾耶？今去姪字，止書其名，識之以待參考。

尚巴志

洪熙元年，仁宗遣中官柴山齎敕至國，封世子尚巴志嗣中山王。敕曰：「昔我皇考太宗文皇帝，躬膺天命，統御萬方，恩施均一，遠邇歸仁。爾父琉球國中山王思紹，聰明賢達，茂篤忠誠，敬天事大，益久弗懈，我皇考良用褒嘉。今朕纘承大統，念爾父没已久，爾其嫡子，宜俾承續，特遣内官柴山齎敕命爾嗣琉球國中山王。爾尚立孝立忠，恪守藩服，修德務善，以福國人，斯爵禄之榮，延于無窮。尚其祗承無怠無忽。」仍賜冠帶、襲衣、文綺。方仁宗遣山時，貢使已兩至，表稱世子賀成祖萬壽聖節，至是始知改元，是年凡四遣使貢馬及方物云。宣德元年，王遣使貢方物謝襲封恩，附奏曰：「臣祖父昔蒙朝廷大恩，封王爵，賜皮弁、冠服。洪熙元年臣奉詔襲爵，而冠服未蒙頒賜。」宣宗命行在禮部稽定制製以賜之。先是，仁宗遣封已賜冠帶，而王復以爲請，以皮弁故，宣宗謂禮部尚書胡濙曰：「遠人歸誠，固是美事，特賜冠服，亦表異恩。古人言招携以禮，懷遠以德，朕與卿等尤當念之。」王遣使鄭義才進香長陵，義才言海風壞舟，附内官柴山舟得達，乞賜一舟歸國，且便朝貢。宣宗命行在工部與之。已又兩遣使貢馬及硫黄，賜襲衣靴襪有差。二年，王兩遣使貢方物，使者同行異舟，遇風相失，已而皆至。時山南王他魯每亦遣使進香長陵。三年，王遣使鄭義才等貢馬及方物，謝賜皮弁、海舟，宣宗賜義才等冠帶及金織紵絲襲衣，餘皆素紵襲衣。宣宗以王朝貢彌謹，遣使齎敕勞之，并賜王紵絲、紗羅、錦緞，已又遣内官柴山齎敕賜王金織紵絲、紗羅、羢錦。四年，王遣使表貢，賀萬壽聖節。已又兩遣使貢馬及方物，而山南王他魯每亦兩遣使入貢，俱賜宴及鈔幣，又命山南王使齎敕及鈔絹歸賜其王。自是山南王不復遣使，蓋併於中山矣。五年，王四遣使入貢，宴賚如例，仍賜王鈔二萬一千七百六十錠。六年，王兩遣使入貢，又表貢馬及金銀器皿，謝賜錦幣。七年，宣宗以外國朝貢，獨日本未至，命内官柴山齎敕至國，令王遣人齎往日本諭之。明年，日本遂來朝。宣宗命行在工部給中山貢使漫泰來結制海舟一，以貢使言來舟損壞故。是年王遣使入貢者凡四，宴賚如例。八年，王遣使入貢者凡二，宴賚如例。九年，王遣使貢馬及方物，中道遇風，先後至。已又遣使謝賜衣服、海舟，宣宗賜幣有差，仍命齎敕及幣歸賜王。十年，王遣使謝，禮部尚書胡濙奏曰：「比奉旨節一切冗費，以安軍民。今四裔使臣，動以百數，沿途疲于供給，宜敕諸路總兵官并都、布、按三司，繼今審其來者，量遣正副使、從人一二十人赴京，餘悉留彼處給待。」從之。正統元年，英宗頒賜《大統曆》，適王遣貢使伍是堅至，令是堅齎回，敕諭王及日本國王源義教曰：「我國家統有天下，薄海内外，罔不臣服，列聖相承，無間遠近，一視同仁。爾爲國東藩，世修職貢，益永益虔，王遣使來朝貢馬及方物，禮意勤至。朕嗣承祖宗大寶，期與四海群生，同樂雍熙，矧王篤於事大，良可嘉尚。使者還，特賜王及王妃白金、彩幣，以答遠意。王其欽崇天道，仁卹有民，永保藩邦，以副朕望。」王再遣使貢馬及方物。使者至福建，如例止具貢物以聞。其自携螺殼九十、海巴五萬八千，失於自陳，有司以漏報没入，使者籲請給值，英宗命行在禮部如例給之。後浙江市舶提舉司王聰復以爲言，英宗謂禮部曰：「海巴、螺殼遠人資以貨殖，取之奚用？」命悉還之，仍著爲令。二年，王遣陪臣義魯結制等貢馬及方物，奏稱本國各官冠服皆國初所賜，年久朽敝，乞更賜。又言本國遵奉正朔，而海道險阻，受曆之使或半載一載方返。事下禮部覆奏，命冠服本國可依原降造用，《大統曆》福建布政司給與之。禮部又言，琉球國貢馬矮小，宜令選高大者充貢。英宗曰：「遠人慕義入貢，不必計物優劣。」三年，王遣使義魯結制等貢馬及方物，賜幣有差。四年，王遣使梁求保入貢，已又遣阿普禮是等入貢，賜宴幣如例。巡按福建監察御史成規疏言：「琉球國往來使臣，俱於福建停憩，館穀之需，所費不貲。比者通事林惠、鄭長所帶番稍人從二百餘人，除日給廩米外，其茶鹽醯醬等物出於里甲，相沿有例，乃故行刁蹬，勒掯銅錢，今未半年，已用銅錢七十九萬六千九百有餘，按數取足，稍緩輒肆詈毆。雖遠人不足與較，而憑陵之風，漸不可長，已行福州等府縣，止將例應供給之物按日支與，不許私以銅錢支當。但煩瑣多端，終非久計。乞令該部定議，於人支日廩之外，量加少許，聽其自辦。其林惠等不能禁戢，坐視紛紜，請執治。」事下行在禮部，以爲於例止日給廩米，一切費宜悉罷之，其通事人員不行禁戢，請治罪。英宗以遠人姑示優容，令移文戒諭之。五年，王遣步馬結制等貢馬及方物，宴賚如例。先是，朝貢者朝參出入皆給馬，至是令止給正、副使，著爲令。六年，巡按福建監察御史鄭顒疏言：「琉球國通事沈志良、使者阿普斯吉駕船載瓷器等物往爪哇國市胡椒、蘇木，至東影山遭風桅摺，進港修理，妄稱進貢，今已拘收人船，收頓貨物，并護船器械候旨。」英宗曰：「遠人宜加撫綏，况遇險失所，尤當矜憐，其悉以原器物給之，聽自備工料修船，促還本國。」

按《世纘圖》載巴志永樂二十年壬寅即位，在位十八年，與《實録》不甚相遠。又云初爲佐鋪小按司，舉兵討南山王，又攻落北山王，併爲一國。或云并滅武寧而奉其父思紹爲王。按永樂十三年山南王汪應祖爲其兄達勃期所弑，各寨官合兵誅達勃期，此或即巴志所爲，而復推其子他魯每主國事。至宣德四年，歷十四年而後國除，不應擁虛器如此之久。而永樂十三年以後，山北王攀安知不復遣使入貢，則山北王先山南而亡者十四年矣。思紹永樂五年嗣位，二十三年卒，在位凡十八年。則巴志奉思紹爲王之時年甚少，豈蕞爾海邦，有如太原公子故事者耶？惜無他書可正，存以俟考。

尚忠

正統七年，巴志第二子尚忠遣長史梁求保入貢，以巴志訃告，乞嗣位。英宗遣給事中余忭、行人劉遜齎詔至國。詔曰：「昔我祖宗，恭天明命，君主天下，無間遠邇，一視同仁。海外諸國，咸建君長，以統其衆。朕承大寶，祗奉成憲，用圖永寧。故琉球國中山王尚巴志，爰自先朝，恭事朝廷，勤修職貢，始終如一。茲既云亡，其世子尚忠敦厚恭慎，克類前人，上能事大，下能保民。今遣正使給事中余忭、副使行人劉遜，齎敕封爲琉球國中山王，以主國事。爾大小頭目人等，其欽承朕命，盡心輔翼，惇行善道，俾國人咸樂太平，副朕仁覆蒼生之意。」并敕王曰：「爾遣長史梁求保奏爾父王尚巴志亡歿，良深悼念。特遣使命爾爲琉球國中山王，以主國事。爾宜篤紹爾父之志，益堅事上之誠，敬守臣節，恭修職貢，善撫國人，和睦鄰境，庶幾永享太平之福。」仍賜王及妃皮弁、冠服、金織襲衣、幣布等物。當忭等未至，忠已兩遣使貢馬及賀明年元旦，猶稱世子云。九年，王遣使入貢者四。使臣梁回奏乞一海船以便歲時朝貢，從之。十年，王遣使入貢者二，宴賚如例。十一年，王遣使入貢者二，宴賚如例。十二年，王卒。

《世纘圖》云王正統五年庚申即位，在位五年。按《實録》正統七年遣封，十二年卒，則在位亦五年，但紀年參差耳。

尚思達

正統十二年，世子尚思達遣長史梁球入貢，以其父尚忠訃告，請襲爵。三月，英宗遣給事中陳傅、行人萬祥諭祭故王尚忠，封世子思達嗣王。敕曰：「爾比遣長史梁球等奏，爾父王尚忠亡歿，良深悼念。特封爾爲琉球國中山王，繼承爾父，主理國事。爾宜篤紹先志，敬守臣節，恪修職貢，簡任賢良，善撫國人，和睦鄰境，以保國土。」仍以皮弁、冠服、常服及織金紵絲、羅緞等物賜王。復詔諭其國臣庶，盡心輔翼，各循理分，毋或僭踰，俾凡國人同樂雍熙，副朕一視同仁之意。王遣通事蔡讓等貢馬及方物，宴賚如例。十三年，王遣使入貢。使伴與四川長河西番人相毆會同館門外，有重傷者。事聞，英宗命毆至死者抵死。十四年，王遣使梁同等貢馬及方物。時福建尤溪、沙縣方有寇警，所司請緩期三月始達。已又遣使馬權度等入貢，賜衣幣冠帶，仍命權度齎敕并綵幣歸賜王及妃。禮部上言，貢使欲以所賜絹匹往蘇州府易紗羅紵絲歸國服用，從之。景泰元年，王遣使百佳尼朝貢，景帝命齎敕并文綺彩幣歸賜王及妃。通事程鴻言船壞不能返國，願以賜幣造船。禮部請移文福建三司，聽其自造，不得擾民。從之。已又遣使梁回貢馬及方物，宴賚如例。二年，王遣使察都等入貢，亦以自備工料造船爲請。禮部言，今福建地方被賊，人民艱窘，宜令其候本國進貢通事李敬等回日，附載歸國。從之。已又遣使亞間美等入貢，使未達而王卒。

按《世纘圖》云正統十年乙丑即位，在位五年。蓋十二年誤作十年也。

尚金福

景泰二年，景帝遣左給事中喬毅、《殊域周咨》作陳謨。行人童守宏諭祭故王思達，封其叔尚金福爲中山王。三年，金福兩遣使入貢，猶稱王叔，蓋命猶未達也。四年，王四遣使入貢，宴賚悉如例。未幾卒，在位四年。

《世纘圖》作景泰元年即王位。

尚泰久

金福既卒，其弟布里與其子志魯争立，焚燒府庫，兩傷俱絶，所賜鍍金銀印亦鎔壞。國人推尚泰久權國事。景泰五年，泰久以聞，并請鑄印頒賜，命所司給之。已又遣使入貢，表稱琉球國掌國事王弟尚泰久云云。景帝命齎敕及綵幣歸賜王弟。六年，王弟兩遣使入貢，云王姪尚伯禮等欲於蘇州收買綵幣及釘蔴等物，修葺海船。禮部恐其擾民，不從。景帝以琉球素遵王化，與他國不同，特許之，遣給事中嚴誠《殊域周咨》作李秉彝。爲正使，行人劉儉爲副使，齎詔封王弟尚泰久嗣王。詔曰：「帝王主宰天下，恒一視而同仁；藩屏表率國中，或同氣以相嗣。朕躬膺天命，撫馭諸侯。琉球國王尚金福既薨，其弟尚泰久性資英厚，國衆歸心。兹特遣使齎敕封爲琉球國中山王。凡彼國中遠近臣庶，宜悉心輔翼，罔或乖違，長堅忠順之心，永享太平之福。故兹詔示，咸使聞知。」又敕王曰：「爾自先世恪守藩維，傳及爾兄，益隆繼述，敬天事上，久而愈虔。屬兹薨逝，軫於朕懷。爾乃王弟，宜紹國封。特遣使齎詔封爾爲琉球國中山王，并賜爾及妃冠服、綵幣等物。爾尚砥礪臣節，懷撫國人。欽哉！」七年，遣使入貢，猶稱王弟。及册封後，遣使入謝，又別遣使入貢，則英宗復辟，改元天順矣。天順二年，王遣使朝貢者三。三年，王遣使李敬貢馬及金銀器皿，疏言：「本國王府失火，延燒倉庫銅錢，請炤永樂、宣德間例，所帶貨物以銅錢給賜。」禮部以銅錢係中國所用，難以准給，宜將估計鈔貫照舊六分京庫摺支生絹，其四分移文福建布政司，收貯紵絲、紗羅、絹布等物，依時值關給。從之。王遣使亞羅佳其等入貢，宴賚如例。四年，王遣使入貢。五年，王遣使王察等貢馬及方物。六年，王遣使程鵬等貢方物。宴賚悉如例。

按《世纘圖》云泰久係尚志達之弟，而《實録》則云金福之弟，蓋《實録》止以請封之疏爲據，他無可考也。又云景泰五年甲戌王即位，在位七年。則王卒於天順五年，而六年始聞於朝。觀尚德紀天順五年即位，益信。

尚德

天順五年泰久第三子尚德嗣位。六年，遣使入貢，以泰久訃告。英宗使吏科右給事中潘榮、行人司行人蔡哲充正、副使往祭故王泰久，封世子尚德爲王。詔曰：「朕紹帝王之統，纘祖宗之緒，主宰天下，一視同仁，撫馭華夷，靡間遐邇。惟爾琉球國僻居海島，密邇閩中，慕義來庭，受封傳業，蓋有年矣。故國王尚泰久，克篤勤誠，敬天事大，甫餘六載，倏爾告終，先業攸存，可無承繼？其世子尚德，性資仁厚，國衆歸心。兹特遣正使吏科右給事中潘榮、副使行人司行人蔡哲齎詔往封爲琉球國中山王，仍賜以皮弁、冠服等件。凡國中官僚士庶，宜同心輔翼，作我外藩。嗚呼！循理謹度，永堅率俾之忠；親族睦鄰，丕冒咸寧之化。故兹詔示，悉使聞知。」七年，王遣使崇嘉山等入貢，宴賚如例。成化二年，王遣使程鵬等貢馬及方物，賜宴及衣幣。三年，王遣長史蔡璟入貢，賜幣。四年，王遣使程鵬，已又遣使讀詩貢馬及方物，俱賜衣幣。五年，王遣長史蔡璟入貢。璟言其祖本福建南安縣人，洪武初奉命於琉球國導引進貢，授通事，傳至環陞長史，乞賜誥封贈其父母。吏部覆以無例，不許。廣東市舶司奏，有番舶遭風吹至九星洋，審知是琉球貢船，欲貿易土貨往福建造船回國。禮部覆奏，宜令廣東巡撫嚴加譯審，果無虛詐，方許貿易。仍諭今後進貢務由福建故道，并敕地方官禁約下人，不得因而侵損，失向化之心。從之。王遣使查農是等入貢，宴賚如例。六年，福建按察司奏琉球貢使程鵬至福州，與委官指揮劉玉私通貨賄，俱應究治。詔逮治玉而宥鵬。王遣鵬貢馬及方物，宴賚如例。

中山沿革志卷下

尚圓

成化六年，尚德卒，尚圓自稱世子。《世纘圖》曰：圓伊平人。伊平，國人讀作葉壁，即今所謂葉壁山也。父爲里主，即今所謂遏闥理官也。圓爲御鎖之側，即今所謂耳目官也。尚德多行不義，國人胥怨，德既卒，欲奉圓爲王。圓曰：「世子在，孰敢奸此位乎？」國人遂共殺世子。七年，圓遣使蔡璟等入貢，以父尚德薨來赴，請襲爵。憲宗遣户科都給事中丘弘爲正使、行人司行人韓文爲副使，齎儀物行慶弔禮，封世子尚圓爲中山王。弘福建上杭人，乞便道展祭，不許，後行至山東病卒，改命兵科給事中管榮偕文往。貢使蔡璟以織金蟒羅製衣爲錦衣衛校尉所詗，指爲市人私售，刑部鞫之，璟固稱是國王受賜於先朝者。事聞，憲宗命禮部稽舊籍有無，禮部曰無，遂没入内庫，仍敕諭國王知之。八年，王遣長史梁應貢馬及方物，宴賚如例。福建三司官奏稱琉球國人先因進貢潛居内地，遂成家業，年久不還，應盡遣之。禮部議其人若承户部勘合許入籍者，仍舊，餘如請。九年，王遣王舅武實入貢，謝襲封恩。武實奏稱國王常遣人往滿剌加國收買貢物，遭風壞船，漂至廣東，有司轉送福建，願自備工料修船同回。許之。十年，王遣使沈滿志等貢馬及方物，宴賚如例，仍以鈔絹酬其自貢物值。滿志等乞如舊制摺給銅錢，不許。十一年，王遣使程鵬入貢，附奏乞如常例歲一朝貢。禮部覆稱去年福建守臣言琉球使臣登岸焚劫，訪察不獲，宜令鵬等齎敕省諭，並定貢期。憲宗敕王曰：「王使朝貢，已如例賞賜遣還。近福建鎮守官奏通事蔡璋等還次福州，殺人劫財，非法殊甚。今因使臣還，特降敕省諭。敕至，王宜問璋等故縱其下之罪，追究惡徒，依法懲治。自後定例二年一貢，止許百人，多不過加五人，除正貢外，不得私附貨物，并途次騷擾，有累國王忠順之意，其省之。」十二年，王遣使梁應等入謝，會憲宗立皇太子，應因奏乞如朝鮮、安南例賜詔齎回。禮部以琉球、日本、占城皆海外國，例不頒詔。憲宗特命降敕，并以錦幣歸賜其王及妃。先是，福建特設市舶提舉司內官一員，專理琉球一國貢物事務，至是內官施斌卒，巡按御史葉稠請勿更差而兼屬之鎮守太監盧勝，庶民不擾。憲宗不從，敕內官韋查往視事。十三年，王遣使李榮奉表謝恩。已又遣使程鵬貢馬及方物，復請歲一遣使朝貢，不許，命如前敕。

《世纘圖》曰：王成化六年庚寅即位，在位七年，成化十二年己未七月二十八日卒。按六年爲庚寅，則十二年當是丙申，非己未也。

尚宣威

成化十三年丁酉，尚宣威即王位。在位僅六月，丙申八月四日卒。

按尚圓有子而宣威嗣位，並其所出俱未詳，考丙申干支又不合，第據《世纘圖》書之。

尚真

成化十三年尚圓世子尚真嗣位。十四年，遣長史梁應等請襲封。憲宗命兵科給事中董旻爲正使，行人司右司副張祥爲副使，賫詔之國，封世子尚真爲中山王，賜皮弁、冠服、金鑲犀帶，并以綵幣賜王及妃。應等具奏，仍欲一年一貢，部覆不許。十五年，王遣使李榮朝貢迎封册，賜宴及衣幣。十六年，王遣使馬怡世入謝，附奏曰：「臣伏讀祖訓條章，許臣國不時朝貢，故自臣祖父以來，皆一年一貢。邇年舊撫福建大臣以臣國使有違法規利者，令臣二年一貢，此誠臣之罪也。然臣祖宗所以殷勤效貢者，實欲依中華眷顧之恩，杜他國窺伺之患。乞如舊制。」憲宗不許，敕王曰：「曩因爾國使臣入貢，往往假饋送爲名，污我中國臣工，其實以爲己利。又不能箝束傔從，以致殺人縱火，强劫民財，又私造違禁衣服，俱有顯跡，故定爲二年一貢之例。朝廷富有萬方，豈爲爾一小國而裁省冗費哉？此例既定，難再紛更。特茲省諭，王其審之。」十八年，王遣使貢馬及方物，乞以陪臣子蔡賓等五人於南京國子監讀書。憲宗曰：「海南遠人，嚮慕文教，朕甚嘉之。」令有司如舊制，歲給衣服廪饌，毋令失所，俾通知中國禮儀，永遵王化。王又以不時進貢爲請，疏言：「以小事大，如子事父。」禮部言其意實假進貢以規市販之利，宜勿聽。仍敕王曰：「朝廷定爾國二年一貢，已具前敕。臣之事君，遵君之敕可也。屢違敕奏擾，可乎？所以固拒者，非爲惜費。蓋二年一貢，正合中制，朕恤小之意實在此。王其欽遵，毋事紛更。」禮部又言琉球國進貢舊例，到京少則四五十人，多則六七十人，俱給賞有差。邇因各國進貢率多奸弊，每國止許五七人，不過十五人到京，餘俱留邊以俟。今福建以例止容正議大夫梁應等十五人赴京，既已給賞，餘六七十人俱留布政司，宜發官帑，以次均給，庶不減削太甚，失柔遠之意。從之。二十年，王遣使程鵬貢馬及方物，奏永樂年間所賜船破壞已盡，止存其三，乞自備物料，於福建補造。部議許造其一。二十二年，王遣使蔡曦貢馬及方物。時官生蔡賓等在監肄業已五年，王咨部請假省親。憲宗曰：「昔陽城在太學，諸生三年不歸省者斥之，矧遠人豈可長留不遣？其即放歸，以遂定省之私。」二十三年，王遣陪臣馬審禮等貢方物、謝恩。至則孝宗嗣位登極四月矣，賜冠帶、衣幣，仍命領詔賜王及妃錦幣。弘治元年，王遣使皮揚那等從浙江入貢，孝宗命却之，以貢道當由福建，且貢非其時也。皮揚那等具以國王咨禮部文言，成化二十一年本國正議大夫程鵬等進貢，回國報知皇太子册妃，乃遣使表賀，並貢方物。禮部言琉球入貢雖與例限不合，然遠人之情可念，况箋文方物已至京，難於終却，請暫賜容納，後仍以舊例裁之。或因福建風水不便，取路浙江，亦令審實奏請，方許起送。今次所給正副使綵緞等物，宜如舊例，番伴從人減半，以示裁抑之意。從之。時蔡賓亦隨貢使至，言成化中讀書南京國子監，今吏部侍郎劉宣時爲祭酒，特加撫恤，乞容執贄於宣所致謝。許之。三年，王遣使馬仁等爲大行皇帝進香，别遣王舅麻勃都入貢。奏稱本國來貢人員近止許二十五人赴京，物多人少，恐致疎失。又謂本國貢船抵岸，所在有司止給口糧百五十名，其餘多未得給。孝宗命來京許增五人，增口糧二十名。五年、七年，皆遣正議大夫梁德入貢，賜王錦緞，宴賚德等如例。九年、十三年皆遣正議大夫鄭玖入貢，賜王錦緞，宴賚玖等如例。十五年，王遣使入貢，請于福建補造海船，以便往回。從之。十六年，王遣使吴詩等往滿剌加國收買貢物，遇風舟覆，詩等百五十二人漂至海南登岸，爲邏卒所獲，廣東守臣以聞。孝宗命送詩等於福建守臣處，給糧贍養，候本國貢使歸之。十七年，王遣使具言前使遭風未回，致失二年一貢之期，至是補貢。納之。武宗登極，命行人左輔頒詔至國。正德二年，王遣王舅亞嘉尼施等貢馬及方物，奏乞每歲一貢。禮部議琉球在昔朝貢不時，至成化十一年因使臣不法，敕令二年一貢。今彼因入貢違期，故爲此奏以飾非，宜勿聽。武宗特許之。長史蔡賓奏，乞自備工料修造貢船二隻。禮部議行鎮巡官驗實量修，不必改造。賓復奏，武宗曰：「賓善人也。」令二船拆卸補造，第勿過式。四年，王遣正議大夫程璉入貢。五年，請以官生蔡進等五人入國子監讀書。許送南監，仍給衣廩等物如例。六年，王遣正議大夫梁能；七年，遣正議大夫梁寬等入貢，宴賚如例。十年，王遣長史陳義；十一年，遣正議大夫梁龍貢馬及方物，宴賚如例。十二年，王遣正議大夫陳義入貢。十三年，遣長史蔡遷；十五年，遣長史金良貢馬及方物，宴賚悉如例。嘉靖改元，王遣王舅達曾加尼進香貢方物，慶賀，詔賜王及妃錦幣，敕王仍遵先朝舊例二年一朝貢，每船不得過百五十人，仍命福建巡按御史查勘驗放。三年，王遣長史金良等二十人入貢。良言其國先有正議大夫鄭繩領謝恩方物，渡海風漂未至，而表文在此，請得先進。許之。明年，繩至，言方物以舟敗，至是復進。福建守臣以聞，世宗命就彼中宴賚遣還，方物令所司轉運，仍令繩賫敕轉諭日本國王，令捕繫倡亂者以獻。五年，官生蔡廷美等請就國子監讀書，令禮部照例給廩米、薪炭及冬夏衣服。是年十二月十日王卒，在位五十年。

尚清

嘉靖七年，天續王卜稱第五子尚清自稱世子，遣正議大夫鄭繩等進貢請襲封。繩等回至海中溺死。九年，又遣蔡瀚入貢，申前請。禮部以襲封重典，命福建鎮巡官查訪申報。瀚請遣讀書官生蔡廷美等四人還本國婚娶，給賞幣布有差。瀚又言來經日本，日本國王源義晴托齎表文，乞赦其使臣宋素卿之罪，併乞新勘合金印，復修常貢。禮部驗其文俱無印篆，言倭情譎詐，不可遽信，勑琉球國王遣人傳諭日本，令擒獻首惡，送回擄去指揮，奏請裁奪。十一年，正議大夫金良賫國中人民結狀請册封，世宗遣吏科左給事中陳侃爲正使，行人司行人高澄爲副使，齎詔之國。詔曰：「朕恭膺天命，爲天下君，凡推行乎庶政，必斟酌夫古禮，其於錫爵之典，未嘗以海内外而有間焉。爾琉球國遠在海濱，久被聲教。故國王尚真，夙紹顯封，已踰四紀，兹聞薨逝，屬國請封。世子尚清德惟克類，衆心所歸，宜承國統。朕篤念懷柔之義，用嘉敬順之誠，特遣使賫詔封爾爲琉球國中山王，仍賜以皮弁、冠服等物。王宜慎乃初服，益篤忠勤，有光前烈。國中耆俊臣僚，其同寅翼贊，協力匡扶，尚殫事上之心，恪盡臣藩之節。保守海邦，永底寧謐。」又勑王曰：「惟爾世守海邦，繼膺王爵，敬順天道，世事皇明。爾父尚真自襲封以來，恭勤匪懈。比者薨逝，良用悼傷。爾以冢嗣，國人歸心，理宜承襲。兹特遣使封爾爲琉球國中山王，并賜爾及妃冠服、綵幣等物。爾宜祗承君命，克紹先業，修職承化，保境安民，以稱朕柔遠之意。」十三年，遣正議大夫梁椿入貢，表稱世子，時詔命猶未達也。舊制外國貢使至京師皆有防禁，五日一出館，令得游觀貿易，居常皆閉館不出，惟朝鮮、琉球防之頗寬，已而亦令五日一出。至是朝鮮國王李懌以已爲冠裳國，恥與他國同，因禮部以請，詔弛其禁。十四年，吏科給事中陳侃等奉使琉球還，陞侃爲光禄寺少卿，澄爲尚寶司丞。侃言海中值風濤之險，多藉神庥，不致顛覆，乞賜祭以答神貺。禮部議，令布政司設祭一壇。報可。王遣王舅毛實等入貢、謝恩，宴賚如例，仍以錦幣、雜物賜王。先是王以金四十兩饋，侃等不受，實等并以金奏進，世宗命侃等受之。十七年，王遣使陳賦入貢，宴賚如例。十九年，王遣長史梁梓貢馬及方物，奏請補造海船四，以便續貢。許之，禁不得違式。二十年，王遣使殷達魯等入貢，宴賚如例。二十一年，長史蔡廷美招引漳州人陳貴等駕船之國，適與潮陽船争利，互相殺傷，廷美乃安置貴等于舊王城，盡没其貲。貴等夜奔，爲守者所掩捕，多見殺，於是誣貴等爲賊，械繫送福建。廷美賫表將赴京陳奏，巡按御史徐宗魯會同三司官譯審，列狀以聞，留廷美等待命。得旨：「貴等違法通番，着遵國典重治。琉球既屢與交通，今乃敢攘奪貨利，擅殺我民，且誣以賊，詭逆不恭，莫此爲甚。蔡廷美本宜拘留重處，念素係朝貢之國，姑且放回，後若不悛，即絶其朝貢。令福建守臣備行彼國知之。」二十二年，王遣正議大夫陳賦等貢馬及方物，宴賚如例，并以禮幣報王。王請遣官生梁炫等歸娶。時炫等就學南監，已踰七年，詔給資糧驛騎，遣人護歸。二十四年，王遣長史梁顯入貢，送還朝鮮漂流人口，宴賚如例。二十六年，王遣陳賦入貢。賦與蔡廷會偕來，廷會祖蔡璟閩人，永樂中撥往琉球充水手，而産籍在閩，與給事中黄宗概上世有親，至是廷會來，宗概與交通饋謁，事覺，逮下詔獄。禮部請並罪賦，革其賞。世宗曰：「陳賦無罪，賞如例。蔡廷會交結朝臣，法當重治，念屬貢使，姑革賞示罰。蔡璟既永樂中撥出，何得於中國置産立籍？行撫按官勘明處分。」二十八年，王遣正議大夫梁顯入貢，宴賚如例。二十九年，王遣官生蔡朝用等五人詣京，請入監讀書。許之。三十二年，王遣長史梁炫入貢，宴賚如例。三十四年，王遣正議大夫梁碩入貢，具言貢舟至港，其勢必壞，請令使臣買海上民船駕還。詔福建守臣覆狀聽買，不得過大。又請放官生蔡朝用等歸國省親。許之，遣使送歸。未幾王卒，在位二十九年。

尚元

嘉靖三十六年，尚清第二子尚元遣正議大夫蔡廷會等入貢，請襲封。先是，三十五年倭寇自浙敗還入海，至琉球境，中山王世子尚元遣兵邀擊，盡殲之，得中國被掠人金坤等六名，至是廷會等入貢獻還。因言窮島遠人，須乘夏令遇南風汛始得歸國，乞如三十四年例，每歲自行修買歸舟，不候題請。世宗嘉其忠順，許之，仍賜敕獎諭，賞銀五十兩、綵幣四表裏，有功人馬必度及廷會等俱厚賜。三十七年，遣給事中吴時來、行人李際春爲正副使，奉詔之國，封世子尚元嗣王。無何時來疏論大學士嚴嵩奸邪狀，嵩言其畏航海之役，故生事妄言，世宗怒，杖時來，遣戍，改命刑科給事中郭汝霖爲正使，偕際春以行。三十九年，汝霖等尚未行，而正議大夫蔡廷會入貢，奉表謝恩，稱受其世子命，以海中風濤叵測，倭人出没不時，恐使者有他虞，獲罪上國，請如正德中封占城故事，遣人代進表文方物，而身同本國長史梁炫等賫回詔册，不煩遣使。巡按御史樊獻科以聞，下禮部議，言琉球在海中諸國頗稱守禮，故累朝以來，待之優異，每國王嗣立，必遣侍從之臣奉命服節册以往。今使者未至，乃欲遥受册命，則是委君貺於草莽，其不可一也。廷會奉表入貢，乃求遣官代進，昧以小事大之禮，棄世子專遣之命，其不可二也。昔正德中流賊爲梗，使臣至淮安，撫按官暫爲留住，俟事寧即遣貢闕下。占城國王爲安南所侵，竄居他所，故令使者賫回敕命，乃一時權宜，且此失國之君也。造無稽之詞以欺天朝，援失國之君以擬其主，其不可三也。梯航通道，柔服之常，彼所藉口者特倭人之警，風濤之險耳。不知琛賓之輸納，貢使之往來，果何由而得無患也，其不可四也。當時占城雖領回詔敕，然其王沙古卜洛猶懇請遣使爲蠻邦光重。且廷會非世子面命，又無印信文移，若遽輕信其言，萬一世子以遣使爲至榮，謂遥拜爲非禮，不肯受封，復上書請使如占城，將誰任其咎哉？其不可五也。乞令福建守臣以前詔從事便。至於未受封而先謝恩亦非故典，宜止許入貢方物，俟受封後方進謝恩表文。世宗從之。四十一年，汝霖等始奉詔至國。詔曰：「朕受天命，主宰寰宇，凡政令之宣布，惟成憲之是循，其於錫封之典，遐邇均焉。爾琉球國遠處海陬，聲教漸被，修職效義，閱世已久。故國王尚清顯荷爵封，粤踰（一）〔二〕紀，兹者薨逝，屬國請封世子元。朕念厥象賢，衆心歸附，是宜承紹國統。特遣正使刑科右給事中郭汝霖、副使行人司行人李際春賫詔往封爲琉球國中山王，仍賜以皮弁、冠服等物。王宜謹守禮度，益篤忠勤。凡國中官僚耆舊，尚其同心翼贊以佐王，飭躬勵行，用保藩邦。故兹詔示，咸俾悉知。」王遣其舅源德偕汝霖等入謝，詔陞汝霖爲光禄寺少卿、際春爲尚寶司丞。初王以金四十兩餽汝霖等，爲謝却之。至是源德等賫所餽金請命，世宗謂朝廷命使無受謝之義，詔聽汝霖等辭。尋以二臣遠行著勞，各賜銀幣。四十二年，王遣正議大夫鄭憲入貢，送還中國漂流人口。世宗降敕褒諭，賜鏹幣。憲因奏本國亦有流入中國者，乞命守臣恤遣。下其疏於瀕海所司。四十四年，王遣長史梁灼貢馬及方物，送還本國北山守備鄭都所獲中國被掠人口。世宗嘉王忠順，再敕獎諭，仍賜銀五十兩、綵幣四表裏，灼、都各二十兩、一表裏。隆慶改元，王遣使入貢，宴賚如例。二年，王遣使入賀，宴賚如例。三年，王遣守備由必都等歸日本掠去人口，守臣以聞。穆宗以王屢效忠誠，賞銀幣同前，仍賜敕獎勵由必都等，給銀幣有差。五年，王遣正議大夫鄭憲入謝，又歸被掠人口，再敕獎勵，賜銀幣給賞如前。遣南監受學官生梁炤等三人歸國，從王請也。時二大島弄兵，屢至那霸，王因自往撫之，得疾危甚，有國頭者籲天祈代王死，竟死。王返中山，官其子，厚卹之。未幾王卒，在位十七年。

尚永

萬曆元年，尚元世子尚永遣使入貢，請襲封。禮部行福建鎮巡官查勘。又送還被掠人民，獎賚如例。二年，世子遣王舅馬中叟、長史鄭佑等十八人入貢，賀登極，宴賚如例。三年，世子兩遣使入貢。四年，世子遣正議大夫蔡朝器等貢方物，如例給賞外，神宗命每五日另給鷄鵞、米麵、酒果，以示優異。以户科左給事中蕭崇業爲正使，行人謝杰爲副使，齎皮弁、玉圭往封尚永嗣王。崇業等疏言四事：一、頒去詔敕，如彼國懇留，宜如例俯循其請。一、秩祀海神合舉祈、報二祭。一、造船宜專責府佐，副以指揮二員，造完一併隨行。一、飲食物用、弓矢器械以及觀星、占風、聽水、察土、醫卜技藝之流畢備，許酌量取用。悉如所請。五年，正議大夫梁灼入貢，表稱世子，時崇業等尚未行也。八年，齎詔至國。詔曰：「朕受天明命，君臨萬方，薄海内外，罔不來享，延賞錫慶，恩禮攸同。惟爾琉球國遠處海濱，恪遵聲教，世修職貢，足稱守禮之邦。國王尚元，紹序膺封，臣節罙謹，兹焉薨逝，悼切朕衷。念其侯度有常，王封當繼，其世子永德惟象賢，惠能得衆，宜承國統，永建外藩。特遣正使户科左給事中蕭承業、副使行人司行人謝杰，齎詔往封爲琉球國中山王，仍賜以皮弁、冠服等物。凡國中官僚耆舊，尚其協心翼贊，畢力匡扶，懋猷勿替於承先，執禮益虔於事上。綏兹有衆，同我太平，則亦爾海邦無疆之休。」敕王曰：「惟爾先世守此海邦，代受王封，克承忠順。迨於爾父元，畏天事大，益用小心，誠節懋彰，寵恩洊被，遽焉薨逝，良用悼傷。爾爲冢嗣，克修厥美，群情既附，宜紹爵封。兹特遣使封爾爲琉球國中山王，并賜爾及妃冠服、綵幣等物。爾宜恪守王章，遵述先志，秉禮守義，奠境安民。庶幾彰朕無外之仁，以永保爾有終之譽。」王遣王舅馬良弼入謝，偕陪臣子鄭周等三人就學，命送南京國子監，如例給衣糧。九年，王遣正議大夫梁燦入貢。十一年，王遣使梁約入貢。十五年，王遣正議大夫鄭禮謝恩，别遣使貢方物。宴賞悉如例。是年王卒，在位十六年。

尚寧

萬曆十九年，尚圓嫡孫尚寧遣使鄭禮入貢，言國方多事，未暇請封。部咨該國世子宜速請襲爵，鎮壓國人，毋以地方多事爲辭。二十三年，國人哈那等船飄温州，浙江巡撫劉元霖以聞，神宗命優恤遣還。二十七年，寧遣使鄭道等入謝，請册封。部議不必遣官，但取具該國王舅、法司等官印結，與世子奏本到即頒封。神宗曰：「既來請，着選廉勇武臣一員，同往行禮。」二十九年，禮部右侍郎署尚書事朱國祚言：「琉球國僻處東南，世修職貢，時當承襲，屢遭倭警，延逭至今。既經世子尚寧奏請，相應准封，其該用皮弁、冠服、紵絲等項，宜照例應付遣官，已奉明旨。但據其陳乞情詞，援引《會典》，必以文臣爲請，惟聖明裁定。」得旨如請，命兵科給事中洪瞻祖、行人王士楨爲正副使往。時浙江巡撫劉元霖報獲海船，係琉球差探封貢聲息，其中類倭數人，衣笠刀仗皆倭物，會同館譯問長史蔡奎，奎不能辨。神宗命待該國質審回奏，再遣瞻祖等往。已而瞻祖以憂去，以兵科右給事中夏子陽代之。三十二年，世子遣王舅毛繼祖等入賀册立東宫，并謝賜還本國漂流人口，各賜衣服、帽襪。三十三年，神宗命册封使臣夏子陽等作速渡海，以彰大信。仍傳諭彼國，以後領封海上，著爲定規。先是萬曆二十三年，琉球使臣於霸等爲世子尚寧請封，撫臣許孚遠以倭氛未息，議遣使齎敕至福建，聽來使面領，或遣慣海武臣同彼國使臣往，得旨待世子表請然後如議頒封。迨二十八年請封表至，則有用武臣之旨。二十九年，世子再疏，乞差文臣，始改後命。於時子陽等方齎敕入閩，而巡按方元彦以濱海多事，警報頻仍，偕撫臣徐學聚請仍遣武臣前往。子陽等具言屬國言不可爽，使臣義當有終，乞堅成命，以慰遠人。俱未報。而禮部侍郎李廷機言宜斷行領封初旨，并武臣之遣而罷之。於是御史錢桓、給事中蕭道高各具疏力言其不可，且云：「此議當在欽命未遣之先，不當在册使既行之後。宜行該撫速造海船，勿誤今年渡海之期。俟事竣復命，然後定爲畫一之規。先之以文告，令其領封海上，永爲遵守。」從之。於是子陽等齎詔之國，詔曰：「朕恭膺天命，誕受多方，爰暨海隅，罔不率俾，聲教所訖，慶賚惟同。爾琉球國僻處東南，世修職貢，自我皇祖，稱爲禮義之邦。國王尚永，祗襲王封，恪遵侯度，倏焉薨逝，良惻朕心。其世子寧賢足長人，才能馭衆，間關請命，恭順有加。念其國統攸歸，人心胥屬，宜膺寵渥，固我藩籬。特遣正使兵科右給事中夏子陽、副使行人司行人王士楨，齎詔往封爲琉球國中山王，仍賜以皮弁、冠服等物。凡國中官僚耆舊，尚其殫忠輔導，協力匡襄，堅事上之小心，鞏承先之大業，永綏海國，共享昇平，惟爾君臣亦世世永孚於休。」又敕王曰：「惟爾上世以來，建邦海外，代膺封爵，長固藩維。爾父永恪守王章，小心祗畏，忠誠茂著，稱我優嘉，遽至長終，良深悼惻。爾爲冢嗣，無忝象賢，既允群情，宜崇位號。特茲遣正使兵科右給事中夏子陽、副使行人司行人王士楨齎敕諭封爾爲琉球國中山王，并賜爾及妃冠服、綵幣等物。爾宜益虔侯度，克紹先猷，保乂人民，奠安境土。庶幾恢朕有截之化，抑亦貽爾無疆之休。」三十四年，夏子陽等事竣復命，陞子陽爲太常寺少卿，王士楨爲光禄寺丞。王遣王舅毛鳳儀及正議大夫阮國入謝，并以二使所却贐金上於朝。神宗命來使齎回。王附奏洪、永間賜閩人三十六姓，知書者授大夫、長史，以爲朝貢之司，習海者授通事，總爲指南之備。今世久人湮，文字、音語、海路更針常至違錯，乞依往例更賜。事下禮部，寢之。三十六年，王遣使鄭子孝等十三人入貢，宴賚如例。三十八年，王遣王舅毛鳳儀、長史金應魁急報倭警，致緩貢期。福建巡撫陳子貞以聞。四十年，浙江總兵官楊崇業奏報倭情，言探得日本以三千人入琉球，執中山王，遷其宗器，宜敕海上嚴加訓練。而兵部疏言倭入琉球，獲中山王，則三十七年三月事也。於時福建巡撫丁繼嗣奏：「琉球國使柏壽、陳華等執本國咨文，言王已歸國，特遣修貢。臣竊見琉球列在藩屬，固已有年，但爾來奄奄不振，被拘日本，即令縱歸，其不足爲國明矣。況在人股掌之上，保無陰陽其間？且今來船方抵海壇，突然登陸，又聞已入泉境，忽爾揚帆出海，去來倏忽，迹大可疑。今又非入貢年分，據云以歸國報聞。海外遼絶，歸與不歸，誰則知之？使此情果真，而貢之入境有常體，何以不服盤驗，不先報知而突入會城？貢之尚方有常物，何以突增日本物，於硫黄、馬、布之外貢之？齎進有常額，何以人伴多至百餘名？此其情態已非平日恭順之意，況又有倭爲之驅哉！但彼所執有詞，不應驟阻，以啓疑貳之心，宜留正使及人伴數名，候題請處分，餘衆量給廪食，遣還本國。非常貢之物，一并給付帶回。始足以壯天朝之威，正天朝之體。」章下禮部，覆如撫臣言。四十四年，王遣通事蔡廛來言，邇聞倭寇造戰船五百餘隻，欲協取鷄籠山，恐其馳突中國，爲害閩海，故特移咨奏報。福建巡撫黄承立以聞。據《世纘圖》云浦添孫慶長即察度之孫，不知何以興於日本，自薩州島舉兵入中山執王及群臣以歸，留二年，相傳法司鄭某不屈被殺，而王危坐不爲動。慶長曰：「有此氣象，無惑乎受天朝封號也。」卒放回。或云割地與之，即北山也。在位三十二年。

按《世纘圖》云尚清爲天纘王子，則非尚真之子明矣。乃傳元及永已歷三世，何以又及圓之孫尚寧，而寧又及於元之孫尚豐，其詳不可考。

尚豐

天啓改元，頒登極詔於福建布政司，轉命衛指揮蕭崇基齎詔之國。三年，尚豐遣使蔡堅等貢硫黄、馬匹，請襲封。尚豐者尚元第三子，尚久之子，元之孫也。先是定期二年一貢，萬曆間國被倭難，詔停貢已十年，至是以爲言。部議本國休養未久，暫擬五年一貢，待册封後另議。五年，豐遣使入謝，并乞封典。六年，兩遣使入貢。七年，遣正議大夫蔡延等入貢。宴賚悉如例。崇禎改元，豐遣使入貢，再申前請，命户科左給事中杜三策爲正使，行人司司正楊掄爲副使，齎詔及儀物往封尚豐爲琉球國中山王。六年，三策等始至。國王遣使入謝。九年，遣使入貢。宴賚悉如例。在位二十年。

尚賢

崇禎十二年，尚豐第三子尚賢遣使蔡堅等入貢，宴賚如例。十七年，遣使金應元入貢，兼請襲封。會中朝道阻不得歸。在位七年。

尚質

大清順治三年，福建平。先是尚賢請封未報，使者留滯閩中，至是與通事謝必振等至江寧，投經略臣洪承疇，轉送入京。禮部言前朝敕印未繳，未便授封，遣通事諭旨。六年，賢之弟尚質自稱世子，遣本國通事周國盛齎表歸誠，隨通事入朝。七年，遣王舅何榜琨、正議大夫蔡錦等奉貢入賀，船漂没未達。八年，世祖章皇帝令來使周國盛齎敕歸諭世子，九年始抵國。十年，世子遣王舅馬宗毅、正議大夫蔡祚隆等貢方物，繳前朝敕印請封，備言其國王殁，敕即隨葬，惟尚寧未葬，故即以寧敕齎繳。十一年，世祖遣兵科愛惜喇庫哈番張學禮爲正使，行人司行人王垓爲副使，齎敕印并綵幣往。學禮等以往例無可稽考，疏請十事，部議賜一品麟蟒服，於欽天監選取天文生一人，南方自擇醫生二人，賜儀仗給驛護送，外給從人口糧，至福建修造渡海船，選將弁二兵二百人隨行。十五年，因海氛未靖，還京待命。今上御極，念遠人延佇日久，譴責學禮等，卒遣行。康熙二年，奉詔敕至國，詔仍順治十一年所頒，敕則康熙元年也。敕曰：「皇帝敕諭琉球國世子尚質，爾國慕恩向化，遣使入貢，世祖章皇帝嘉乃抒誠，特頒恩賚，命使兵科副理官張學禮等齎捧敕印，封爾爲琉球國中山王。乃海道未通，滯閩多年，致爾使人物故甚多。及學禮等奉掣回京，又不將前情奏明，該地方督撫諸臣亦不行奏請，迨朕屢旨詰問，方悉此情。朕念爾國傾心修貢，宜加優卹，乃使臣及地方各官逗留遲誤，豈朕柔遠之意？今已將正副使、督撫等官分别處治，特頒恩賚，仍遣正使張學禮、副使王垓令其自贖前罪，暫還原職，速送使人歸國。一應敕封事宜，仍照世祖章皇帝前旨行。朕恐爾國未悉朕意，故再降敕諭，俾爾聞知。」詔曰：「帝王祇德應治，協於上下，靈承於天時，則薄海通道，罔不率俾，爲藩屏臣。朕懋纘鴻緒，奄有中夏，聲教所綏，無間遐邇，雖炎方荒略，亦不忍遺，故遣使招徠，欲俾仁風暨於海澨。爾琉球國粤在南徼，乃世子尚質達時識勢，祇奉明綸，即令王舅馬宗毅等獻方物，禀正朔，抒誠進表，繳上舊詔敕印，朕甚嘉之。故特遣正使兵科副理官張學禮、副使行人司行人王垓齎捧詔印，往封爲琉球國中山王，仍錫以文幣等物。爾國官僚及爾氓庶，尚其輔乃王，飭乃侯度，協攄乃藎，守乃忠誠，慎乂厥職，以凝休祉，綿於奕世。故兹昭示，咸使聞知。」賜王印一、緞幣三十疋，妃緞幣二十疋。三年，王遣陪臣吴國用、金正春入謝，疏言：「捧讀敕諭，因臣使物故甚多，滯閩日久，將正副使併督撫諸臣處治。但中外均屬臣子，臣躬承天庥，不能少爲諸臣之報，而反重爲諸臣之累，臣何人斯，豈能晏然清夜？」上命還學禮等原職。七年十一月十七日王卒。

按《世纘圖》曰王在位二十年，則嗣位當在順治六年。

尚貞

康熙十九年，尚質世子尚貞遣使入貢。上以貞恪共藩職，當耿精忠叛亂之際，屢獻方物，恭順可嘉，賜敕褒諭，仍賜錦幣五十疋，又于常貢内免其貢馬，著爲例。二十一年，世子遣耳目官毛見龍、正議大夫梁邦翰上言：先王尚質於康熙七年告薨，貞嫡嗣應襲爵。具通國結狀請封。禮部議，航海道遠，應令貢使領封。見龍等固請，部議執不可，上特允之，集廷臣會推堪使者，命翰林院檢討臣汪楫爲正使，内閣中書舍人臣林麟焻爲副使。楫等疏奏：册封事關大典，奉使理宜詳慎等事，言本朝成例及明季《會典》皆遣科員、行人爲正副使，皇上以關係出使外國，特命九卿、詹事、科道會推，臣等欽承特簡，不敢畏難，除應行舊典悉如順治十一年例，謹陳未盡事宜七條。一、請頒御筆。現今各省皆蒙頒賜，琉球向化既久，夙稱守禮之邦，似應頒賜，俾海外臣民群瞻睿藻。一、請照例諭祭海神。一、渡海之期，部議候貢使同往。但貢使方去，未必即來。臣請但有彼國鄉導，便可出洋，不必專候貢使，庶公事得以早竣，廪給不致虚糜。一、請帶修船官匠一同渡海，庶任事經心。一、請給關防，以稽詐冒。一、請增兵護行，以壯國威。一、請預支俸銀，爲辦裝貲。禮部盡格不行。上命會同户、兵、工三部再議，奏上。御筆大書「中山世土」四字賜王，特許帶修船匠役隨行，製祭文二道，祈報海神，并給俸二年以往。二十二年，臣楫等至閩。時總督臣姚啓聖等方治兵攻臺灣，遂不候造船，徑取戰艦渡海。先行諭祭故王禮。諭祭文曰：「朕受天景命，君臨萬邦，殊方海澨，罔不賓服。凡有恪共藩職，累世輸誠，則必生加錫命之榮，殁隆賻卹之典，所以旌揚歸附，柔懷荒遠，垂爲國憲，昭示億年。爾琉球國中山王尚質，式廓前徽，誕膺世祚。作藩屏於南海，輯圭瑞於中邦。浮航貢賮，凜遵王享之規；踰險求章，虔秉朝宗之志。方謂河山永固，帶礪之胙常存；何期霜雪遄零，松柏之姿忽謝。眷言藩服，朕實傷焉。爰沛褒綸，優加祭卹。」賜卹銀一百兩、闊絹五十疋。册封詔曰：「朕躬膺天眷，統御萬邦，聲教誕敷，遐邇率俾。粤在荒服，悉溥仁恩；奕葉承祧，并加寵錫。爾琉球國地居炎徼，職列藩封。中山王世子尚貞屢使來朝，貢獻不懈。當閩疆反側，海寇陸梁之際，篤守臣節，恭順彌昭，克殫忠誠，深可嘉尚。兹以序當纘服，奏請嗣封。朕惟世繼爲家國之常經，爵命乃朝廷之鉅典。特遣正使翰林院檢討汪楫、副使内閣中書舍人加一級林麟焻，齎詔往封爲琉球國中山王。爾國臣僚以及士庶，尚其輔乃王慎修德政，益勵悃誠，翼戴天家，慶延宗祀，實惟爾海邦無疆之休。故兹詔示，咸使聞知。」又敕王曰：「惟爾遠處海隅，虔修職貢，屬在冢嗣，序應承祧。以朝命未膺，罔敢專擅，恪遵典制，奉表請封。朕念爾世守臣節，忠誠可嘉，特遣正使翰林院檢討汪楫、副使内閣中書舍人加一級林麟焻齎敕封爾爲琉球國中山王，并賜爾及妃文幣等物。爾祗承寵眷，懋紹先猷，輯和臣民，愼固封守，用安宗社於苞桑，永作天家之屏翰。欽哉！毋替朕命。」賜王蟒緞錦幣三十疋，妃二十疋。臣楫等至國，宣布朝廷文德武功，舉國傾心，風被七島，莫不慕化。且減免供應，約束兵弁，毋犯秋毫，國人胥悦。先是國久不雨，册封後大雨如注。國中向不知祀孔子，皇上文教覃敷，無遠弗届，康熙十二年始建至聖廟於那霸。臣楫等將旋，王親詣館舍，令陪臣致詞曰：「海隅下國，遠被皇仁宸翰褒嘉，綸音寵錫，惟期忠誠世守，仰答天心。但僻處彈丸，常慚鄙陋，執經無地，向學有心。今皇上聖學高深，超邁萬古，願令陪臣子弟四人赴京受業，敢祈天使轉奏。」臣楫等歸，具疏以請，上許之。舊制王宴使臣，每宴必以金爲餽，臣楫等皆固辭不受，積七宴金共百九十有二兩，至是王遣謝恩官法司王舅毛國珍、紫金大夫王明佐等疏聞，請敕使臣收受。部議不可，上特允所請。王又疏恭謝天恩，兼陳封舟瑞應。疏言：「歷查前代請封，雖蒙恩准遣使，而奉命以後，每遲至三四年而後臨臣國，甚有十餘年而後臨臣國者。如前封順治十一年遣使，直至康熙二年始臨臣國。若使臣汪楫等之朝拜命而夕就道，且當海疆多事之時，衝風冒險而來，從前所未有也。更有非常之瑞應，爲皇上陳之。臣國僻在海東，去中國不可以道里計。往者封舟開駕，惟恃西南風而行，中道絶無停泊處，故數旬而後至者有之，月餘而後至者有之，甚至水米俱盡，更有不可言者，從未有自五虎門開洋三晝夜而達小國者也。臣差有大夫、通事、舵工、夥長迎護封舟渡海，親見舟行之際，萬鳥繞篷而飛，兩魚夾舟而送，經過之處，恍如夢寐，不知已抵琉球内地矣。通國耆老臣民，無不以爲此開闢以來所未有，不啻從天而降。此皆皇上之文德功烈，格天感神，且有御筆在船，所以有如此之瑞應也。臣自受封以後，颶風不作，雨澤應期，臣身亦加安泰，此皆皇上之賜也。而兩使臣之克副任使，真不愧皇上之特簡矣。臣以爲宜宣付史館，記載其事，以彰聖朝之瑞應，以紀皇上之實政。」章下所司。

附　中山詩文

奉送翰林汪先生還朝兼祝誥封檢討公八十大壽序

康熙二十二年六月，翰林汪先生奉皇帝命來中山。三日而涉大海，國之遺老舊臣傳説上世天佑神麻之盛，迄未有神速若此者。中國聖人之使，不問而知爲非常人矣，即思覩其狀貌，聆其謦咳，溯洄從之。所司以舊制告，不獲即見，惟日聞先生馭衆之嚴明，持己之正大，以及恤我窮黎，靡有遺照，願見之心益切。而起居偶一不戒，幾爲參苓所誤，先生隔垣如鏡，指授醫來，不旬日而霍然起。余於是益歎先生之不可測，而深惜執綏之不早也。迨帝命既宣，我心可寫，先生信處信宿，遽治歸帆。余以舊制候風，多在冬仲，而先生言歸愈急，詢之左右，乃知先生尊人封檢討公以甲子王正壽登八十，先生既懷帝闕，又念親闈，不遑啓處，良有以也。余辱先生臨存下國，幸托通家，不獲修登堂之禮，爰命群臣粗知文藝者各占數語爲壽。先生備非常之德，爲聖人之使；封檢討公有聖人爲之君，有先生爲之子，其福壽殆不可量，奚取於不文之言？然余思一見封檢討公而不可得，既見先生而又不肯留，則惟托於不文之言以見志，先生其肯爲我登堂誦之乎？

康熙癸亥秋月，敕封琉球國中山王尚貞頓首拜撰。

題畫奉祝誥封翰林院檢討汪太公壽

咏松竹

通家晚生尚弘毅

何以祝華封，山川隔萬重。堂前千畝竹，堂上兩株松。

咏雙松

通家晚生尚　純

鬱鬱雙松樹，蒼蒼百歲姿。要知强與健，偏在歲寒時。

法司官　毛國珍

滿頭白髮老南華，九九春光日未斜。東海壽杯斟不盡，何須洞口問胡麻。

咏　松

法司官　毛泰永

植體宜千仞，垂陰動百尋。李膺真烈烈，和嶠自森森。桃李何堪較，雪霜安得侵。萬年身不老，種子又成林。

咏　松　　法司官　翁自儀

山有喬松，枝如游龍。何以溉之，天禄萬鐘。
山有喬松，蒼蒼其色。云誰照之，老人南極。

咏松竹　　王舅　毛自義

水光山色年年碧，竹葉松枝處處同。八十老翁顏色好，一觴遥落海雲東。

咏　菊　　紫巾官　夏德宣

中山十月菊初黄，但見陽和不傲霜。滿把摘來香在手，還家高捧萬年觴。

咏　松　　紫巾官　毛允麗

虬根銕幹走蛟螭，但見蘢蓯不記時。借問盤桓有何好，伏生終日啖松脂。

紫金大夫王明佐

渡海纔三日，還家祝萬年。姓名香案吏，文采玉堂仙。蜀嶺梅方蕚，綏山桃最鮮。遥知獻觴處，歌頌滿華筵。

咏松

耳目官　吴世俊

泰華山松高接天，㟳嵘宇宙作雲煙。海隅有望清光者，遥拜龍鱗慶大年。

耳目官　章受祜

金門上客御風來，應有神仙進壽杯。持向高堂勸雲液，分明紫氣得蓬萊。

咏松菊

正議大夫鄭宗善

八十家居樂太平，悠然把酒似淵明。人間花柳知無數，不及庭前松菊情。

正議大夫梁邦翰

星使迢遥萬里遊，一天雨露溥荒陬。君歸喜見雙松茂，不減舊容千度秋。

正議大夫鄭永安

八十方初度，風雲千載開。佳辰逢岳降，和氣擁春臺。長見雙松茂，喜看青鳥來。錦旋遑啓處，歡進九霞杯。

中議大夫鄭宗德

人間何處有丹丘，紫氣常盈帝子樓。此日群仙望南極，一齊騎鶴上揚州。

中議大夫陳初源

亘天紫氣浩無邊，白髮飄飄望錦旋。春色争光年未老，名聞海外祝椿年。

咏菊

中議大夫孫自昌

景雲縹緲擁瓊臺，千載琪花從此開。欣值高堂初度日，臨風遠寄紫霞杯。

咏竹

遏闥理官楊有褪

密葉呈新緑，疎枝拂舊寒。遠人無以獻，持此當琅玕。

遏闥理官文克繼

錦衣將紫誥，百拜祝封君。下有五色花，上有五色雲。

遏闥理官毛知傳

聲名蓋代是汪倫，無價文章動海濱。遥望江南秀色好，蘢葱古柏一堂春。

咏松菊

長史　蔡應瑞

撫松種其子，採菊餐其英。得華復得實，豈爲一時榮。種松枝葉茂，餐菊顔色好。蒼翠滿華堂，堂中人不老。

咏　竹

長史　鄭弘良

蓬山有浮筠，青鸞相盤旋。天風偶一吹，聲如鐘磬傳。昔有離婁公，餌之成神仙。汪公居竹西，服食應共然。

咏松竹

那霸官　柏　茂

竹箭之筠松柏心，四時不改常森森。我公對此酌大斗，芝蘭玉樹共長吟。

咏竹

那霸官　吴　彬

瞻彼青青竹，群居獨不群。無心自承露，有幹直凌雲。

維大清康熙二十三年歲次甲子，孟夏月丙申朔，越二十有二日丁巳之辰，敕封琉球國中山王謝恩使臣法司官王舅毛國珍、紫金大夫王明佐、使者昌威、都通事曾益等謹致祭於大清敕封徵仕郎翰林院檢討鄉飲大賓汪太公暨敕封孺人汪母閔太君之靈。嗚呼！太公、太君，何遂相繼逝耶？昨歲之夏，天使奉皇帝命臨存下國，入秋即整歸帆，以今年王正太公壽登八十，用是宣命既畢，不遑安處，爰挈陪臣國珍等並航中土，叩闕謝恩。國珍等自幸道經惟揚，得覲天朝人瑞，歸報國君，喜可知也。何國珍等乘傳渡江，遽覯凶問，欲一泥首堦前而不可得。嗚呼！自天使至中山，爵我長君，奠我社稷，拊循我臣民，恤小之義靡不周，國之中自王后以迄士庶，戴我天使如怙如恃，益念皇帝之慎簡天使，以懷我冠帶之邦，萬里外服，如在几案間。今天使以馳驅靡盬，自失怙恃。國珍等拜瞻靈几，又重悲孝子之勞王事而不獲依依於苫塊也。雖然，《禮》七十曰耄，八十曰耋，公迄母已登壽考，又有天使爲之子，服命既膺帝心，簡在正未有艾，太公、太君亦可以含笑九京矣。有酒盈樽，有肴盈豆，靈其格止，尚饗！

觀海集

〔清〕汪楫 撰

校點説明

《觀海集》一卷，清汪楫撰。

汪楫生平及出使琉球事，已見前《使琉球雜録》介紹。

《觀海集》是汪楫自奉命出使、往福建及出洋、在琉球所作詩（含詞一首），其歸國後即聞父死噩耗，故無詩。汪楫高中博學宏詞頭等，學問淵博，又以詩名，與當時名家王士禛、朱彝尊、汪琬、宋琬等過從甚密，朱彝尊《墓表》稱其與孫枝蔚、吴嘉紀齊名，「務去陳言、盤硬語，又不墮澀體」。《清史稿・文苑傳》稱其與同里汪懋麟並以詩名，合稱「二汪」。今縱觀此集，實多雄壯之氣，如《遠遊和石來》云：「積水直教針作路，拍空驚見雪成堆。」《延平道中》云：「短篙挑積雪，一葉入奔雷。」《過東沙山是閩山盡處用石來次蕭給事韻》云：「匌匒地軸聲初轉，蕩潏天河影共摇。」均能別開生面，戛戛獨造。其吟詠琉球風俗景物諸作，亦能曲盡其情，新人耳目。

汪楫歸國後，所作《使琉球雜録》及《中山沿革志》均在不久後即刊行，而此集却刊於近五十年後，其原因，據徐用錫雍正十一年（一七三三）序説，是中有「微文諷切之人，恐引尤詢其先尊（指汪楫孫汪塤之父）」。閱此集僅《拜命出使琉球恭記八首》之六有記發放賜琉球王之綵繒，「主藏吏」

以次充好，汪楫争之，「請以惡易好，詈予方申申」，汪欲叩閽面陳，方得更换，序言所指之人當即此，然不知究係何人。

本次校點，即以雍正刊本爲底本，個别誤字徑行校正。

（李夢生）

目録

序

徐用錫

康熙己亥，家編修葆光奉命副册封琉球使歸而著《中山傳信録》六卷，實稱詳覈，雖前明使者如陳君侃、蕭君崇業、夏君子陽及本朝使臣張學禮輩皆有録，而《傳信》所盛推爲典實少譌舛，援据獨多者無如康熙癸亥使汪檢討臣楫所譔《中山沿革志》二卷、《雜録》五卷。汪以鴻博舉入翰林，富於文學，士林所稱爲悔齋先生者。去年秋，先生之孫塤被江械先生《觀海集》見示，以先生舊刻《悔齋詩》、《山聞正續集》皆未通籍時作，通籍後僅刻《京華詩》，而此獨後者，以中有微文諷切之人恐引尤詢其先尊，因命姑緩之。今無所嫌而急於開雕者，以當日爲其第四從父金華君手付屬刻，春間不幸下世，卒以成其志也，且以叙言見委。余讀之盡卷，絶去輕儇浮縟之習，格既高矣。詞則理明氣直，情慇懇而意歸於和厚。進則汲汲於靡盬，無非欲尊國體、播王化；退則屺岵興嗟，徹於夢寐，原本乎忠孝人倫。此誠風雅之流裔，豈徒爲海乘之藉徵而已。宜乎《傳信》所載先生自琉球歸近四十年，其國於先生改訂之禮儀不敢愆忘。先生所許可之詩僧宗實，年幾七十，尚誦先生之篇章不去口。其朝端之紫金大夫阮君維新，猶溯源於先生奏許留駐讀書，故送别朝使之詩惓惓，自白其爲中朝之太學生也。其殆韓子所云：行得其宜，言適乎要，有不盡存乎文學者耶？被江與余交最久，雖細事必有終始。好古嗜學，東南之名流多與之遊。其於先世之澤，勤篤如此，則念修可知，皆余所嘉尚者。蓋先生之詒謀遠矣。雍正癸丑日長至下相後學徐用錫書。

觀海集

拜命出使琉球恭紀八首

維皇宰九州，化行九州外。緬茲海一漚，願言比冠帶。天子嘉其義，穹窿無遺蓋。擇使關國體，王言一何大。平旦閶闔開，鏘鏘九卿會。傳宣及臣名，僉曰此其最。南陽館師葉公。曰可惜，蔚州司寇魏公。曰奚害？紛紛推與挽，側聞發長慨。

帝命洵難副，友誼良非迂。同館二三子，謂峨眉華隱諸子。夙與古爲徒。謂我有老親，被舉胡囁嚅。逝將踰階揖，爲我陳區區。抗手語諸公，臨深詎無虞。所慙飽升斗，無由效馳驅。及此避險艱，臣罪寧勝誅。永言佩令德，受命無踟躕。

既爲中山使，應識中山道。有客畫形勢，自言勝三老。開帆即戰場，險絶彭湖島。夾溝排大礮，一爇等枯草。海氛今未靖，軀命何能保？再拜謹謝客，致身羞不早。閫外遥難度，蛟窟吾能掃。書生許即戎，願言奉天討。

畏難吾所鄙，堪任廷所推。及我上封事，則又沮抑之。纖豪問成例，詎許言便宜。離照懸中天，乾斷集衆思。采葑兼采菲，且復恤其私。車前列八騶，導以雙龍旂。冠服視公侯，讋遠憑天威。有恥不辱命，庶幾顧無違。
榜書古無多，維我后第一。小試補天手，高舉如椽筆。旁求李邕法，直入真卿室。臣愚聞之書，大字難結密。牽畫况最簡，中山世土四字。縱横縝而栗。龍文信獨扛，鳳跱果無匹。餘墨作行楷，燦如衆星出。光芒照海東，誠哉並皎日。
綵繒何纍纍，柔遠由皇仁。奈何主藏吏，不肯予鮮新。攜持踰萬里，其弊將在臣。請以惡易好，詈予方申申。謂此出内府，汝也何敢瞋！臣揖誠無狀，叩闕將面陳。大賚靳小物，何以風島人？卒如臣所云，國體庶以伸。
張騫昔奉使，未有乘槎事。傳訛始何人，公然見文字。我今遠行邁，實與昔人異。大風吹長帆，杳不知所際。格神憑主德，忠信今自試。誰言屏翳驕，要使蛟龍避。觀海有壯懷，舊曾畫《觀海圖》小像。繪圖亦偶寄。何意平生言，兹游竟得遂。
三歲滯薄宦，積懷無由宣。省覲有成憲，瓜期須六年。夢中見白髮，沸沸心烹煎。前月附家書，會當移疾旋。豈意歌皇華，適過里門前。題柱吾何有，奉觴實最便。推恩具命服，辦裝餘俸錢。敢云足甘旨，或者誇市廛。

泊頭九日登河濱高閣

硉兀高閣河之湄，凭軒面面長風吹。檐前柳絲彈無數，屋角菊花開一枝。岸曲沙虚水活活，天空日澹雲遲遲。他鄉此會有尊酒，那能不作重陽詩。

剥糧舩天津以南所見幾二十艘，皆棄舩挈家遁去。

剥糧舩，舩空人去廚無烟。長帆八尺高桅懸，鐵錨齒齒觔逾千。長篙巨纜無弗全，云胡中道相棄捐？指舩問人人不語，一老低致詞，漕舩噬人猛于虎。剥糧舩，剥糧常傍漕舩邊。漕舩駡人汝亦然，汝舩寧不值一錢？棄同敝屣意何決，豈有棘刺相牽纏。甘心流離向中路，被驅何異雀與鸇，吁嗟去此誰汝憐？

滄州遲石來不至次直沽見懷原韻二首

浪傳鶼蟨鎮相依，與爾行將十日違。晚向秋原騁遥望，檣烏一陣背人飛。

艤棹逍遥五壘門，家人遲爾共雞豚。遠帆落盡客不見，隔在斜陽老樹邨。

銕尚書歌東昌城下作。

銕尚書，鐵不如。東昌城門朝大開，齊呼萬歲聲如雷。燕王躍馬及門限，霹靂飛空下懸板。不斷王頭斷馬頭，鼠竄猱驚箭滿眼。王怒發礮城摧崩，健兒争把螯弧登。煉石丸泥難作計，一紙公然出埤堄。萬夫辟易不敢前，大書太祖高皇帝。黑夜斫營日堅守，能使梟雄還北走。嗚呼神器天所與，一木隻手能齟齬。錚錚誰比銕尚書，嗚呼尚書銕不如！

道中逢交阯貢舫

中山方拜命，交阯又來朝。玉帛同時會，東南萬里遥。真看越裳貢，虚説尉陀驕。從此分茅嶺，開關望使軺。

過淮陰

昨年求苜蓿，曾向府中趨。太守諸侯貴，儒冠皂隸徒。高車臣職忝，持節主恩殊。輕薄羞司馬，無勞負弩驅。

抵廣陵裘侍御偕諸文武迓於郊

侍從經三載，違親已六霜。龍章徵就道，虎節伴還鄉。竊禄慙橐筆，覃恩忝奉璋。祇應將紫誥，拜手獻高堂。

拜詔原朝典，陳兵亦國威。天顔真咫尺，使節藉光輝。驄馬行還止，檣烏集又飛。兒童無遠略，只羨錦衣歸。

出門

勞勞息無時，忽忽歲云暮。老父呼我言，家宿難久住。王程幸未迫，閩疆應早赴。老母拍我肩，兒無憂内顧。孃今頗强飯，耶又齒牙固。及此勉王事，爲喜勿爲懼。諸弟漸成立，幼弟行當娶。祇此仗作計，其他勿復慮。聞命敬再拜，氣塞語難吐。俯仰真跼蹐，出處總乖忤。忍淚作大言，乘風兒所慕。天王大神聖，天使百靈護。夏至七日風，大海直飛渡。曰歸寧久淹，屈指在寒露。春王開八袠，歸來慶初度。相風凴木鳶，計程報尺素。下堂不盡觴，趦趄猛虎步。

開閣

開閣何堪效，歸帆未有期。三春一彈指，爲汝惜芳時。萍葉聚還散，溝水東復西。流鶯不知别，一様盡情啼。

補和梁大司農送余中丞開府江南韻二首

璽書特授主恩崇，瑲珮葱裾出紫宫。父老齊歌無事福，江河共戴不言功。忽看狡兔亡三窟，竟使蒼鷹拜下風。贊化調元賴公等，相期還在日華東。

鸞坡聽漏數隨肩，下直時聞雨露偏。但把封章堪過日，敢云氣誼許忘年。一時競唱田家樂，有客遥窺海外天。擊汰揚舲重回首，吴疆魏闕兩心懸。

楊大將軍迎詔吴江

王程吴地盡，大礮九天聞。繡甲留殘雪，飛旌遏曉雲。雁行排戰士，鵠首拜將軍。懷遠今無戰，齊聲祝聖君。

送李大司馬入朝

十載丹衷照紫宸，一朝天語忽重申。秉樞久望經綸手，入郭争看社稷臣。共説朝廷相司馬，從今邊徼息青燐。治安休養殊非易，只待先生造膝陳。

半山看花歌

突者山，窪者水，山水之外皆花矣。紅者桃，白者李，其下平鋪菜花蕊。我愛菜花黄，其多一里或數里。到此騁遥望，連延不知其所止。仰觀俯矚五色眩，高下參差不容趾。噫嘻桃花李花縱不一錢值，何至密與荆棘比。林内落英深一尺，遠近波光盡成綺。武陵之源知有無，未必仙都能勝此。自我西湖來，不敢跨西子。人聞淡粧好，哆口便罵朱與紫。祇今朱紫杳何處，罵不以目徒以耳。吾聞天地精英在草木，點綴山川須爾爾。四顧童然不聞一鳥鳴，何異銜枚行戰壘。遥遥兩長堤，荒煙滅没波光裏。玉容縱好無雙眉，追往傷今歎何已。昨者齋沐告大吏，十年樹木今當始。天留缺陷待公等，失此不補誰之恥。栽花浚河廣棘院，舉此三政餘堪俟。鼓舞最愛施硯山制府。與王，康侯撫軍。同心傾聽齊唯唯。佇看西湖還舊觀，未許兹山獨專美。敬告山花願分惠，將取諸此移諸彼。桃李不言悄然悲，弱植從今供馬箠。

西湖聞笛

十度西湖打槳行，兩隄四月不聞鶯。何人忽作桓伊弄，便是鈞天第一聲。

題　畫

碧梧枝上花含烟，碧梧枝下紅欲然。老夫對此忽拍手，爾是凌霄老少年。

題野溪子小像

水漾長條緑一灣，坡陀小坐聽綿蠻。問君那得閑如此，草檄剛完射虎還。

錢塘行

江頭逢逢擂大鼓，犀甲萬人齊彀弩。十里軍聲壓水聲，潮頭如雪箭如雨。白馬將軍跳波走，赫赫馮夷不敢怒。斬蛟驅鱷世所驚，射水似覺非人情。憑威挾力恣陵暴，此意詎可加蒼生。豈知雄武會柔順，真人一出能歸誠。降王摺節人不恥，寂寂偏安笑天子。

嚴先生釣臺歌

釣臺之高千尺强，釣絲詎比游絲長。千古萬古此江水，縱經世變無滄桑。投竿擘粒杳何及，坐令下士嗟荒唐。要知辭榮高尚大不易，振頑激濁關綱常。雪上鴻爪跡安在，刻舟膠柱徒茫茫。或山而漁亦高寄，豈必手捉鯉與魴。先生既從澤中出，沮洳那得重徜徉。便可攫身凌八荒，不爾躡景潛高岡。萬山逶迤一峰矗，非公坐此誰敢當？同時被命黨與良，周非其匹何論王。或云披裘亦多事，口薄富貴心難忘。周孔伊吕去今遠，不到聖處無寧狂。故人幸已作天子，就令物色庸何傷？買菜求益語最酷，此豈有意干朝堂。登床伸脚踏堯舜，轉教帝座添光芒。放情肆志弋高譽，下視齷齪皆蜣螂。世人惡名不肯釣，蠅營狗苟争皇皇。每逢高行輒指摘，爬瘢索垢偏周詳。嗚呼先生之風高且長，能令人人過此盡向天際舉頭望。

題放翁梅花詩後五月四日舟過將軍巖下作。

花開正及潑醅時，瀹茗何如酒酹之。不見風流陶學士，寒酸笑殺党家兒。放翁詩云：金尊翠杓未免俗，篝火爲試江南茶。

過劍津梁冶湄太守索題小照

別却西湖又劍津，冶湄前爲錢塘尹。煙雲常是傍車塵。何緣只説村居好，天下漁樵仗主人。

延平道中

齒齒當波立，遥遥放櫂來。短篙挑積雪，一葉入奔雷。激石沿流轉，驚濤挾雨迴。扣舷思作賦，那得暫徘徊。

黯淡灘

灘急不聞呼，千車轉轆轤。神工較分寸，鬼伯待須臾。曲摺憑孤櫂，安危仗一夫。會看浮萬斛，大海射天吴。

下灘作

石立無妨水，舂撞不肯休。無端翻白浪，不自愛清流。洶洶時求鬬，滔滔孰汝留。齟齬天意在，斧鑿未須謀。

中山正議大夫鄭永安渡海來迎至劍津待余累月乞詩爲贈

踰險還過郡，殷勤望使星。爾能輕叠嶂，吾豈畏重溟。海不因天碧，山多近水青。方舟看利涉，七日又來庭。

怡山院諭祭海神同石來次壁間韻

扶摇憑灝氣，呼吸見天心。帝命來神惠，人情倚梵音。恩波天外闊，靈氣海門深。千載瞻宸翰，光生祇樹林。

叠前韻答石來

吟嘯存吾好，風濤仗此心。空天無宿物，大海有元音。調以探幽合，交從涉險深。由來傳李郭，或不異汪林。

出五虎門同石來次前使蕭給事韻

長年捩柁倚高樓，萬里潮迎萬斛舟。浪打白頭都是雪，衣添六月忽如秋。蒼茫不覺千山遠，混沌真看一氣浮。最愛乘風同快馬，漫將喘月笑吴牛。

過東沙山是閩山盡處同石來次蕭給事韻

揚帆從此別嶕嶢，鉦鼓争鳴大旆飄。蹙浪最知三老健，跳波真有百靈朝。匉訇地軸聲初轉，蕩激天河影共摇。去國迴看忽千里，無邊藍水接青霄。

遠遊和石來

遠游何必説蓬萊，列子憑虚亦快哉。積水直教針作路，拍空驚見雪成堆。百夫聲譟南風急，十丈帆衝北斗迴。道是中山有人識，光芒遥指使星來。

海水歌

好風欻吸來西南，鞭舩疾若驅歸驂。茫茫大海百無有，上天下水中舟三。我舟使風得風力，羅經時與長年參。支干在掌辨方位，一針東指凝如鐕。須臾兩帆盡相失，碧空遠影同優曇。蜃樓鮫室定何處，岱輿員嶠憑誰探。决眥窮髮祇一碧，摩空浴景相泓涵。吁嗟太古積此水，誰其漸染如斯藍。或云青天落重溟，有如白月澄秋潭。豈知此水渺難極，紛紜萬象中能含。源深體静露光澤，玻瓈映澈還幽闇。彼蒼蒼者海氣耳，上浮何異山之嵐。木華張融少所見，憑虚作賦寧無慙。提鉛握槧肯相就，太虚空洞吾能談。

中流

中流自在且斬渠，魚鳥偏知畏簡書。終夜繞檣無數鳥，連朝引舶一雙魚。廿五廿六夜無月，峭帆一往開蒼茫。不知水色映天色，只覺星光勝月光。

神飇

驚濤萬里勢搏空，三日神飇笑卷篷。此際高堂念游子，猶從五兩祝南風。

落帆二首

飇舟信所如，那霸忽而至。僕夫蹶然興，振衣疑夢寐。徐聞三老説，咄咄真怪事。水程傳自古，七日風最利。如何甫三宿，鷄首接平地。按圖記所歷，十未經三四。凌空語豈妄，飛渡亦何易。捩柁赴曲港，嶔岈轉心悸。風潮兩相趁，迴環任吾意。落帆成一笑，兹行了不異。

積水渺無極，塊然横一邱。洪濤日舂撞，土壤能長留。草木互蒼翠，日月相沈浮。摩肩來婦子，語笑争啁啾。海日射便面，摇光如蛐蟉。未辨風俗殊，亦覺生聚稠。安知十洲外，此間非一洲。回頭笑愚公，神仙何足求。蓬萊亦小島，未必非外侯。執玉倘來賓，皇帝同懷柔。

諭祭中山王即事

海風激激馬蕭蕭，龍旆徐過真玉橋。國主望塵遥下拜，聖朝肯使尉陀驕。
三尺黄麻下閟宫，密雲靉靆日曈曨。陰膏著物無由見，盡在絪緼一氣中。

長風閣喜雨

三年荒徼望甘霖，一夜輕雷送好音。有脚春來天子惠，隨車雨足使臣心。蕉花穿户紅全濕，橘葉遮垣緑更深。見説塗人歌且舞，老夫高眺亦長吟。

册封禮成即事

夜雨廉纖快曉晴，相看搓手賀昇平。海風不動秋風勁，吹作嵩呼萬歲聲。
龍跳天門下碧虚，光芒萬丈掩璠璵。强鄰一任誇多寶，敢把珍奇鬬御書。
紫巾黄帕繞丹墀，鼉響鯨鳴羽扇欹。獨上龍亭呼萬福，錦衣紗帽好威儀。
石城百尺擁王宫，渾樸規模自不同。巑岏迴環松影外，樓臺隱現海光中。

崎山道中

竹屏十里若爲栽，細葉繁枝費剪裁。記取崎山山下路，夢遊時向此中來。

過善興禪院

曲巷叢陰合，尋常屨滿門。國俗皆脱屨入户。架籬分樹影，鑿水護雲根。碁局當庭設，茶鐺近客喧。蘭闍僧不解，相對總忘言。

波上作

海之水瀜瀜，刻屈勞天風。萬里赴峭壁，一激凌蒼穹。回頭發長噫，紛紛成白虹。海之水泠泠，吞天一色青。觸石石不受，砉若奔繁星。歷落歸何處，浮光入杳冥。

題籐原新納久了先生草書長卷

戲鳥騰猿論久虚，秋蛇春蚓意何如。山風乍定海雲碎，挍出籐原處士書。

中山七夕次石來韻

他鄉七夕今年好，放眼能窮萬里天。白露自零官燭外，銀河直下海雲邊。拂竿不見珊瑚樹，登俎真成玳瑁筵。聞道弓衣有人織，興酣寫與布頭牋。

又和石來七夕詞調寄賀新郎第二體

倒盡明星酒，問天上、雲軿來未，蒼茫依舊。難道銀河寬似海，有甚東風難守。早又是、月斜時候。靈鵲笑他精衛拙，仗羽毛、要做瞞天手。頭禿也，橋成否。　今宵舊事傳多謬。記家家、金針綵線，果堆瓜剖。寄語天孫因何事，要把童心雕鏤。敢不喜、女兒忠厚。水湧天低金闕近，待乘槎、直上捫牛斗。巧許乞，吾開口。

馬耕田歌

中山山多稻田寡，耕不見牛時見馬。曳犁負軛當町畦，編草絡頭泥没髁。噴沫徒憐氣凋喪，跼蹐安知材盡下。王良伯樂無時無，不待悲鳴淚先灑。側聞洪武開國時，曾來此地求騊驪。連檣累舶動千匹，購買不惜傾高貲。陟險衝波有底急，每繙舊史常懷疑。維時布衣起江左，涣號止及東南陲。壯士健兒恣騰踔，步卒敢向中原窺。圉人太僕但充位，登牀厭穀皆虛詞。誰歟忽建鑿空計，外廄衹藉長風吹。飃飖遠致列雲錦，騎出奚啻熊與羆。永辭絶域騁皇路，寸長一技皆得施。不走沙塲繫畎畝，吁嗟爾馬生何遲。今制三年兩入貢，使者執鞭大夫控；天子垂裳顧曰嘻，此物何煩跨海送。異域從教寶驌驦，天家絶不求麟鳳。終老邱園何足惜，竟辱泥塗亦堪痛。吁嗟爾馬無自傷，不逢湯武逢虞唐。縱有龍媒四十萬，中山只作華山陽。

終夜不寐聞石來樓上笑聲率成此首

海濱絶少忘憂草，樓上時聞大噱聲。誰道此中無樂地，可知雲外有愁城。獨眠苦戀三更夢，兀坐虛稱萬里行。安得投壺邀玉女，看他一笑令君傾。

悶

萬里來何易，三秋住轉難。花憑墻外笑，月得海中看。報主思磨盾，娱親在考槃。鯉魚長百尺，無計問平安。

野静凄風動，琵琶錯雜彈。悲凉緣底事，嗚咽太無端。促柱誰催拍，登樓更倚闌。此聲關氣象，爲汝一長嘆。

愁

裁詩未具風騷體，偏許流傳到十洲。通籍乍沾升斗禄，忽教章服比諸侯。殿前作賦一青眼，堂上稱觴雙白頭。更假東風三日便，此生何處更言愁。

中山中秋

海闊星偏大，天高月故低。殊方逢此夜，那得不如泥。氣酒閩人呼火酒爲氣酒。中宵竭，哀絃四野齊。如何歡賞意，到耳轉悽悽。

八月十七夜石來過波上候潮

中山忽過中秋節，連宵對月鄉心切。客言十八潮生辰，萬里波翻定奇絶。我聞此語神爲王，隔夜傳呼啓門臬。海濱大都無障礙，望遠還須登嵽嵲。夷官遥指波上好，勝地佳名夙所悦。半夜騎馬到山脚，皎月繁星一時滅。天欹地側風怒號，列炬如林不得爇。歇鞍徒行杖馬箠，或作蹣跚或蹩躠。小憩争依石臺穩，冥坐只覺山根裂。神女擲砂群目閉，水怪搏風萬夫咽。擬凭絶壁窺鮫宫，轉類乘車入鼠穴。不分空濛都晦昧，真慚勝游成卼臲。昌黎默禱衡雲開，東坡密詠廬峰列。顧我胡能匹二公，正直感通同一徹。摩空誰將銀燭晃，掠波恍見金蛇掣。須臾天地還舊觀，放眼依然對漻泬。剪餘十丈五丈雲，掃剩千堆萬堆雪。石笋崖下浪如礟，匉訇乍定偏清澈。波底石片能作花，朵朵芙蓉手堪掇。惜哉可望不可親，鐵網徒令青玉缺。泗水巧鑿煩老漁，擘出蒼皮等蟬蜕。意中得失渾錯料，宇外游觀殊小别。歸來作歌紀所見，天淡雲收笑才竭。

兀坐

百年歲月行過半，耐可殊方過半年。兀坐問誰能説鬼，昨來有客羨登仙。黄頭不肯乘潮去，白髮唯知計日還。重九定從高處望，好風勞汝送歸舩。

長史鄭弘良以王命請余畫像留國中口占答之

豈是中朝第一流，偶持龍節拂麟洲。大名那得齊諸葛，遺像何勞比益州。稍喜文章堪報國，誰憑骨相取封侯。靈臺一片真難狀，多謝傳神顧虎頭。

中山竹枝

道是佳人亦復佳，一生赤脚守荊釵。宵來忽作商人婦，竟戴銀簪不脱鞋。土妓不得簪銀，道遇官長必脱草鞁，跣足據地，候馬過乃起。若中國人主其家，則超然禁令之外矣。

兩耳無環髻不殊，孰爲夫壻孰羅敷。譯人笑説公毋惑，驗取腰間帶有無。國俗男子二十始薙頂髮爲小髻，服與婦人無别，唯男子必以大帕束腰，女則曳襟而趨，皆無衣帶。

中山傳信録

〔清〕徐葆光　撰

校點説明

《中山傳信録》六卷，附「中山贈送詩文」一卷，清徐葆光撰。

徐葆光（一六七一—一七四〇），字亮直，號澄齋，别號二友老人，江蘇長洲人。康熙五十一年（一七一二）進士第三名及第，授翰林院編修。著有《二友齋文集》三十三卷。康熙五十七年（一七一八），清廷以翰林院檢討海寶（滿洲鑲白旗人，康熙三十三年進士）爲正使，徐葆光爲副使，往琉球册封尚敬爲中山王。使臣於翌年五月二十二日出五虎門放洋，六月初一日至那霸港；次年二月十六日自那霸開洋，三十日進五虎門，在琉球達八月之久，是歷次出使最長的一次。徐葆光返命後，依例作記上呈，取名《中山傳信録》，於次年略作增删，釐爲六卷刊行；又將出使所作詩編爲《海舶集》（一名《奉使琉球詩》）。

在徐葆光之前，出使琉球者所作記文，一般詳於出使之經過，於琉球國事，所記均較簡略。而徐葆光由於在琉時間長，故打破前出使記慣例，不單述出使經過，尤重在介紹琉球史地風俗，使本書不僅僅是出使報告，同時是一部詳備的地理志書，開後來周煌等出使琉球所撰《琉球國志略》等書體制之先河。

《中山傳信録》之内容，正如卷首汪士鋐序所云，除記歷代及其本人出使事外，「中列中山王國，紀其宴享，以志其崇奉中國之誠；又爲之表其世系，度其封疆，與其官秩之崇卑，廩禄之厚薄；又爲之定針路……終爲之圖，寫土産卉木動植之物」，可謂面面俱到。尤爲可貴的是，徐葆光所記大多得自親歷目見，又盡力參考了琉球本國文獻；而陪同徐葆光的紫金大夫程順則曾入中國國子監學習，是琉球著名學者，徐葆光得以向程順則咨詢而釋疑解惑。這些，都奠定了本書資料翔實可靠的基礎。如卷三「中山世系」，前此汪楫所録據明代《實録》及琉球人所著未成書之《世纘圖》，徐葆光復採其國向不示人之《中山世鑑》，所編更爲詳細可靠，訂正了汪録不少錯誤。其卷六所記風俗、物産，大都得之目擊，并附以圖，給人以直截之觀感。翁長祚在本書後序中云「（自古）採風異域，未有如徐太史之慎以周者」，洵爲的論。

本書於康熙六十年（一七二一）由二友齋初次刊印，後《小方壺輿地叢鈔》收入，除略去卷次、删節文字外，將圖全行刊去。此次校點，據上海古籍出版社《續修四庫全書》影印二友齋本，書中凡引前使使録，及見於後人所引，均取覆案，凡有錯訛，原文加（ ），改文加〔 〕，原缺補則均加〔 〕。書後輯録有關詩文，以供參考。

（李夢生）

目録

中山傳信録序

古者輶軒之使，必紀土風、志物宜，所以重其俗也，況於萬里之外，蠻夷海島之中乎？編修澄齋徐館丈之使琉球也，以文章華國，以政事經邦，而且儀容端偉，言辭敏妙，真可謂使於四方，不辱君命者矣。歸而作《中山傳信録》凡若干卷，中列中山王圖，紀其宴享，以志其崇奉中國之誠；又爲之表其世系，度其封疆，與其官秩之崇卑，廩禄之厚薄；又爲之定其針路，無過用卯針則無流至葉壁山之患；終爲之圖，寫土産卉木動植之物，必肖其狀。而首則著其揚帆奉使爲封舟圖，以見聖天子威靈呵護，出入於千波萬水之中，經涉魚龍窟穴，雖掀風鼓浪，如履平地，猗歟壯哉！往者族父舟次先生奉使時，排日赴宴，宴畢即上舩候風。今徐君公事畢，間與其陪臣搜巗剔壑，揮筆賦詩，非以是侈其遊眺，蓋將歸而著述，以爲得之傳聞，不如目見者之爲真也。其國官之尊者曰紫金大夫，時爲之者即舟次先生前使時所請陪臣子弟入學讀書者也。其文辭可觀，與之言娓娓有致，今之所述皆得之其口，與其諸臣所言，證之史牒，信而有徵。嵇含之《南方草木狀》、范成大之《桂海虞衡志》，豈足羨哉！賦皇華者所宜人置一編者也。康熙六十年，左春坊左中允、南書房舊直汪士鋐序。

中山傳信録序

琉球見自《隋書》，其傳甚略，《北史》、《唐書》、宋元諸史因之。正史而外，如杜氏《通典》、《集事淵海》、《星槎勝覽》、《瀛蟲録》等書所載山川、風俗、物産，皆多舛漏。前明洪武五年，中山王察度始通中朝，而《明一統志》成於天順初，百年中爲時未久，故所載皆仍昔誤，幾無一實焉。嘉靖甲午，陳給事侃奉使，始有録，歸上於朝。其疏云：訪其山川、風俗、人物之詳，且駁群書之謬，以成紀略、質異二卷，末載國語、國字。而今鈔本什存二三矣。萬曆中再遣使，蕭崇業、夏子陽皆有録，而前後相襲。崇禎六年，杜三策從客胡靖記尤俚誕。本朝康熙二年，兵科張學禮使略、雜録二卷，頗詳於昔。二十二年檢討汪楫奉敕撰《中山沿革志》二卷、《雜録》五卷，典實遠非前比，然於山川轄屬仍有闕略，風俗、制度、物産等亦俱未備。蓋使期促迫，搜討倉猝，語言文字彼此訛謬，是以所聞異詞，傳焉寡信。茲役也，自己亥六月朔至國，候汛踰年，至庚子二月十六日始行，其在中山凡八閲月。封宴之暇，先致語國王，求示《中山世鑑》及山川圖籍，又時與其大夫之通文字譯詞者遍遊山海間，遠近形勢，皆在目中。考其制度禮儀，觀風問俗，下至一物異狀，必詢名以得其實，見聞互証，與之往復，去疑存信。因并海行針道、封宴諸儀圖狀并列，編爲六卷。雖未敢自謂一無舛漏，以云傳信，或庶幾焉。且諸史於外邦載記，大率荒略，今琉球雖隔大海，新測晷景與福州東西相值僅一千七百里，世世受封，歲歲來貢，與内地無異。伏觀禁廷新刊輿圖，朝鮮、哈密、拉藏屬國等圖皆在焉，海外藩封例得附於其次，若仍前誕妄，不爲釐正，亦何以見聖朝風化之遠，與外邦内嚮之久，以附職方，稱甚盛哉！故於載筆時，尤兢兢致慎云。康熙六十年，歲在辛丑，秋八月，翰林院編修臣徐葆光謹序。

中山傳信録卷第一

封舟

從前册封，以造舟爲重事。歷考前册，採木各路，騷動夫役，開廠監造，縻費官帑，奸吏假手，爲弊無窮，經時累歲，其事始舉。自前明以至本朝册封之始，其煩費遲久，前後一轍也。康熙二十一年，使臣汪楫、林麟焻即取現有二戰艦充之，前弊始絶。至今三十餘年，區宇昇平，海濱利涉，沿海縣鎮，巨舶多有，册封命下，臣等未到閩前，督臣滿保移檄各鎮，選大船充用，豫爲修葺，諸具咸備。二船取自浙江寧波府屬，皆民間商舶，較往時封舟大小相埒，而費輕辦速，前此未有也。按宋徐兢奉使高麗，神舟二皆敕賜名字，客舟六，共八舟。明封舟或一或二，今二舟。一號船使臣共居之，二號船載兵役。一號船前後四艙，每艙上下三層。下一層填壓載巨石，安頓什物。中一層使臣居之，兩旁名曰麻力，截爲兩層，左右八間，以居從役。艙口梯兩摺始下，艙中寬六尺許，可横一床，高八九尺。上穴艙而爲天窗井，方三尺許，以通明，雨即掩之，晝黑如夜。艙面空其右以行船，左邊置爐竈數具。板閣跨舷外一二尺許，前後圈篷作小屋一二所，日番居以避艙中暑熱。水艙、水櫃設人主之，置籤給水，人日一甌。船尾虚梢爲將臺，立旗纛，設藤牌、弓箭、兵役、吹手居其上，將臺下爲神堂，供天妃諸水神。下爲柁樓，樓前小艙，布針盤，夥長、柁工及接封使臣、主針者居之。船兩旁大小炮門十二，分列左右，軍器稱是。蓆篷、布篷九道，艙面横大木三道，設軸轉繚，以上下之。船户以下共二十二人，各有專掌。其中最趫捷者名鴉班，正副二人，登檣瞭望，上下如飛。兵丁皆習行船事，每船百人爲之佐。一號船千總督之，二號船守備督之。

一號船長十丈，寬二丈八尺，深一丈五尺。前明封舟連尾虛梢長十七丈，寬三丈一尺六寸，深一丈三尺三寸。嘉靖中正使陳侃、副使高澄等題請定式，嘉靖三十八年封舟依舊式造，長帶虛梢一十五丈，寬二丈九尺七寸，深一丈四尺。萬曆七年造封舟，帶虛梢一十四丈，寬二丈九尺，深一丈四尺。崇禎六年册使杜三策從客胡靖記録，封舟長二十丈，廣六丈。本朝康熙二年張學禮記，形如梭子，長十八丈，寬二丈二尺，深二丈三尺。康熙二十二年汪楫記，選二鳥船充用，船長一十五丈有奇，寬二丈六尺。按《海防册》云：烽火營鳥船一隻長一十二丈三尺，寬二丈五尺。閩安中營鳥船一隻，長一十二丈二尺，寬

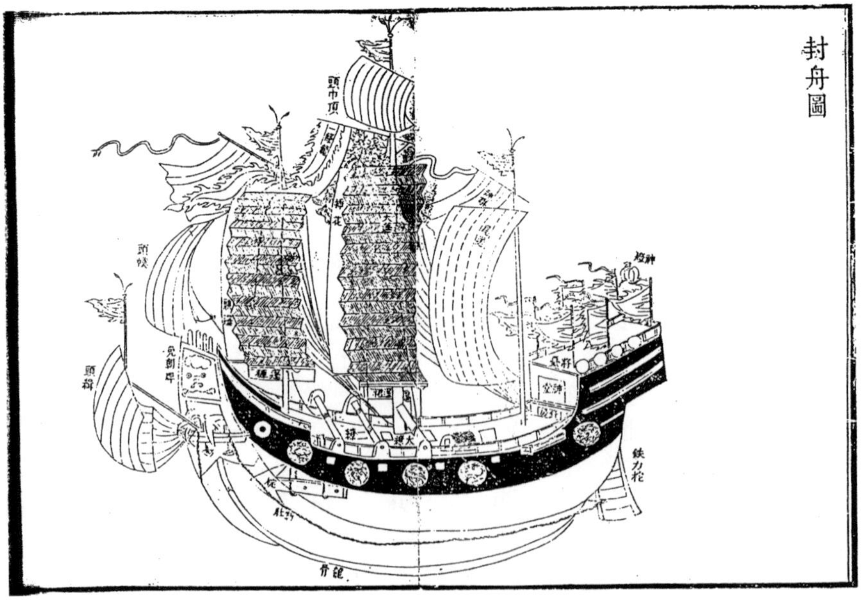
封舟圖

二丈六尺五寸。前後四艙。水艙四，水櫃四，水桶十二，共受水七百石。

柁長二丈五尺五寸，寬七尺九寸。西洋造法名夾板柁，不用勒肚柁，以鐵力木爲之，名曰鹽柁，漬海水中愈堅。前明封舟定製鐵力木柁三門，每門長三丈五尺，有大纜繫之，由船底兜至船頭，謂之勒肚，以棕藤爲之。今二封舟皆取商船充用。二號製如鳥船式，用勒肚二條。一號船係西洋夾板，肚不用勒肚，又不置副柁。將出海時與閩中有司爭置副柁，本船夥長林某云：船柁西洋造法最堅穩，可無用副，且柁重萬觔，船中亦無處置之。竟不置副柁，與前小異云。

大桅長九丈二尺，圍九尺。

頭桅長七丈二尺，圍七尺。

櫓二，長四丈，寬二尺三寸。

椗大小各二，大者長二丈七尺，小者長二丈四尺，皆寬八寸及七寸，形如个字，皆以鐵力木爲之。椗上棕索二條，長一百托，圍一尺五寸。按字書：碇，錘舟石也，與矴同。無椗字。今以木爲之，故俗字從木。

大桅蓆篷寬五丈二尺，長五丈三尺。轆轤索三條，長三十五托，圍一尺二寸。

繚母索二條，長一十五托，圍一尺五寸。

頭桅蓆篷寬二丈二尺，長二丈八尺。

大桅頂篷名頭巾頂，惟官舶始用之，商船不得用。長五丈四尺，寬五丈。徐兢録云：大檣之巔加小帆十幅謂之野狐帆。殆即頭巾頂也。

大桅下布篷名篷裙，長六尺，寬一丈五尺。

頭桅上布篷名頭幞，上尖下方，三角形，長三丈，下闊一丈八尺。

插花布篷長四丈八尺，寬三丈四尺。

插花下布篷名插花褌，長六尺，寬一丈五尺。

頭緝布篷長四丈五尺，寬二丈五尺。

尾送布篷長四丈，寬二丈七尺。

共篷九道。

二號船長十一丈八尺，寬二丈五尺，深一丈二尺。

前後共二十三艙。水艙二，水櫃四，水桶十二，受水六百石。

柁長三丈四尺，寬七尺，制同鳥船。柁用勒肚二條，長十五丈，從尾左右夾水兜至頭上。

大桅長八丈五尺，圍八尺五寸。

頭桅長六丈五尺，圍六尺。

櫓四，長四丈，寬二尺二寸。

椗大小三具。

大桅蓆篷長五丈七尺，寬五丈六尺。

頭桅蓆篷長五丈七尺，寬五丈六尺。
大桅頭巾頂布篷長五丈，寬四丈八尺。
大桅下布篷裙長六尺，寬一丈六尺。
插花布篷長四丈八尺，寬三丈二尺。
插花褲布篷長五丈，寬一丈三尺。
頭緝布篷長四丈，寬二丈四尺。
尾送布篷長三丈六尺，寬二丈五尺。
共篷八道，少頭幞布篷一道。
每船船户以下二十二人：
正夥長主針盤羅經事。副夥長經理針房兼主水鍧長縆三條，候水淺深。
正副舵工二人，主柁，二號船上兼管勒肚二條。
正副椗二人，主椗，四門行船時主頭緝布篷。
正副鴉班二人，主頭巾頂帆、大桅上一條龍旗及大旗。
正副杉板工二人，主杉板小船，行船時主清風大旗及頭帆。
正副繚手二人，主大帆及尾送布帆，繚母棕、繚木索等物。
正副值庫二人，主大帆插花、天妃大神旗，又主裝載。

押工一人，主修理椬椇及行船時大桅千觔墜一條。
香公一人，主天妃諸水神座前油燈，早晚洋中獻紙及大帆尾繚。
頭阡一人，主大桅繂索、大椗索盤絞索、大櫓車繩。
二阡二人，主大桅繂索、副椗索盤絞索、大櫓車繩。
三阡一人，主大桅繂索，三椗索盤絞索、車子數根。
正副總舖二人，主鍋飯柴米事。

渡海兵役

正使家人二十名，副使家人十五名，外海防廳送使副共書辦二名，巡捕二名，長班四名，門子二名，皂隸八名，健步四名，轎傘夫二十名，引禮通事二員，鄭任譯、馮西熊。護送守備一員，海壇鎮左營守備蔡添略。千總一員，蔡勇。官兵二百名，閩安鎮烽火營、海壇鎮左右中三營各四十名。内科醫生一人，外科醫生一人，道士三名，老排一名，吹鼓手八名，厨子四名，艦匠二名，艌匠四名，風帆匠二名，索匠二名，鐵匠二名，裁縫二名，糊紙匠二名，裱褙匠一名，糕餅匠一名，待詔一名。凡兵役隨身行李貨物，每人限帶百觔。按歷來封舟過海，兵役等皆有壓鈔貨物帶往市易，舊例，萬曆七年己卯册使長樂謝行人杰有《日東交市記》，後有「恤役」一條，言自洪武間許過海五百人，行李各百觔，與琉人貿易，著爲條令。甲午之役得萬金，五百人各二十金，多者三四十金，少者亦得十金八金。辛酉之役僅六千金，五百人各得十二金，多者二十金，少者五六金，稍失所望。是以己卯招募僅得中材應役，不能如前之精工也。所獲僅三千餘金，人各八金，多者十五六金，少者三四金，大失所望，至捐廪助之，始得全體而歸。蓋甲午之役，番舶轉販者無慮十餘國，其利既多，故我衆所獲亦豐。辛酉之役番舶轉販者僅三四國，其利既少，故我衆所獲亦減。己卯之役通番禁弛，番舶不至，其利頓絶，故我衆所獲至少，勢使然也。今康熙二十二年癸卯之役，是時海禁方嚴，中國貨物外邦争欲購致，琉球相近諸島，如薩摩洲、土噶喇七島等處，皆聞風來集，其貨易售，閩人沿説至今，故充役者衆。昇平日久，琉球歲來貿易，中國貨物外邦多有，此番封舟到後，土噶喇等番舶無一至者。本國素貧乏，貨多不售，人役並困。法當禁絶商賈利徒之營求，充役者損從減裝，一可以紓小邦物力之艱，一可以絶衆役覬覦之想，庶幾兩利俱全矣乎？

玻璃漏

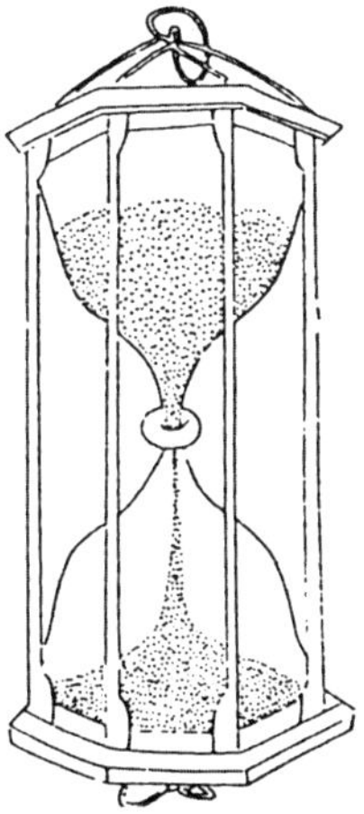

針盤

更 定更法

海中船行里數皆以更計，或云百里爲一更，或云六十里爲一更，或云分晝夜爲十更。今問海舶夥長，皆云六十里之説爲近。

舊録云：以木柹從船頭投海中，人疾趨至梢，人柹同至，謂之合更；人行先於柹爲不及更；人行後於柹爲過更。今西洋舶用玻璃漏定更，簡而易曉。細口大腹玻璃瓶兩枚，一枚盛沙滿之，兩口上下對合，通一線以過沙，懸針盤上，沙過盡爲一漏，即倒轉懸之，計一晝一夜約二十四漏，每更船六十里約二漏半有零。人行先木柹爲不及更者，風慢船行緩，雖及漏刻，尚無六十里，爲不及更也。人行後於柹爲過更者，風疾船行速，當及漏刻，已踰六十里爲過更也。

針路

琉球在海中，本與浙閩地勢東西相值，但其中平衍無山。船行海中，全以山爲準。福州往琉球，出五虎門，必取雞籠、彭家等山，諸山皆偏在南，故夏至乘西南風，參用辰巽等針，袌繞南行，以漸摺而正東。琉球歸福州，出姑米山，必取温州南杞山，山偏在西北，故冬至乘東北風，參用乾戌等針，袌繞北行，以漸摺而正西。雖彼此地勢東西相值，不能純用卯酉針徑直相往來者，皆以山爲準，且行船必貴占上風故也。

《指南廣義》云：福州往琉球，由閩安鎮出五虎門，東沙外開洋，用單或作乙。辰針，十更取雞籠頭、見山即從山北邊過船。以下諸山皆同。花瓶嶼、彭家山。用乙卯並單卯針，十更取釣魚臺。用單卯針，四更取黄尾嶼。用甲寅或作卯。針，十或作一。更取赤尾嶼。用乙卯針，六更取姑米山。琉球西南方界上鎮山。用單卯針，取馬齒。甲卯及甲寅針，收入琉球那霸港。

福州五虎門至琉球姑米山共四十更船。

琉球歸福州，由那霸港用申針放洋。辛酉針，一更半見姑米山，並姑巴甚麻山。辛酉針，四更，辛戌針，十二更，乾戌針，四更，單申針，五更，辛酉針，十六更，見南杞山。屬浙江温州。坤未針，三更取臺山。丁未針，三更取里麻山。一名霜山。單申針，三更收入福州定海所，進閩安鎮。

琉球姑米山至福州定海所共五十更船。

前海行日記

閩有司既治封舟畢工，泊于太平港羅星塔。五月十日壬午賫詔敕至南臺，以小舟至泊船所。十五日祭江取水，蠲吉于二十日壬辰奉詔敕升舟。連日夜風，皆從東北來，是日轉西南，遂于未初起椗，至怡山院諭祭於

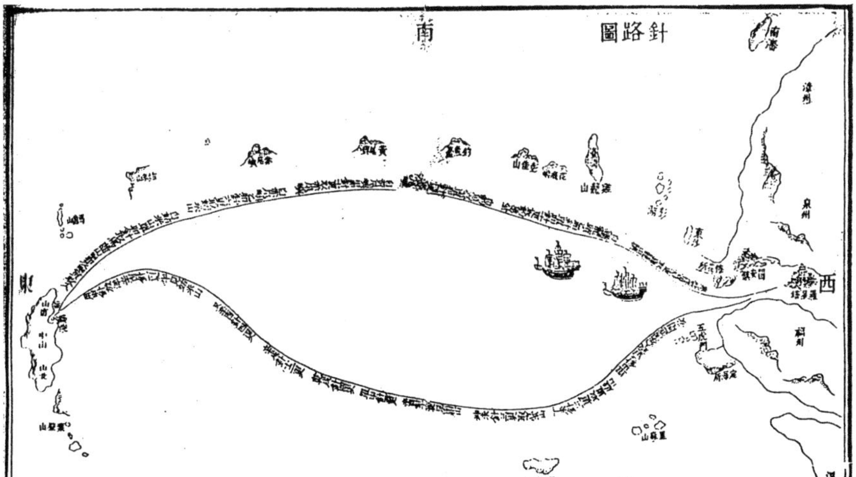

海神。

二十一日癸巳，日出西南風，日中至管頭，出金牌門。日入未過黄蝦鼻下椗。

二十二日甲午，日出丁未風，過梅花頭。日中丁風帶午乘潮出五虎門放洋，過官塘尾。日入至進士門。夜至九漏，轉丁未風，接封陪臣正議大夫陳其湘率其國夥長主針，用乙辰針三更半。

二十三日乙未，日出見東湧在船後約離一更半許，丁未風，用乙卯針二更，約離官塘八更半許。

二十四日丙申，日出丁午風，仍用乙卯針，日未中過米糠洋，海水碧徹如靛，細黄沙如涎沫，連亘水面如米糠。見群魚拜水。日將入，有大鳥二來集于檣。是夜風益利，用乙卯針四更，共計十三更半，當見雞籠山，花瓶、棉花等嶼及彭家山皆不見。夜用乙卯針四更半。共十七更，船東北下一更半許。

二十五日丁酉，日出丁未風輕，用單乙針二更，乙卯針一更。半夜至四漏轉正南風，用單乙針一更半。共計二十一更。

二十六日戊戌，日出正南風，日未中轉丁午，逾時丁未風微起，用單乙針一更。日中風静，縋水無底。晚晡轉丙午風，用乙卯針，風静船停不上更。日入風微起，至四漏轉丁午風，用乙卯一更，至八漏又用單卯二更，至天明。

二十七日己亥，日出丁午風，日未中風静船停。有大沙魚二見于船左右。日入丁午風起，至二漏轉丁風，用乙辰針二更半。天將明應見釣魚臺，黄尾、赤尾等嶼皆不見。共用卯針二十七更半，船東北下六更許。

二十八日庚子，不用接封陪臣主張卯針，本船夥長林某改用乙辰針。日未中丁未風，行二更半，鴉班上檣，見山一點在乙位，約去四更餘，水面小黑魚點點，接封陪臣云此出姑米山所見，或是姑米而未能定。日入風轉丁午，用辰巽針二更。

二十九日辛丑，日出見東北小山六點，陪臣云此非姑米，乃葉壁山也，在國西北。始悟用卯針太多，船東北下，若非西北風，不能提舟上行至那霸收港也。日中禱于神，忽轉坤申庚風，一時又轉子癸，陪臣大喜，乃迴針東南行，指一小山云，此名讀谷山，由此廻轉即入港。日入轉丑艮風大熾，用丙巳針，又用丙午單卯針。先是四五日前未見山，舟浮不動，水艙將竭，衆頗惑，禱于神，珓示曰二十八日見山，初一日到港。至是六月朔壬寅日未出遂入港，行海中凡七晝八夜云。二號船先到海口，候一號船至，相次入港。針簿別録亦落北見葉壁山始回也。

臣葆光按：琉球針路其大夫所主者，皆本于《指南廣義》，其失在用卯針太多，每有落北之患。前使汪楫記云：封舟多有飄過山北，已復引回。稽諸使録，十人而九，明嘉靖十一年陳侃記：舟至葉壁山，小舟四十牽挽八日始至那霸。嘉靖三十七年郭汝霖記：已至姑米山，頭目云得一日夜之力，即未遽登岸，可保不下葉壁山矣。可見下葉壁即琉人亦以爲戒。萬曆四年蕭崇業記：六月初一日過葉壁山，薄山下，由此陸路至國兩日程，挽舟初五日始泊那霸。康熙二年張學禮記：舟抵琉球北山，與日本交界，北風引舟南行，始達那霸。封舟不至落北者，惟前明册使夏子陽及本朝汪楫二人。考夏録則云梅花所開洋，過白犬嶼，又取東沙嶼，丁上風用辰巽針八更船，取小琉球山。未上風乙卯針二更，取雞籠。申酉上風用甲卯針四更船，取彭家山。亥上風用乙卯針三更船，未上風用乙卯針三更船，取花瓶嶼。丁未上風用乙卯針四更船，取釣魚嶼。丙午上風用乙卯針四更船，取黄尾嶼。丙上風用乙卯針七更船，丁上風用辰巽針一更，取姑米山。又辰巽針六更船，取土那奇翁、居里二山，今譯爲度那奇、安根呢山，二山在馬齒山之西。又辰巽一更取馬齒山到港。汪録則云本録不載，見洋舶針簿内。乙辰八更取雞籠頭，用辰多辰巽三更取梅花嶼，單卯十更取釣魚臺北邊過，乙辰四更取黄尾嶼，得力在此四更船身提上已見黄尾嶼，下用甲卯針取姑米，定是正西風利故也。甲卯十更取姑米山，乙卯七更取馬齒山，甲寅并甲卯取那霸港。蓋自雞籠山東行釣魚嶼、赤尾嶼以至姑米山，諸山皆在南，借爲標準，俱從山北邊過，船見山則針正，應見不見則針已下，漸東北行必至見葉壁山矣。要其病皆由于用卯針太多，又不能相風用針。夫西南風固皆爲順，而或自午，或自丁，或自未，與坤者方位又各不同，今《指南廣義》所録則專言針，混言風，又多用卯針，故往往落北，不見姑米而見葉壁也。後人或不見山，不可信接封者主張卯針，當深翫夏、汪二録，酌風參用辰巽等針，將船身提上，則保不下葉壁矣。

後海行日記

二月十六日癸丑，巳刻封舟，自琉球那霸開洋，用小船百餘引出港口。琉球官民夾岸送者數千人，小船竪旗夾船左右，送者數百槳。是日晴明，南風送颿，用乾亥針一更半，單乾針四更過馬齒、安根呢、度那奇等山，海水滄黑色。日入見姑米山二點，離二更半許。夜轉丁未西南風，十三漏轉坤未風，用乾戌三更半。風有力，頭巾頂索連斷三次。

十七日甲寅，日出龍二見于船左右，水沸立二三丈，轉西北風，用單子針一更。日入至十四漏轉坤未風，用乾戌一更，夜見月至明。

十八日乙卯，日出用單乾乾戌四更。日入至十四漏西南風有力，用乾戌四更半，夜見月至明。

十九日丙辰，日出轉辛酉西風帶南風不定，用單庚一更。日中轉壬子癸風，用單酉針，至日入轉子癸，又轉丑癸，用單戌三更半，夜見月至明。

二十日丁巳，日出轉艮寅東北順風，日中轉甲卯用辛戌四更，日入轉乙辰風，大雨，船共行二十六更半。是日海水見緑色，夜過溝，祭海神。轉巽巳風，用辛酉三更半至明。

二十一日戊午，日出大霧，正南風，轉西南，又轉西北，風不定，船行緩，不上更，縋水四十八托，有鳥來集于檣。轉子癸風，至十三漏轉東北大順風，用庚申二更至明。

二十二日己未，日出東北風，晴，大寒，用庚酉申四更半。日入有燕二來集檣上，至十一漏轉乙卯風，縋水四十托，用庚酉一更，夜雨大霧。

二十三日庚申，日出霧，大雨無風，縋水三十二托。日晡壬亥風起，日入轉壬子風，夜雨，大寒，用庚酉二更，未明見山，離一更遠許。

二十四日辛酉，日出用單申一更，至魚山及鳳尾山，二山皆屬台州。封舟回閩，針路本取温州南杞山，此二山又在南杞北五百里，船身太開，北行離南杞八更遠許。日晡轉北風，用丁未針三更。日入舟至鳳尾山，風止下椗。

二十五日壬戌，無風，舟泊鳳尾山。夜雨，有數小船來，伺警至明。

二十六日癸亥，日出東北風，起椗行。大雷雨，有旋風轉篷。日晡轉壬亥風，用單未坤未三更。日入風微，用單未一更，見南杞，離一更許。

二十七日甲子，日出晴，見盤山，至温州，東北順風，用坤申庚四更，縋水十四托，離北關一更許。日入用坤申庚一更，至臺山下椗。夜十八漏又起椗，至明見南北關。二號船先一日過南關。

二十八日乙丑，東北風無力，船泊七星山，縋水九托。夜至五漏颶作，椗走，用乙辰針行，七漏加副椗泊船。

二十九日丙寅，日出至霜山，東北風，用申庚酉針，日晡與二號船齊至定海所。琉球謝恩船先一日到，相次泊。

三十日丁卯，東北風，乘潮三船雁次進五虎門，日中至怡山院，諭祭于海神。行海中凡十四晝夜云。

臣葆光按：册封之役有記録者自前明嘉靖中陳侃始，至康熙二十一年汪楫等，凡七次。封舟回閩，摺桅漂柁，危險備至，披閲之次，每爲動心。今奉皇上威靈，海神效順，踰年行役，幸避冬汛之危，半月漂浮，絶少過船之浪，桅柁無副，竟免摧傷，偶有風暴，隨禱立止，上下數百人安行而回，遠勝疇昔，額手慶幸，胥戴皇恩。至于顛仆嘔逆，小小困頓，海船之常，何足云也。

歷次封舟渡海日期

嘉靖十三年甲午，陳侃使録：海行十八日至琉球，五月初八日出海，二十五日至那霸港。七日回福州。九月二十日出那霸，二十八日至定海所。

嘉靖四十一年壬戌，郭汝霖使録：海行十一日至琉球，五月二十二日出海，閏五月初九日至那霸港。十一日回福州。十月十八日出那霸，二十九日至五虎門。

萬曆八年庚辰，蕭崇業使録：海行十四日至琉球，五月二十二日出海，六月初五日至那霸。九日回福州。十月二十四日出海，十一月初二日到定海所。

萬曆三十三年乙巳，夏子陽使録：八日至琉球，五月二十四日出海，六月初一日至那霸。十一日回福州。十月二十一日出海，十一月初一日到五虎門。

崇禎六年癸酉，杜三策從客胡靖録。九日至琉球，六月初四日出海，八日過姑米山。十一日回福州。十一月初九日出海，十九日到五虎門。

康熙二年癸卯，張學禮使録：十九日至琉球，六月初七日出海，二十五日到那霸。十一日回福州。十一月十四〔日〕出海，二十四日至五虎門。

康熙二十二年癸亥，汪楫使録：三日至琉球，六月二十三日出海，二十六日到那霸。十一日回福州。

十一月二十四日出海，十二月初四日至定海所。

臣葆光按：封舟以夏至後乘西南風往琉球，以冬至後乘東北風回福州，此言其概也。南風和緩，北風凜冽，故歸程尤難，非但内外水勢有順逆也。嘉、萬封舟回閩，率先冬至，在九十月中，朔風猶未勁，歸帆最宜，十一月、十二月冬至前後則風勢日勁，浪必從船上過矣。若正月則風颸最多，且應期不爽，萬無行舟之理。二月中則多霧，龍出海矣，然春風和緩，兹役親驗之，浪無從船上過者，殆遠勝於冬至前後也。海船老夥長言，十月二十日後東風送順爲吉。葆光在琉球無日不占風所向，歷考數月内風自東來不間斷者，惟十月二十日後、十一月初五日前半月中爲然。因考陳侃以來，惟蕭崇業之歸閩較爲安吉，其出海日期乃十月二十四日爲不誣也。附此以告後來者。

風信

清明後地氣自南而北則南風爲常，霜降後地氣自北而南則北風爲常，若反其常則颱颶將作。風大而烈者爲颶，又甚者爲颱。颶常驟發，颱則有漸。颶或瞬發倏止，颱則連日夜或數日不止。大約正、二、三、四月爲颶，五、六、七、八月爲颱，九月則北風初烈，或至連月，俗稱九降風，間或有颱則驟至如春颱。船在洋中遇颶猶可爲，遇颱不可當矣。十月以後北風常作，然颱颶無定期，舟人視風隙以往來。五、六、七、八月應屬南風，颱將發則北風先至，轉而東南，又轉而南，又轉而西南。颱颶始至多帶雨，九降風則無雨。五、六、七月間風雨俱至，舟人視天色有點黑則收帆嚴舵以待之，瞬息間風雨驟至，隨刻即止。若豫備少遲，則收帆不及，或至傾覆。天邊有斷虹亦颱將至，雲片如帆者曰破帆，稍及半天，如鱟尾者曰屈鱟，出北方者甚於他方。海水驟變，水面多穢如米糠，海蛇浮遊水面，亦颱將至。

風暴日期

正月初四日接神颶。初九日玉皇颶。此日有颶，後颶皆驗，否則後亦多不驗者。十三日關帝颶。二十九日烏颶，又龍神會。

又正月初三日、初八日、十一日、二十五日、月晦日皆龍會日，主風。

二月初二日白鬚颶。初七日春明暴。二十一日觀音暴。二十九日龍神朝上帝。

又二月初三日、初九日、十二日皆龍神朝上帝之日。

三月初三日上帝颶，又名真武暴。初七日閻王暴。十五日真人颶，又名真君暴。二十三日天妃誕媽祖颶。真人颶多風，媽祖颶多雨。二十八日諸神朝上帝。

又三月初三日、初七日、二十七日皆龍神朝星辰之日。

四月初一日白龍暴。初八日佛子颶，又名太子暴。二十三日太保暴。二十五日龍神太白暴。

又四月初八日、十二日、十七日皆龍會太白之日。

五月初五日係大颶，名屈原颶。十三日關帝颶。二十一日龍母暴。

又五月初五日、十一日、二十九日皆天帝、龍王朝玉皇之日。

六月十二日彭祖颶。十八日彭祖婆颶。二十四日雷公誕。此暴最准，名爲洗炊籠颶，自十二日起至二十四日止，皆係大颶之旬。

又六月初九日、二十七日皆地神、龍王朝玉皇之日。

七月初八日神煞交會。十五日鬼颶。

又七月初七日、初九日、十五日、二十七日皆神煞交會之日。

八月初一日竈君颶。初五日係大颶旬。十四日伽藍暴。十五日魁星颶。二十一日龍神大會。

又八月初三日、初八日、二十七日皆龍王大會之日。

九月初九日重陽暴。十六日張良颶。十九日觀音颶。二十七日冷風暴。

又九月十一日、十五日、十九日皆龍神朝玉帝之日。

十月初五日風信暴。初十日水仙王颶。二十日東嶽朝天。二十六日翁爹颶。

又十月初八日、十五日、二十七日皆東府君朝玉皇之日。

十一月十四日水仙暴。二十七日普安颶。二十九日西嶽朝天。

十二月二十四日送神颶，又名掃塵風。

凡遇風暴，日期不在本日則在前後三日之中。又箕、壁、翼、軫四宿亦主起風，皆當謹避之。

《風信考》以下至此皆《指南廣義》所載，或採禁忌方書，或出海師柁工所記，其語不盡雅馴，而參考多驗，今附此以告後來者。

天妃靈應記

天妃，莆田湄洲嶼林氏女也。張學禮記云：天妃蔡氏女，猴嶼人。非是。父名愿，字曰惟慤，母王氏。一云林孚第六女。宋初官都巡檢。妃生而神靈，少與群女照井，有神捧銅符出以授妃，群女奔駭。自是屢著神異，常乘片蓆渡海，人咸稱爲通賢靈女。一日方織，忽據機瞑坐，顔色變異，母蹴起問之，寤而泣曰：「父無恙，兄殁矣。」有頃信至，父與兄渡海舟覆，若有挾之者，父得不溺，兄以柁摧遂墮海死。雍熙四年昇化于湄州嶼。張學禮記云：救父投海身亡。非是。一云妃生于建隆元年庚申三月二十三日，一云妃生於哲宗元祐八年，一云生于甲申之歲。按妃于宋太宗雍熙四年九月初九日昇化，室處二十八歲，則當以建隆元年一説爲是。生彌月不啼，名曰默。時顯靈應，或示夢，或示神燈，海舟獲庇無數，土人相率祀之。宋徽宗宣和五年，給事中路允迪使高

麗，八舟溺其七，獨允迪舟見神朱衣坐桅上，遂安，歸聞于朝，賜廟額曰順濟。高宗紹興二十六年始封靈惠夫人，賜廟額曰靈應。三十年，海寇至江口，神見風濤中，寇潰就獲，泉州上其事，封靈惠昭應夫人。孝宗乾道二年，興化疫，神降于白湖，去潮丈許，得甘泉，飲者立愈。又海寇至，霧迷其道，至廟前就擒，封靈惠昭應崇福夫人。淳熙十一年，助巡檢姜特立捕温台寇，封靈惠昭應崇福善利夫人。汪録作靈慈昭應崇善福利夫人。靈慈乃廟號，凡封皆原靈惠始封之號，當作靈惠，崇福先封，後加善利二字，乃言爲善人利之意。以上封夫人，凡四封。光宗紹熙三年，以救疫旱功特封靈惠妃。寧宗慶元四年，以救潦封靈惠助順妃。嘉定元年，平大奚寇，以霧助擒賊。金人犯淮甸，戰花黶鎮，神助戰。及戰紫金山，又見神像再捷，三戰遂解合肥之圍。封靈惠助順顯衛妃。嘉定十年，救旱獲海寇，加靈惠助順顯衛英烈妃。嘉熙三年，錢塘潮決，至艮山祠，若有限而退，封靈惠助順嘉應英烈妃。寶祐二年，救旱，封助順嘉應英烈協正妃。三年，又封靈惠助順嘉應慈濟妃。四年，封靈惠協正嘉應慈濟妃。是歲浙江隄成，封靈惠協正嘉應善慶妃。五年，教授王里請于朝，封妃父積慶侯，母顯慶夫人，女兄以及神佐皆有錫命。景定三年，反風膠海寇舟就擒，封靈惠顯濟嘉應善慶妃。宋封夫人四，加封妃十，凡十四封。元世祖至元十八年，以海運得神佑，封護國明著天妃，封天妃之始。又進顯佑。成宗大德三年，以漕運效靈，封輔聖庇民明著天妃。仁宗加封護國庇民廣濟明著天妃。文宗天曆二年，加封靈感助順福惠徽烈，共二十字。廟額靈慈。元晉封天妃，凡五加封。皆以海運危險，歷見顯應故也。明太祖封昭孝純正孚濟感應聖妃。成祖永樂七年，封護國庇民妙靈昭應弘仁普濟天妃。至今皆仍此封號。自後遣官致祭，歲以爲常。莊烈帝封天仙聖母青靈普化碧霞元君，已又加青賢普化慈應碧霞元君。明封聖妃一，仍改封天妃一，改封元君二，凡四封。本朝仍永樂七年封號。康熙十九年，收復臺灣，神靈顯應，福提萬正色上聞，加號致祭，神靈昭著，于今轉赫，凡渡海者必載主舟中。往年冊封琉球，諭祭兩行，夏祈冬報，皆預撰文，使臣昭告，皆獲安全，蓋聖德所感，神應尤顯云。

封舟救濟靈蹟 惟洪熙元年救濟柴山靈蹟詳《顯聖録》，以下無考，今斷自陳侃始。

嘉靖十三年，冊使陳給事侃、陳侃始有記，故自侃始。高行人澄舟至姑米山發漏，呼禱得塞而濟。歸值颶，桅檣俱摺，忽有紅光燭舟，乃請筊起柁，又有蝶雀示象，是夕風虐，冠服禱請立碑，風乃弛，還請春秋祀典。

嘉靖四十年，冊使郭汝霖、李際春行至赤嶼，無風，有大魚蕩舟，乃施《金光明佛》并彩舟昇之，遂得南風而濟。及回閩日，颶將發，豫有二雀集舟之異，須臾颶發失柁，郭等爲文以告，風乃息，更置柁。又有一鳥集桅上不去。

萬曆七年，冊使蕭給事崇業、謝行人杰針路舛錯，莫知所之，且柁葉失去，虔禱之次，俄有一燕、一蜻蜓飛繞船左右，遂得易柁，舟乃平安。

萬曆三十年，冊使夏給事子陽、王行人士楨舟過花瓶嶼，無風而浪，禱于神，得風順濟。歸舟柁索四斷，失柁者三，大桅亦摺，水面忽現神燈，異雀來集，東風助順。

崇禎元年，册使杜給事三策、楊行人掄歸舟颶作，摺柁牙數次，勒索皆斷，舟中三人共購一奇楠，高三尺，值千金，捐刻聖像，俄有奇鳥集檣端，舟行若飛，一夜抵閩云。

本朝康熙二年，册使張兵科學禮、王行人垓歸舶過姑米，颶作，暴雨，船傾側危甚，桅左右欹側，龍骨半摺，忽有火光熒熒，霹靂起，風雨中截斷仆桅，舵旋不止，勒索皆斷。禱神起柁，三禱三應，易繩下柁。時有一鳥，緑觜紅足若雁鶩集戰臺，舟人曰天妃遣來引導也，遂達定海。

康熙二十二年，册使汪檢討楫、林舍人麟焻歸舟颶風三晝夜，舟上下傾仄，水滿艙中，合舟能起者僅十六人，厨竈漂没，人盡餓凍。虔禱天妃，許爲請春秋祀典，桅箍斷而桅不散，頂繩斷而篷不落，與波上下，竟保無虞。

今封舟開洋，風少偏東，禱立正。多用卯針，船身太下，幾至落漈，遂虔禱，得改用乙辰針。又筊許二十八日見山，果見葉壁。船下六百餘里，欲收那霸，非西北風不能達，禱之立轉，一夜抵港。舟回至鳳尾山，旋風轉船，篷柁俱仄，呼神始正。至七星山夾山下椗，五更颶作走椗，將抵礁，呼神，船如少緩，始得下椗，人皆額手曰此皆天妃賜也。

諭祭文 祈報二道

維康熙五十八年歲次己亥，五月癸酉朔，越祭日癸巳，皇帝遣册封琉球國正使翰林院檢討海寶、副使翰林院編修徐葆光，致祭于海神曰：惟神顯異，風濤效靈，瀛海扶危脱險，每著神功，捍患禦災，允符祀典。兹因册封殊域，取道重溟，爰命使臣，潔將禋祀，尚其默佑，津途安流利涉，克將成命，惟神之休。謹告。

維康熙五十九年，歲次庚子，二月戊戌朔，越祭日丁卯，皇帝遣册封琉球國正使翰林院檢討海寶、副使翰林院編修徐葆光，致祭于海神曰：惟神誕昭靈貺，陰翊昌圖，引使節以遄征，越洪波而利濟。殊邦往復，成事無愆，克暢國威，實惟神佑。聿申昭報，重薦苾芬，神其鑒歆，永有光烈。謹告。

春秋祀典疏

差回琉球國翰林院檢討臣海寶、編修臣徐葆光等謹奏，爲奏聞事。臣等於康熙五十七年六月初一日奉旨册封琉球國王，十四日於熱河面請聖訓，出都至閩，於五十八年五月二十日登舟，次日至怡山院，諭祭天妃。二十二日從五虎門放洋，西南順風，行八日，六月初一日登岸。二十七日行諭祭禮，七月二十六日行册封禮，諸宴禮以次舉行。十二月二十六日登舟候汛，本年二月十六日乘東北順風行半月，三十日始抵福州五虎門。臣等往返海道，略無危險，皆皇上德邁千古，福與天齊，臣等奉命經行絶遠之處，神靈效順，臣等闔船官兵以及從役數百人無一虧損，皆得安歸。臣等不勝欣幸，即琉球國屬併福省官民人等俱稱奇致頌，以爲皆我皇上德遍海隅之所致也。其中往返之時，風少不順，臣等祈禱天妃，特恩，許着該地方官春秋致祭，以報神庥，伏候聖裁。謹奏聞。

即獲安吉。自前平定臺灣之時，天妃顯靈效順，已蒙皇上加封致祭，今默佑封舟，種種靈異如此，仰祈

禮部謹題，爲奏聞事。該臣等議得，差回琉球國翰林院檢討臣海寶、編修臣徐葆光等奏，稱臣等奉旨册封琉球國王，往返海道，闔船官兵以及從役數百人無一虧損，皆得安歸，其中往返之時，風少不順，臣等祈禱天妃，即獲安吉。自前平定臺灣之時，天妃顯靈效順，已蒙皇上加封致祭，今默佑封舟，種種靈異，仰祈特恩，許着地方官春秋致祭，以報神庥等語。欽惟皇上德周寰宇，化洽海隅，詔命所經，神靈協應。兹以册封琉球國王，特遣使臣舉行典禮，往返大海絶險之區，官兵從役數百人皆獲安吉，固由天妃顯靈，實皆我皇上懷柔百神，海若效順所致也。查康熙十九年臣部議得將天妃封爲護國庇民妙靈昭應弘仁普濟天妃，遣官致祭等因具題，奉旨依議，欽遵在案。今天妃默佑封舟，種種靈異，應令該地方官春秋致祭，編入祀典，候命下之日，行令該督撫遵行可也。臣等未敢擅便，謹題請旨等因。康熙五十九年八月初三日題，本月初六日奉旨：「依議。」

臣葆光按：《元史志》云：至元中以護海運有奇應，加封天妃神號，積至十字，廟曰靈慈。直沽、平江、周涇、泉、福、興化等處皆有廟，皇慶以來歲遣使賫香遍祭，金幡一合銀一錠，付平江官漕司及本府官，用柔毛酒醴，便服行事。祝文云：維年月日，皇帝特遣某官等致祭於護國庇民廣濟福惠明著天妃。則歲時之祭，自元已有之矣。前明嘉靖中，册使陳侃使還，乞賜祭以答神貺，禮部

議令布政司設祭一壇，報可。此又特祭一舉行者也。萬曆三年，册使蕭崇業始請秩祀海神合舉祈報二祭，至今封舟出海因之。康熙二十二年，册使臣汪楫還，具疏請照嶽瀆諸神，着地方官行春秋二祭，禮部議未准行。今臣等在海中祈神佑庇，竊計封號尊崇已極，惟祀典有缺，故專舉爲詞，神應昭格。今果蒙恩特賜允行，典禮烜赫，以答神庥，超越千古矣。

中山傳信録卷第二

封舟到港

封舟六月朔旦至那霸港，泊海口，迎舟數十，獨木船雙使一帆者又數百槳，世曾孫尚敬守次，先遣法司以下諸陪臣來迎詔，隨來隨遣，前後數輩，致牲禮迎勞如儀。午潮上，島民艤船數百，或在船，或入水，施百緪引舟至迎恩亭下。亭建自永樂中，尚巴志時修葺如新。陪臣班列，儀仗金鼓，皆集亭左右，迎請龍亭。未刻，以次登岸，衆官前導至館，奉安詔敕，行禮訖，以次入謁。法司、王舅、紫金大夫、紫巾官爲一班，三叩頭，天使立受，揖答之。耳目官、正議大夫、中議大夫爲一班，三叩頭，天使立受，拱手答之。那霸官、長史、察侍紀官、遏闥理官、都通事爲一班，三叩頭，天使坐

受，抗手答之。嗣後朔望及逢五、十日，王遣法司、王舅以下至館一起居，見天使皆下坐，應對皆起立。每月初二日、十六日，天使亦遣使至王府答問云。

天使館

天使館去迎恩亭一里許，面南，屋宇皆如中國衙署。外柵四周，柵内東西門房各四楹，竿上施册封黄旗二，八角鼓棚左右二所。大門内東西役房各六楹，儀門上有「天澤門」三字匾，前明萬曆中使臣夏子陽題，今失去，臣等補書其上。大堂前庭方廣數畝，陪臣行禮于此。甬道左右臣等植大榕樹四株。堂上前楹前使張學禮、王垓題「天威遠布」隸書四字，汪楫、林麟焻題「敷命堂」三字，皆在，臣等又書「皇綸三錫」四字懸正梁上。蓋自康熙二年封王尚質，今王之高祖也，康熙二十二年封王尚貞，今王之曾祖也，王之祖尚純未及立，王之父尚益未及請封，至今

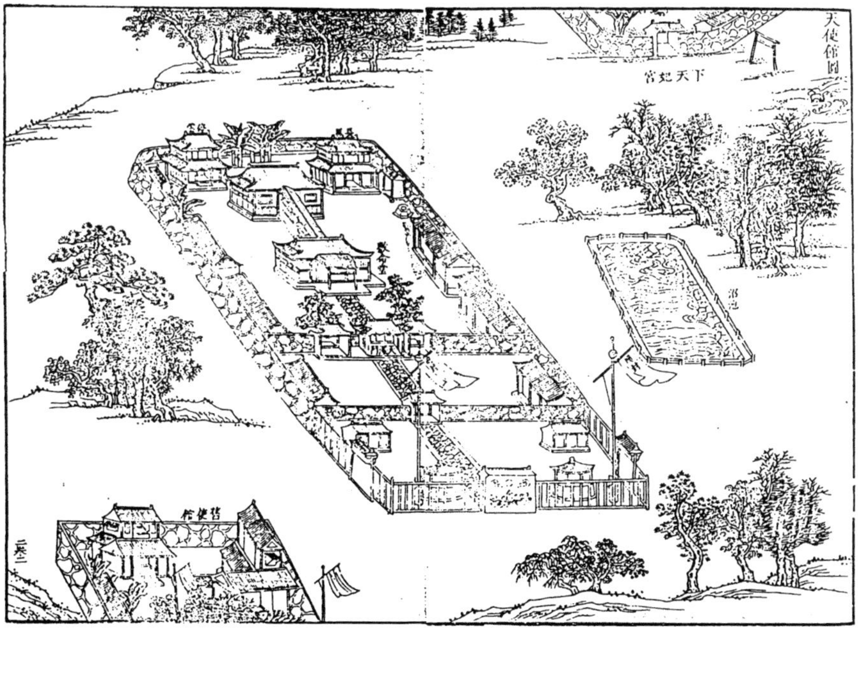

國王尚敬，已閱五世，皆受我皇上璽封，六十年中大典三行，澤及五世，實爲千古僅事，故特書之以示遠人，明我皇上與天無極之治，海隅日出，覆育無窮也。左右楹間特書二牓，一載前明册使姓名，一載本朝三遣使臣姓名。

牓記附録

前明洪武中，中山王察度始通於朝，武寧嗣位，始來告喪請襲，終明之代，傳十六世，世世請封，封使三十餘人，具列正史，而稗載多舛。儻中外異書，非一統同文之義。皇清受命，王尚質始來請封，於今五世，册禮三行，皆奉我皇上寶璽以來，尤爲千古盛事，并書於次，所以昭曠典、慎使職也。遣使踰年始達，嘉靖以後，有遲至三四年者，今按史書之，一以遣使之年爲定。洪武以來使事不以册封行者，姓名不能備考，故不并列云。册使例以行人充，明正統中始用給事中爲之正，副仍之，後遂不變。用翰林與中書舍人自前使始，兩使皆史臣唯兹役。

明洪武五年詔中山王察度使
　楊載行人。
永樂五年封思紹如典禮不遣使
永樂二年封武寧使

時中行人。
洪熙元年封尚巴志使柴山中官。
正統七年封尚忠使
　俞忭給事中。

劉遜行人。
正統十三年封尚思達使
陳傅給事中。
萬祥行人。
景泰二年封尚金福使
喬毅給事中。《殊域周咨録》作陳謨。
童守宏行人。
景泰六年封尚泰久使
嚴誠給事中。《中山世鑑》作李秉彝。
劉儉行人。
天順六年封尚德使
潘榮吏科給事中，福建龍溪人。
蔡哲行人。
成化六年封尚圓使
官榮兵科給事中。
韓文行人。
尚宣威　未請封
成化十三年封尚真使
董旻兵科給事中。
張祥行人司司副。
嘉靖七年封尚清使
陳侃吏科給事中，浙江鄞縣人。
高澄行人，順天固安人。
嘉靖四十一年封尚元使
郭汝霖吏科左給事中，江西永豐人。
李際春行人，河南杞縣人。
萬曆四年封尚永使
蕭崇業户科左給事中，雲南籍應天上元人。
謝杰行人，福建長樂人。
萬曆二十九年封尚寧使
夏子陽兵科右給事中，江西玉山人。
王士楨行人，山東泗水人。

崇禎元年封尚豐使

杜三策户部左給事中，山東東平州人。

楊掄行人司司正，雲南籍上元人。

尚賢請封未獲卒。福王時來請封，遣禮科給事陳燕翼、行人韓元勳，未行國亡。

本朝順治六年尚賢弟尚質奉表，十年來請封，世祖遣使，康熙二年行。

尚益未請封，父尚純未立先卒，子尚敬，今封。

康熙二年封尚質使

張學禮兵科副理官，遼陽人。

王垓行人，山東膠州人。

康熙二十一年封尚貞使

汪楫翰林院檢討，江南儀真人。

林麟焻内閣中書舍人，福建莆田人。

堂後穿堂六楹，内堂三楹，左右兩使臣房。後院東西二板閣，東曰長風，前使臣汪楫書；西曰停雲，使臣林麟焻書。匾已廢，樓亦重葺，臣等重題其上。兩行役房各九楹，東西相向。東院有水井一，礪石牆四週如城，高一丈三四尺許，極堅緻。堂屋内地皆用方磚，上施銅瓦，惟壁皆用夾板，役舍則以蘆箔，墁土其上。

附舊使館

使館西南有舊使館，址相連，前亦有轅門，大門上有小板閣。入門大堂三楹，以板鋪地，去地三尺許，外有「駐節」二字，前使王垓所書，又前明崇禎中使臣杜三策書「有懷靡及」四字。西有樓，今無存。胡靖記云：楊行人掄居西偏小樓名曰聽海。今新葺板閣，惟東板閣係舊建，樫木梁柱，皆極堅固。前使張學禮記云，樓上有杜三策題梅花詩百首，今已墁滅無存。測量、平豐二臣居之，扃前轅門，鑿後垣，共門出入。

舊使館向有息思亭，嘉靖三十七年，册使郭汝霖有《息思亭説》云：琉球天使館自門而入，正堂三間，自正堂引至書房三間，余處於東，李君際春處於西。房之後再三間，官舍輩處之。兩旁翼以廊房各六間，門書、輿皂寓焉。暑月蘊隆，琉之人爲余卜後垣空地砌土瓦茅，竪柱而亭之，余因扁曰息思，以咏以歌，庶忘其身之在異鄉已。

天使館堂舊名灑露，萬曆四年，册使蕭崇業有《灑露堂説》云：使館故有匾弗稱，唐人云「海東萬里灑扶桑」，意在懷遠也，余以灑露名之。副使謝杰記云：灑露堂者，天使館之堂也，諫議蕭使公所以名斯堂也云云。

臣葆光按：此二條當在舊使館中，今匾廢亭圮，皆不可考。就郭記云，自門而入正堂三間，今舊院大門内即大堂，無儀門，居然可知已。

天使館日有都通事一員、紅帕秀才二十人，輪番值門，聽候指使。

天使館旁支應分設七司。一館務司，掌館中大小應行事件。一承應所，掌館中修葺物件家伙等事。一掌牲所，掌羊豕鷄鴨支送等事。一供應所，掌館中酒米小菜支送等事。一理宴司，掌七宴事。一書簡司，掌書帖往來等事。一評價司，掌評定物價上下，分買支給等事。每司遣大夫一人，紅帕三人，餘雜差等二十人，主一司，其朝夕供應奔走別有庫官等爲之。

國王日以宮前瑞泉供客，每日清晨汲入緑木筩二石餘，以鎖鎖之，走十里送至館中，紅帕秀才九人分日押送。

每日供應米五升，麵四升，醬、醬油、醋、鹽、菜油各四盞，豆腐三斤，燒酒一瓶，魚、肉各三斤，羊肉二斤，乾魚四斤，鷄二，蛋十枚，海蟳二，西瓜二，冬瓜十斤，菜一斤，燭四枝，炭十斤，柴四束。

起居日餽生猪、羊各一，雞二，蛋、魚、海蛇、海蟳、石鮔、車螯、麵條、麵粉、醬、萩、醋、蒜、胡椒、甘蔗、蕉果，冬易以橘。燒餅、佳蘇魚各一盤，燒酒一埕，炭一包，燭一束，朔望加吉果、米肌、銀酒、黄酒之餽。吉果以米粉爲之，形如薄餅。米肌如白酒而稍淡。銀酒即燒酒。黄酒國中所醖煮酒，色黑醲，少有油氣。

守備、千總日米四升，醬油、醋、鹽菜、油、〔米〕〔豆〕醬各一盞，猪肉三觔，羊肉一觔，生魚二觔，乾魚三觔，雞一，蛋十枚，蔬菜一觔，豆腐一觔，燒酒六盞，小燭二枝，炭五觔，柴二束。全廩給日米三升，醋、鹽、菜油、豆醬各一盞，猪肉二觔，生魚二觔，乾魚二觔，雞一，蛋五枚，蔬菜一觔，豆腐一觔，燒酒三盞，小燭二枝，柴二束。半廩給日米二升，醋、鹽、菜油、豆醬各一盞，猪肉一觔，乾魚一觔，雞一，蔬菜一觔，豆腐一觔，燒酒二盞，柴二束。口糧月糧日米一升五合，醋、鹽、菜油、豆醬各半盞，猪肉一觔，鹽魚一觔，蔬菜一觔，豆腐半觔，燒酒一盞，柴一束。

天妃宫行香

入館後涓吉鼓樂儀從奉迎船上天妃及拏公、拏公，水神，詳汪使録中。諸海神之位，供於上天妃宫内，朔望日行香。琉球天妃宫有二。一在那霸，曰下天妃宫，天使館之東，門南向，前廣數十畝，有方沼池。宫門前石神二。入門甬道，至神堂三十步許。堂内有崇禎六年册使杜三策、楊掄「慈航普濟」匾，順治六年招撫司謝必振「普濟生靈」匾，康熙二年癸卯册使張學禮、王垓「普濟群生」匾。大門上書靈應普濟神祠，則萬曆三十四年册使夏子陽、王士楨所立也。兩旁皆民房，國中案牘多儲于此。有鐘一架，刻云：「琉球國王大世主庚寅慶生，兹現法王身量，大慈願海，而新鑄洪鐘，以寄捨本州下天妃宫，上祝萬歲之寶位，下濟三界之群生。辱命相國安潛爲其銘，銘曰：華鐘鑄就，挂着珠林。撞破昏夢，誠汪録誤作正字。禱天心。君臣道合，蠻夷不侵。彰凫氏德，起追蠡吟。萬古皇澤，流妙法音。景泰丁丑年月朔旦施。」

上天妃宫在久米村，夏給諫子陽使録云：此爲嘉靖中册使郭給事汝霖所建。他無碑記可証。宫在曲巷中，門西向，神堂北向。門旁亦有石神二。進門上甬道左右寬數畝，繚垣周環，正中爲天妃神堂，右一楹爲關帝神堂，右爲僧寮。階下鐘一所。大門左有神堂，上嚮供龍神。天妃堂内有崇禎六年册使杜三策、楊掄立「德配玄穹」，康熙三年癸卯册使張學禮、王垓「生天福靈」，二十二年册使汪楫「朝宗永賴」三匾，副使林麟焻二十三字長聯，後稱裔侄孫麟焻敬題，蓋天妃爲莆田林氏，閩中林姓多作此稱。梁上有「靈應普濟神祠」之額，乃萬曆中册使夏子陽、王士楨所立也。

始至館第二日，先詣孔廟行香，次至天妃宫。冬至則設萬歲龍亭於廟左明倫堂，使臣以次行禮訖，亦載謁夫子像，朔望則否。天尊廟祀雷聲普化天尊，汪録：永樂中貢使自京師塑像歸，禱必應。故第二日亦往行香，朔望則不再至云。

中山先王廟

自天使館至先王廟二里許。天使館東有天妃宫，宫前有方沼池，過池東北，沿隄行不半里有泉崎橋，橋旁有孔廟。由廟東行數百步，北摺爲長虹隄。隄長亘二里許，下作水門七以通潮。隄旁有小石山名七星山，七石離立沙田中。隄盡北摺爲安里橋。此處地名安里，故名。汪録作真玉橋，誤。另有真玉橋，在豐見城北玉湖之上。過橋東摺，即中山先王廟。廟前松岡數重，左右流潤寬丈許，環注安里橋下入海。廟前石路方廣，左右立木坊及下馬石碑左右各一。廟垣四周皆礪石磊成，正中作圈門三，左右角門二。門内前堂三楹，匾「肅容」二字，即祭畢設宴待客之所。更進甬道東西廳各三楹，堦下兩叢鐵樹攢鬱。正廟七楹，堂楹之上前使臣張學禮題「河山帶礪」，汪楫題「永觀厥成」二匾俱在。臣等亦書「世篤忠貞」四字懸其次。堂西神厨二楹，東爲佛堂，前後六楹，旁三楹爲僧厨。

〔諭祭〕儀注俱從前使臣汪楫更定。

六月二十六日丁卯行諭祭禮，先期灑掃王廟中堂，屏蔽神主，以便迎請龍亭。設香案於廟中，設司香二人。設開讀臺於滴水西首，設開讀位，東南向。設中山先王神主位於露臺東首，西向。設世曾孫俯伏位於先王神主位之下，北向。設世曾孫拜位於露臺中，北向。設衆官拜位於世曾孫拜位後，左右層列，設奏樂位於衆官拜位之下，北向。祭日黎明，法司官率衆官及金鼓儀仗畢集天使館前，天使啓門，參謁畢，迎請龍亭進公館中堂，捧軸官捧諭祭文二道，奉安龍亭内。又捧齎賜絹帛二百端、白銀二百兩，奉安彩亭内。衆官排班，行三跪九叩頭禮畢，前導至安里橋。世曾孫皂袍角帶，率衆官迎伏於橋頭道左，龍亭暫駐，世子、衆官平身，天使趨前，分立龍亭左右，通事官唱排班，世曾

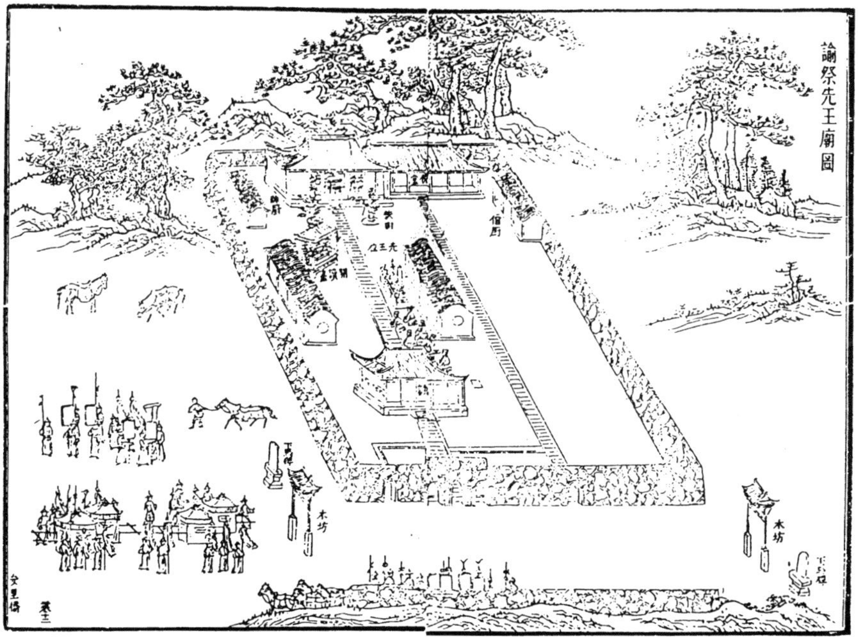

孫率衆官行三跪九叩頭禮畢。世曾孫率衆官前導至廟門外，龍亭由中門入，至廟内中堂彩亭内，銀絹分列於先王位前案上。天使隨入，左右立。捧軸官由東角門入，至廟東邊門外西向立，宣讀官、展軸官由西角門入，至開讀臺下東向立，司香二人舉香案置龍亭前添香。世曾孫率衆官由東角門入，上露臺，各就拜位，行三跪九叩頭禮畢，退立於先王神位之下，西向。捧軸官由廟東邊門入廟中堂，天使先取諭祭先王尚貞文授捧軸官，高舉出廟中，上開讀臺，宣讀官次之，展軸官又次之。捧軸官上臺立案右，宣讀官就開讀位，展軸官立案左，與捧軸官對展，通事官唱開讀，世曾孫、衆官皆俯伏於先王神位之下，北向，候宣讀官從容讀畢，通事官唱焚帛，世曾孫率衆官皆平身，至焚帛所，候焚畢回露臺，同衆官謝恩，三跪九叩頭禮畢，退班。世曾孫捧先王尚貞神主由廟東邊門入廟内，安於東偏神座。世曾孫又捧先王尚益神主就位，天使又取諭祭先王尚益文授捧軸官，如前儀。諭祭文二道皆另謄録焚黄，原敕俱請留供廟中。諭祭禮畢，天使易服，世曾孫揖至東廳行相見禮。世曾孫未受封猶守幕次，至此始與使臣相見，七宴自此始。張學禮記始至有迎風宴，非也。天使居東，世曾孫居西，各三拜，送坐奉茶畢，請就前堂宴。天使左行，世曾孫右行，至前堂，天使居東，世曾孫居西，安坐，正使居東，副使居西，俱南面坐，世曾孫面東北坐。不設樂，茶酒皆親獻，天使辭，天使酬獻亦辭。席終請天使與至滴水前，世曾孫下階揖别，衆官出門跪送。世曾孫是日不及詣館謝，先遣官至館謝勞，天使次日亦遣官入王城謝宴，爲第一宴。

諭祭先王文二道

維康熙五十八年歲次己亥，六月壬寅朔，越祭日丁卯，皇帝遣册封琉球國正使翰林院檢討海寶、副使翰林院編修徐葆光，諭祭於故琉球國中山王尚貞之靈曰：朕撫綏萬邦，中外一體，越在荒服，咸畀湛恩。矧效忠既篤於生前，斯賜䘏彌隆於身後。眷言鴻代，宜賁龍光。爾琉球國中山王尚貞，肅凛朝章，丕揚世緒。秉聲靈於天府，水静鯨波；奉正朔於大庭，風清島服。靖共匪懈，恩早錫於九重；貞順彌加，時將歷乎三紀。方謂期頤未艾，何圖徂謝遥聞。深用愴懷，特頒祭䘏。嗚呼！作屏翰於遐方，始終臣節；被優崇於幽穸，炳焕綸褒。用薦苾芳，尚其歆格。

維康熙五十八年歲次己亥，六月壬寅朔，越祭日丁卯，皇帝遣册封琉球國正使翰林院檢討海寶、副使翰林院編修徐葆光，諭祭於故琉球國王尚益之靈曰：朕承天庥，撫馭區寓，罔有内外，並予輯綏。凡所賓貢，不忘存䘏，有庸必報，雖遠弗遺，所以示懷柔、昭鉅典也。爾琉球國王嗣尚益，承先受祚，繼志輸忠。世著勳勞，奉共球而内嚮；代修朝請，航溟渤以歸誠。乃莅職止於三年，嗣封闕於再世。眷言藩服，方期多福之是膺；勉樹嘉猷，詎意修齡之難得。訃音遠告，褒䘏特申。雖錫命未逮於生前，而榮施實隆於身後。爰頒祭醊，用遣專官。嗚呼！玉册遥傳，庶慰來王之志；綸函覃被，聿昭撫遠之忱。載設牲犧，庶其歆格。

中山王府

自天使館至中山王府十里，册封日自先王廟以東，紅帽吏排仗夾道列，至王宫先王廟南摺爲八幡橋，更東過岡二里許爲差回橋，亦名茶崎。上岡東行爲萬松嶺，石路修整，岡巒起伏，松皆數圍，夾道森立。更進爲萬歲嶺，更進半里許有坊牓曰「中山」，道南有安國寺，寺對街累牆如削，爲世子第，夾路皆礪石短牆，高三四尺，中路有鳳蕉一叢，累石環之。又進半里許有坊，牓曰「守禮之邦」，中山王伏迎詔於此坊下。道旁石牆漸高八九尺，坊外道左有天界寺，寺門北向，佛殿西向，寺前西南爲王塋，對街繚垣内爲大美殿。更進半里許爲歡會門，即中山王府城也。在山頂，礪石城垣，四週三四里，遠望如聚髑髏，自古紀之，蓋言其形似也。山形殿址本南北向，由那霸至中山從西岡上，故門皆西向。城外石崖上左刻龍岡，右刻虎崒，城四面各一門。前歡會門，西向；後繼世門，東向；左水門，南向；右久慶門，北向。更進歡會門，至石崖下，爲瑞泉。上崖門西北向，牓曰「瑞泉」。左右皆甬道，有左掖、右掖二門通入王宫。更進樓牓曰刻漏，西向。更進爲廣福門，西北向。更進爲奉神門，左右三門並峙，西向。王殿九間，皆西向，殿樓上供御書「中山世土」四字大牓，即王宫也。前殿庭方廣數十畝，左爲南樓，北向；右爲北宫，南向，匾曰「忠誠可嘉」，凡宴天使皆于此殿。屋皆固樸，多柱礎，屋一間施二十柱，無華采之飾，亦不甚巍峻，以在山頂多海風故也。

〔册封〕儀注俱從前使臣汪楫更定。

册封先一日，所司張幄結綵於天使館，國中經行處所皆結綵，造板閣一楹爲闕庭，設於王殿庭中，中置殿陛，左右層階設香案於闕庭前。設司香二人於香案左右，設世子受賜予位於香案之前，設宣讀臺於殿前滴水之左，設世子拜位於露臺正中，設衆官拜位於世子後左右層列，世子左右立引禮官二員，衆官左右立贊禮官二員，陳儀仗於王殿左右，設奏樂位於衆官拜位之後。

七月二十六日丁酉黎明，法司官、衆官率金鼓儀仗畢集天使公館前，天使啓門，參謁畢，迎請龍亭入公館中堂，捧詔官、捧敕官各捧詔敕奉安龍亭中，捧幣官捧緞疋等分置左右綵亭中，王與妃各一亭。衆官排班行三跪九叩頭禮畢前導，世子率衆官伏迎於守禮坊外，龍亭暫駐，世子、衆官平身，天使趨前，分

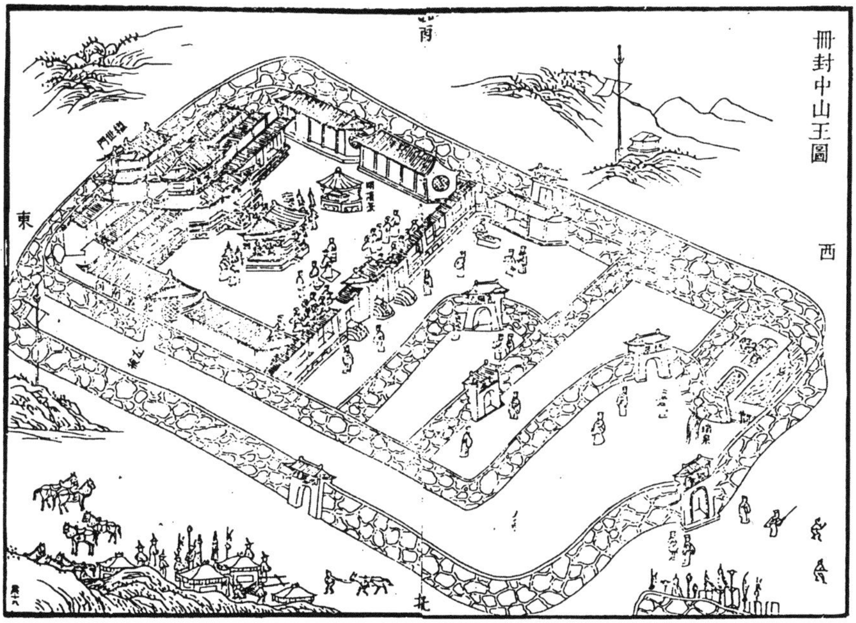

立龍亭左右，通事官唱排班，世子衆官行三跪九叩頭接詔禮畢，衆官、世子前導立殿下。龍亭入至闕庭中，綵亭分列左右，天使分立龍亭左右，捧詔官、捧敕官立殿陛下，宣讀官立開讀臺下。司香者舉香案於龍亭前添香，奏樂，引禮官引世子由東階升，詣香案前，樂止。引禮官唱跪，衆官各就拜位，皆跪。引禮官唱上香，案右司香者捧香跪進於世子之左，三上香訖，俯伏，興，平身，奏樂。引禮官引世子出露臺就拜位，率衆官行三跪九叩頭拜詔禮畢，平身，樂止。天使詣前正中立，捧詔官、捧敕官由東階升，天使取詔授捧詔官，取敕授捧敕官，高舉下殿陛，同宣讀官上開讀臺，詔敕并置案上。通事官唱開讀，樂止。引禮官唱跪，世子、衆官皆跪。捧詔敕官以次對展，宣讀官次第讀畢，引禮官唱平身，世子、衆官皆平身。奏樂，捧詔敕官各捧詔敕升殿陛，天使仍奉安龍亭中。捧詔敕官下東階，國王及衆官行三跪九叩頭謝封禮畢，平身，樂止。天使宣制曰：「皇帝敕使賜爾國王及妃緞疋綵帛。」引禮官引國王由東階升，法司官隨行，國王至受賜予位跪，奏樂。天使取賜王及賜王妃緞疋一一親授國王，國王高舉，法司官跪接，傳置案上畢，俯伏，興，平身。引禮官引國王復位，率衆官行三跪九叩頭謝賜禮畢，平身，樂止。引禮官引國王升東階，至龍亭前跪問「聖躬萬福」，天使答曰「聖躬萬福」。國王俯伏，興，平身，奏樂。引禮官引國王復位，率衆官行三跪九叩頭問安禮畢，平身，樂止。引禮官引國王升東階，至香案前跪請留詔敕爲傳國之寶，法司官捧前代詔敕呈驗，天使驗明，允所請，捧亭中詔敕親授國王。國王平身，仍奉安亭中，奏樂。引禮官引國王復位，率衆官行三跪九叩頭謝恩禮畢。國王請天使更衣，俱肄北宮對拜，安坐獻茶，一如前儀。用樂人聲居上，鐘鼓列下陛迭奏。爲第二宴。

册封詔

奉天承運皇帝詔曰：朕恭膺天眷，統御萬邦，聲教誕敷，遐邇率俾。粤在荒服，悉溥仁恩，奕葉承祧，並加寵錫。爾琉球國地居炎徼，職列藩封。中山王世子曾孫尚敬屢使來朝，貢獻不懈。當閩疆反側，海寇陸梁之際，篤守臣節，恭順彌昭，克殫忠誠，深可嘉尚。兹以序當纘服，奏請嗣封。朕惟世繼爲家國之常經，爵命乃朝廷之鉅典。特遣正使翰林院檢討海寶、副使翰林院編修徐葆光齎詔往封爲琉球國中山王。爾國臣僚以暨士庶，尚其輔乃王慎修德政，益勵悃忱，翼戴天家，慶延宗祀，實惟爾海邦無疆之休。故兹詔示，咸使聞知。

康熙五十七年八月　日。

賜敕

皇帝敕諭琉球國中山王世子曾孫尚敬：惟爾遠處海隅，虔修職貢，屬在冢嗣，序應承祧。以朝命未膺，罔敢專擅，恪遵典制，奉表請封。朕念爾世守臣節，忠誠可嘉，特遣正使翰林院檢討海寶、副使翰林院編修徐葆光齎敕封爾爲琉球國中山王，并賜爾及妃文幣等物。爾祇承寵眷，懋紹先猷，輯和臣民，慎固封守。用安宗社于苞桑，永作天家之屏翰。欽哉！毋替朕命。故諭。

頒賜國王

蟒緞貳疋　青綵緞叁疋
藍綵緞叁疋　藍素緞叁疋
閃緞貳疋　衣素貳疋
錦叁疋　紗肆疋
羅肆疋　紬肆疋

　頒賜妃

青綵緞貳疋　藍綵緞貳疋
粧緞壹疋　藍素緞貳疋
閃緞壹疋　衣素貳疋
錦貳疋　紗肆疋
羅肆疋

康熙五十七年八月　日。

臣葆光按：前明賜賚幣物，隨時有異，附誌於後，以備參考。《中山世鑑》載，正統十四年賜國王尚思達錦四、粧花連毬花紅一，粧花連勝寶相花紅一，十字綾花黃一，百花絨錦黃一。紵絲六、織金胷背麒麟紅一，獅子青一，暗八寶天花雲紅一，雲緑一，素青一，緑一。紗八、織金胷背白澤紅一，麒麟青一，暗花藍一，暗花骨朵雲八寶紅一，素紅一，青一，緑一，藍一。羅六。織金胷背麒麟紅一，青一，素紅一，〔素〕青一，緑一，藍一。賜王妃錦二、粧花雲鳳青一，百花絨錦黄一。紵絲四、織金胷背白澤紅一，暗花骨朵雲青一，暗天花八寶雲緑一，素青一。紗四、織金胷背白澤紅一，暗花骨朵雲緑一，素紅一，青一。羅四。織金胷背彪一，素青一，緑一，藍一。又賜王叔錦一、連勝寶相花黄一。紵絲四。織金白澤大紅一，暗花骨朵雲青一，暗八寶天花雲緑一，素紅一。景泰二年賜國王尚金福及妃錦紵等數同，王叔無賜爲異。嘉靖十三年册使陳侃録，賜國王尚清紗帽一、展角全。金廂犀束帶一、常服羅一、大紅織金胷背麒麟圓領一、青褡複一、緑貼裏一、皮弁冠服一副、柒旒皂縐紗皮冠一、旒珠金事全。玉圭一、袋全。五章絹地紗皮弁服一套、大紅素皮弁服一、纁色素前後裳一、纁色素蔽膝一、玉鉤全。纁色粧花錦綬一、金鉤玉玎璫。紅白素大帶二、大紅素紵絲舄一雙、襪全。丹礬紅平羅銷金夾包袱四、素白中單一、紵絲二、黑緑花一，深青素一。羅二、黑緑一，青素一。白氁絲布一。賜王妃紵絲二、黑緑花一，深青素一。羅二、黑緑一，青素一。白氁絲布十。與正統、景泰中所賜已各不同。

琉球國王印

順治十年國王尚質來繳前朝故印，請封重給。康熙元年册使始至國賜王此印，印文六字「琉球國王之印」，左滿右篆，不稱中山。

臣葆光按：康熙元年册封詔曰：遣官捧詔印封爲琉球國中山王。則印文似當云「琉球國中山王之印」，始與詔文相應。然考前明

洪武十六年始賜王察度鍍金銀印，十八年又賜山南王、山北王駝紐鍍金銀印各一。是時國分爲三，察度止有中山，則當稱中山王。今琉球既并山南、山北爲一已三百餘年矣，而本國尚仍中山一隅之號，蓋承前襲封舊文，疑乎自示不廣，以義揆之，當如賜印止稱琉球國王爲正。

中山王肄館儀仗

七月二十六日册封禮成，中山世曾孫尚敬始稱中山王，擇吉告祖廟。八月二日受國中各島臣民賀訖，初九日中山王躬詣天使館謝封，盛儀仗，備官僚成禮而還。其初出府門也，乘十六人肩輿。及過長虹隄至孔廟南，小駐别館，易衣減輿夫之半，始至天使館。還至别館，仍易衣，儀從如前歸府第。今所見者與前使臣汪楫所記少異，略載于後：

中山王圖
年二十歲康熙三十九年庚辰六月十九日生

嗚金四人，鼓吹三隊隊八人，方棍六人，紅隔路二人，旗十六人，鐵叉二人，曲鎗二人，留家住四人，狼牙鈎二人，長鈎四人，鉞斧四人，長桿鎗三十二人，月牙四人，鷄毛帚十二人，馬尾帚二人，大刀二人，黄纛二人，花纛二人，引馬二人，提爐二人，黄緞團扇二人，緑珠團扇二人，印箱二人，衣箱二人，轎前紅桿鎗四人，紅鞘長腰刀四人，黑腰刀二人，長砍刀四人，蕭崇業録云有武士戴銅假面，衣添甲帶刀者數十輩，今則以常服執之。大掌扇一人，紅絡金爐二人，金葫蘆二人，珠兜扇二人，小鵝毛扇二人，蠅拂二人，金爐以下俱小童執，近侍小童名察度奴示。黄帽對馬三十人，耳目官、大夫以下等員。紫帽對馬十二人，紫巾官、紫金大夫等員。緑地五花織金帽對馬二人。王舅、法司等員。

附録賀封路供

是日國王經行之處，道旁皆設各種花供。泉崎

橋隄上道旁盆盎中羅花卉數十種，排列數層，朱欄繞之，中刻木作一獸，繪畫如麟狀，後立一木版，書云「非龍非彪，非熊非羆，王者之瑞獸」，更無對句。此久米人所設。

使館東下天妃宮前沼池内作假山，剪紙作白鶴一。池上斧大松一株立地中，上亦作一白鶴如飛鳴相向狀，四圍以紙皮作假山，羅花草數十種圍之，中作一老人、二鹿，如山呼祝壽狀。此那霸人所設。

中秋宴

王府庭中于北宫滴水前造木臺，方五六丈，帷幕四週。王延客入席坐定，先呈神歌祝頌説帖，云本國混沌之初，首出御世者爲天孫氏，如中國羲皇，澹泊爲治。嗣後國君登位，神每出示靈祐，乃製迎神歌以歡樂之。迨後神不屢出，神歌遺曲至今猶存，每當國王即位及行慶諸事，必皆舉行。從前先王受册封後，宴天使例首演之。作一老人登場，不作樂，惟唱神歌，拜祝皇上萬歲，中外昇平，次頌國王共蒙福祉。今當中秋佳節，天使降臨，真神人共喜之日也，謹遵例首唱起神歌，黄髮老人百拜稽首，恭頌皇上恩德如天，國王帶礪百世。老人歌罷拜退。次令戚臣子弟俊秀者數十人，衣彩衣，隊隊相續，歌太平曲以供宴樂云。

先有樂工六人，引聲如梵唄音，無樂。次有戴壽星假面一人登場和之，三拜搓手起舞，舞畢又三拜止。次有樂工十四人，穿雜色紅緑衣，帽簷六棱，低壓頭頂，或戴燕尾緑頭巾，持樂器三弦二提琴一，即用三弦着引弓于上。三弦槽柄比中國短半尺許，笛一，小鑼一，鼓二。登場前後二行，曲跽上向，引吭曼聲歌。褰幔處有小童可十三四歲四人，着朱色襪，五色長衣，無帶，開襟摇曳，頭戴黑皮笠，朱纓索曼，長垂胸前，迴旋而上，時作顧盼坐起之態登塲。一行面樂工小坐，樂工代爲解笠，捲朱纓盤着笠上，仍授之。小童起立，執笠頓足，按節而舞，樂工曼聲歌與相應。爲第一遍笠舞。又有四小童，宮粧剪金扇面作花朵，朱帕紫額上有金飾五色，衣項上帶五色花索一圍，長垂膝下，登塲。樂工歌，脱花索交手，頓足按節如前。爲第二遍花索舞。次有小童三人，可十餘歲，戴珠翠花滿頭，着宮裙，五色錦半臂，肩小花籃各一提，登塲鼎立。樂工歌，頓按如前。爲第三遍籃舞。次幼童四人，短朱緑五色宮衣，長裙間綵曳地，摇曳登塲，向樂工小坐。樂工各授小竹拍四片，起舞按節，手拍應之。爲第四遍拍舞。次有武士六人，着黑白相間綦紋大袖短衣，金箍束額，作平頂僧帽式，挺白杖交擊應節。爲第五遍武舞。又有小童一人，五色衣，執金毬，毬上四面著小金鈴，長朱索曼纓，左右

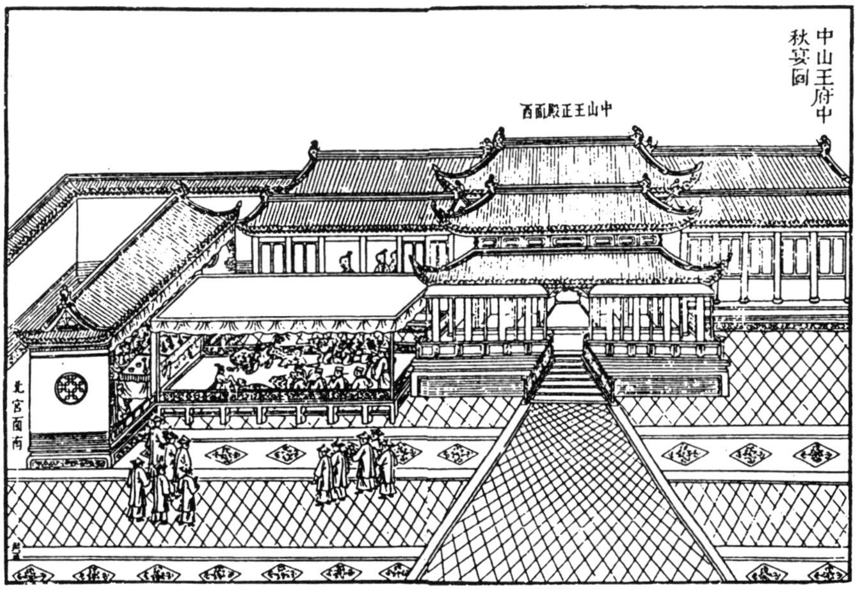

舞，引二青獅登場旋撲。爲第六遍毬舞。席終換席，又有小童三人，宮粧登場，向樂工小坐，工授以小花金桿二枝，長不及尺許，兩頭著紅花，交擊應節。爲第七遍桿舞。次有小童四人，易宮衣登場，手執花竿，長三尺許各一枝，舞應節。爲第八遍竿舞。時已向昏，徹帷幕，庭中設烟火數十架，又令數人頭戴火笠，騎假馬，頭尾烟爆齊發，奔走庭中以爲戲樂。宴畢出城，火炬長二丈許者數千，夾道送歸使館。爲第三宴。

重陽宴

龍潭在王宮之北，圓覺寺西，長不半里，寬數十畝，水渟瀠，與圓覺寺前荷池相通，瑞泉下流所匯也。南岸爲神嶽，蕉樹攢密，不見曦月，掩映碧潭，岸無餘址。北岸長隄上鱗牆連墉，皆巨族居之。跨東西有小橋，潛渠入田。東岸突出尖埠，跨潭之中，花樹森立，三面臨水。重陽宴爲龍舟戲，設坐於此埠之上。

先設木閣於埠上，結綵數重，氈席四周。王揖客坐定，龍舟三，式與福州所見略同，梭長三丈餘，槳二十八。人皆一色衣，一紅一白一黑。每舟中央設鼓，綵衣小童擊以爲節。前後二綵衣童執五色長旗，船首一人擊鑼，與鼓相應，齊唱龍舟太平詞，以歌聖德及遠，永享治平，海國蒙恩，竭忠仰報之意。問其詞，大略與前使所録同。左右旋繞，四岸士女匝觀者數百人。龍舟戲畢，國王先辭客回府第，仍開宴于北宮，演劇六摺。略記如後：

第一爲老人祝聖事。老夫婦二人，率子孫五六人登埸跪，國語致詞曰：「當今聖天子德高堯舜，道邁湯文。八埏昭日月之輝，一統著車書之盛。國王夙沐聖恩，新受册封。天使賁臨，舉國歡忭。小臣老夫婦生長本國，年一百二十歲，皆康健，子孫三百三十餘人，多有登仕籍爲官者。舉家蒙福，子孫内有能歌唱彩舞者，率領獻壽。」老夫婦再拜先舞，其歌詞曰：「王德如海，民之父母。受封於天，帶礪永固。」舞罷群綵衣童隊隊相續，一團扇曲，六童舞。一掌節曲，三童舞。一笠舞曲，四童舞。一籃花曲。三童舞。以上皆名太平歌。

第二爲鶴龜二兒復父仇。古事中城按司毛國鼎忠勇爲國，時勝連按司阿公少爲郡馬，驕貴蓄異志，忌中城，譏之於王，誣以反，王令阿公率師族滅之。毛公自刺死。二子一名鶴，年十三；次名龜，方十二。既俊秀，父居常以寶劍二教之擊刺事。時隨母

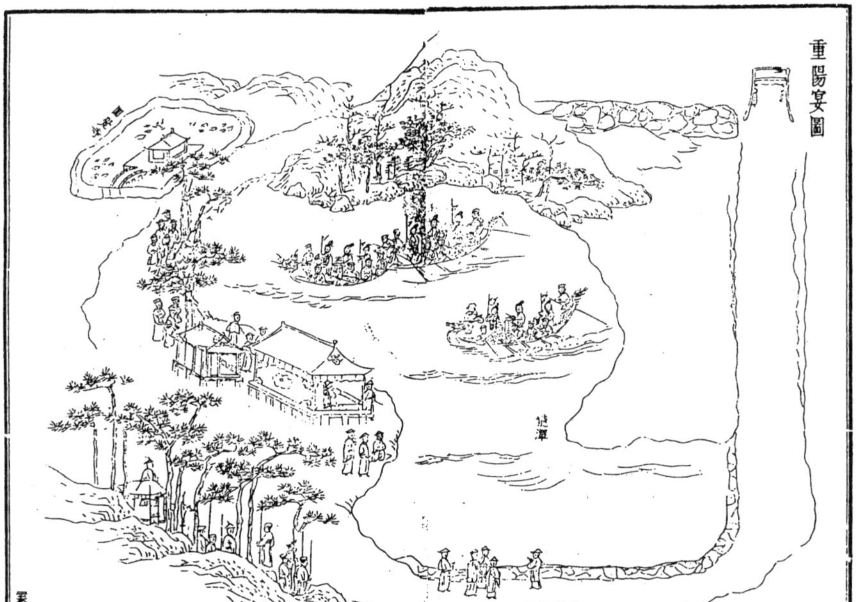

在外家山南查國吉所，聞變泣請於母，欲以間殺阿公復父仇。求寶劍各佩之，步肄勝連，伺阿公春遊，即懷劍而前。阿公喜且醉，解衣帶分賜二童，携一劍并賜鶴。鶴乘其醉，拔劍刺之，大呼曰：「我毛公子，今殺汝爲我父復仇！」阿公驚起，頭隨劍落矣。群從皆醉，盡爲二童所殺云。

第三爲鐘魔事。中城縣姑塲村農家陶姓，有兒名松壽，年十五歲，白皙端麗，至首里從師。一日行至浦添山徑中，向昏黑，持一竹竿點地行。見燈求宿，乃一獵家，父出夜獵，止一女年十六，頗妖麗，留宿挑之。松壽坐睡不許，强擁之，松壽拂衣起，女羞且怒，持獵具欲殺松壽。松壽走，女逐之。山曲有萬壽寺，主持僧普德頗有行，松壽奔入號救，四顧無隱處，僧伏之大鐘内，令三徒守鐘旁。女至，三僧戲嬲逐之，女不得松壽，仰哭如癲出門去。僧啓鐘有聲，女還奔入，方欲爲惡，忽披髮改形入鐘内。普德與諸僧繞鐘咒之，女自鐘倒垂首出，見鬼面，手一叉，下擊諸僧。僧咒不已，寺外大雷電，女化魔走出，不知所在。二事皆百年前國中事。

第四摺爲天孫太平歌。共五十餘人，先有一披髮頭陀，執白木桿，引五色衣小童，花抹額，各色蕉比甲，腰中各插菊花一枝，金輪轉竿一枝，共十九人。上塲左旋作一圍立，爲第一層。次有各色紅緑雜衣郎二十人上塲，右旋作第二層立。次有彩衣小童二，執小點鼓，雜衣郎二人，執銅點，八人執腰鼓上塲，左旋作第三層立。次有彩衣小童四人，三人執紙帚，一行中立，每唱，此四小童引調唱第一句起，下雜衣郎和之。小童後二層立樂工二十人居中，外三層左右交轉。外一層小童第一轉，五色扇舞爲節。第二轉金交桿爲節。第三轉舞菊爲節。第四轉舞輪竿爲節，畢轉入。第二層雜衣郎轉出，外一層手舞頓足回旋爲節，四五番，以次旋轉而下。爲第四宴。

餞别宴爲第五宴。儀禮如前，又增國中故事一二齣爲樂。

拜辭宴爲第六宴。儀禮增戲樂如前。宴畢，國王送客出府，至守禮坊外，更設小座於世子第中，手奉三爵爲别。

望舟宴爲第七宴。國王至天使館設宴，禮如前儀。面致金扇一握爲别。臣等宴禮既畢，涓吉登封舟，候風歸朝復命。中山王尚敬遣陪臣法司、王舅、紫金大夫等齎表謝恩，并貢物，自附常年貢船一號，隨封舟同發。

中山王謝恩表

琉球國中山王臣尚敬誠歡誠忭，稽首頓首，謹奉表上言。伏以聖武弘昭，特重内屏之任；皇文丕振，復膺外翰之權。隆體統於藩臣，安内而兼攘外；焕規模於舊制，緯武即是經文。拜命增虔，撫躬益勵。恭惟皇帝陛下，道隆堯舜，德邁湯文。統六合而垂衣教仁，必先教孝；開九重以典禮作君，又兼作師。臣敬世守藩疆，代供貢職。荷龍章之遠錫，鮫島生輝；沐鳳詔之追揚，丹楹增色。對天使而九叩，望象闕以三呼。謹遣陪臣向龍翼、程順則等，虔齎土物，聊表芹私。伏願乾行不息，澤沛彌崇。統王會以開圖，合車書者千八百國；占天時而應律，驗禎祥於三十六風。將見文麟獻瑞，彩鳳來儀矣。臣敬無任瞻天仰聖激切屏營之至，謹奉表稱謝以聞。

康熙五十八年十一月　日琉球國中山王臣尚敬謹上表。

又　疏

琉球國中山王臣尚敬謹奏，爲恭謝天恩事。臣敬彈丸小國，僻處海隅，深沐皇恩，允臣嗣封。康熙五十八年蒙欽差正使翰林院檢討海寶、副使翰林院編修徐葆光等齎捧詔敕幣帛，隨帶員役，坐駕海船貳隻，於本年六月初一日按臨敝國。臣依舊例，令通國百官臣庶奉迎詔敕，安於天使館中，揀吉於六月二十六日先蒙諭祭臣曾祖琉球國中山王尚貞，復蒙諭祭臣父琉球國王尚益。續於七月二十六日宣讀詔敕，封臣敬爲中山王。荷蒙欽賜蟒緞等項，並妃綵緞等物。臣敬率領百官拜舞叩頭謝恩外，隨請於天使，懇留詔敕，爲傳國之寶。蒙天使查驗前封卷軸，依聽許留，付臣一併珍藏。竊惟聖朝加意撫柔，有同覆載，臣敬等曷勝感激。爲此特遣陪臣法司、王舅向龍翼，紫金大夫程順則，使者楊天祐，通事蔡文河，副通事鄭元良、蔡墉等，齎捧表章土儀，赴京恭謝天恩，仰冀睿慈，俯鑒下悃，臣敬無任激切屏營之至，謹上奏以聞。

貢物

金鶴二銀座全。　盔甲一副護手護臁全。　金靶鞘腰刀二　銀靶鞘腰刀二　黑漆靶鞘鍍金銅結束腰刀二十　黑漆靶鞘鍍金銅結束鎗十　黑漆靶鞘鍍金銅結束衮刀十　黑漆洒金馬鞍一轡鐙全。　金彩畫圍屏四　扇五百　土綿二百　紋蕉布二百　土苧布一百　白鋼錫五百觔　紅銅五百觔金鶴以下乃其謝封貢物，舊例有胡椒，今缺，以白鋼錫代之。其常年貢物止于白錫、一千觔。紅銅、六千觔。硫磺二萬觔。三項，皆納福州藩庫。貢使賫表至京。前明于福州特設市舶提舉一員，專理琉球貢事，以内官領之。本朝省并其事于海防同知，今貢使猶稱之曰提舉云。

又請存舊禮以勞使臣疏

琉球國中山王臣尚敬謹奏，爲頒封事竣，懇存舊禮，以勞使臣事。康熙五十八年，蒙欽差正使翰林院檢討海寶、副使翰林院編修徐葆光恭奉詔敕幣帛，于本年六月初一日按臨敝國。二十六日先蒙諭祭臣曾祖琉球國中山王尚貞，復蒙諭祭臣父琉球國王尚益。續于七月二十六日，宣讀詔敕，封臣敬爲中山王，荷授欽賜蟒緞等項，並妃綵緞等物。此誠天朝之殊恩，而臣敬永代之榮光也。竊惟皇上覆載無外，覃恩於弱小之邦，使臣衝風破浪，艱險驚虞，莫此爲甚。使臣入國以來，撫綏海邦，約束兵役，舉國臣民，無不感仰。惟臣敬所深愧者，臣國邊海荒野，無以將敬，故於宴款之際，代物以金。雖自知乎菲薄，實是緣以爲例，乃辱使臣屢辭，往還再三，堅持大義，固却不受。在使臣冰兢自矢，允矣有耻，不辱爲聖朝使節之光矣。但念使臣間關勞瘁，遠涉萬里風濤，實爲臣躬之故，藉物表敬，禮不將儀，心竊難安。至臨行時復將屢宴前金特差法司、大夫、長史等官專送懇受，使臣復遣送還，清白之操，可謂始終靡間。獨是微臣酬德報功，莫展萬一，殊慚舊禮有闕，寸志莫伸，謹將送還屢次宴金四封共計一百九十二兩，具本附遣陪臣法司、王舅向龍翼，紫金大夫程順則等賫進，懇乞欽賜使臣收受，不勝惶恐激切之至，謹上奏以聞。

禮部議覆疏

禮部謹題，爲頒封大典已竣，懇存舊例，以勞使臣事。該臣等議得，琉球國王尚敬奏稱，欽差正使翰林院檢討海寶、副使翰林院編修徐葆光等按臨敝國，封臣敬爲王，宴款之際，代物以金，使臣屢辭，往還再三，堅持大義，固却不受。但微臣酬德報功，莫展萬一，謹將宴金二封共計一百九十二兩，具本附陪臣法司、王舅向龍翼等進呈，懇乞敕賜收受等語。查康熙二十三年使臣翰林院檢討汪楫等册封琉球國王，所與宴金，伊等未受，該國王奏請，臣部議覆仍不准其收受具題，奉旨：這琉球國所與宴金，仍着使臣收受。欽遵在案。今該國王尚敬雖稱謹將宴金具本附陪臣等進呈，懇乞敕賜收受等語。但海寶、徐葆光等仰體皇上特簡至意，既未經收受，應將該國王所請收受之處毋庸議。九月初一日奉旨：宴金仍着使臣照舊例收受。

臣葆光按：前明使臣却金不受，始於陳侃，世宗仍命侃等收受。嗣後例辭，亦有准辭，令貢使帶回者。本朝康熙二年癸卯、二十二年癸亥及今三役，皆蒙恩仍着收受，所以奬勵使臣者至矣。癸亥之役，琉球國王疏引張學禮伏還原職舊例，爲汪楫、林麟焻等題請議敘優升，是時海氛雖靖，海禁猶嚴，行役艱險，議敘爲宜。今則昇平日久，中外一家，加以海靈效順，履險如夷，區區往來，臣子常分，何勞可言，虛詞求敘，實不敢踵爲故事也。

中山傳信録卷第三

中山世系

臣按：前使汪楫譔《中山沿革志》，皆採前明《實録》，時汪與修《明史》，採録頗稱詳備，然皆就其封貢往來中朝者言之，故一一明悉，至本國承襲先後之間，或多昧焉，時據所稱《世纘圖》所載互訂一二而已。臣今至國，遍訪所謂《世纘圖》者，不獨民間無其書，即國庫中亦無其圖，惟抄撮尚宣威以前事，名《中山世鑑》，事與《中山沿革志》所載頗有不合者。後細詢本國，此書乃尚質王弟尚象賢字文英者爲之，汪使封尚貞王時，此書尚未成也。中山開闢以來，至舜天始有國字，至尚象賢始窮搜博采，集成此書。本國稱其聰明才俊，佐其姪尚貞

中山世系圖

○舜天——舜馬順熙——義本
○英祖——大成——英慈——玉城——西威
○察度——武寧
○思紹——尚巴志——尚忠——尚思達——尚金福
尚泰久——尚德
○尚圓——尚真——尚清——尚元——尚永——尚寧
宣威
尚豐——尚賢
尚質
尚貞
尚純
尚益——尚敬

有功於國，其書必詳盡事理，惜未及見其全書。今但考正其歷代世系，而以汪楫所採《明史》、《實録》中封貢往來之事附於其次，以備考云。

《中山世鑑》云：琉球始祖爲天孫氏，其初有一男一女，生於大荒，自成夫婦，曰阿摩美久。生三男二女，長男爲天孫氏國主始也，二男爲諸侯始，三男爲百姓始。長女曰君君，二女曰祝祝，爲國守護神，一爲天神，一爲海神也。天孫氏二十五代，姓氏今不可考，故略之。起乙丑，終丙午，凡一萬七千八百二年。今斷自舜天始。

舜　天

宋淳熙十四年丁未，舜天即位。

舜天，日本人皇後裔，大里按司朝公男子也。淳熙七年庚子年十五，屢有奇徵。長爲浦添按司，人奉其政，斷獄不違。天孫二十五世政衰，逆臣利勇恃寵執權，鴆其君而自立，舜天討之，利勇死，諸按司推奉即位，賞功罰罪，民安國豐。在位五十一年，壽七十二，嘉熙元年丁酉薨。

舜馬順熙

宋嘉熙二年戊戌，舜馬順熙嗣位。

舜馬順熙，舜天第一子。淳熙十二年乙巳生，五十四歲嗣位，在位十一年，壽六十四，淳祐八年薨。

義本

宋淳祐九年己酉，義本嗣位。

義本，舜馬順熙第一子。開禧二年丙寅生，四十四歲嗣位。其明年，國中大饑，次年疾疫，人民半失，君歎息召群臣曰：「饑疫并行，不德誰讓。」群臣舉惠祖世嫡英祖，君大悦，召試國政，舉賢退不肖，疾疫止，遂攝政。七年，義本讓位，隱於北山。在位凡十一年，壽五十四歲。

舜天至義本凡三傳，共七十三年。

英祖

宋景定元年庚申，英祖即位。

英祖，天孫氏後裔，惠祖世主孫。紹定二年己丑生，有瑞徵。十二歲名聞國家，二十通經傳，國人思事，爲伊祖按司。寶祐元年癸丑攝政，及即位，年三十二。明年巡行國中，效周徹法，正經界，均井地，然後穀禄平，百度舉矣。景定五年西北諸島始來貢，咸淳二年丙寅北夷大島來朝，厚給賜遣歸，是爲大島朝貢之始，自後每年入貢。英祖在位四十年，壽七十一，大德三年薨。

大成

元大德四年庚子，大成嗣位。

大成，英祖世子。宋淳祐七年丁未生，五十四歲即位。以仁義措事，以禮讓接物，國治民安。在位九年，壽六十二，至大元年薨。

英慈

元至大二年己酉，英慈嗣位。

英慈，大成第二子。宋咸淳四年戊辰生，四十二歲即位，在位五年。治遵舊章，深而有謀，疏通知事。壽四十六，皇慶二年薨。

玉城

元延祐元年甲寅，玉城嗣位。

玉城，英慈第四子。元貞二年丙申生，十九歲即位。世衰政廢，内爲色荒，外爲禽荒，諸按司不朝，國分爲三：中山王、山南王、山北王。山南王，大里按司也，佐敷、知念、玉城、具志頭、東風平、島尻、喜屋武、摩文仁、真壁、兼城、豐見城，以上十一國從山南王。山北王，今歸仁按司也，羽地、名護、國頭、金武、伊江、大宜味、今歸仁、恩納數國從山北王。中山惟有首里王城、那霸、泊、浦添、北溪、中城、越來、讀谷山、具志川、勝連、首里三平首里有西平、南平、真地平等，謂之三平。等數國。中山、山南、山北時時兵發，角戰數十年。玉城在位二十三年，壽四十一。

西威

元至元三年丁丑，西威嗣位。

西威，玉城第一子。（至）〔致〕和元年戊辰生，十歲即位，政歸母后，牝雞亂政。時察度爲浦添按司，有德，國人歸服。西威在位十四年，壽二十三。國人廢世子，奉浦添按司察度爲王。

英祖至西威凡四傳，共七十七年。

察度

元至正十年庚寅，察度即位。

察度，浦添間切謝那村奧間大親之子。奧間大親業農，質純厚，天女來格而生察度。始爲浦添按司，西威薨，世子五歲，母后亂政，國人廢世子奉之即位。德厚民歸，災變日銷，國家豐饒。《明史》、《實録》：洪武五年，行人楊載賫詔至國，詔曰：「昔帝王之治天下，凡日月所照，無有遠邇，一視同仁。此句之下《中山世鑑》有「故中國尊安，四夷得所，非有意臣服之也」三句。自元政不作失。綱，天下兵争者十有七年。下有「四方遐裔，信奸不通」二句。朕起布衣，開基江左，命將四征不庭。西平漢主陳友諒，東縛吴王張士誠，南平閩越，北清幽燕。朕爲臣民推戴，即皇帝位，定有天下之號曰大明，建元洪武。以上一段《中山世鑑》作「朕肇基江左，掃群雄，定華夏，臣民推戴，已主中國，號曰大明，建元洪武」。是用遣使外邦，播告朕意，使者所至，稱臣入貢。惟爾琉球在中國東南，遠處海外，未及報知。兹特遣使往諭，爾其知之。」此段《中山世鑑》作「頃者克平元都，疆宇大同，已承正統，方與遠邇相安于無事，以共享太平之福。惟爾四裔君長酋帥等，遐邇未聞，故兹詔示，相宜知悉。」於是王遣弟泰期奉表貢方物。《中山世鑑》云其貢物馬，刀，金、銀酒海，金、銀粉匣，瑪瑙，象牙，螺殼，海巴，櫂子扇，泥金扇，生紅銅錫，生熟夏布，牛皮，降香，木香，速香，檀香，黄熟香，蘇木，烏木，胡椒，硫磺，磨刀石。是爲琉球通中國之始。七年，王又遣泰期等入貢，并上皇太子箋，貢物如之。太祖賜大統曆及文綺、紗羅，賜泰期衣幣、靴襪，副使惹爬燕之及通事、從人皆有賜。泰期復來貢，并上皇太子箋，命刑部侍郎李浩賫賜文綺、陶鐵器，且以陶器七萬、鐵器千就其國市馬及硫磺。九年夏，王遣泰期從浩入貢馬四十匹。浩言其國不貴紈綺，惟貴磁器、鐵釜，自是賞賚多用諸物。十年，王又遣泰期等表賀元旦，貢馬十六匹、硫黄千斤。十一年、十三年，貢方物，賜賚悉如例。十五年，王又遣泰期及陪臣亞蘭匏等貢馬及硫黄，太祖賜幣帛有加，命尚佩監奉御路謙送泰期等返國。十六年，王遣亞蘭匏表賀元旦，貢方物。山南王承察度亦遣其臣師惹等奉表入貢。太祖賜王鍍金銀印及幣帛七十二疋，山南王賜幣帛如之。時三王與山北王互相攻伐，遣中使梁民敕王曰：「王居滄海之中，崇山環海，爲國事大之禮不行，亦何患哉！王能體天育民，行事大之禮，自朕即位十有六年，歲遣人朝貢，朕嘉王至誠，命尚佩監路謙報王誠禮，何期復遣使來謝。今令内使監丞梁民同前奉御路謙賫符賜王鍍金銀印一。近使者歸，言琉球三王互争，廢農傷民，朕甚憫焉。《詩》曰：「畏天之威，於時保之。」王其罷戰息民，務修爾德，則國用永安矣。」諭山南王承察度、山北王帕尼芝曰：「上帝好生。寰宇之内生民衆矣，天恐生民互相殘害，特生聰明者主之。邇者琉球國王察度，堅事大之誠，遣使來報，而山南承察度亦遣人隨使者入覲，鑒其至誠，深可嘉尚。近使者自海中歸，言琉球三王互争，廢棄農業，傷殘人命，朕聞之不勝憫憐。今遣使諭二王，能體朕意，息兵養民，以綿國祚，則天祐之，不然悔無及矣。」于是王及山南王、山北王皆遣使入謝，各賜衣幣。十七年，王遣阿不耶等入貢，賜鈔幣。十八年，表賀元旦，貢方物。太祖賜王海舟一，山南王如之。又補給山南王、山北王駝紐鍍金銀印各一。十九年，王遣亞蘭匏等貢馬百二十匹、硫磺萬二千斤，賜宴及鈔。二十年，王遣亞蘭匏等貢方物，進皇太子箋，獻馬。山南王承察度叔汪英紫氏、山北王帕尼芝亦各遣使入貢。二十一年，王遣使甚模結致等貢馬，賀天壽聖節。二十三年，表賀元旦，貢方物，世子武寧亦貢馬五匹、硫磺二千斤、胡椒二百斤、蘇木三百斤。通事屋之結者携胡椒三百斤、乳香十斤，爲門者所獲，當入官，詔還之，仍賜屋之結等六十人鈔各十錠。《中山世鑑》云：洪武二十三年庚午，南夷宫古島、八重山島始來貢。其後每年來貢。二十四年，王及世子武寧遣亞蘭匏、嵬谷致等貢馬及方物。山南王叔汪英紫氏亦遣使表賀天壽聖節。二十五年，王及世子武寧各進表箋貢馬，并遣從子日孜每闊、八馬寨官子仁悦慈入國子監讀書，國人就學自茲始。太祖各賜衣巾、靴襪，并夏衣一襲、鈔五錠，秋又賜羅衣各一襲及靴襪、衾褥。山南王承察度亦遣從子三五郎尾及寨官子實他盧尾、賀段志等入國子監讀書，賚如中山例。先是，國人才孤那等二十八人採硫磺于河蘭埠，遇風飄惠州海豐，爲邏卒所獲，語言不通，以爲倭人，送至京，至是貢使爲白其事，太祖皆遣歸，賜閩人善操舟者三十六姓，以便往來。萬曆中副使謝行人杰記云：洪、永二次各遣十八姓，多閩之河口人，合之凡三十六姓，今所存者僅七姓。《中山世鑑》云今存者僅蔡、鄭、林、梁、金五家。二十六年，王遣使麻州等貢方物，已又遣使壽禮結致等貢馬，偕寨官子段志每入國子監讀書，太祖命賜夏衣、靴襪，秋又賜羅絹衣各一襲，傔從各給布衣。二十七年，王遣亞蘭匏等貢方物，賜宴于會同館。二十八年，王遣王相亞蘭匏貢方物，山北王珉、山南王叔汪英紫氏亦各遣使入貢，太祖賜鈔有差。二十九年，王兩遣使貢方物，山北王攀安知、山南王承察度、山南王叔汪英紫氏亦入貢。詔遣三五郎亹等歸省，賜三五郎亹白金七兩、綵緞六表裏、鈔五十錠，寨官子實那盧亹鈔二十錠、綵緞一表裏。歸未數月，會世子武寧遣使貢，偕寨官子麻奢理、誠志魯二人入國子監就學，三五郎亹復與俱來，請卒業，太祖許之，仍賜衣冠、靴襪。三十年，王兩遣使貢馬及硫磺，山北王攀安知、山南王叔汪英紫氏亦入貢。三十一年，王遣亞蘭匏等貢馬及硫磺，世子武寧貢如之。女官生姑魯妹偕入謝恩，以昔常在京讀書也，太祖賜鈔有差。三月，太祖命以冠帶賜王。先是王嘗請中國冠帶，太祖命禮部圖冠帶之制示之，至是匏等復以爲請，賜如制，并賜臣下冠服。永樂改元，遣使以即位詔諭王，王遣從子三五良亹奉表賀，且貢方物。成祖賜鈔幣、襲衣，宴於會同館，遣行人邊信、劉亢齎絨錦綺紗羅賜王。

臣按：《中山世鑑》云王在位四十六年，洪武二十八年十月五日薨。今《實録》二十九年後尚書王貢如常，豈未訃於朝耶？

武寧

明洪武二十九年丙子，武寧嗣位。

《中山世鑑》云武寧，察度世子。元至正十六年生，四十一歲嗣位。違父遺命，荒於禽色，日夜逸遊，諸侯多背，山南王討滅之。在位二十六年。

《明史》、《實録》云：察度卒，子武寧遣三五良亹訃告於朝。永樂二年正月，成祖遣行人時中往祭，賻以布帛，詔武寧襲爵。詔曰：「聖王之治，協和萬邦；繼承之道，率由常典。故琉球國中山王察度，受命皇考太祖高皇帝，作屏東藩，克修臣節。曁朕即位，率先歸誠。今既殁，爾武寧乃其世子，特封爾爲琉球國中山王，以承厥世。惟儉以修身，敬以養德，忠以事上，仁以撫下，克循玆道，作鎮海邦，永延世祚。欽哉！」四月，山南王弟汪應祖亦受封於朝。應祖故山南王承察度從弟，承察度無子，遺命應祖攝國事。元年，常遣長史王茂朝貢，會山北王攀安知遣使善住古耶貢方物，丐賜冠帶衣服，以變國俗，成祖許之。至是應祖遣使隗谷結致來朝貢方物，且奏乞如山北王例賜冠服。成祖遂遣使賫詔封之，賜如所請，偕其使俱還。三年，行人時中使琉球還，王遣三五良亹奉表貢方物，謝襲封恩，賜衣幣，宴於會同館。已又遣養埠結制等賀萬壽聖節。時山北王攀安知、山南王汪應祖亦遣貢，應祖又遣寨官子李傑赴國子監受學，賜衣如例。四年，王及山南王、山北王皆表賀元旦，王遣寨官子石達魯等六人就學，賜衣鈔有差。王進閹者數人，成祖不受。

臣按：前使汪楫記云：《世纘圖》云洪武二十九年王即位，凡在位二十六年。其國繼世嗣位，類先自立而後請於朝，故所紀嗣位之年與中朝遣封之時多不合。然明初貢使時通，封卒年歲不應參差如是。即云洪武二十九年嗣位，中更靖難，赴告踰期，顧在位二十六年，則永樂之末尚宜無恙，何五年遂有祭賻之典耶？按《中山世鑑》云武寧在位二十六年，卒於永樂十九年辛丑。尚巴志於永樂二十年立，與《世纘圖》所記同，皆非是。遍問國中老成，云武寧永樂二年受封，薨於永樂三年，在位十年。山南王既滅武寧，尚巴志舉兵討山南王，并滅中山，而奉其父思紹爲王。《明史》、《實録》永樂五年世子思紹告其父武寧之喪，來請嗣爵，若合符節，爲不謬云。

察度至武寧凡二傳，共五十六年。

思紹

明永樂四年丙戌，思紹即位。

《明史》、《實録》云：永樂五年四月，世子思紹遣三吾良亹貢馬及方物，別遣使以其父武寧訃告。成祖命禮部賜祭賻，詔思紹嗣王爵。按《中山世鑑》云：宣德三年封尚巴志爲中山王，乃追封其父思紹爲王。非也。追封之王主不入廟，今先王廟中有思紹神主，其及身爲王明矣。況《實録》又鑿然可據無疑也。六年，王遣使阿勃吾斯奉表貢方物，謝襲封恩，時山南王汪應祖亦貢馬，各賜鈔幣。七年，王遣使賀萬壽聖節，山南王汪應祖亦貢馬，各賜衣幣。八年，王遣三吾良亹朝貢，山南王汪應祖亦遣使賀萬壽聖節，皇太子皆賜之鈔幣。王遣官生模都古等三人入國子監受學，皇太子各賜巾衣、靴絛、衾褥、帳具。通事林佑本中國人，啓請賜冠帶，從之。九年，王遣三吾良亹賀元旦，偕王相之子懷德、寨官之子祖魯古入國子監受學，又遣使坤宜堪彌貢馬及方物。疏言長史王茂輔翼有年，請陞茂爲國相兼長史事。又言長史程復，一作朱復。饒州人，輔臣祖察度四十餘年，勤誠不懈，今年八十有一，請命致仕還其鄉。悉報可。十年，王遣使賀元旦，山南王汪應祖亦入貢，已又遣使賀萬壽聖節，成祖賜鈔幣，又賜琉球生夏布襴衫、絛靴。十一年，王兩遣使貢馬，偕寨官子鄔同志久等三人一作三十人。入國子監受學。已又與山南王汪應祖各貢馬，賜鈔及永樂錢。十二年，王遣使賀元旦，遣三吾良亹貢馬及方物，賜鈔幣。皇太子賜琉球生益智每等二人羅、布衣各一襲，及襴衫、靴襪、衾褥、帷帳，從人皆有賜。成祖賜鄔同志久等三人衣鈔。十三年，成祖遣行人陳季芳一作若。等齎詔封山南王汪應祖世子他魯每爲琉球國山南王。時應祖爲其兄達勃期所弑，各寨官合兵誅達勃期，推他魯每攝國事。他魯每表請襲封，故遣使往，并賜誥命、冠服及鈔萬五千錠。王及山北王攀安知俱各遣使貢方物，王世子尚巴志亦遣使宜是結制貢馬及方物，賜文綺三十表裏。十四年，王遣三吾良亹貢馬及方物，已又遣使貢馬。山南王他魯每亦遣使來貢，謝襲封恩。十五年，王及山南王他魯每俱遣使貢，賜賚甚厚，已又與世子尚巴志各遣使貢馬。十六年，王兩遣使貢方物，成祖賜使者冠帶、鈔幣有差。十七年，王三遣使貢馬及方物。二十年，王遣使賀元旦，已又遣貢方物。二十一年，世子尚巴志遣使奉表貢方物，皇太子命禮部宴勞之。二十二年二月，王訃聞於朝，命禮部遣官賜祭，賻以布帛，九月遣行人周彝齎敕以行。一作仁宗嗣位，命行人方彝詔告其國。

臣按：《中山沿革志》云思紹永樂五年嗣位，二十三年卒，在位十八年。非也。王在位十六年，永樂十九年薨。今《明史》、《實録》二十年以後尚書王貢如常，至二十二年始訃於朝，未詳其故。

尚巴志

明永樂二十年壬寅，尚巴志嗣位。

《中山世鑑》云：尚巴志，佐鋪按司思紹嫡子也。洪武五年壬子生，洪武三十五年壬午年三十一，嗣父思紹爲佐鋪按司。賞罰不違，視民饑如己饑，民寒如己寒，南方諸侯歸之者甚衆。時山南王恃勝而驕，窮欲於人，朝暮遊宴，諸侯皆遁，歸服於佐鋪按司，共兵攻落山南王，遂進兵浦添，并攻落中山王、山北王，皆次第降。當元延祐中國分，爲三百有餘年，中山、山北交攻七十餘戰，山北輒勝，今戰敗自殺，中山王順天御坐，琉球國又合爲一統。永樂二十一年癸卯秋，遣使奏曰：「我琉球國分爲三者百有餘年，戰無止時，臣民塗炭。臣巴志不堪悲歎，爲此發兵山南、山北，今歸太平。伏願陛下聖鑒，不違舊規，給臣襲封。謹貢土産馬及方物。」大明皇帝賜詔云：「爾琉球國分，人民塗炭百有餘年，比爾義兵復致太平，是朕素意。自今以後，慎終如始，永綏海邦，子孫保之。欽哉！故諭。」尚巴志之奏及成祖之諭，《明史》、《實録》皆不載，姑存以備考。

《明史》、《實録》云：洪熙元年，仁宗遣中官柴山齎敕至國，封世子尚巴志嗣中山王。敕曰：

「昔我皇考太宗文皇帝，躬膺天命，統御萬方，恩施均一，遠邇歸仁。爾父琉球國中山王思紹，聰明賢達，茂篤忠誠，敬天事大，益久弗懈，我皇考良用褒嘉。今朕纘承大統，念爾父没已久，爾其嫡子，宜俾承續，特遣内官柴山齎敕命爾嗣琉球國中山王。爾尚立孝立忠，恪守藩服，修德務善，以福國人，斯爵禄之榮，延於無窮。尚其祇承，無怠無忽。」仍賜冠帶、襲衣、文綺。方仁宗遣山時，貢使已兩至，表稱世子賀成祖萬壽聖節，至是始知改元。是年凡四遣使貢馬及方物云。宣德元年，王遣使貢方物，謝襲封恩。附奏曰：「臣祖父昔蒙朝廷大恩，封王爵，賜皮弁、冠服。洪熙元年臣奉詔襲爵，而冠服未蒙頒賜。」宣宗命行在禮部稽定制製以賜之。先是仁宗遣封，已賜冠帶，而王復以爲請，故宣宗特賜以皮弁、冠服。王遣使鄭義才進香長陵，義才言海風壞舟，附内官柴山舟得達，乞賜一舟歸國，且便朝貢。宣宗命行在工部與之。已又兩遣使貢馬及硫磺，賜襲衣、靴襪有差。二年，王兩遣使貢方物，時山南王他魯每亦遣使進香長陵。三年，王遣使鄭義才貢馬及方物，謝賜皮弁、海舟，宣宗賜義才等冠帶及金織紵絲襲衣，餘皆素紵襲衣。宣宗以朝貢彌謹，遣使齎敕勞之，并賜王紵絲、紗羅、錦緞。已又遣内官柴山、副使阮漸齎敕賜王金織紵絲、紗羅、羢錦。四年，王遣使表貢賀萬壽聖節。已又兩遣使貢馬及方物，山南王他魯每亦兩遣使入貢，俱賜宴及鈔幣。又命山南王使齎敕及鈔絹歸賜王。汪記云：自是山南王不復遣使，蓋併於中山矣。永樂十三年以後，山北王攀安知不復入貢，則山北先山南而亡者十四年矣。五年，王四遣使入貢，宴賚如例，仍賜王鈔二萬一千七百六十錠。六年，王兩遣使入貢，又表貢馬及金銀器皿，謝賜錦幣。七年，宣宗以外國朝貢，獨日本未至，命内官柴山齎敕至國，令王遣人往日本諭之。明年來朝，宣宗命行在工部給中山貢使漫泰來結制海舟一，以貢使言來舟損壞故。是年王遣使入貢者凡四，宴賚如例。八年，王遣使入貢者凡二，宴賚如例。九年，王遣使貢馬及方物。已又遣使謝賜衣服、海舟，宣宗賜幣有差，仍命齎敕及幣歸賜王。十年，王遣使謝，禮部尚書胡濙奏量遣正副使從人一二十人赴京，餘悉留彼處給待。從之。正統元年，英宗頒賜大統曆，適王遣貢使伍是堅至，令是堅齎回，敕諭王及日本國王源義。王再遣使貢馬及方物，使者至福建如例，止具貢物以聞。其自攜螺殼九十、海巴五萬八千，失於自陳，有司以漏報没入，使者籲請給值，英宗命行在禮部如例給之。後浙江市舶提舉司王聰復以爲言，英宗謂禮部曰：「海巴、螺殼遠人資以貨殖，取之奚用？」命悉還之，仍著爲令。二年，王遣陪臣義魯結制等貢馬及方物，奏稱本國各官冠服皆國初所賜，年久朽敝，乞更賜。又言本國遵奉正朔，而海道險阻，受曆之使或半載一載方返。事下禮部覆奏，命冠服本國可依原降造用，大統曆福建布政司給與之。三年，遣使義魯結制等貢馬及方物，賜幣有差。四年，遣使梁求保入貢。已又遣阿普禮是等入貢，賜宴幣如例。巡按福建監察御史成規疏言，琉球使臣俱於福建停憩，通事林惠、鄭長所帶番稍人從二百餘人，除日給廩米外，其茶鹽醯醬等物，勒搯銅錢，按數取足，稍緩輒肆詈毆，漸不可長。事下禮部，以爲於例止日給廩米，一切費宜悉罷之，其通事人員不行禁戢，請治罪。英宗以遠人姑示優容，令移文戒諭之。五年，王遣步馬結制等貢馬及方物，宴賚如例。先是朝貢者朝參出入皆給馬，至是令止給正副使，著爲令。《中山世鑑》云：賜尚姓自玆始。自是定例二年一貢。巴志在位十八年，壽六十八，正統四年己未薨。

尚忠

明正統五年庚申，尚忠嗣位。

尚忠，尚巴志第二子。洪武二十四年辛未生，五十歲嗣位。正統七年遣長史梁求保入貢，以巴志訃告，乞嗣位。英宗遣給事中俞忭、行人劉遜齎詔至國。詔曰：「昔我祖宗，恭天明命，君主天下，無間遠邇，一視同仁。海外諸國，咸建君長，以統其衆。朕承大寶，祗奉成憲，用圖永寧。故琉球國中山王尚巴志，爰自先朝，恭事朝廷，勤修職貢，始終如一。兹既云亡，其世子尚忠敦厚恭慎，克類前人，上能事大，下能保民。今遣正使給事中俞忭、副使行人劉遜，齎敕封爲琉球國中山王，以主國事。爾大小頭目人等，其欽承朕命，盡心輔翼，惇行善道，俾國人咸樂太平，副朕仁覆蒼生之意。」并敕王曰：「爾遣長史梁求保奏爾父王尚巴志亡歿，良深悼念。特遣使命爾爲琉球國中山王，以主國事。爾宜篤紹爾父之志，益堅事上之誠，敬守臣節，恭修職貢，善撫國人，和睦鄰境，庶幾永享太平之福。」仍賜王及妃皮弁、冠服、金織襲衣、幣布等物。當忭等未至，忠已兩遣使貢馬及賀明年元旦，猶稱世子云。九年，王遣使入貢者四。使臣梁回奏乞一海船以便歲時朝貢，從之。十年，王遣使入貢者二，宴賚如例。十一年，王遣使入貢者二，宴賚如例。

臣按：《中山世鑑》云：王在位五年，壽五十四，正統九年薨。而《實録》十年、十一年尚書王貢，紀年參差有誤。

尚思達

明正統十年乙丑，尚思達嗣位。

尚思達，尚忠子。永樂六年戊子生，三十八歲嗣位。正統十二年遣長史梁求入貢，以其父尚忠訃告，請襲爵。三月，英宗遣給事中陳傅、行人萬祥諭祭故王尚忠，封世子思達嗣王。敕曰：「爾比遣長使梁求等奏，爾父王尚忠亡歿，良深悼念。特封爾爲琉球國中山王，繼承爾父，主理國事。爾宜篤紹先志，敬守臣節，恪修職貢，簡任賢良，善撫國人，和睦鄰境，以保國土。」仍以皮弁、冠服、常服及織金紵絲、羅緞等物賜王。復詔諭其國臣庶，盡心輔翼，各循理分，毋或僭踰，俾凡國人同樂雍熙，副朕一視同仁之意。王遣通事蔡讓等貢馬及方物，宴賚如例。十三年，王遣使入貢。十四年，王遣使梁同等貢馬及方物。時福建尤溪、沙縣方有寇警，所司請緩期三月始達。已又遣使馬權度等入貢，王叔尚金福亦貢馬及方物，賜衣幣冠帶，命權度齎敕并綵幣歸賜王及王妃、王叔。景泰元年，遣使百佳尼朝貢，景帝命齎敕并文綺、綵幣歸賜王及妃。通事程鴻言船壞不能返國，願以賜幣造船。禮部請移文福建三司，聽其自造，不得擾民。從之。已又遣使梁回貢馬及方物，宴賚如例。二年，王遣使察都等入貢，亦以自備工料造船爲請。禮部言今福建地方被賊，人民艱窘，宜令其候本國進貢通事李敬等回日附載歸國。從之。已又遣使亞間美等入貢。王在位五年，壽四十二，正統十四年己巳薨。無子，乃立王叔尚金福爲王。

尚金福

明景泰元年庚午，尚金福即位。

尚金福，巴志第六子。洪武三十一年生，四十八歲即位。景泰二年，景帝遣左給事中喬毅、《殊域周咨録》作陳謨。行人童一作董。守宏諭祭故王思達，封其叔尚金福爲中山王。金福兩遣使入貢，猶稱王叔，蓋命未達也。四年，王四遣使入貢，宴賚悉如例。在位四年，壽五十二，景泰四年癸酉薨。

尚泰久

明景泰五年甲戌，尚泰久即位。

《中山世鑑》云：泰久，尚金福第一子。永樂十三年乙未生，四十歲即位。

《明史》、《實録》云：金福既卒，其弟布里與其子〔忠〕〔志〕魯争立，焚燒府庫，兩傷俱絶，所賜鍍金銀印亦鎔壞。國人推尚泰久權國事。景泰五年，泰久以聞，并請鑄印頒賜，命所司給之。已又遣使入貢，表稱琉球國掌國事王弟尚泰久，景帝命齎敕及綵幣歸賜王弟。六年，王弟兩遣使入貢，遣給事中嚴誠《殊域周咨録》作李秉彝。爲正使，行人劉儉爲副使，齎詔封王弟尚泰久嗣王。詔曰：「帝王主宰天下，恒一視而同仁；藩屏表率國中，或同氣以相嗣。朕躬膺天命，撫馭諸侯。琉球國王尚金福既薨，其弟尚泰久性資英厚，國衆歸心。玆特遣使齎敕封爲琉球國中山王。凡彼國中遠近臣庶，宜悉心輔翼，罔或乖違，長堅忠順之心，永享太平之福。故兹詔示，咸使聞知。」又敕王曰：「爾自先世恪守藩維，傳及爾兄，益隆繼述，敬天事上，久而愈虔。屬兹薨逝，軫於朕懷。爾乃王弟，宜紹國封。特遣使齎詔封爾爲琉球國中山王，并賜爾及妃冠服、綵幣等物。爾尚砥礪臣節，懷撫國人。欽哉！」七年，遣使入貢，猶稱王弟。及册封後遣使入謝，又遣使入貢。天順二年，王遣使朝貢者三。三年，王遣使李敬貢馬及金銀器皿。疏言：「本國王府失火，延燒倉庫銅錢，請照永樂、宣德間例，所帶貨物以銅錢給賜。」禮部以銅錢係中國所用，難以准給，宜將估計鈔貫照舊六分京庫摺支生絹，其四分移文福建布政司收貯紵絲、紗羅、絹布等物，依時值關給。從之。王遣使亞羅佳其等入貢，宴賚如例。四年，王遣使入貢。五年，王遣使王察等貢馬及方物。六年，王遣使程鵬等貢方物。宴賚悉如例。

《中山世鑑》云：諸寺諸山建立大鐘，皆王所鑄。在位七年，壽四十六，天順四年庚辰薨。

臣按：思達非金福子也，《中山世鑑》誤。汪記引《世纘圖》云泰久係尚思達之弟，而《實録》則云金福之弟，蓋《實録》止以請封之疏爲據，他無可考也。

尚德

明天順五年辛巳，尚德嗣位。

尚德，尚泰久第三子。正統六年辛酉生，二十一歲嗣位。天順六年遣使入貢，以泰久訃告。英宗命吏科右給事中潘榮、行人司行人蔡哲充正、副使往祭故王泰久，封世子尚德爲王。詔曰：「朕紹帝王之統，纘祖宗之緒，主宰天下，一視同仁，撫馭華夷，靡間遐邇。惟爾琉球國僻居海島，密邇閩中，慕義來庭，受封傳業，蓋有年矣。故國王尚泰久，克篤勤誠，敬天事人，甫餘六載，倏爾告終，先業攸存，可無承繼？其世子尚德性資仁厚，國衆歸心。茲特遣正使吏科右給事中潘榮、副使行人司行人蔡哲齎詔往封爲琉球國中山王，仍賜以皮弁、冠服等件。凡國中官僚士庶，宜同心輔翼，作我外藩。嗚呼！循理謹度，永堅率俾之忠；親族睦鄰，丕冒咸寧之化。故茲詔示，悉使聞知。」七年，王遣使崇嘉山等入貢，宴賚如例。成化二年，王遣使程鵬等貢馬及方物，賜宴及衣幣。三年，王遣長史蔡璟入貢，賜幣。四年，王遣使程鵬，已又遣使讀詩貢馬及方物，俱賜衣幣。五年，王遣長史蔡璟入貢，又遣使查農是等入貢，宴賚如例。

《中山世鑑》云：尚德君德不修，朝暮漁獵，暴虐無道，鬼界島叛，不朝貢數年，王自將攻伐之。歸彌自滿，以致敗亡。在位九年，年未三十，成化五年己丑薨，壽二十九歲。世子幼稚，國人廢之，奉内間里主御鎖側，是爲中山王尚圓。

思紹、尚巴志至尚德凡六傳，共六十七年。

尚圓

明成化六年庚寅，尚圓即位。

《中山世鑑》云：尚圓，北夷伊平人，即葉壁山也。永樂十三年乙未生。字思德金。其先不可知，或曰義本讓位隱北山，疑即其後也；一云葉壁有古嶽名天孫嶽，尚圓即天孫氏之裔也。父尚稷爲里主。尚圓生有異瑞，年二十四始渡國頭來仕中山，尚金福時始給黄帽。尚泰久時領主内間，内間之民皆親愛之。時久旱田苗皆槁，獨其田不雨而潤，民驚傳爲異。王懼，載妻子隱避一十四年，德日懋，尚金福聞其賢，召爲黄帽官，轉御鎖側，即今耳目官也。誾誾侃侃，萬事當理，德著民懷。尚德嗣位，多行不義，尚圓極諫，云君用財若無窮，殺人若不勝。尚德怒，不聽。再避隱於内間。尚德卒，世子幼稚，群臣殺之於真玉城，請御鎖側立爲王，以安國家。尚圓固讓不獲，乃至首里即位，除其虐政，順民所喜，山林隱逸，隨材器使，遠近蠻夷皆歸心焉。

《明史》、《實録》云：成化七年，尚圓遣使蔡璟等入貢，以父尚德薨來赴，請襲爵。憲宗遣户科都給事中丘弘爲正使，行人司行人韓文爲副使，齎儀物行慶弔禮，封世子尚圓爲中山王。弘行至山東病卒，改命兵科給事中官一作管。榮偕文往。八年，王遣長史梁應貢馬及方物，宴賚如例。九年，王遣王舅武實入貢，謝襲封恩。十年，王遣使沈滿志等貢馬及方物，宴賚如例，仍以鈔絹酬其自貢物值。滿志等乞如舊制摺給銅錢，不許。十一年，王遣使程鵬入貢，附奏乞如常例歲一朝貢。憲宗敕王曰：「王使朝貢，已如例賞賜遣還。近福建鎮守官奏通事蔡璋等還次福州，殺人刼財，非法殊甚。今因使臣還，特降敕省諭。敕至，王宜問璋等故縱其下之罪，追究惡徒，依法懲治。自後定例二年一貢，止許百人，多不過加五人，除正員外不得私附貨物，并途次騷擾，有累國王忠順之意，其省之。」十二年，王遣使梁應等入謝，會憲宗立皇太子，應因奏乞如朝鮮、安南例賜詔齎回。禮部以琉球、日本、占城皆海外國，例不頒詔。憲宗特命降敕，并以錦幣歸賜其王及妃。十三年，王遣使李榮奉表謝恩。已又遣程鵬貢馬及方物，復請歲一遣使朝貢，不許，命如前敕。王在位七年，壽六十二，成化十二年薨。

尚宣威

明成化十三年丁酉，尚宣威攝位。

《中山世鑑》云：尚宣威，尚圓之弟。宣德五年庚辰生。少育於兄，九歲從兄渡國頭至中山，爲黄帽官。尚圓卒，世子尚真年十三，宣威攝國事六閱月，國人樂附，後引尚真掖就王位，己東嚮立，退隱於越來，其年卒。汪録：《世纘圖》云丙申八月四日卒。壽四十八，謚義忠。今其子孫尚存。

尚　真

明成化十三年丁酉，尚真嗣位。

尚真，尚圓世子。成化元年乙酉生，年十三嗣位。成化十四年，遣長史梁應等請襲封。憲宗命兵科給事中董旻爲正使，行人司右司副張祥爲副使，賫詔之國，封世子尚真爲中山王，賜皮〔弁〕、冠服、金鑲犀帶，并以綵幣賜王及妃。應等具奏，仍欲一年一貢，不許。十五年，王遣使李榮朝貢迎封册，賜宴及衣幣。十六年，王遣使馬怡世入謝，附奏乞如舊制，不許。十八年，王遣使貢馬及方物，乞以陪臣子蔡賓等五人於南京國子監讀書。令有司如舊制，歲給衣服廪餼。王又以不時進貢爲請，禮部言其意實假進貢以規市販之利，宜勿聽。禮部又言，琉球國進貢舊例到京少則四五十人，多則六七十人，俱給賞有差。邇因各國進貢率多奸弊，每國止許五七人，不過十五人到京，餘俱留邊以俟。今福建以例止容正議大夫梁應等十五人赴京，既已給賞，餘六七十人俱留布政司，宜發官帑，以次均給，庶不減削太甚，失柔遠之意。從之。二十年，王遣使程鵬貢馬及方物，奏永樂年間所賜船破壞已盡，止存其三，乞自備物料，於福建補造。部議許造其一。二十二年，王遣使蔡曦貢馬及方物。二十三年，遣陪臣馬審禮等貢方物謝恩。至則孝宗嗣位登極四月，賜冠帶、衣幣，仍命領詔賜王及妃錦幣。弘治元年，王遣使皮揚那等從浙江入貢，孝宗命却之，以貢道當由福建，且貢非其時也。皮揚那等具以國王咨禮部文言，成化二十一年，本國正議大夫程鵬等進貢，回國報知皇太子册妃，乃遣使表賀並貢方物。禮部言琉球入貢雖與例限不合，然遠人之情可念，况箋文方物已至京，難於終却，請暫賜容納，後仍以舊例裁之。或因福建風水不便，取路浙江，亦令審實奏請，方許起送。今次所給正副使綵緞等物宜如舊例，番伴從人減半，以示裁抑之意。從之。時蔡賓亦隨貢使至，言成化中讀書南京國子監，今吏部侍郎劉宣時爲祭酒，特加撫恤，乞容執贄於宣所致謝。許之。三年，王遣使馬仁等進香，別遣王舅麻勃都入貢，奏稱本國來貢人員近止許二十五人赴京，物多人少，恐致疎失。又謂本國貢船抵岸，所在有司止給口糧百五十名，其餘多未得給。孝宗命來京許增五人，增口糧二十名。五年、七年皆遣正議大夫梁德入貢，賜王錦緞，宴賚德等如例。九年、十三年皆遣正議大夫鄭玖入貢，賜王錦緞，宴賚玖等如例。十五年，王遣使入貢，請於福建補造海船，以便往回。從之。十六年，王遣使吳詩等往滿剌加國收買貢物，遇風舟覆，詩等百五十二人漂至海南登岸，爲邏卒所獲，廣東守臣以聞。孝宗命送詩等於福建守臣處，給糧贍養，俟本國貢使歸之。十七年，王遣使具言前使遭風未回，致失二年一貢之期，至是補貢。納之。武宗登極，命行人左輔頒詔至國。正德二年，王遣王舅亞嘉尼施等貢馬及方物，奏乞每歲一貢。禮部議琉球在昔朝貢不時，至成化十一年因使臣不法，敕令二年一貢。今彼因入貢違期，故爲此奏以飾非，宜勿聽。武宗特許之。長史蔡賓奏乞自備工料修造貢船二隻，禮部議行鎮巡官驗實量修，不必改造。賓復奏，武宗曰令二船拆卸補造，第勿過式。四年，王遣正議大夫程璉入貢。五年，請以官生蔡進等五人入國子監讀書。許送南監，仍給衣廩等物如例。六年，王遣正議大夫梁能；七年，又遣正議大夫梁寬等貢，宴賚如例。十年，王遣長史陳義；十一年，遣正議大夫梁龍貢馬及方物，宴賚如例。十二年，王遣正議大夫陳義入貢。十三年，遣長史蔡遷；十五年，遣長史金良貢馬及方物，宴賚悉如例。嘉靖改元，王遣王舅達魯加尼進香貢方物，慶賀，詔賜王及妃錦幣，敕王仍遵先朝舊例，越二年一朝貢，每年不過百五十人，仍命福建巡按御史查勘驗放。三年，王遣長史金良等二十人入貢。良言其國先有正議大夫鄭繩領謝恩方物，渡海風漂未至，而表文在此，請得先進。許之。明年，繩至，言方物以舟敗，至是復進。福建守臣以聞，世宗命就彼中宴賚遣還，方物令所司轉運，仍令繩賚敕轉諭日本國王，令捕繫倡亂者以獻。五年，官生蔡廷美等請就國子監讀書。令禮部照例給廩米、薪炭及冬夏衣服。

《中山世鑑》云：王在位五十年，天姿明敏，又能謙己受益，繼述父業，治道大明，政刑咸備。年六十二歲，以嘉靖五年薨。

尚清

明嘉靖六年丁亥，尚清嗣位。

尚清，尚真第三子，汪録云天纘王子，非是。中山王無稱天纘王者。弘治十年丁巳生，年三十一歲嗣位。嘉靖七年，遣正議大夫鄭繩等進貢，請襲封。繩等回至海中溺死。九年，又遣蔡瀚入貢，申前請，禮部以襲封重典，命福建鎮巡官查訪申報。瀚請遣讀書官生蔡廷美等四人還本國婚姻，給賞幣布有差。瀚又言來經日本，日本國王源義晴托齎表文乞赦其使臣宋素卿之罪，併乞新勘合金印，復修常貢。禮部驗其文俱無印篆，言倭情譎詐，不可遽信，敕琉球國王遣人傳諭日本，令擒獻首惡，送回擄去指揮，奏請裁奪。十一年，正議大夫金良齎國中人民結狀請册封，世宗遣吏科左給事中陳侃爲正使，行人司行人高澄爲副使，齎詔之國。詔曰：「朕恭膺天命，爲天下君。凡推行乎庶政，必斟酌夫古禮，其於錫爵之典，未嘗以海内外而有間焉。爾琉球國遠在海濱，久被聲教，故國王尚真，夙紹顯封，已踰四紀，兹聞薨逝，屬國請封。世子尚清，德惟克類，衆心所歸，宜承國統。朕篤念懷柔之義，用嘉敬順之誠，特遣使賫詔封爾爲琉球國中山王，仍賜以皮弁、冠服等物。王宜慎乃初服，益篤忠勤，有光前烈。國中耆俊臣僚，其同寅翼贊，協力匡扶，尚殫事上之心，恪盡臣藩之節，保守海邦，永底寧謐。」又敕王曰：「惟爾世守海邦，繼膺王爵，敬順天道，世事皇明。爾父尚真自襲封以來，恭勤匪懈，比者薨逝，良用悼傷。爾以冢嗣，國人歸心，理宜承襲。兹特遣使封爾爲琉球國中山王，并賜爾及妃冠服、綵幣等物。爾宜祗承君命，克紹先業，修職承化，保境安民，以稱朕柔遠之意。」十三年，遣正議大夫梁椿入貢，表稱世子，時詔命猶未達也。十四年，陳侃等還，言海中風濤之險，多藉神庥，不致顛覆，乞賜祭以答神貺。禮部議，令布政司設祭一壇。報可。王遣王舅毛實等入貢謝恩，宴賚如例，仍以錦幣、雜物賜王。先是王以金四十兩饋，侃等不受，實等并以金奏進，世宗命侃等受之。十七年，王遣使陳賦入貢，宴賚如例。十九年，王遣長史梁梓貢馬及方物，奏請補造海船四，以便續貢。許之，禁不得違式。二十年，王遣使殷達魯等入貢，宴賚如例。二十一年，長史蔡廷美招引漳州人陳貴等駕船之國，適與潮陽船争利，互相殺傷，廷美乃安置貴等於舊王城，盡没其貲。貴等夜奔，爲守者所掩捕，多見殺，於是誣貴等爲賊，械繫送福建。廷美賫表將赴京陳奏，巡按御史徐宗魯會同三司官譯審，别狀以聞，留廷美等待命。得旨：「貴等違法通番，着遵國典重治。琉球既屢與交通，今乃敢攘奪貨利，擅殺我民，且誣以賊，詭逆不恭，莫此爲甚。蔡廷美本宜拘留重處，念素係朝貢之國，姑且放回，後若不悛，即絶其朝貢。令福建守臣備行彼國知之。」二十二年，王遣正議大夫陳賦等貢馬及方物，宴賚如例，并以禮幣報王。王請遣官生梁炫等歸娶，時炫等就學南監已踰七年，詔給資糧驛騎，遣人護歸。二十四年，王遣長史梁顯入貢，送還朝鮮漂流人口，宴賚如例。二十六年，王遣陳賦入貢。賦與蔡廷會偕來，廷會祖蔡璟閩人，永樂中撥往琉球充水手，而産籍在閩，與給事中黄宗概上世有親，至是廷會來，宗概與交通饋謁，事覺，逮下詔獄。禮部請並罪賦，革其賞。世宗曰：「陳賦無罪，賞如例。蔡廷會交結朝臣，法當重治，念屬貢使，姑革賞示罰。蔡璟既永樂中撥出，何得於中國置産立籍？行撫按官勘明處分。」二十八年，王遣正議大夫梁顯入貢，宴賚如例。二十九年，王遣官生蔡朝用等五人詣京，請入監讀書。許之。三十二年，王遣長史梁炫入貢，宴賚如例。三十四年，王遣正議大夫梁碩入貢，具言貢舟至港，其勢必壞，請令使臣買海上民船駕還。詔福建守臣覆狀聽買，不得過大。又請放官生蔡朝用等歸國省親。許之，遣使送歸。

《中山世鑑》云：王剛强英毅，時大島絶貢不朝，王親征之，得疾危甚，法司國頭馬思良祈天代死，竟死，王疾瘳，返中山，官其子，厚卹之，今其子孫世襲國頭按司。汪記誤入尚元王條下。王在位二十九年，壽五十九歲，嘉靖三十四年卒。

尚元

明嘉靖三十五年丙辰，尚元嗣位。

尚元，尚清第二子。嘉靖七年戊子生，年二十九歲嗣位。嘉靖三十六年，尚元遣正議大夫蔡廷會等入貢，請襲封。先是，三十五年倭寇自浙敗還入海，至琉球境，中山王世子尚元遣兵邀擊，盡殲之，得中國被掠人金坤等六名，至是廷會等入貢獻還。因言窮島遠人須乘夏令遇南風汛始得歸國，乞如三十四年例，每歲自行修買歸舟，不候題請。世宗嘉其忠順，許之，仍賜敕獎諭，賞銀五十兩、綵幣四表裏，有功人馬必度及廷會等俱厚賜。三十七年，遣給事中吴時來、行人李際春爲正、副使。無何時來疏論大學士嚴嵩奸邪狀，嵩言其畏航海之役，故生事妄言，世宗怒，杖時來，遣戍，改命刑科給事中郭汝霖爲正使，偕際春以行。三十九年，汝霖等尚未行，而正議大夫蔡廷會入貢，奉表謝恩，稱受其世子命，以海中風濤叵測，倭人出没不時，恐使者有他虞，獲罪上國，請如正德中封占城故事，遣人代進表文、方物，而身同本國長史梁炫等賚回詔册，不煩遣使。巡按御史樊獻科以聞，下禮部議，言琉球在海中諸國頗稱守禮，故累朝以來待之優異，每國王嗣立，必遣侍從之臣，奉命服節册以往。今使者未至，乃欲遥受册命，則是委君貺於草莽，其不可一也。廷會奉表入貢，乃求遣官代進，昧以小事大之禮，棄世子專遣之命，其不可二也。昔正德中流賊爲梗，使臣至淮安，撫按官暫爲留住，候事寧即遣貢闕下。占城國王爲安南所侵，竄居他所，故令使者賚回敕命，乃一時權宜，且此失國之君也。造無稽之詞以欺天朝，援失國之君以擬其主，其不可三也。梯船通道，柔服之常，彼所藉口者，特倭人之驚、風濤之險耳。不知琛賨之輸納，貢使之往來，果何由而得無患也，其不可四也。當時占城雖領回詔敕，然其王沙古卜洛猶懇請遣使爲蠻邦光重，且廷會非世子面命，又無印信文移，若遽輕信其言，萬一世子以遣使爲至榮，謂遥拜爲非禮，不肯受封，復上請使如占城，將誰任其咎哉？其不可五也。乞令福建守臣以前詔從事便至於未受封而先謝恩，亦非故典，宜止許入貢方物，候受封後方進謝恩表文。世宗從之。四十一年，汝霖等始奉詔至國。詔曰：「朕受天命，主宰寰宇，凡政令之宣布，惟成憲之是循，其於錫封之典，遐邇均焉。爾琉球國遠處海陬，聲教漸被，修職效義，閲世已久。故國王尚清，顯荷爵封，粤踰二紀，兹者薨逝，屬國請封世子元。朕念厥象賢，衆心歸附，是宜承紹國統。特遣正使刑科右給事中郭汝霖、副使行人司行人李際春齎詔往封爲琉球國中山王，仍賜以皮弁、冠服等物。王宜謹守禮度，益篤忠勤。凡國中官僚耆舊，尚其同心翼贊以佐王，飭躬勵行，用保藩邦。故兹詔示，咸俾悉知。」王遣其舅源德偕汝霖等入謝。初王以金四十兩餽汝霖爲謝，却之，至是源德等齎所餽金請命，世宗謂朝廷命使，無受謝之義，詔聽汝霖等辭。尋以二臣遠行著勞，各賜銀幣。四十二年，王遣正議大夫鄭憲入貢，送還中國漂流人口。世宗降敕褒諭，賜鏹幣。憲因奏本國亦有流入中國者，乞命守臣恤遣。下其疏於瀕海所司。四十四年，王遣長史梁灼貢馬及方物，送還本國北山守備鄭都所獲中國被掠人口。世宗嘉王忠順，再敕獎諭，仍賜銀五十兩、綵幣四表裏，灼、都各二十兩、一表裏。隆慶改元，王遣使入貢，宴賚如例。二年，王遣使入賀，宴賚如例。三年，王遣守備由必都等歸日本掠去人口，守臣以聞。穆宗以王屢效忠誠，賞銀幣同前，仍賜敕獎勵，由必都等給銀幣有差。五年，王遣正議大夫鄭憲入謝，又歸被掠人口，再敕獎勵，賜銀幣給賞如前。遣南監受學官生梁照等三人歸國，從王請也。王在位十七年，壽四十五歲，隆慶六年薨。

尚　永

明萬曆元年癸巳，尚永嗣位。

尚永，尚元之第二子。嘉靖三十一年生，年二十一歲嗣位。萬曆元年，遣使入貢，請襲封。禮部行福建鎮巡官查勘。又送還被掠人民，獎賚如例。二年，世子遣王舅馬中叟、長史鄭佑等十八人入貢，賀登極，宴賚如例。三年，世子兩遣使入貢。四年，世子遣正議大夫蔡朝器等貢方物，如例給賞外，神宗命每五日另給雞鵞、米麵、酒菓，以示優異。以户科左給事中蕭崇業爲正使，行人謝杰爲副使，齎皮弁、玉圭往封尚永嗣王。崇業等疏言四事：一、頒去詔敕，如彼國懇留，宜如例俯循其請。一、秩祀海神合舉祈、報二祭。一、造船宜專責府佐，副以指揮二員，造完一併隨行。一、飲食物用、弓矢器械以及觀星、占風、聽水、察土、醫卜、技藝之流畢備，許酌量取用。悉如所請。五年，正議大夫梁灼入貢，表稱世子，時崇業等尚未行也。八年，（慶）〔齎〕詔至國。詔曰：「朕受天明命，君臨萬方，薄海内外，罔不來享，延賞錫慶，恩禮攸同。惟爾琉球國遠處海濱，恪遵聖教，世修職貢，足稱守禮之邦。國王尚元，紹序膺封，臣節罙謹，兹焉薨逝，悼切朕衷。念其侯度有常，王封當繼，其世子永德惟象賢，惠能得衆，宜承國統，永建外藩。特遣正使户科左給事中蕭崇業、副使行人司行人謝杰，齎詔往封爲琉球國中山王，仍賜以皮弁、冠服等物。凡國中官僚耆舊，尚其協心翼贊，畢力匡扶，懋猷勿替於承先，執禮益虔於事上。綏兹有衆，同我太平，則亦爾海邦無疆之休。」敕王曰：「惟爾先世守此海邦，代受王封，克承忠順。迨於爾父元，畏天事大，益用小心，誠節懋彰，寵恩洊被，遽焉薨逝，良用悼傷。爾爲冢嗣，克修厥美，群情既附，宜紹爵封。兹特遣使封爾爲琉球國中山王，并賜爾及妃冠服、彩幣等物。爾宜恪守王章，遵述先志，秉禮守義，奠境安民。庶幾彰朕無外之仁，以永保爾有終之譽。」王遣王舅馬良弼入謝，偕陪臣子鄭迵等三人就學，命送南京國子監，如例給衣糧。九年，王遣正議大夫梁燦入貢。十一年，王遣使梁灼入貢。十五年，王遣正議大夫鄭禮謝恩，别遣使貢方物。宴賞悉如例。是年王卒，在位十六年，年三十五歲。

尚寧

明萬曆十六年戊子，尚寧即位。

尚寧，尚真王之孫，尚懿之子，尚永無世子，國人立尚寧。年二十五歲即位。遣使鄭禮入貢，言國方多事，未暇請封。萬曆十四年，日本平秀吉僭稱關白，威脅琉球等諸國，皆使奉貢。又慮琉球洩其情，使毋入貢。二十七年，寧遣使鄭道等請封。部議不必遣官，但取具該國王舅、法司等官印結與世子奏本到，即頒封。神宗曰：「今既請封，可着選廉勇武臣一員同往行禮。」二十九年，禮部右侍郎署尚書事朱國祚言：「琉球國僻處東南，世修職貢，時當承襲，屢遭倭警，延宜至今。既經世子尚寧奏請，相應准封，其該用皮弁、冠服、紵絲等項，宜照例應付遣官，已奉明旨。但據其陳乞情詞，援引《會典》，必以文臣爲請，惟聖明裁定。」乃命兵科給事中洪瞻祖、行人王士楨爲正副使往。瞻祖以憂去，以兵科右給事中夏子陽代之。三十三年，神宗命夏子陽等作速渡海，以彰大信，仍傳諭彼國以後領封海上，著爲定規。先是萬曆二十三年，琉球使臣於霸等爲世子尚寧請封，撫臣許孚遠以倭氛未息，議遣使齎敕至福建，聽來使面領，或遣慣海武臣同彼國使臣往，得旨待世子表請然後如議頒封。迨二十八年請封表至，則有用武臣之旨。二十九年，世子再疏，乞差文臣，始改後命。於時子陽等方齎敕入閩，而巡按方元彦以濱海多事，偕撫臣徐學聚請仍遣武臣前往。子陽等具言屬國言不可爽，使臣義當有終，乞堅成命，以慰遠人。俱未報。而禮部侍郎李廷機言宜斷行領封初旨，并武臣之遣而罷之。於是御史錢桓、給事中蕭道高各具疏力言其不可，且云：「此議當在欽命未遣之先，不當在册使既行之後。宜行該撫速造海船，勿誤今年渡海之期，候事竣復命，然後定爲畫一之規。先之以文告，令其領封海上，永爲遵守。」從之。於是子陽等齎詔之國。詔曰：「朕恭膺天命，誕受多方，爰暨海隅，罔不率俾，聲教所訖，慶賚惟同。爾琉球國僻處東南，世修職貢，自我皇祖，稱爲禮義之邦。國王尚永，祇襲王封，恪遵侯度，倏焉薨逝，良惻朕心。其世子寧賢足長人，才能馭衆，間關請命，恭順有加。念其國統攸歸，人心胥屬，宜膺寵渥，固我藩籬。特遣正使兵科右給事中夏子陽、副使行人司行人王士楨，齎詔封爲琉球國中山王，仍賜以皮弁、冠服等物。凡國中官僚耆舊，尚其殫忠輔導，協力匡襄，堅事上之小心，鞏承先之大業，永綏海國，共享昇平，惟爾君臣亦世世永孚於休。」又敕王曰：「惟爾上世以來，建邦海外，代膺封爵，長固藩維。爾父永恪守王章，小心祇畏，忠誠茂著，稱我優嘉，遽至長終，良深悼惻。爾爲冢嗣，無忝象賢，既允群情，宜崇位號。特茲遣正使兵科右給事中夏子陽、副使行人司行人王士楨齎敕諭封爾爲琉球國中山王，并賜爾及妃冠服、綵幣等物。爾宜益虔侯度，克紹先猷，保乂人民，奠安境土。庶幾恢朕有截之化，抑亦貽爾無疆之休。」三十四年，夏子陽等事竣復命，王遣王舅毛鳳儀及正議大夫阮國入謝，并以二使所却贐金上於朝。神宗命來使齎回。王附奏，洪、永間賜閩人三十六姓，知書者授大夫、長史，以爲朝貢之司，習海者授通事，總爲指南之備。今世久人湮，文字音語、海路更針常至違錯，乞依往例更賜。事下禮部，寢之。三十六年，王遣使鄭子孝等十三人入貢，宴賚如例。三十八年，王遣王舅毛鳳儀、長史金應魁急報倭警，致緩貢期。福建巡撫陳子貞以聞。四十年，浙江總兵官楊崇業奏報倭情，言探得日本以三千人入琉球，執中山王，遷其宗器，宜敕海上嚴加訓練。而兵部疏言，倭入琉球，獲中山王，則三十七年三月事也。《世纘圖》云浦添孫慶長即察度王之孫，興於日本，自薩摩洲島舉兵入中山，執王及群臣以歸，留二年。法司鄭迵法司鄭迵字利山，嘉靖四十四年入太學。夏子陽使録云：法司不用三十六姓，今用之，自鄭週始。按週字格橋，萬曆七年入太學，與迵爲兄弟。但鄭週官至長史，爲法司者則迵也。今傳寫作鄭迴，則尤誤矣。迵乃都通事鄭禄第二子，週第三子，其長曰達，無名迴者。不屈被殺，王危坐不爲動，慶長異之，卒放回。王在位三十二年，壽五十七歲，泰昌元年薨。

尚豐

明天啓元〔年〕辛酉，尚豐即位。

尚豐，尚永弟，尚久之第四子也。尚寧卒，無世子，國人立尚豐。萬曆十八年生，年三十二歲，於天啓元年即位。是年改元，頒登極詔，福建布政司轉命衛指揮蕭崇基齎詔至國。三年，遣使蔡堅等貢硫磺、馬匹，請襲封。先是定期二年一貢，萬曆間國被倭難，詔停貢已十年，至是以爲言。部議本國休養未久，暫擬五年一貢，待册封後另議。五年，豐遣使入謝，并乞封典。六年，再遣使入貢。七年，遣正議大夫蔡延等入貢。宴賚悉如例。崇禎二年，豐遣使入貢，再申前請。命禮官，何如寵復以履險糜費請令陪臣領封，帝不從。乃命户科左給事中杜三策爲正使，行人司正楊掄爲副使，齎詔及儀物往封尚豐爲琉球國中山王。六年，三策等始至國。王遣使入謝。九年，遣使入貢。宴賚悉如例。

《中山世鑑》云：王通諸藝，始製陶器，以贍國用。在位二十年，壽五十一歲，崇禎十三年薨。

尚賢

明崇禎十四年庚辰，尚賢嗣位。

尚賢，尚豐王第三子。天啓五年生，十七歲嗣位。十七年，遣使金應元入貢，請襲。會中朝道阻，不得歸。王在位七年，壽二十三歲，順治四年薨。

尚質

大清順治五年戊子，尚質嗣位。

尚質，尚賢之弟。崇禎二年生，年二十一歲嗣位。先是尚賢請封未報，使者留閩中，至是與通事謝必振等至江寧，投經略臣洪承疇，轉送入京。禮部言前朝敕印未繳，未便授封，遣通事諭旨。六年，賢弟尚質稱世子，遣本國通事周國盛齎表歸誠，隨通事入朝。七年，遣王舅何榜琨、正議大夫蔡錦等奉貢入賀，船漂没未達。八年，世祖章皇帝令來使周國盛齎敕歸諭世子。十年，世子遣王舅馬宗毅、正議大夫蔡祚隆等貢方物，繳前朝敕印請封，備言其國王歿，敕即隨葬，惟尚寧未葬，故即以寧敕齎繳。十一年，又遣官進貢請封。賜國王蟒緞二、綵緞六、藍緞二、素緞二、閃緞二、錦三、紬四、羅四、紗四，賜王妃綵緞四、閃緞一、藍緞二、素緞三、錦二、羅四、紗四，賞王舅綵緞、表裏各四，正議大夫綵緞、表裏各三，藍緞一、紬二、羅二，使者綵緞、表裏各二，藍緞一、紬一、羅一、紗一，通事、從人紗緞、紬布、銀兩各有差。遣兵科愛惜喇庫哈番張學禮爲正使，行人司行人王垓爲副使，賜詔書一道，鍍金銀印一顆，令二年一貢，進貢人數不得過一百五十人，許正、副使二員，從人十五名入京，餘俱留邊聽賞。學禮等疏請十事，部議賜一品麟蟒服，於欽天監選取天文生一人，南方自擇醫生二人，賜儀仗，給驛護送，外給從人口糧，至福建修造渡海船，選將弁二、兵二百人隨行。因海氛未靖，還京待命。未行，今上御極，念遠人延佇日久，譴責學禮等，卒遣行。康熙二年，奉詔敕至國，詔仍順治十一年所頒，敕則康熙元年也。敕曰：「皇帝敕諭琉球國世子尚質，爾國慕恩向化，遣使入貢。世祖章皇帝嘉乃抒誠，特頒恩賚，命使兵科副理官張學禮等齎捧敕印，封爾爲琉球國中山王。乃海道未通，滯閩多年，致爾使人物故甚多。及學禮等奉掣回京，又不將前情奏明，該地方督撫諸臣亦不行奏請，迨朕屢旨詰問，方悉此情。朕念爾國傾心修貢，宜加優卹，乃使臣及地方各官逗留遲誤，豈朕柔遠之意？今已將正副使、督撫等官分别處治，特頒恩賚，仍遣正使張學禮、副使王垓，令其自贖前罪，暫還原職，速送使人歸國。一應敕封事宜，仍照世祖章皇帝前旨行。朕恐爾國未悉朕意，故再降敕諭，俾爾聞知。」詔曰：「帝王祗德應治，協於上下，靈承於天時，則薄海通道，罔不率俾爲藩屏臣。朕懋纘鴻緒，奄有中夏，聲教所綏，無間遐邇，雖炎方荒略，亦不忍遺，故遣使招徠，欲俾仁風暨於海澨。爾琉球國粤在南徼，乃世子尚質達時識勢，祗奉明綸，即令王舅馬宗毅等獻方物，禀正朔，抒誠進表，繳上舊詔敕印，朕甚嘉之。故特遣正使兵科副理官張學禮、副使行人司行人王垓齎捧詔印，往封爲琉球國中山王，仍賜以文幣等物。爾國官僚及爾氓庶，尚其輔乃王，飭乃侯度，協攄乃藎，守乃忠誠，慎乂厥職，以凝休祉，綿於奕世。故茲詔示，咸使聞知。」賜王印一，緞幣三十，妃緞幣二十。三年，王遣陪臣吴國用、金正春奉表謝恩進貢，且疏言：「捧讀敕諭，因臣使物故甚多，滯閩日久，將正副使併督撫諸臣處治。但中外均屬臣子，臣躬承天庥，不能少爲諸臣之報，而反重爲諸臣之累，臣何人斯，豈能宴然清夜？」上命還學禮等原職，賜國王蟒緞二、綵緞四、藍緞二、素緞二、閃緞二、錦二、紬二、羅二、紗二，賞王舅綵緞、表裏各四，羅四、靴一雙、綵緞三，紫金大夫綵緞、表裏各四，羅三、靴一雙，使者綵緞、表裏各二，摺鈔布四，通事、從人緞布有差。四年，中山王遣使進香，并賀登極進貢。其貢物有在梅花港口遭風漂溺者，奉旨免其補進。五年，補進貢物，奉旨發回。又令應進瑪瑙、烏木、降香、木香、象牙、錫速香、丁香、檀香、黄熟香等十件，不係土産，免其進貢。其硫磺留福建督撫收貯。餘所貢方物令督撫差人解送，其來使不必賫送，到京即給賞遣回。六年，令貢使仍令賫表入覲。七年，王卒，在位二十一年，壽四十歲。

尚貞

大清康熙八年己酉，尚貞嗣位。

尚貞，尚賢子。順治二年生，年二十五歲嗣位。康熙八年進貢，耳目官到京，於常貢外加進紅銅及黑漆嵌螺茶碗，照例給賜。惟正使不係王舅，與副使正議大夫賞同。十年，進貢於常貢外加進鬃煙、番紙、蕉布，其被風飄失貢物，免其查議。十三年，進貢於常貢外加進紅銅及火爐、絲煙。十八年，補進十七年貢物。除赴京存留官伴外，其餘員役令先乘原船歸國。十九年，遣使進貢。奉諭：琉球國進貢方物，以後止令貢硫磺、海螺殼、紅銅，其餘不必進貢。貢物舊有金銀罐、金銀粉匣、金銀酒海、泥金彩畫屏風、泥金扇、泥銀扇、畫扇、蕉布、苧布、紅花、胡椒、蘇木、腰刀、大刀、鎗、盔甲、馬鞍、絲綿、螺盤，後俱免進。外有加貢物無定額熟硫磺一萬二千六百觔、海螺殼三千個、紅銅三千觔。二十年，遣使入貢。上以貞恪共藩職，當耿精忠叛亂之際，屢獻方物，恭順可嘉，賜敕褒諭，仍賜錦幣五十，又於常貢内免其貢馬，著爲例。二十一年，世子遣耳目官毛見龍、正議大夫梁邦翰上言：先王尚質於康熙七年告薨，貞嫡嗣應襲爵，具通國結狀請封。禮部議，船海道遠，應令貢使領封，見龍等固請，部議執不可。上特允之，命翰林院檢討汪楫爲正使，内閣中書舍人林麟焻爲副使。楫等疏陳七事：一、請頒御筆，一、請照例諭祭海神，一、渡海之期不必專候貢使，一、請帶修船官〔匠〕一同渡海，一、請給關防，一、請增兵護行，一、請預支俸銀。奏上，御筆大書「中山世土」四字賜王，特許帶修船匠役隨行，製祭文二道祈報海神，并給俸二年以往。二十二年，楫等渡海，先行諭祭故王禮。諭祭文曰：「朕受天景命，君臨萬邦，殊方海澨，罔不賓服。凡有恪共藩職，累世輸誠，則必生加錫命之榮，殁隆賻卹之典。所以旌揚歸附，柔懷荒遠，垂爲國憲，昭示億年。爾琉球國中山王尚質，式廓前徽，誕膺世祚。作藩屏於南海，輯圭瑞於中邦。浮航貢賮，凜遵王享之規；踰險求章，虔秉朝宗之志。方謂河山永固，帶礪之胙常存；何期霜雪遄零，松柏之姿忽謝。眷言藩服，朕實傷焉。爰沛褒綸，優加祭卹。」賜卹銀一百兩，闊絹五十疋。次行册封禮。詔曰：「朕躬膺天眷，統御萬邦，聲教誕敷，遐邇率俾。粤在荒服，悉溥仁恩；奕葉承祧，并加寵錫。爾琉球國地居炎徼，職列藩封。中山王世子尚貞屢使來朝，貢獻不懈。當閩疆反側，海寇陸梁之際，篤守臣節，恭順彌昭，克殫忠誠，深可嘉尚。兹以序當纘服，奏請嗣封。朕惟世繼爲家國之常經，爵命乃朝廷之鉅典。特遣正使翰林院檢討汪楫、副使内閣中書舍人加一級林麟焻，齎詔往封爲琉球國中山王。爾國臣僚以及士庶，尚其輔乃王慎修德政，益勵悃誠，翼戴天家，慶延宗祀，實惟爾海邦無疆之休。故兹詔示，咸使聞知。」又敕王曰：「惟爾遠處海隅，虔修職貢，屬在冢嗣，序應承祧。以朝命未膺，罔敢專擅，恪遵典制，奉表請封。朕念爾世守臣節，忠誠可嘉，特遣正使翰林院檢討汪楫、副使内閣中書舍人加一級林麟焻，齎敕封爾爲琉球國中山王，并賜爾及妃文幣等物。爾祇承寵眷，懋紹先猷，輯和臣民，慎固封守，用安宗社於苞桑，永作天家之翰屏。欽哉！毋替朕命。」賜王蟒緞、錦幣三十疋，妃二十疋。二十二年，遣法司王舅毛國珍、紫金大夫王明佐等謝封。汪楫等回京，復爲題請，遠人向化，請賜就學。奉旨准令就學。二十五年，王遣官生梁成楫、蔡文溥、阮維新、鄭秉鈞四人入大學，附貢使耳目官魏應伯、正議大夫曾夔船，桅摺傷，秉鈞飄至太平山修船，二十七年始到京。上令照都通事例，三人日廪甚優，春秋四季賜袍掛、衫褲、靴帽、被褥俱備，從人皆有賜，又月給紙筆墨硃銀乙兩五錢，特設教習一人，又令博士一員督課。三十年，貢使耳目官温允傑、正議大夫金元達到京，國王請官生歸國，賜宴，各給賞雲緞、紬布等，乘傳厚給遣歸。三十二年，王遣耳目官馬廷器、正議大夫王可法等入貢方物，宴賚有差。三十四年，遣耳目官翁敬德、正議大夫蔡應瑞入貢。三十六年，遣耳目官毛天相、正議大夫鄭弘良入貢。三十八年，遣耳目官毛龍圖、正議大夫梁邦基入貢。四十年，遣耳目官毛得範、正議大夫鄭職良入貢。毛得範行至杭州病卒。四十二年，遣耳目官毛興龍、正議大夫蔡應祥入貢。四十四年，遣耳目官温開榮、正議大夫蔡肇功入貢。四十六年，遣耳目官馬元勳、正議大夫程順則入貢。四十七年，國中多災，宫殿盡焚，颱颶頻作，人畜多死。四十八年，遣耳目官向英、正議大夫毛文哲入貢。是年七月十三日王卒，在位四十一年，壽六十五歲。

尚益

大清康熙四十九年庚寅，尚益嗣位。

尚益，尚貞王世子，尚純之子。尚純爲世子時先卒，尚益以嫡孫嗣位，年三十一歲立。康熙五十年，遣耳目官孟命時、正議大夫阮維新入貢。五十一年七月十一日王卒，立三年，未及請封。

尚敬

大清康熙五十二年癸巳，尚敬嗣位。

尚敬，尚益第一子。年十一歲，康熙五十二年立。是年遣耳目官毛九紀、正議大夫蔡灼入貢。灼回至福州卒。五十四年，遣耳目官馬獻功、正議大夫阮璋入貢。五十六年，遣耳目官夏執中、正議大夫蔡温入貢，且告曾祖尚貞與其父尚益之喪，請襲。疏云：「琉球國中山王世曾孫尚敬謹奏，爲請封襲爵，以效愚忠，以昭盛典事。臣曾祖尚貞於康熙四十八年七月十三日薨逝，臣祖尚純爲世子，時早已棄世，臣父尚益未及請封，已於康熙五十一年七月十一日薨逝。念臣小子，曾孫承祧，然侯服有度，不敢僭稱，王業永存，循例請襲。俾臣拜綸音於海島，砥柱中流；膺誥命於波區，雄藩外甸。謹遣陪臣耳目官夏執中、正議大夫蔡温等虔齎奏請，伏望聖恩體循臣曾祖事例，乞差天使封襲王爵，上光寵渥之盛典，下效恭順之微忱，庶藩業得以代代相傳，頂祝皇恩世世不朽矣。」五十七年六月朔，遣翰林院檢討海寶、編修徐葆光充正副使往封。五十八年，又遣耳目官向秉乾、正議大夫楊聯桂入貢。聯桂行至涿州病卒。海寶等於五十八年六月朔至國，諭祭册封諸宴禮皆畢，五十九年二月海寶等自琉球還，代請官生入太學讀書，并請給海神天妃春秋祀典，皆蒙准行。王遣王舅向龍翼、紫金大夫程順則入貢，并謝封，貢金鶴、盔甲、馬鞍等物，賜宴賚有差。詳載第二卷内。

中山傳信録卷第四

星野

琉球分野與揚州吴越同屬女牛星紀之次，俱在丑宮。臣海寶、臣徐葆光奉册將行，上特遣内廷八品官平安、監生豐盛額同往測量。舊測北京北極出地四十度，福建北極出地二十六度三分。今測琉球北極出地二十六度二分三釐，地勢在福州正東偏南三里許。舊測福建偏度去北極中線偏東四十六度三十分，今測琉球偏度去北極中線偏東五十四度，與福州東西相去八度三十分。每度二百里推筭，徑直海面一千七百里。凡船行六十里爲一更，自福州至琉球姑米山四十更，計二千四百里。自琉球姑米回福州五十更，計三千里，乃繞南北行，里數故少爲紆遠耳。向來紀載，動稱

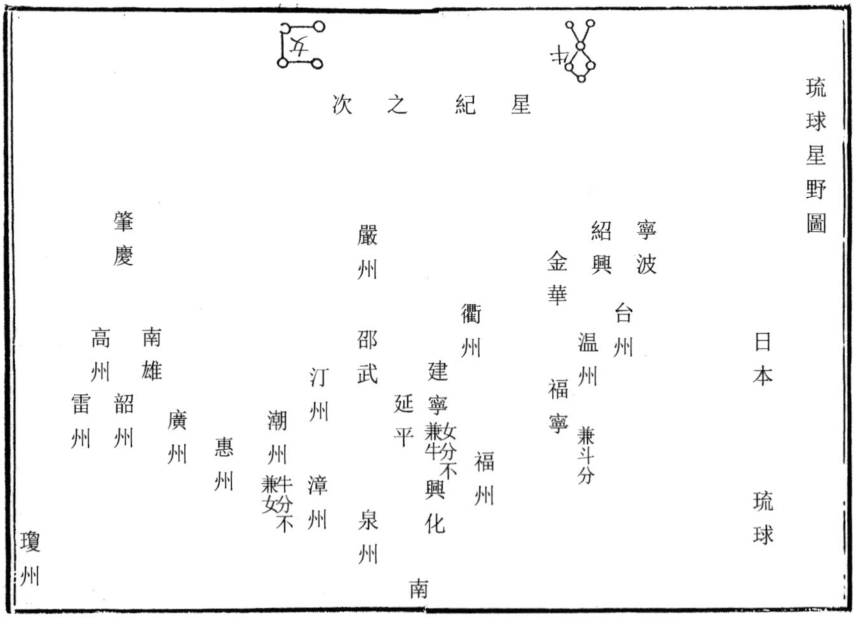

數萬里，皆屬懸揣。今逢皇上天縱，推日晷遠近高下以定里數，輿圖幅員，瞭如指掌，海外彈丸，今見準的，智能量海，功媲指南矣。

潮

琉球潮候與福建不同，率後三辰，東西地勢往復，自然之理也。各洋潮候，海船柁工言之皆不同。西洋一日一潮，率以申漲，以寅退，是又以一晝夜爲消息矣。潮生潮漲潮退，率三辰爲準。今略列表如後。

⊙潮生　●潮漲　○潮退

	初一 初二 十六 十七		初三 初四 十八 十九		初五 初六 二十 二十一	
	福建	琉球	福建	琉球	福建	琉球
子			⊙			
丑			●		⊙	
寅			○		●	
卯		⊙			○	
辰		●		⊙		⊙
巳	⊙	○		●		●
午	●		⊙	○		○
未	○		●		⊙	
申			○		●	
酉		⊙			○	
戌		●		⊙		⊙
亥	⊙	○		●		●
子	●			○		○
丑	○					

（續表）

		子	丑	寅	卯	辰	巳	午	未	申	酉	戌	亥	子	丑
初七 初八 二十二 二十三	福建			◎	●	○				◎	●	○			
	琉球						◎	●	○				◎	●	○
初九 初十 二十四 二十五	福建				⊙	●	○				⊙	●	○		
	琉球	⊙	●	○				⊙	●	○					
十一 十二 二十六 二十七	福建					⊙	●	○				⊙	●	○	
	琉球		⊙	●	○				⊙	●	○				
十三 十四 二十八 二十九	福建					⊙	●	○				⊙	●	○	
	琉球			⊙	●	○				⊙	●	○			
十五 三十	福建						⊙	●	○				⊙	●	○
	琉球				⊙	●	○				⊙	●	○		

琉球三十六島

琉球屬島三十六，水程南北三千里，東西六百里，遠近環列各島，語言惟姑米、葉壁與中山爲近，餘皆不相通。擇其島能中山語者給黄帽，令爲酋長，又遣黄帽官莅治之，名奉行官，亦名監撫使，歲易人，土人稱之曰親雲上，聽其獄訟，徵其賦税。小島各一員，馬齒山二員，太平山、八重山、大島各三員，惟巴麻、中山讀間字音同麻，華言山也。下倣此。伊計、椅山、硫磺山四島不設員。諸島無文字，皆奉中山國書。我皇上聲教遠布，各島漸通中國字，購畜中國書籍，有能讀上諭十六條及能詩者矣。

東四島

姑達佳譯爲久高，在中山東一百四十五里。産赤秔米、黄小米、海帶菜、龍蝦、五色魚、佳蘇魚。佳蘇魚本名黑饅魚，大者長八九尺，圍尺許，割其肉爲臘，各島多有，産此者良。山多螺石。

津奇奴譯爲津堅，在中山東三十五里。

巴麻譯爲濱島，南北二島，在中山東三十五里。

伊計在中山三十五里。以上三島，其所産同姑達佳，皆多魚，此四島語言頗相近。

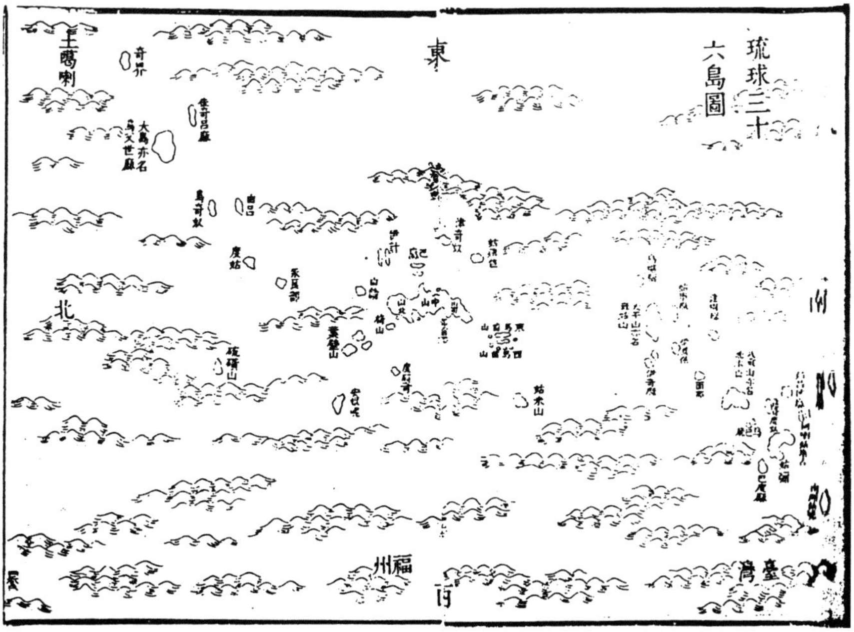

正西三島

馬齒二山在中山正西一百三十里。東馬齒山大小五島，産牛、馬、粟、布、文貝、螺、怪石。西馬齒山大小四島，有座間味、渡嘉敷等間切，西山尤磽瘠，罪人多流此。人多黑色，善漁，能泅水，深没久久乃出。山下海中産海松，山人能泅水取之。姑達佳、津奇奴亦有海松，馬齒産者，色久不退爲良。産魚螺。山多鹿。近姑米山有姑巴汎麻山，亦多鹿，無人居。

姑米山在馬齒山西，去中山四百八十里。有安河巨志、川仲里等間切。由閩中至國，必針取此山爲準。封舟行海中第七日，有小黑魚點點浮水面，接封使臣云此出姑米山下，名墨魚。山形勢雄拔，産五穀及土綿、繭紬、白紙、蠟燭、螺魚等物，山多雞。

西北五島

度那奇山譯曰渡名喜山，近姑米山，山多牛。

安根岻山譯曰粟國山，又爲安護仁，與度那奇俱近姑米，語言亦與姑米相類。山産鐵樹，比他處生者良。山多豕。

椅山亦曰椅世麻，亦曰伊江島，中山、北山之間一小石山，四圍黄沙，潮漲隔半里許，水退可徒涉至，山上無居民。

葉壁山土名伊平屋島，在中山西北三百里。產米最佳，亦有麥、稷、粱、豆、棉花、蕉絲、海膽、毛魚等物。中有一山，宛轉如龍，尚圓王祖塋所在。

硫磺山又名黑島山，多鳥，亦名鳥島，在中山西北三百五十里，與姑米山南北相峙。山無草木，置採硫磺户四十餘家，歲遺米廪食之。統二酋長，泊府官遥領之。其人爲硫磺氣薰灼，目皆如羊，不精明。相近有灰堆山、尤家埠、移山奥。

東北八島

由論在中山東北五百里。產芭蕉，結蕉寔，多樫木。

永良部訛爲伊闌埠，在中山東北五百五十里。屬有温鎮。

度姑譯曰德島，在中山東北六百里。

由吕在度姑東北三十八里。

烏奇奴在度姑東北四十里。

佳奇吕麻在中山東北七百七十一里。

大島土名烏父世麻，在度姑東北，去中山八百里，水行三日可達。其島長一百三十里，分七間切，有西間切、東間切及笠利名、瀨屋、喜住用、古見等間切，分屬二百餘村縣。其島無孔廟，有四書五經、唐詩等書。自稱小琉球，大酋長十二員，小酋一百六十餘員。產米、粟、麥、豆、薯、木棉、芭蕉、紅樱、黑欅、櫨、子可榨油。羅漢杉、即樫木。桑、竹，畜有牛、馬、羊、犬、猪、雞，無鵝。野獸有山猪、兔，鳥有鴛鴦、雁、鶩、鷹、野鴨、鷺、青鳩、雀鴉，無鵲。海鮮有草鱣魚、海爪，蠣類。菓有橘子，燒酒、米肌、黑糖、蘇鐵等物皆有之。有清水山、菊花山、永明山。島北一里許有大石如圓柱，廣一里，名赤瀨，純紫色，無人居。

奇界亦名鬼界，去中山九百里，爲琉球東北最遠之界。人以手食，多黑色，産樫木爲良。

以上八島，國人稱之皆曰烏父世麻。此外即爲土噶喇亦作度加喇。七島矣。七島諸島水程遠近見汪記録，以非琉球屬島，故不載。

南七島

太平山一名麻姑山，始爲宮古，後爲迷姑，今爲麻姑。在中山南二千里。有筑山，甚高，土名七姑山。上有碧於亭，用艮寅針至中山那霸港。福建至太平山，自東湧開洋至釣魚臺，北風用單卯並乙辰針可達。山周圍五六十里，頗富饒，産畜五穀，牛馬甚多。出棉布、麻布、草蓆，紅酒名太平酒，每年八月歸貢税于中山。

伊奇麻譯曰伊喜間，在太平山東南。

伊良保在太平山西南。

姑李麻譯曰古裏間，在太平山正西。

達喇麻在太平山正西。

面那在太平山西南。

烏噶彌在太平山西北。

以上皆屬太平山，國人稱之皆曰太平山。

西南九島

八重山一名北木山，土名彝師加紀，又名爺馬，在太平山西南四十里，去中山二千四十里。由福建臺灣彭家山用乙辰針至八重山。明洪武中中山王察度始通中朝，時二大島來貢于中山，即八重山、太平山也。山較太平尤饒給，多樫木、烏木、黄木、紅木、草蓆，産牛、馬、螺石，出麻布、棉布、海參，紅酒名密林酒，五穀、琿栞、璹瑁、珊瑚、羊肚、松紋、海芝、海松、海柏等石。每年五六月與太平山來貢于中山。

烏巴麻二島，譯曰宇波間，在八重山西南。

巴度麻譯曰波渡間，在八重山西南。

由那姑呢在八重山西南。以上四島皆近臺灣。

姑彌在八重山西，較他島爲大。

達奇度奴譯爲富武，在八重山西，姑彌東。

姑吕世麻譯爲久里島，在八重山西少北。

阿喇姑斯古譯曰新城，在八重山西。

巴梯呂麻譯曰波照間，在八重山極西北。

以上八島俱屬八重山，國人稱之皆曰八重山，此琉球極西南屬界也。

三十六島前録未見，惟張學禮記云賜三十六姓，教化三十六島，其島名物産則未之及也。今從國王所請示地圖，王命紫金大夫程順則爲圖，徑丈有奇，東西南北方位略定，然但注三十六島土名而已，其水程之遠近，土産之磽瘠，有司受事之定制，則俱未詳焉。葆光周諮博采，絲聯黍合，又與中山人士反覆互定，今雖略見眉準，恐舛漏尚多，加詳審定，請俟後之君子。

臣葆光按：舊傳島嶼誤謬甚多，前人使録已多辨之。前明《一統志》云黿鼊嶼在國西，水行一日。高華一作英。嶼在國西，水行三日。今考二嶼，則皆無有。又云彭湖島在國西，水行五日。按彭湖與臺灣、泉州相近，非琉球屬島也。崑山鄭子若曾所著《琉球圖》，一仍其誤，且以針路所取彭家山、釣魚嶼、花瓶嶼、雞籠、小琉球等山，去琉球二三千里者，俱位置在姑米山、那霸港左近，舛謬尤甚。太平山遠在國南二千里，鄭圖乃移在中山之巔歡會門之前作一小山，尤非是。

琉球地圖

琉球始名流虬。《中山世鑑》云：隋使羽騎尉朱寬至國，于萬濤間見地形如虬龍浮水中，故名。《隋書》始見，則書流求，《宋史》因之，《元史》曰瑠求，明永樂中改琉球國。在閩福州正東一千七百里，偏南三里。其地形東西狹，寬處數十里，南北長四百四十里。自中山首里南至喜屋武邊海，緊行一日半，北至國頭邊海，緊行三日半。明永樂以前國分爲三，曰中山，曰山南，曰山北。宣德時并爲一，分爲三省，中山爲中頭省，屬府十六； 山南爲島窟一作尻。省，屬府十二； 山北爲國頭省，屬府九。府土名間切，所屬皆稱村頭，土名毋喇。國中亦有五嶽，辨嶽在中山，八頭嶽在山南，佳楚嶽、名護嶽、恩納嶽在山北，比他山爲高，佳楚嶽尤峻，爲琉球第一峰云。

首里，王宮所在，不稱間切，屬村縣二十一。崎山在王宮東南。有崎山，山左行爲東苑。金城在王宮西南。有金城橋、翠巖、凌霄亭，國丈毛氏家園，有泉名奇泉。內金城新橋在王宮東北。有升簷山、佐敷殿，前王尚益爲世子采地封佐敷，故其第稱佐敷殿，今爲故宮人所居。赤平在王宮北。有石虎山。儀保在朱平村北。西儀保 末吉在王宮北。有社壇，有龜山，有吉泉。山川 新川 殿川 寒川

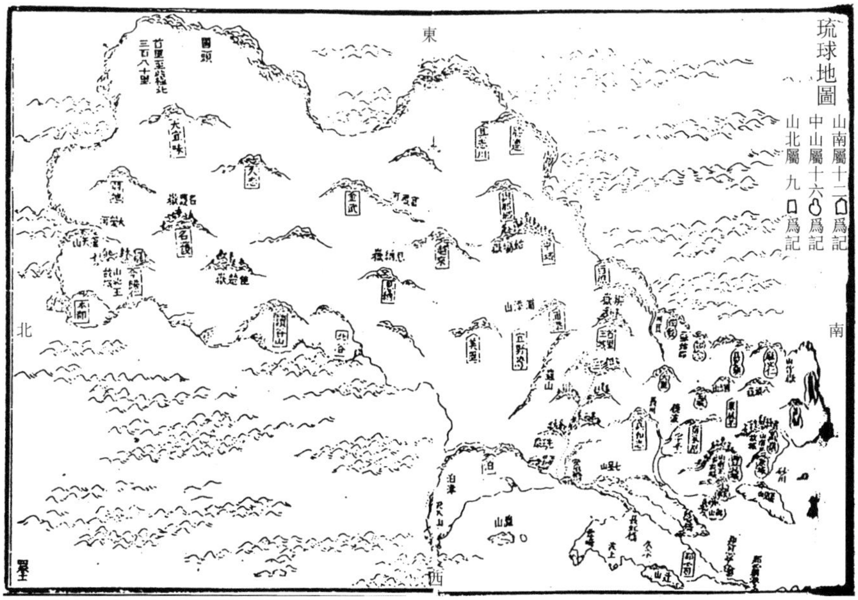

大中　鳥崛　汀白次　赤田　姑場川　桃原有笠泉。　當藏　真和地　立岸有萬松嶺、茶崎橋觀音亭，下有慈眼院。

中山省泊，在首里西五里。有泊山，有泊橋跨海，亦名高橋，東北有泊津，西流入海。屬村縣二。東境　西境

那霸，在首里西十里。那霸江港口有南北砲臺，並峙海門，旁有巨石當中流名馬加，四圍皆鐵板沙，沙堅如鐵，其平如板，板面嵌空槎牙，沿海皆是，潮長沙没，舟誤觸無完者，故國人恃爲金湯。南北砲臺皆從江口跨入海中，蠣石築成長堤，蜿蜒半里許。北砲臺隄中作橋門三以通潮。南砲臺隄中有番字石碑，一額題曰了攬新森城，碑文嘉靖三十三年國王尚清時立，餘皆番字，石頗剥蝕。又有一石，上題一梵字，下小字云書《法華經》一石一字。二砲臺石工甚整，皆于康熙五十五年新修，大夫蔡温有碑文記其修築始末，立北隄上。其略云：霸江百川所會，與海相通，貢船暨西北諸艘往來中山之咽喉也。南距饒波，北抵泉崎，東達宇平、板敷。近人規小利，或聚泥土築田陌，川苦其狹，變爲涸溝，其尤甚者至塞川以爲田，爛土泥水，流入霸江，江將塞矣。明君賢相特命向文思等疏濬斯江，或播田地以廣其川，或除爛泥以深其水。宇平、板敷等處復通長川順流。臨海寺西築石橋三座，迎恩亭北構石橋一座，渡地村臨江築塘，架木橋二座，計橋五座。垣花村加二橋，共木橋三座。泉崎橋改修，牧志南派之水決以西注。自康熙丁酉五月初五日起，至明年閏八月二十日告成。或曰臨海寺南石何爲不除，文思曰：斯石係乎風水，且江海颶颱不時，若非斯石，船隻難泊也。康熙五十七年戊戌十二月記。北砲臺堤中臨海寺門外有重修臨海橋舊碑文，康熙三十五年丙子立，大夫程順則撰文。言國王尚貞時補葺舊堤，架石爲橋。碑陰又云原有四橋，一在寺西，三在寺東。其東西二橋明萬曆間廢塞，惟中二橋今修之。又云康熙四十八年己丑十月，大風損堤十餘丈，癸巳二月失火燒碑。今國王命官修堤立碑，用舊文爲記，不敢没先造也。并記國相向祐以下姓名及工錢數目。末云俱用鳩字錢。康熙五十二年癸巳五

月程順則再識。屬村縣六。東縣　西縣　泉崎　若狹町　辻山　渡地
久米。在那霸。有東門村　西門村　北門村　南門村亦名大門村。舊有普門寺，故又名普門地，皆洪武中賜閩人三十六姓居之，不他徙，故名唐營，亦稱營中，後改爲唐榮。
真和志，在首里西一里。屬村縣十二。識名山下有聖應寺。　國場　牧志有日泉，相傳見紅日墜地生泉。泉上有古松。長虹橋、七星山皆屬此。　天久　松川　與儀　龜田　安里有安里橋、先王廟、八幡橋、八幡宮。　湊川　古波藏有城嶽。　仲井間　上間
南風原，在首里西三里。屬村縣七。宮平　津嘉山舊有玉那霸，今并入。　内嶺　本部　喜屋武　神里　平川
東風平，在首里西三十里，屬中山省地，在山南界中。屬村縣九。東風平　富盛　志多伯　世名城　友奇　高良　山川　宜壽次　當銘
西原，在首里東十里。屬村縣十六。幸地　小橋川　安實　桃原　我謝　翁長　平郎　小那霸　棚原　末吉　石嶺　嘉手苅　小波津　與那城　内間　吴屋
浦添，在首里東三十里。屬村縣十一。浦添在浦添山。　伊祖　牧港　安波茶　澤岻　屋富祖　城間有客館。　西原　内間有尚圓王舊宅。王始爲内間里主，後避位居于此。　勢理客　前田
宜野灣，在首里東三十里。屬村縣十二。宜野灣沿海皆曬鹽場。　謝名有金宮崇奉社。察度王母，天女也，行其地見石物皆黄金銀，父勝連按司遣大夫取此金銀，曰此地靈所也。作樓閣金宮。　普天間有寺名普間山神

宫寺、松壽院，皆真言教，有天真泉。　新城　具志川　城田　嘉數　安仁屋　伊佐　喜友名　野嵩　我如古

中城，在首里東四十里。有姑場嶽。此處人物俊秀，能詩善書，常爲王孫采地。屬村縣十九。中城有世子殿，國王時往遊。　姑場在姑場山下。　熱田　當間　島袋　奥間　和宇慶　屋宜　津灞　安谷屋　伊集　渡口　喜舍場　添石　瑞慶覽　新垣　安里　中順　比嘉

北谷，亦稱北溪，在首里東四十里。此府多稻田。屬村縣十二。北谷有無漏溪。義本王當宋淳祐中，溪中惡蛟興暴風雨爲患，募童女爲犧祭之。宜野灣章氏女真鶴應募，捨身養母，孝感天神，滅蛟除害。王大喜，以配王子。　濱川　砂邊　野國　野里　玉代勢　屋良　桑江　嘉手納　平安山　伊禮　前城

讀谷山，在首里東六十里。屬村縣十二。讀谷山亦稱座喜味。　高志保　喜名　宜間　渡具知　大灣　伊良皆　渡慶次　波平　長濱　賴名霸　根波

勝連，在首里東北四十里。屬村縣十。勝連　神谷　比嘉　平敷屋　平安名　内間　新垣　龜島　濱村　南原

與那城，在首里東北五十里。屬村縣六。仲田　平安座　安勢理　上原　池宫城　伊計

越來，在首里東五十里。屬村縣十。越來尚圓王弟宣威采地。越來代尚圓立六月，讓位於尚圓子尚真，退老於越來，今其子孫世爲越來按司。　照屋　安慶田　湖屋　上地　諸見里　山内　宇慶田　大古迴　中宗根

美里，在首里東四十里。屬村縣十八。嵩原　高原　恩納亦稱東恩納，以別北山之恩納。　石川　古謝　伊波　野原　松本　田里　楚南　比屋根　與儀　宫里　知花　池原　嘉手苅　登川　山城

具志川，在首里東四十里。屬村縣十七。安里　上江洲　宇堅　祝嶺　中嶺　天願　高江洲　田場　田崎　安慶名　江洲　江洌　大田　榮野比　川崎　兼個谷　兼嘉段

以上中山省間切十六。久米在那霸，不入間切。自泊以下至具志川爲十六。

山南省大里，在首里南四十里。屬村縣十七。與那原　與古田　湧稻國　板良敷　仲程　與那霸稻福　上與那原　大城　宫城　古堅　因取真　島袋　南風原　高宫城　真境名　當真

玉城，在首里南四十里。屬村縣十一。玉城有八頭嶽，有雨城，國王祈雨處。有玉泉。　中村渠　富里絲數　垣花　富名腰　前川　當山　和名　奥武　志堅原

豐見城，在首里南十五里。山南王弟汪應祖故城，國中祈雨例在豐見城。屬村縣十七。豐見城　饒波有石火山，山下有石火橋，水東北流爲饒波。　長堂　翁長　真玉橋橋有水門五，下爲玉湖。　盛島　奥平　高嶺　儀保亦稱宜保。　我那霸　渡嘉敷　高安　伊良波　名嘉地　田頭　保榮茂　嘉數

小禄，在首里南二十里。屬村縣十一。小禄在小禄山下。　上原　當間　垩宫城　大嶺在海邊。村無他樹，皆種呀呾呢成林。村南嶺石佳，有泉南流入海。南去爲砂川，有砂嶽在海中一里許，石奇，無人居。　儀間儀間山在那霸迎恩亭對岸，天使館正南。山下有垣花村，村中多米廪。東有樂平泉。　湖城　具志　多加良　安次嶺　赤嶺

兼城，亦曰金城，在首里南三十里。屬村縣十。兼城　座波　照屋　嘉數　波平　武富　安波根　絲滿在海邊，村石甚奇，有白金巖。　潮平在海邊。　志茂田

高嶺，土名多嘉志，在首里南三十里。山南王故城名大里城，城下有惠泉，又有芳泉。有大里橋，舊石橋，水門三，今架木爲之。山南子孫那姓今遷居首里，有爲官者。屬村縣五。大城　真榮里　國吉有國吉山，在高嶺東南。　與座　屋姑

佐敷，亦稱佐鋪，在首里南二十里，有蘇姑那嶽。屬村縣八。佐敷　新里　屋比久　手登根　外間　津波古　與那嶺　小谷

知念，在首里南三十里。屬村縣十。知念　敷名　久手堅　山口　鉢嶺　久高　外間　知名　安座真　下敷屋

具志頭，在首里東南三里。屬村縣六。具志頭　波名城　中座　喜納　新城　與座

麻亦作摩。文仁，在首里南三十里。屬村縣五。麻文仁有山名櫻島。　米次　石原　松嶺　小渡

真壁，在首里南六十里。屬村縣八。真壁　田島　真等平　絲洲　宇榮城　古波藏　新垣　名城

喜屋武，在首里南四十里，爲國中極南沿海邊土。屬村縣五。喜屋武　上里　福地　山城　東邊名

以上山南省間切十二。

山北省金武，在首里北一百十里。屬村縣五。金武在金武山，山上爲金峰山，下有洞，有千手院，有富藏河。二百年前有日秀上人泛海到此，時年大豐，民謠云：神人來兮富藏水清，神人遊兮白沙化米。日秀上人住波上三年

後回北山。　宜野座　奥松　漢那　祖慶

恩納，在首里北一百里。屬村縣九。恩納在恩納山，亦稱佐渡山。　安富祖　名嘉真　山田　真榮田　仲泊　古良波　谷茶　富津喜

名護，在首里北一百三十里。屬村縣九。名護在名護嶽，山上有萬松院，出蘭，葉如桂，抽箭如蕙，攢花如蘭，香更烈，稱名護蘭。有諸喜泉，懸瀑崖上。　屋部　世富慶　安和　喜瀨　幸喜　松堂有轟泉。　許田有手水，旁有手水觀。傳昔有客遇一女求水，女手水進客飲之，故名。有許田湖。　宮里

久志，在首里北一百八十里。屬村縣十一。久志　松田　邊理古　嘉陽　宜作次　瀨嵩　汀間　松濱　田榮良　川田　宇富良

羽地，在首里北一百五十里。屬村縣六。池城　屋嘉　伊指川　真喜屋　源河　謝敷

今歸仁，在首里北三百里。有佳楚山，一名宇勝嶽，最高，爲中山第一峰。山下有水西南流，爲大榮川。屬村縣十一。今歸仁山北王故城，城内有受劍石。山北王素尊一石，爲神戰敗，以石不佑己，砍分爲四，山北王系絶。出山豬。

親泊有親川泉、戲馬臺。村東有獲劍溪。山北王有寶劍名重金丸，敗欲自刎，劍鈍不入，王擲于志慶真河，百年後流至水漲溪，光插天，伊平屋人得之，獻中山王，今爲王府第一寶劍。　謝名　中城　運天亦稱上運天，有山北王墓，土人呼爲百按司墓。有運天山，在名護山北。山下有運天江，名運天津，西流北山，舟舶泊此津，山下多稻田。　崎山　玉城　平敷　仲宗根　吴我有我部鹽屋，昔于此地作鹽。　天底林木最茂，不見日月。　我部

本部，在首里北三百里。屬村縣七。伊野波　浦崎　渡久知　崎濱　瀨底　伊豆味　謝花

大宜味，在首里北三百里。屬村縣五。屋嘉地地一作比。　喜如嘉　田湊　根路銘　津波

國頭，在首里北三百八十里。尚元王病，國頭人何姓者祈神代死，果死，王疾有瘳。至今其子孫世蔭爲國頭按司。屬村縣四。國頭　邊土名　伊地　宇郎

以上山北省間切九。

琉球舊無地圖，前使録云周圍可五六千里，東西長南北狹，皆意揣也。葆光咨訪五六月，又與大夫蔡温遍遊中山、山南諸勝，登高四眺，東西皆見海。本國里數皆以中國十里爲一里，今皆以中國里數定之，乃南北長四百四十里，東西狹無過數十里而已。再三討論，始定此圖，備録三十七間切下諸縣村名如右。或更有誤，以俟再考云。

紀遊

中山山嶽寺院及遊者惟首里、那霸數處，略記如後。

臨海寺在北砲臺長隄之中，爲國王祈報所。門東向，佛堂面南三楹，面東板閣一間。石垣四周，潮至牆下。僧名盛滿。寺舊名定海，前使汪有臨海寺隸書匾。有鐘，天順三年鑄。

奥山龍渡寺在砲臺西水中，小土山，潮至瀰漫數十里，潮退則平沙淺水，不勝舟楫。山舊爲蛇窟，僧心海始闢之，蛇相率渡水避去。築堤截潮，引泉種松，構屋五六楹。前方沼中小亭二所，遍地植佛桑、鳳尾蕉等，頗可憩玩。山東有小尖阜，名鶴頭山，潮至板敷、宇平等湖，漁舟夕照，爲那霸近所第一

勝處。

辻山在臨海寺西，對港相望。辻字一字兩音，國人讀爲失汁山，汪記譌爲青芝山。小石阜，沿海下皆塋墓。

波上在辻山西北，一名石筍崖。山下海中生石芝，沿海多浮石，嵌空玲瓏白色。山頭石垣四周，垣後可望海。垣内板閣離立三楹，扃鑰無僧。下有平堂三楹。波上西北沿海中有山名雪崎，下有洞。雪崎西北有小石山，空洞名龜山。海灘拳石二，非末吉之龜山也。

護國寺在波上山坡之中，國王祈禱所。僧名賴盛。汪使有匾曰「護國寺」，舊名安禪寺，亦名海山寺，亦名三光院。佛龕中有神手劍而坐，名曰不動，或曰火神也。殿下有鐘，景泰七年丙子鑄，銘文與天妃宫同。西面庭中蕉石扶疎，頗有致。

天尊廟在護國寺下，供玉皇。有鐘，爲景泰七年丙子九月二十三日鑄，銘文與天妃宫同。

廣巖寺在天尊廟下。左右皆村居，佛宇數椽，庭中剪檜及黄楊爲玩，係新建。

西福寺在泉崎橋之東曲徑中。門前黄楊夾路，作屏兩行，剪剔使平，而方數十步許，僧舍一區。屋後有松岡甚茂，松根出土，蜿蜒如龍。相近有東壽寺，門前亦以黄楊作屏。

東禪寺在久米村南，圓覺寺下院也。相近有清泰寺，皆止三四楹小寺也。那霸惟此二寺及廣巖寺係禪僧，餘俱真言教。

善興寺在使館曲巷中，倚山崇基。汪録云斗室丈階，花木頗清幽。今已廢，有屋一椽而已。宣德中册使柴山三到琉球，曾建大安禪寺、千佛閣，明夏子陽録中載其記二篇，今皆莫知其處。護國寺舊名安禪寺，或即所建，問國人皆不知。

以上在那霸。

天久山在先王廟後，沿海與波上雪崎相望。下有聖現寺，石牆四圍，方十餘畝。中屋一區，牆外老松十餘株。有天久洞，洞前觀音閣一座，扃鑰無僧。沿海東行，大石離立，或方或圓，側倚層巖之上。下作崖洞，頗奇。更里許，有水西流入海，名泊津。

神德寺在先王廟後。由八幡橋石橋西北行，有八幡宫，南向，尚德王所建，供八幡菩薩即大士也。下爲神德寺，寺門東向，中供不動神，與護國寺同。

以上在泊村。

城嶽一名靈嶽。汪使舊録云有板屋一區，今已盡廢，惟叢灌一林，密篠攢蕉，以石爲神，澆酒祈福，渡海報賽處。前古松數百株亭立，前地少窪，四山皆松。東三十餘步有泉名旺泉，從石溜出，注潭中，涓涓不絶。泉上老松三株，偃挺尤奇。東望有壺家山，瓦屋數區，爲國中陶處。

以上在真和志。

東苑在崎山王宫以南，一帶石山，皆名崎山。石狀甚奇，苑門西向。入門茵草遍地，板亭南面二間。更進有屋三間，面南，屋上有「潮音應世」匾額，爲天啓五年詔使指揮同知蕭崇基所書。亭東土阜一丘，形如覆盂，頗高竦，汪録云是雩壇。更進少屈南下，西轉山巖下，有石獅、石虎尚存，激溜養魚處皆已廢撤。南面皆山，南平田，東行登小板閣，即望仙閣也，匾已失去，葆光爲重書之。閣中有小龕，以香木爲柱，氣如桂皮，作薄板刻空作字，大小參差。閣後有小佛堂，匾名「能仁堂」。南面出佛堂，東過小竹橋，登阜，正東見林木叢茂，爲佐敷，中隔海港，少西見小山，林木鬱然，即辨嶽也。南北望皆見海。中山之東屬島姑達佳，譯爲久高，前使汪楫爲國王題東苑匾今已失去，題東苑八景，有久高朝旭、識名積翠等八景。此爲國苑，制甚簡朴云。

龜山在末吉村，土稱末吉山。山在中山之北，重岡環繞。山半有木亭，前後二楹，南望見海，林木鬱然，爲第一勝處。山下有萬壽寺，寺中有察度王舊影，萬曆三十八年燬，今再燬。末吉有社壇。

圓覺寺在王宫之北久慶門外，國王本宗香火所在，規模宏敞，爲諸寺之冠。寺門西向，門前方沼數畝，四圍林木攢鬱，沼中種蓮。中有一亭，有觀蓮橋，供辨才天女，名天女堂。池名圓鑑池，亦名辨才天池。辨才天女，云即中國斗姥也。架橋通之，名天女橋。更西有龍潭橋，亦名龍淵橋。入寺，佛殿七間，極高麗。殿左廣庭中有古松，云已二百餘年，高不四五尺，青葱正茂，名古松嶺，亦名神木。香積厨後有井泉，名石泠泉。方丈前名蓬萊庭。鐘樓南有雜華園，國人稱圓覺寺，中有八景寺，係尚真王時始建。寺前土阜上有碑，弘治十一年立，三山許天錫撰。其文曰：大琉球東南海島之國，自昔不通中華。勝國初嘗招諭不至。洪惟我太祖高皇帝應天啓運，混一區宇，薄海内外，罔不臣服。於時率先入貢，顯被優寵，别於他邦。永樂初始受册封王爵。百餘年來，修貢彌慎。弘治丁巳秋，國大夫程璉、長史梁能、通事陳義奉今尚真王命朝貢於京師，竣事，道三山，謁翰林庶吉士許天錫曰：球陽有邦，歷世遠矣。惟今王大有令德，思輯用光，常遵舊典，請以陪臣之子入太學，得一聞天朝仁義禮樂之化，以壯國體。試言其概，國尅擇舊有書，王以正朔請尊之，因參用《大統曆》法。先世深居固衛，以貳其下，王惟推誠〔布德〕，躬巡境内，跋履窮僻，恒省其税賦，遇孤寒輒貲出給之，民咸戴忭。王每王寬仁不嗜殺，亦未嘗曲法以輕貸人。猶能謹於〔國〕陽伏創圓覺禪寺，規模宏敞，儀物備至，以爲祝禱之場。王每遊豫，必與民同，實國之瓌觀也。兹欲勒石於寺，是以彰王德，賜之以言。某曰：如子之説，則王之賢誠可謂奮遠特立於百世之上者矣。乃爲之歌辭，俾昭示於後裔。詞曰：球陽有國，繫於裨海。弗庭於華，奚啻千載。惟我皇祖，仁厚萬方。率先慕義，來享來王。聖教漸加，十有餘世。風清氣回，儲祥發祉。崛生賢王，適號尚真。離群絶類，舍舊圖新。簡刑省罰，恤孤振阨。春行秋巡，厚下安宅。上熙下怡，二十有餘祀。崇德厚澤，川流罔峙。有美大人，薄言孔昭。我作詩章，庸代歌謡。大明弘治十一年歲次戊午八月十二日，臣程璉、鄭玖、梁能、陳義稽首謹立。

天王寺在圓覺寺東北。門前臨溪有古松四株，寺東有天王橋，堂上佛龕供佛，手持七星輪及刃，曰金剛也。堂西老松最奇。一鐘爲景泰七年丙子鑄，上刻天龍寺鐘。寺在浦添，寺鐘有二，移其一于此。僧名得髓。

天界寺在歡會門外道南。寺門北向，入寺西南，石室高丈許，方廣，中山王塋也，尚圓以來諸王皆塟于此。寺有鐘，成化己丑年鑄，考銘文，本相國寺鐘也。銘曰：琉球國君世高王乘大願力，新鑄巨鐘，寄捨相國寺。説偈以銘，是祝王基之萬歲。安國利民，聖天子繼唐虞之化；全文偃武，賢宰相霈霖雨之秋。兹有巨鐘新鑄就，高樓掛肅萬機心，無端扣起群生夢，天上人間妙法音。時成化己丑十月七日，住持溪隱。寺西又有安國寺，國中案牘皆儲此寺中。

仙江院在天王寺之右。前使汪録云：行荒榛中，門户蕭然。僧宗實能詩，頗學元僧《白雲集》體。今宗實尚存，年六十九，改字際外，稱球陽大和尚。

萬松院今改名蓮華院，在天王寺之南。剪黄楊作徑，兩旁籬屏頗整。寺中方庭中有小土山，剪松樹數株，蟠屈有致。汪使舊録稱萬松院僧不羈與天王寺僧瘦梅及宗實相倡和。今瘦梅、不羈皆化去。不羈徒二人，一曰德叟，今在蓮華院；一曰元仁，字東峰，别開院于北山名護嶽上，仍名萬松院，年五十餘，亦能詩。

興禪寺在圓覺寺北小徑中。寺甚小，庭中黄楊松桂甚多。僧了道，舊時圓覺寺國師喝三之徒，能詩。

廣德寺在蓮華院之南。寺亦甚小，花木頗麗。東望山椒，林麓鬱然如深山。僧名靈源，弟子名笑岩。相近有建善寺，有僧蘭田，能詩。

石虎山天慶院僧梁天名智津，亦能詩。山在赤平村。

萬歲嶺在萬松嶺東大道之北，石碑立阜上。其文略曰：兹嶺以萬歲爲名，蓋取嵩呼之義，以作中山都會。尚真君上命於天，俾爲斯記。大明弘治丁巳仲秋吉旦奉詔扶桑散人樗不材謹記。

以上在首里。

中山傳信録卷第五

官制

官制品級略彷中國，分爲正從九等，大僚重職亦有加官協理。大小官皆領地方爲采地，王弟、王叔、國相皆稱某地，王子領一府者稱某地按司，舊制每府一按司莅治之，權重兵争，尚真王改制，令聚居首里，遥領其地，歲遣察侍紀官一員知其府事，歲終上其成於按司。王舅、法司及紫巾官稱某地親方，三品以下黄帽官皆稱某地親雲上，未有地方者稱某里之子親雲上，或稱某筑登之親雲上，從六品敘德郎、從七品敘功郎皆稱某掟親雲上，八品紅帽官稱某里之子，領地方者稱某地里主，九品紅帽官稱筑登之，未入流稱某子，皆不稱姓名也。具列如左。

國相，一員，正一品，王叔有才略者任之。

元侯，正一品，王子弟膺此封。

郡侯、邑侯，從一品，元侯子孫膺此封。有功者加晉爵元侯品同。

法司，三員，正二品，王舅勳戚任之。天曹司禮、地曹司農、人曹司元，輪值王宫，大事集議，上之國相。加銜法司品同。

官表

秩	爵	勳	官	職
正一品	元侯	柱國	特晉封禄大夫 封禄大夫	總宗正 王相 總虞衡
從一品	郡邑侯		永禄大夫 加元侯 永禄大夫	總觀察 左宗正 左虞衡 三平等 左尹
正二品	郡邑伯	正卿	隆德大夫 秉憲大夫	天曹法司 地曹法司 人曹法司 大美殿 總理 内治宮 總理 内懿宮 總理 儲傅正卿
從二品		亞卿	隆勳大夫 加正卿 親奉大夫	度支正 右宗正 右虞衡 副觀察 儲傅亞卿 書院供奉 法宮侍直 官殿副理 紫金大夫 三平等 右尹 理梵正 各司督正 元侯家傅
正三品		總尹	宣詢大夫 正議大夫	司賓耳 目官 典寶耳 目官 司刑耳 目官 管泊耳 目官 同知度 支正
從三品			進顯大夫	加銜謁者
正四品		庶尹	精繹大夫 中議大夫	謁者贊議 度支贊議 那霸官 左堂
從四品			官侯大夫	各司同正 各所督正 監撫使 宮尹 殿尹 端尹 家令 三平等 少尹 那霸官 右堂
正五品		協尹	奉宣大夫	長史司 宣納遏 閫理 供奉遏 閫理
從五品			供直大夫	遏閫理贊 主翰侍史 典茗内史 良醫師 贊善 經歷

（續表）

秩	官	職
正六品	承直郎	儀衛使　使者　都通事　才府使　審理大使　主事　圉師
從六品	從務郎　敘德郎	主稿外史　典簿廳　主簿　東苑監　和羹令　寅賓館守　軍器監　倉庾使　鷹把式　雜長加銜
正七品	承事郎	綜器内司　帖茗内司　掌翰侍史　官舍使　副通事　筆帖式　侯府家贊　司曆通事
從七品	從職郎　叙功郎	灑掃内司　掌翰史　貼苑監　貼醫師　法司家贊　承應官　各倉大使　和羹丞　雜長
正八品	内使郎	贊司大使　法官贊度　内使　書院贊　度使　儲府贊度　内使
從八品	内使佐郎	貼翰侍史　議政堂　筆帖　宗正府　筆帖
正九品	登仕郎	點班使　大筆帖　通事　使贊
從九品	登仕佐郎	理問　業轡　各筆帖　小筆帖　膳夫　首里大使
未入流		司花内使　内使官生　秀才　若秀才　若筆帖　小筆帖
凡上朝照品立，不論職。凡在任照職坐，不論品。凡職官上下兼攝相通，不拘品級，如有功績者，陞授上銜，無一定之格。		

紫巾官，從二品，或郡伯，或邑伯，散秩大官，爲亞卿，無定員，亦有加法司銜者。

耳目官，土名御鎖側。二員，正三品。副耳目官，二員，從三品。一司賓，一典寶，一司刑，一管泊。泊府事。

謁者，一名申口官。從三品，無定員，預議事，班無定掌。加銜謁者品同。

贊議官，正四品，佐謁者度支官議諸政事。

那霸官，二員，從四品。左堂首里人，右堂那霸人爲之，分掌錢穀。

察侍紀官，國人讀爲座敷，讀察侍紀三字音如座敷也。下倣此。從四品，無定員，侍直王宮，分理諸職。

遏闥理官，國人讀爲當座。正五品，入直王宮者十二員。又有加銜遏闥理官，從五品。

承直郎儀衛使，土名勢頭。九員，正六品，掌王儀仗及扈從徒屬。又有叙德郎，土名加勢頭。從六品，吏員授此銜。

承務郎，從六品。承事郎，土名牌金。里之子親雲上，正七品。又有從職郎，從七品，儒士授此銜。

敘功郎，土名加牌金。吏員授此銜，筑登之親雲上，從七品。

内使郎，土名察度奴示，譯爲里之子。正八品，亦稱贊度内使。内使佐郎，土名里之子座。從八品，輪班供王宮内役。

登仕郎，土名筑登之。點班使，九員，掌朝儀行列，正九品。登仕佐郎，土名筑登之座。從九品。

首里、泊村、那霸三府人出身名筑登之，如久米之秀才也。其管錢穀米薪雜職之人皆稱庫官大者，察侍紀官下至筆者、若筆者俱爲之。

以上皆首里、泊、那霸本國之人任其職。

久米協理府官凡六等。

紫金大夫一員，從二品，加協理法司銜名，總理唐榮司，轄久米村事爲最尊，主朝貢禮儀、各島文移諸事。

正議大夫，正三品。加謁者，亦名申口官，從三品。中議大夫，正四品。皆無定員。
長史二員，從四品，主久米地方事。
都通事，從四品。加遏闥理副通事，從五品。副通事，正七品。皆無定員，專司朝貢，有留福建福州琉球館者，名存留通事。
以上皆久米府秀才出身者任其職。

職官員額

國相府　家傅紫巾亞卿一員，以下稱曰攝政下大親官。家令察侍紀官三員，家贊三員，掌翰史一員。
法司　三司家贊各三員。
謁者耳目官　司賓一員，屬官贊司大使一員，典寶一員，司刑一員，管泊一員，屬管泊筆帖一員，贊議官五員，議政堂主稿外史一員，掌筆帖六員，貼筆帖三員。
度支官　度支正紫巾亞卿一員，同知度支正二員，贊議官三員，典簿廳主簿一員，核省廳核減二員，羨餘所大使二員，掌筆帖十員。
王法宮　侍直紫巾亞卿無定員，侍直察侍紀官無定員，宣納遏闥理官十二員，贊度内使十二員，司花内司十二員，内使官生十二員。
九引官　奉引儀衛使九員，奉引點班使九員。

内宫　總理宫事法司正卿一員，副理宫事紫巾亞卿三員，宫尹察侍紀三員。

近習　中涓舍人三員，不拘品級。

内厨　烹調膳夫一員。

國書院　供奉紫巾亞卿三員，遏闥理官三員，遏闥理贊二員，主翰侍史一員，掌翰侍史三員，貼翰侍史三員，以上三項土稱爲大筆者、副筆者、若筆者。典茗内司三員，貼茗内司三員，綜器内司二員，灑掃内司三員，贊度内使十二員，司花内司六員，内使官生六員。

典膳所　和羹令三員，和羹丞三員，大使二員，大筆帖一員，小筆帖一員。

調禄所　大使二員，大筆帖一員，小筆帖一員，烹調膳夫三員。

宴器局　大使一員，掌筆帖一員。

良醫所　良醫師六員，貼醫師二員。

貯藥局　大筆帖二員，小筆帖二員。

宗正府　總宗正元侯一員，左宗正郡侯一員，右宗正紫巾亞卿一員，經歷三員，掌筆帖三員。

賦税司　督正賦税紫巾亞卿一員，同正賦税勸農使三員，大使三員，掌筆帖六員。

覈實司　覈實督正紫巾亞卿一員，覈實同正察侍紀二員，大使六員，掌筆帖九員。

典樂所　典樂正察侍紀一員，掌筆帖一員。

造金局　督工察侍紀一員，掌筆帖一員。

承運左庫　大使二員，掌筆帖二員，驗金法馬使一員。
承運右庫　大使二員，掌筆帖一員。
廣豐倉　大使二員，掌筆帖二員。
典廐署　圉師一員，掌筆帖一員。
大美殿　總理殿事法司正卿一員，副理殿事紫巾亞卿二員，殿尹察侍紀一員。
内懿宫　總理宫事法司正卿一員，副理宫事紫巾亞卿三員，宫尹察侍紀三員。
世子府　儲傅法司正卿一員，以下稱爲世子下大親官。儲傅紫巾亞卿三員，端尹察侍紀四員，贊善六員，掌翰侍史二員，贊度内使三員，内使官生三員，鷹把式一員。
世孫府　儲傅法司正卿一員，儲傅紫巾亞卿三員，端尹察侍紀四員，贊善六員，掌翰侍史二員，贊度内使三員，内使官生三員，圉師一員。
元侯府　家傅紫巾亞卿一員，家令察侍紀三員，家贊三員，掌翰史一員。
進爵元侯府　家令察侍紀一員，家贊二員。
東苑監　監令一員，貼監一員。
寅賓館　館守一員。
虞衡司　總虞衡元侯一員，左虞衡郡侯一員，右虞衡紫巾亞卿一員，副虞衡察侍紀三員，掌筆帖三員。

觀察司　總觀察郡侯一員，副觀察紫巾亞卿一員，掌筆帖一員。

首里三平等各鄉分巡察官　真平等左大尹郡侯一員，右大尹紫巾亞卿一員，少尹察侍紀四員，南平等左大尹郡侯一員，右大尹紫巾亞卿一員，少尹察侍紀四員，西平等左大尹郡侯一員，右大尹紫巾亞卿一員，少尹察侍紀四員。

理梵司　理梵司紫巾亞卿一員，理梵副察侍紀二員，掌筆帖二員。

綜石局　督工察侍紀一員，掌筆帖一員。

鐵冶局　督工察侍紀一員，掌筆帖一員。

司窑局　督工察侍紀一員，掌筆帖三員。

嵌螺局　督工察侍紀一員，掌筆帖二員。

貯材局　督工察侍紀一員，掌筆帖二員。

工正所　督工察侍紀一員，大使一員，掌筆帖二員。

審理所　大使三員，掌筆帖三員。

中山徵課使　主事一員，掌筆帖五員。　山南、山北、古米山徵課使員同。

協理府　紫金大夫一員，正議大夫、中議大夫皆無定員，長史二員，屬官大筆帖一員，都通事、副通事皆無定員，司曆通事一員，筆帖式一員，講解師一員，訓詁師一員（皆不拘品級通事），秀才、若秀才等皆無定員。

那霸官　左堂贊議官一員，右堂察侍紀一員，大筆帖一員，小筆帖一員，理問所理問四員，承應所承應一員，業轡所業轡一員。

武備司　軍器監一員，掌筆帖一員。

彌世公館　大使三員，掌筆帖三員，若筆帖六員，烹調膳夫一員。

董舟所　大使二員，大筆帖一員，小筆帖一員。

那霸庫　大使一員，大筆帖一員，小筆帖一員。

麻姑倉　大使二員，掌筆帖二員。

轉運所　大使二員，掌筆帖三員。

糖團　主事一員，大使二員，掌筆帖二員。

奉監司　麻姑山監撫使一員，監撫掌筆帖二員，八重山監撫使一員，監撫掌筆帖二員，各府各島監撫不拘品級。

祝長　七社神樂祝七員，神歌長一員，神歌協長三員，巫覡長二員。

各郡土官　協尹治士泰一員，首里大使一員。

麻姑山土官　頭目比郎攞一員，芝茂治一員，烏頭嘉一員，首里大使五員。

八重山土官　頭目彝師加紀一員，烏巴麻一員，彌椰欏一員，首里大使四員。

臣葆光案：舊録官制舛略，汪録頗正其訛而未備。今從蔡大夫溫得其品秩大概，程大夫順則示以官制，其進啓云中山設官分職，已非一日，恭逢聖天子聲教誕敷，本國官爵敢不仰遵翻正，因照原銜首定秩勛，次列官職，大小臣工，盡由資格，冠簪服色，畫一不刊。論名則同而異，列品則異而同。總以符舊制諧正音，雖班爵實尊王也。其書表列條晰，彬彬可觀。但立國建官，文武並重，今按儀衛使、武備司外，武職太略，軍制兵仗亦未詳載，當俟後續考備列云。

冠服

國王側翅烏紗帽，盤金朱纓，龍頭金簪，蟒袍帶用犀角白玉，皆如前明賜衣制。王妃鳳頭金簪。宮人亦分爲五等，約百人。命婦頭簪皆視其夫品秩。

正一品以下帽八等，簪四等，帶四等，具列如左。

正從一品：金簪　綵織緞帽　錦帶　緑色袍

正從二品：正二品金簪，從二品金花銀柱簪　紫綾帽，有功者服綵緑緞帽　龍蟠黃帶，有功者賜錦帶　深青色袍，下至八九品朝服皆同

正從三品：銀簪　黃綾帽　龍蟠黃帶

正從四品：簪帽袍同三品　龍蟠紅帶

正從五品：簪帽袍三品同　雜色花帶

正從六七品：簪袍同三品　黃絹帽　帶同五品

正從八九品：簪袍同三品　大紅縐紗帽　帶同五品

雜職：簪袍同三品　紅絹帽　帶同五品

里長保：銅簪　藍袍　紅布帽或緑布帽

外有青布帽，百姓頭目戴之

蔭生官：簪帽服帶俱同八品

凡官員外衣長過身，大帶束之，腰間提起三四寸，令寬博，以便懷納諸物，紙夾烟袋皆自貯胸次，以時取用，大僚幼童無不皆爾。賤役執事

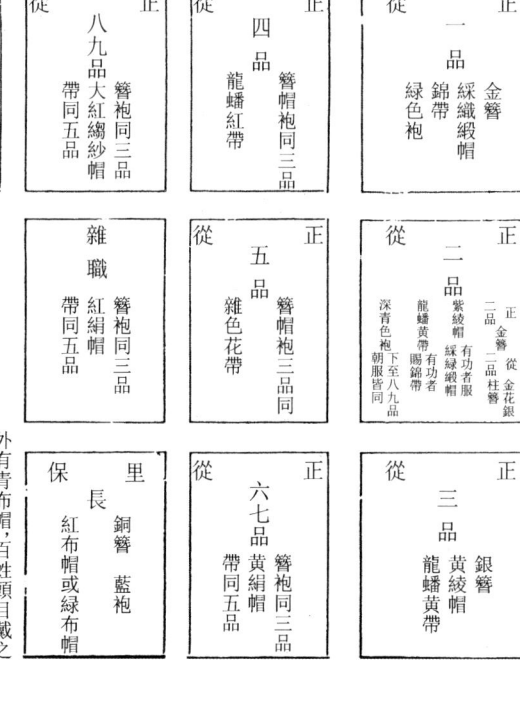

則反結其袖于脊上，幼童衣袖脅下令穿露三四寸許。年長剃頂中髪，即縫屬之僧衣，兩脅下皆穿，其他皆連袵，無隙漏處。首里人衣年小者皆用大紅爲裏，外五色紬錦，亦反覆兩面着之。官員紬緞作衣，諸色不禁，每製一衣須大緞三丈五六尺，其費殆倍于中國云。

女人外衣與男無别，襟皆無帶，名之曰衾，披身上，左右手曳襟以行。前使録云男婦皆無裏衣，今貴官裏衣亦有如中國者。女衣貴家衣襟上即本色紬紗作鱗比五層狀，男衣無是。女比甲背後下垂處或作燕尾形。

寢衣比身加長，其半有袖，及領厚絮擁之。國人呼衣曰衾，此則衾又如衣也。各色錦帽、錦帶本國皆無之，閩中店户另織市與之，本國惟蕉布，則家家有機，無女不能織者。出首里者文采尤佳，自用不以交易也。

國王烏紗帽，雙翅側衝上向，盤金朱纓結垂領下三四寸許，蓋前所賜舊制也。云有皮弁，爲朝祭之服，而未之見。

帽糊紙爲骨，帕蒙之，式如僧毘盧帽。中空無頂，絹方幅覆髻之半，口互交，前簷着額處鱗次七層，後簷十二層。彩織帽以下紫最貴，黄次之，紅又次之，中又以花素爲等别，青緑帽爲下。

片帽皆以黒色絹爲之，漫頂下，簷作六稜。寒時家居帽，醫官、樂工及執王宮茶灌之役，剃髪如僧者皆戴之。

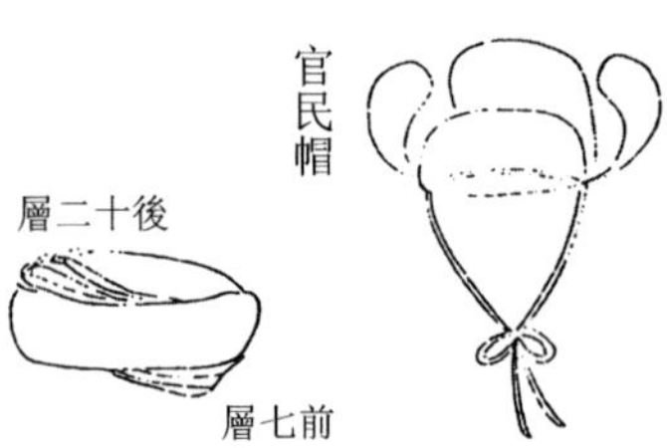

笠多以麥莖爲之，亦有皮笠，外加黑漆而朱其裏。

短髻簪長三四寸許，已冠去頂中髮者簪之。花頭圓柱，亦有方柱、六棱柱。金最貴，金頭銀柱次之，銀又次之，銅爲下。

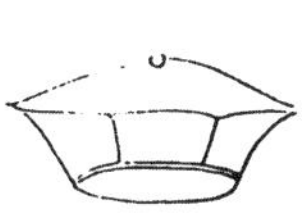
片帽

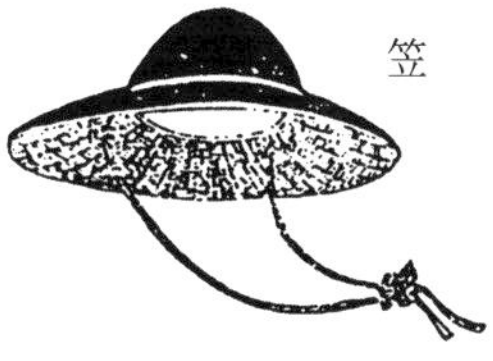
笠

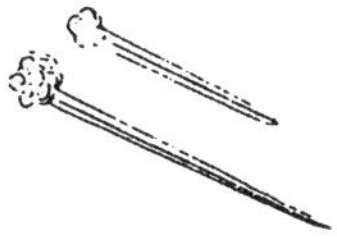
短簪

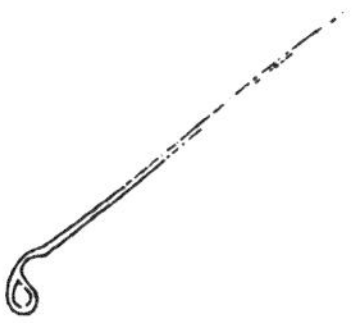
長簪

長簪長尺餘，婦人、幼童大髻者簪之。亦以金銀三品分貴賤，民家女簪皆以玳瑁。

衣皆寬博，無後交衽，袖大二三尺，長不過手指，右襟末作缺勢，無衣帶。多以蕉布、蕉葛爲之，綦文間采，男女衣皆同，呼之曰衾。

大帶長一丈四五尺，寬六七寸，蟠腰間三四圍。雜花錦地爲貴，大花錦帶次之，龍蟠黃地、紅地者又次之，下者皆雜色花帶。

或布或革襪，短及踝以上，向外中線開口交繫之，近足指處别作一竇，栖將指，以着草靸中。

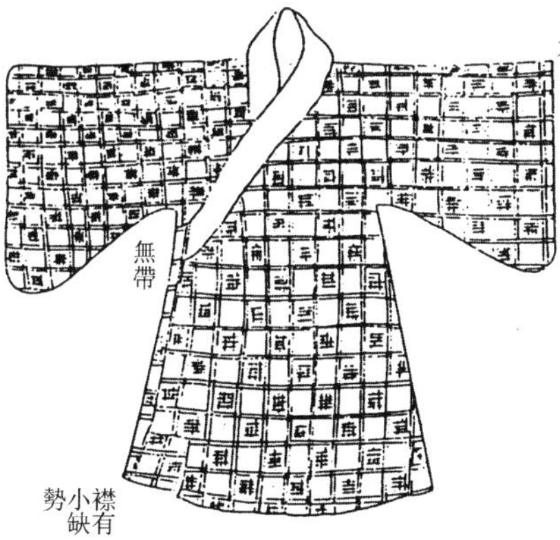

衣

鞁以細席草編成，前有一繩，界大指之間，踵曳以行。男女皆着之。

帶

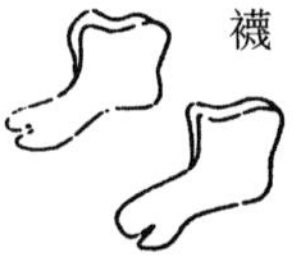
襪

鞁

儀從

國相開棍二人，刀二人，鎗二人，旗二人，共五十人。緑紬傘。板輿，二人肩。外用倭緞銅釘，内加彩繪，轎式與竹轎皆同。

法司、王舅紅開棍二人，紅板二人，真倭刀二人，真倭鎗二人，鎗上有大紅呢旗，長一尺，寬二寸許。竹輿，二人肩，下同。

紫金大夫紅開棍二人，紅板二人，假長倭鎗二人，真倭刀二人。

正議、中議大夫紅開棍二人，紅板二人，假長倭鎗二人。以木爲之，上方下圓。

法司以下平日皆用緑地印花布傘，今見每人皆用有花雨傘，各一人，前踏鳴金一人。

坐褥

一品紅褐心，青褐邊，襯紅氊。

二品青布心，紅布邊，襯紅氈。
三品青布面，襯紅氈。
四品、五品俱藍布面，襯白氈。
六品以下不用坐褥，惟用氈條。

氏族

首里四大姓：向、翁、毛、馬。向氏即國王尚姓之別族，少遠則稱向以別之，故世世不與王家通婚姻。其本國人與王家婚姻者惟翁、毛、馬三家，世爲王舅法司。今現爲法司者三人，馬獻圖、翁自道、向聖賡，國丈毛邦秀，今王尚敬之外祖，王妃則馬氏也。世系俱未詳，俟續考列譜。

久米三十六姓，皆洪、永兩朝所賜閩人，至萬曆中存者止蔡、鄭、梁、金、林五姓，萬曆三十五年續賜者阮、毛兩姓，每姓子孫皆不甚繁衍，餘寄籍起家貴顯者多有，然非賜姓之舊也。今閱九姓世譜中多讀書國學及充歷年貢使之人，故并列其字爵以備考焉。

蔡氏原福建泉州府晉江縣人，按《明史》、《實録》成化五年長史蔡璟入貢，自言其祖南安縣人。宋端明學士襄之後。十二世，共八十一人。

一世　二世　三世　四世　五世

- 始祖崇 升亭，端明六世孫。
  - 譽 馨亭，長史。
  - 讓 盛亭，通事。
    - 璇 樞亭，都通事。
    - 璟 輝亭，長史，成化三年貢使。
      - 賓 玉亭，成化十七年入太學，長史。
      - 寶 善亭，都通事。
        - 進 益亭，通事，正德五年入太學。
        - 遷 喬亭，長史，正德十三年貢使。
        - 邃 淵亭，通事。
      - 實 其亭，都通事。
    - 璋 望亭，長史。
  - 瀼 考亭，通事。
  - 清 鏡亭，通事。

五世　六世　七世　八世　九世

- 四世寶長子 遷
  - 澄 意亭，通事。
  - 瀚 文亭，正議大夫，嘉靖九年貢使。
    - 朝俊 彥亭，通事。
    - 朝用 擢亭，嘉靖二十九年入太學，長史。
    - 朝慶 兆亭，都通事。
    - 朝器 熙亭，正議大夫，萬曆四年貢使。
      - 烜 肖亭，都通事。
        - 堅 念亭，天啓三年貢使，紫金大夫。
    - 朝輔 亮亭，秀才。
    - 朝傑 華亭，通事。
    - 朝信 任亭，長史。
  - 浩 乾亭，嘉靖二年入太學。

九世　十世　十一世　十二世

- 堅（八世烜長子。）
  - 邦俊（道亭，通事。）
  - 彬（適菴，正議大夫。）
    - 灼（子華，正議大夫，康熙五十二年貢使。）
    - 炳（子星，通事。）
      - 壎（都通事。）
      - 垣（通事。）
    - 燿（子南，秀才。）

十一世　十二世

- 灼（十世彬第二子。）
  - 培（通事。）
- 燿（十世彬第三子。）
  - 墉（通事。）
  - 坦（通事。）

二世　三世　四世　五世　六世

- 瀼（始祖崇第二子。）
  - 齊（思亭，都通事。）
- 譽（崇第三子。）
  - 曦（曉亭，長史，嘉靖二十二年貢使。）
- 清（崇第四子。）
  - 回保（厚亭，通事。）
    - 明（祖亭，都通事。）
      - 模（仰亭，通事。）
      - 栢（勁亭，長史。）
        - 廸（吉亭，都通事。）
      - 權（平亭，通事。）
      - 樟（實亭，都通事。）

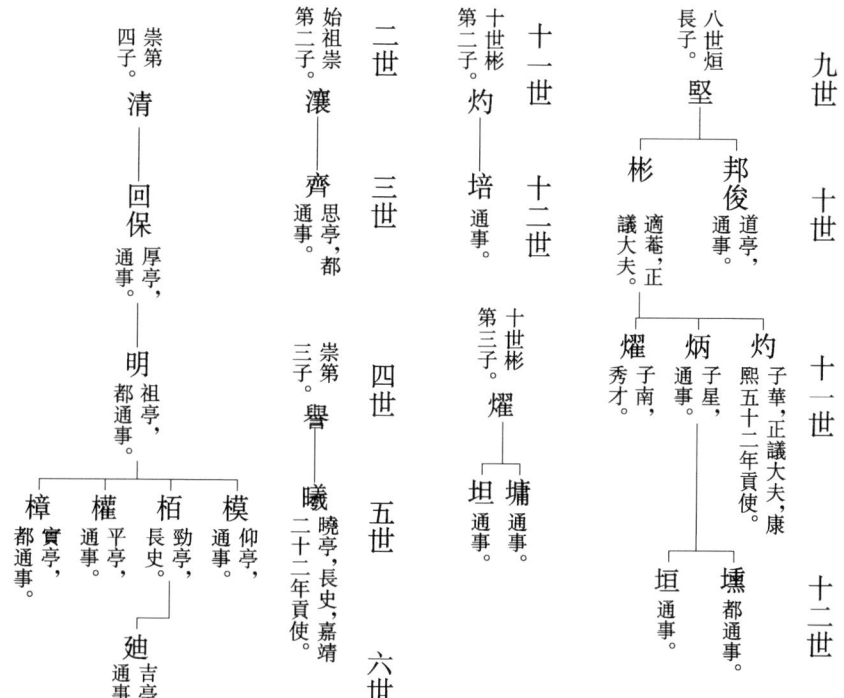

五世　六世　七世

- 四世實第三子。邃
  - 廷會 禮亭，正議大夫，嘉靖三十六年貢使。
  - 廷美 璞亭，嘉靖二年入太學，長史。
    - 熑 耀亭，嘉靖四十年入太學，都通事。
    - 煥 堯亭，通事。
  - 廷貴 親亭，通事。
    - 常 心亭，萬曆七年入太學。

七世　八世　九世　十世　十一世

- 六世瀚第三子。朝用
  - 延 思江，正議大夫，天啟七年貢使。
    - 國材 輔廷，都通事。
    - 國器 鴻珍，紫金大夫。
      - 應瑞 獻臣，正議大夫，康熙三十四年貢使。
        - 文河 天津，都通事。
        - 文漢 天水，都通事。
        - 文溥 天章，康熙戊辰入太學，正議大夫。
        - 文湘 天方，秀才。
        - 文海 天振，通事。
      - 應祥 雲臣，正議大夫，康熙四十二年貢使。
        - 泓 有秋，秀才。
        - 瀛 有登，秀才。
        - 績 咸熙，通事。

十一世　十二世　十三世

- 十世應瑞長子。文溥 — 其棟 邦用，通事。 — 功熙 法亮。
- 十世應瑞第二子。文漢
  - 宏模 克定，秀才。
  - 宏訓 克保，秀才。
- 十世應瑞第四子。文河
  - 光祖 惟念。
  - 光宗 惟朝。
  - 光榮 惟向。

七世　八世　九世　十世　十一世

- 六世瀚第四子。朝輔 — 奎 曜亭，長史。 — 錦 榮亭，正議大夫，順治七年貢使。 — 鐸 天將，紫金大夫。
  - 淵 潛菴，中議大夫。
  - 温 文若，康熙五十六年貢使，紫金大夫。
- 六世瀚第五子。朝俊 — 善

十一世　十二世

- 十世鐸長子。淵
  - 桐 子鳳，秀才。
  - 楫 濟川，秀才。

十一世　十二世

- 十世應祥第三子。績
  - 元鳳 君儀，秀才。
  - 元龍 君雲，秀才。
  - 元麟 君瑞，秀才。

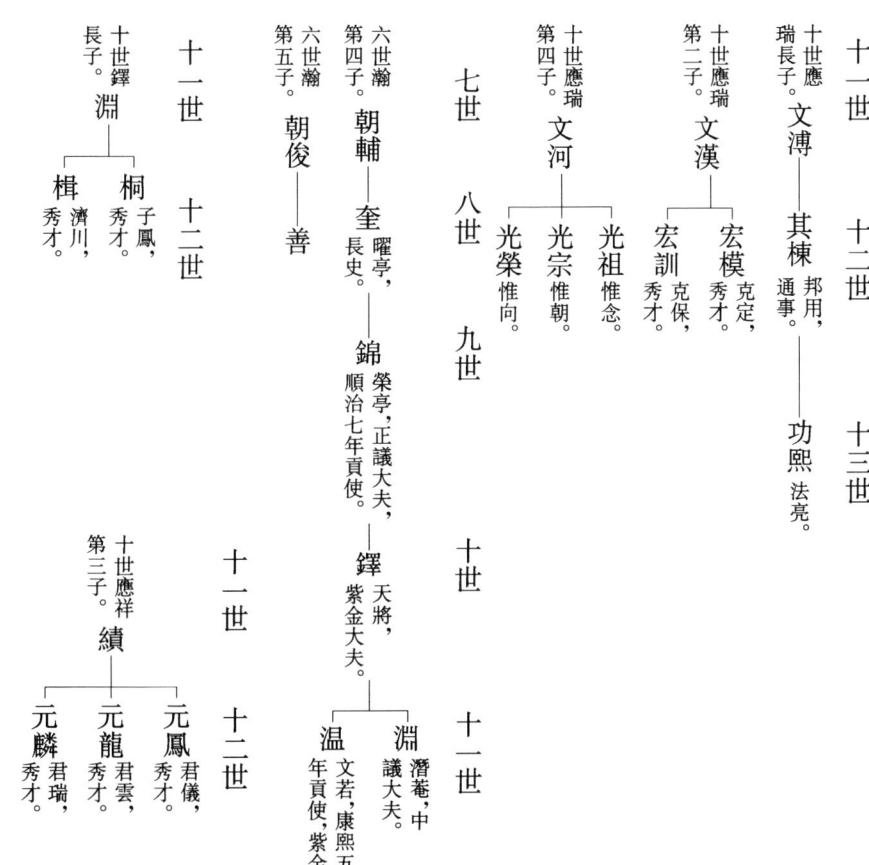

鄭氏，原福建福州府長樂縣人。十三世，共五十七人。

一世　二世　三世　四世　五世

- 始祖義才　元橋，長史。
  - 長　升橋，通事。
    - 傑　峻橋，通事。
      - 玖　光橋，正議大夫，弘治九年、十三年貢使。
        - 準　光橋，秀才。
        - 規　圓橋，秀才。
        - 矩　方橋，通事。
        - 繩　直橋，正議大夫，嘉靖四年、七年貢使。
  - 智　明橋，通事。
    - 彬　適橋，通事。
      - 文生　約橋，通事。
      - 文質　均橋，通事。

五世　六世　七世　八世　九世

- 規　四世玖長子。
  - 昊　興橋，都通事。
    - 榮　光橋，通事。
      - 禮　東橋，正議大夫，萬曆十九年貢使。
      - 祐　次橋，長史，萬曆二年貢使。
      - 禄　式橋，都通事。
        - 達　景橋，那霸官。
        - 迵　利山，嘉靖四十四年入太學，久米人爲法司者惟迵。
        - 週　格橋，萬曆七年入太學，長史。
      - 禧　傳橋，都通事。
- 準　玖第三子。
  - 富　貴橋，嘉靖二年入太學。

九世　十世　十一世　十二世　十三世

- 達（八世禄第二子。）
  - 子孝 聲橋，正議大夫，萬曆三十六年貢使。
    - 宗善 及橋，正議大夫。
      - 明良 賡橋，正議大夫，康熙四十年貢使。
      - 弘良 基橋，康熙三十六年貢使，紫金大夫。
        - 秉哲 秀才。
        - 秉德 秀才。
        - 秉均 師橋，康熙戊辰入太學，折桅死。
        - 秉彝 都通事。
        - 秉鐸 秀才。
      - 世良 恭橋，秀才。
    - 繼善 述橋，都通事。

五世　六世　七世　八世　九世

- 繩（玖第四子。）
  - 元 心圓，通事。
    - 憲 心春，正議大夫，嘉靖四十二年貢使。
      - 俊 真德，正議大夫。
        - 藝 心湖，通事。
    - 寀 伯寮，通事。

九世　十世　十一世　十二世　十三世

- 藝（八世俊長子。）
  - 大器 心阜，秀才。
    - 永昌 心徹，秀才。
    - 永安 巨鎮，紫金大夫。
      - 天麟 世瑞，通事。
        - 廷極 君立，都通事。
        - 廷楨 廷楨，秀才。

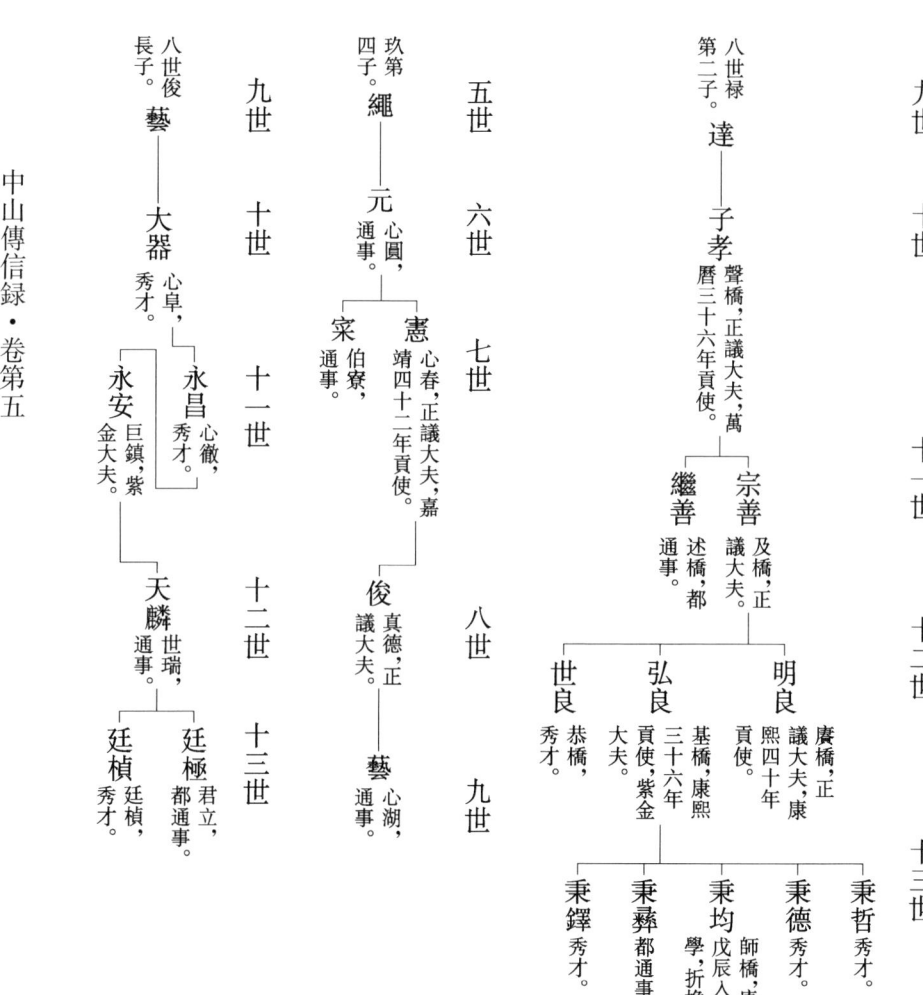

八世　九世　十世

榮第三子。禮——逅 行橋，正議大夫。——宗 尊橋，都通事。
　　　　　——迪 憲橋，萬曆七年入太學，都通事。
　　　　　——道 敬橋，正議大夫。——子樂 纘橋，都通事。

榮第四子。禧——儀男 威橋，通事。——德 崇橋，通事。
　　　　　——思存 誠橋，通事。——賢 希橋，通事。

十二世　十三世

宗善第二子。明良——國柱 廷材，通事。
　　　　　　　——國棟 任木，通事。
　　　　　　　——國楨 廷幹，通事。

十二世　十三世

宗善第三子。世良——秉和 秀才。

梁氏，原福建福州府長樂縣人。十世，共六十九人。

一世　二世　三世　四世　五世

始祖嵩 子江，長史。——仁 字克。——傑 字江，都通事。——顯 環峯，正議大夫，嘉靖二十四年、二十八年貢使。——基 景江，都通事。
　　　　　　　　　　　　　　　　　　　　　　　　　　　　　　　　　　　　　　——賢 貴江，通事。

五世 六世 七世 八世 九世

基（四世顯長子。）
- 濟民 深江，通事。
- 惠民 清江，秀才。
- 澤民 思江，長史。
  - 應材 紹江，正議大夫。
    - 邦翰 艷江，正議大夫，康熙二十一年貢使。
      - 堅 通事。
      - 成楫 得遠，康熙戊辰入太學，都通事。
      - 鏞 得聲，都通事。
      - 津 得濟，通事。
      - 烱 得照，通事。
      - 增 秀才。
    - 邦基 本寧，正議大夫，康熙三十八年貢使。

九世 十世

鏞（八世邦翰長子。）
- 琮
- 珍
- 琴

八世 九世

邦基（七世應材第三子。）
- 鼎 廷器，秀才。

九世 十世

成楫（八世邦翰第三子。）
- 煌
- 烈

九世 十世

烱（八世邦翰第四子。）
- 經 通事。
- 綸

梁氏世系未考者四十五人。

通事湘

通事报

通事密祖

通事振

通事袖

長史賓

正議大夫德弘治五年、七年貢使。

通事正

通事澤順

正議大夫寬

秀才珀

秀才洪

通事俊

秀才貴

通事瓚

通事復

長史回景泰元年貢使。

長史求保

通事德仲

通事琦

正議大夫應成化十八年貢使。

通事信

正議大夫能正德六年貢使。

秀才淵

都通事裕

通事敏

通事廣

正議大夫椿嘉靖十三年貢使。

秀才實

通事瀚

秀才瑞　　通事仕

秀才敬　　長史梓嘉靖二年入太學，十九年貢使。

正議大夫炫嘉靖十五年入太學，三十二年貢使。

秀才明　　秀才楝

正議大夫碩嘉靖三十四年貢使。

正議大夫灼嘉靖四十四年貢使，萬曆十一年貢使。

官生焌嘉靖四十四年入太學。

官生炤嘉靖四十四年入太學。

通事壁　　通事煥

正議大夫燦萬曆九年貢使。　　通事順

金氏，原福建□□人。十一世，共三十三人。

一世	二世	三世	四世	五世
始祖瑛度光，通事。	鏘常清，通事。	壁益基，都通事。	章弘基，舍人。	
			良翠江，正議大夫，嘉靖三年、正德十五年貢使。	昇一箒，都通事。
			鼎調羹，通事。	

五世　六世　七世　八世　九世

昇（四世良長子。）——仕歷（龍江，正議大夫。）

仕歷——應魁（文江，長史。）
　　——應斗（明江，正議大夫。）
　　——應元（耀江，正議大夫，崇禎十二年貢使。）

應斗——正華（麗江，都通事。）

正華——如華（紹江，秀才。）
　　——世璵（隆江，通事。）

九世　十世

世璵（八世正華第二子。）——璋（伯書，秀才。）

七世　八世　九世　十世　十一世

應斗（八世仕歷長子。）——庭輝（長江，正議大夫。）——守約（玉江，中議大夫。）——溥（浩然，都通事。）

溥——聯（廷蟬，秀才。）
　——職（廷述，通事。）
　——聲（廷宣，通事。）
　——聰（廷達，秀才。）
　——聘（廷晉，秀才。）

七世　八世　九世　十世

六世仕歷第二子。應魁
- 思敬 瑞江，秀才。
- 正春 錦江，康熙三年謝封使，紫金大夫。
  - 元達 德江，正議大夫。
    - 秉忠 惠江，秀才。
    - 震 承華，都通事。
  - 元選 萬江，都通事。
  - 元遴 永生，通事。
  - 元邃 穆升，通事。

九世　十世　十一世

八世正春第四子。元邃——簡 承符，秀才。——鼒 秀才。

林氏，原福建福州府閩縣林浦人。十二世，共二十一人。

一世　二世　三世　四世　五世

始祖喜 祉止，通事。
- 昌 菀爾，通事。
- 茂 永春，通事。
  - 榮 時芬，通事。
    - 盛 成柱，正議大夫。
      - 世昌 順慶，通事。
      - 世泰 長芸，秀才。
      - 世茂 日芳，通事。
    - 華 可章，秀才。
  - 喬 國宜，都通事。
    - 椿 木春，通事。
    - 達 從政，通事。
- 英 仙芝，都通事。

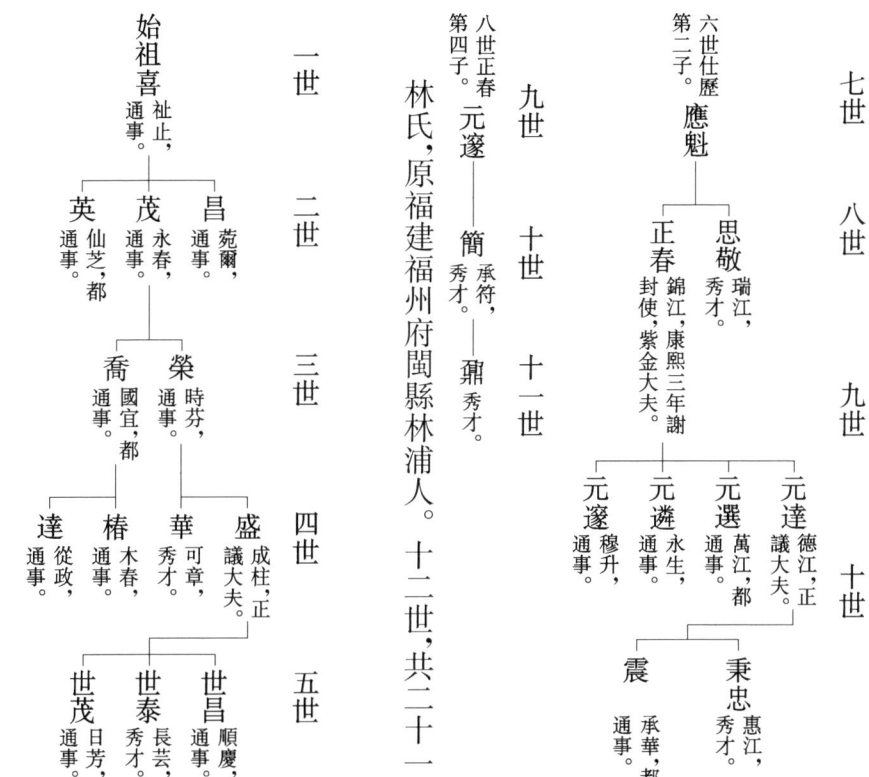

五世　六世　七世　八世　九世

- 世昌 四世盛第二子。
  - 璋 耀崑，都通事。
    - 國用 振亨，正議大夫。
      - 喬棟 瑞亨，通事。
        - 茂盛 錦菴，正議大夫。
  - 璉 玉連，通事。

九世　十世　十一世　十二世

- 茂盛 八世喬棟長子。
  - 謙 自牧，通事。
    - 天材 秀豐，秀才。
      - 永隆 天寵，通事。

阮氏，原福建漳州府龍溪縣人。五世，共十七人。

一世　二世　三世　四世　五世

- 始祖國 我萃，正議大夫，萬曆三十四年謝封使。
  - 士元 德一，都通事。
    - 起鳳 鳴岡，都通事。
      - 廷嘉 孚吉，都通事。
        - 璋 章玉，正議大夫，康熙五十四年貢使。
        - 玠 介玉，都通事。
      - 廷章 聖裁，都通事。
    - 起龍 從雲，正議大夫。
      - 維華 允協，通事。
      - 維德 台先，都通事。
      - 維新 天受，康熙戊辰入太學，康熙五十三年貢使，紫金大夫。
        - 則北 子岳，秀才。

五世　六世

四世廷嘉長子。璋——皋邁 黎懷，秀才。

四世　五世

三世起鳳第二子。廷章——繼南 小咸，秀才。

四世　五世

三世起龍第二子。維華——
- 爲模 君範，秀才。
- 爲標 君錦，通事。
- 爲棟 君輔，秀才。

毛氏，原福建漳州府龍溪縣人。五世，共十八人。

一世　二世　三世　四世　五世

始祖國鼎 擎台，正議大夫。——世顯 文光，都通事。——
- 文英 在兹，都通事。
- 文彩 周典，秀才。
- 文善 體仁，正議大夫。——
  - 士達 子明，都通事。
  - 士豐 子翀，都通事。——
    - 如茂 松亭，秀才。
    - 如德 峻亭，通事。
    - 如苞 筠亭，秀才。
  - 士弘 子毅，秀才。
  - 士順 子孝，秀才。
- 文哲 理齊，正議大夫，康熙四十八年貢使。

三世　四世

二世世顯第七子。文哲——
- 世安 山公，通事。
- 世定 秀才。

三世　四世

二世世顯第五子。文英——
- 日章 闇菴，通事。
- 日新 銘菴，通事。
- 日盛 誠菴，秀才。

取士

國中人入仕宦者惟首里、泊、那霸、久米四村之人，餘皆村户，其略識國字者爲酋長曰掟，土名山巴歸。奉文檄調遣村民，任徭役，其次爲保長曰大屋者，土名山牙姑。皆任下役，戴青緑帽，終身爲之不升遷也。首里、泊、那霸三村民曰仁也，其俊秀知書者呼爲子。子剃頂髮，號筑登之，即登仕郎，次名筑登之座，爲登仕佐郎。又有名若筆者，如中國筆帖式。又有副筆者，有大筆者，有大官筆者，主理一鄉事，如各鄉村山巴歸之類，不升遷。其入仕者授地爲筑登之親雲上，以漸升遷至親方。

此爲平民子弟入仕之始。

世官子弟呼爲里之子，蓋言公子也，土名察度奴示。土音讀察度二字如里字，奴字如之字，示字如子字。年小者爲内使佐郎，名里之子座，供内役親侍從，年過十五至十八剃頂中髮易小髻，即不復入授地，爲里之子親雲上，以漸升至親方。

此爲宦家子弟入仕之始。

久米村皆三十六姓閩中賜籍之家，其子弟之秀者年十五六歲取三四人爲秀才，其十三四不及選者名若秀才，讀書識字。其秀才每年於十二月試之，出四書題，令作詩一首，或八句，或四句，能者籍名，升爲副通事，由此漸升至紫金大夫。紫金大夫亦稱曰親方。

此爲久米子弟入仕之始。

采地禄

王叔、王孫、勳舊大臣皆授一府或二府爲采地，大夫以下有功者、三十六姓世襲者皆授一縣爲采地。初賜者世其禄，長子承受，其自致爵位所授采地官已即除。歲收其地所出三分之二，如田一頃出米一百石，耕夫收五十石，禄主收五十石。禄主五十石内有公費雜派等一十餘石，除此外實收三十餘石，約當三分之二也。雞豕薪樵之數，以米石多少爲準，以時取之。其采地之人來受役者，視官秩爲多寡，國相、法司十六人，紫金大夫十一人，紫巾官十人，黄帽官四人，紅帽官二人，皆月更。

國相采地一府，或二府。禄六百石，有功者加七八九百至千石止。世襲，嗣子及孫，賜禄三百石，采地一府，至曾孫量功爲差。

法司采地一府，禄四百石，例世禄，嗣子及孫，賜禄八十石，采地一府，至曾孫量功爲差。

國舅采地一府，或一縣。禄八十石，或百石、二百石，皆量功賜之。世禄，視功之大小賜禄，采地及子孫。

紫巾官采地一府，或一縣。禄三十石，或四十、五十，至八十石止，皆視功之大小賜之。世禄，量功爲差。

司賓、耳目官采地亦一府，禄八十石，典寶、司刑、管泊、耳目官並度支正、度支同知皆四十石，贊議官皆俸支給一十六石。

那霸官采地一縣，禄八十石。

遏闥理官俸支給十石。

以上首里、泊、那霸本國職官采地、禄俸之數。

紫金大夫采地一邑，禄五十石，或八十石，或百二十石，皆視功之大小賜之。世禄，賜嗣子采地，禄五十石，或四十石，至孫量功爲差。明季有紫金大夫蔡堅者，禄三百石，賜嗣子一百石。康熙癸卯年以後減爲五十石，孫四十石，今曾孫三十石。

正議大夫采地一縣，禄二十石，或三十石，量功爲差。未賜禄者歲俸支給一十二石。

中議大夫采地一縣，歲俸支給一十石。

長史采地一縣，禄二十石。

都通事俸支給八石，或有采地，或無采地。

副通事俸支給五石。

通事俸支給四石。

秀才俸支給二石。原有三石，康熙癸亥年以後裁減爲一石。

若秀才一石。原有二石，癸亥年以後裁減爲一石。久米子弟自七歲爲若秀才，即有俸。首里、那霸子弟仕至庫官始有俸，下此皆無俸也。

以上久米村唐營職官俸禄之數。

耳目官以下大小官員有功者世禄采地，傳及子孫皆量功爲差。

土田

土田皆於九月、十月耕種，五月收穫畢。各官分賜采地，皆親至其地，視耕視穫，有職官或子弟督之。十月、十一月緑秧皆出水，科秧分藝，大雨時行，雷震發生，蚯蚓鳴氣，候如春，北風間作，亦不甚凛洌。十一月下旬遣加謁者一員，察侍紀官二員，分巡各村勸農，月餘始歸。六月中大颶屢作，海雨横飛，果實皆落，歲以爲常，非收穫早畢，必多拔禾之患。故其國秋耕冬種，春耘夏收者，一就雨澤之利，一避颱颶之害。經年温燠，理宜兩熟，而六月後皆曠田不事者以此。

曆

曆奉正朔，貢使至京必候十月朔頒曆賫回，及至國已踰半年，故國人設司曆通事官，秩七品，豫推算造曆應用。曆面書云：琉球國司曆官謹奉教令，即造選日通書，權行國中，以候天朝頒賜官曆，共得凛遵，一王正朔，是千萬億年尊王歸化之義也。

禮儀

冬至、元旦　國王皮弁執珪，先拜歲德，隨歲德所在之方向之拜。乃北向遥賀皇上萬萬歲，三跪九叩禮畢，始登殿受百官賀禮，如明制，就班一揖，跪，三拜，興，一揖，跪，又三拜，興，又一揖，禮畢，皆用樂。明夏子陽使録云：元旦行禮後，各官易常服，王亦衣寬博錦衣，戴五色錦帽，坐閣二層，衆官跪階下，唱太平曲，卑者按拍和歌，尊者捧觴爲壽，王亦等級賜之酒餚。今聞元旦行禮後，國人皆散，惟久米村大夫下至秀才，王皆賜酒酺，竟日乃散。

上元　國王登殿受賀禮同元旦。

皇上萬壽聖誕　王率陪臣北向祝，如元旦禮。

國王誕日　登殿受賀禮如上元，各官升遷俱于此日，計功定爵。

辨嶽行香　國王登位受封皆親祭。每年正月、五月、九月國王齋戒舉行祭山海及護國神，或遣官行禮。辨嶽之神名祝祝，乃天孫氏第二女也。神牆四周叢木尤攢密，小門内拒南向，門外木亭二所，左傍有小石塔及石燈案，左右各五，入門内石磴北屈而東，數十階級至頂無所有，石爐上炷香數十枝而已。此爲祭本山神處。木亭前平地方廣南向，見海，東南方有一石爐，炷香爲祭海神處。國中凡叢木蒙密，短垣四周，有小門内拒者皆名嶽，如中國土地之神，村村皆有之。

崇元寺先王廟　春秋二祭，或親祭，或遣官。三日齋，樂俱用天孫太平歌，歌祖宗功德、神靈歷世綿遠之意。

圓覺寺　本宗香火，有時祭，有月祭。名蘭盆祭。三日齋，忌辰有特祭，朔望獻茶。天王寺、天界寺禮同。

先王廟神主昭穆圖

十五昭尚益	十四昭尚貞	十三昭尚豐
歷代有功王叔		
十二昭尚永	十一昭尚清	十昭宣威
九昭尚圓	八昭尚泰久	七昭尚思達
六昭尚巴志	五昭武寧	四昭西威
三昭英慈	二昭英祖	一昭舜馬順熙
〇舜天		
穆一義本	穆二大成	穆三玉城
穆四察度	穆五思紹	穆六尚忠
穆七尚金福	穆八尚德	穆九尚真
穆十尚元	穆十一尚寧	穆十二尚賢
穆十三尚質	穆十四尚純	

穆十四尚純未爲王，不當並列先王廟神主之次，主稱先祖，尚純尤不安。或云此暫設之，當別祔他廟。

先代王妃

前使汪楫《中山沿革志》前圖序次少紊，今考正之。諸皆稱神主，惟寧、豐、賢、質四主稱尊靈，又加稱其字，寧曰康翁，豐曰宗盛，賢曰秀英，質曰直高。

圓覺寺左廡神主圖

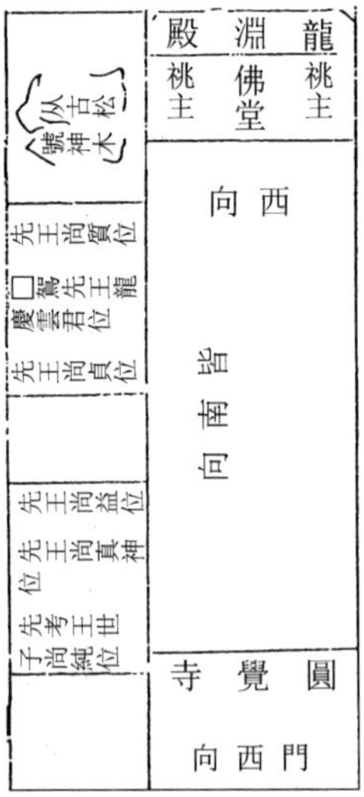

佛殿中一間供佛，左右如夾室，藏已祧先王神主。佛殿前左廡爲神殿，並列二堂，堂各三間，皆南向。上一堂三龕，中爲尚圓，龍慶雲君蓋其謚也，是爲國王始祖。左龕尚質，今王之高祖也。右龕尚貞，今王之曾祖也。下一堂三龕，爲尚真，乃尚圓子，是爲國王太宗，與始祖尚圓皆爲不祧之主，故皆居正中一龕。左龕尚益，今王之父也。右龕尚純，今王之祖也。父反居左，祖反居右者，昭穆位定不嫌同尊也。天王寺內亦有神主。佛殿南向三間，中供佛。左一間神主二，一書歸真尚稷神位，乃始祖尚圓之父也；一書歸真尚久神位，尚久乃尚豐王之父尚元第三子也。二人皆王父，未爲王，故另奉于此。旁二主爲王妃。右一間四主俱王妃也。天界寺內有尚懿神主，乃尚寧王之父。寺中皆女主，供王妃，及王姊妹出嫁有家祠者亦得祔。先王尚益卒，始葬後，神主在天界寺，男女各官孝服每日哭臨，百日後移主天王寺，男女亦每日燒香帛，迨除服三年後始遷祔圓覺寺神龕内，此後内人不得與祭列矣。以前先王禮皆如此。

聖廟　春秋二祭。康熙五十八年正月，紫金大夫程順則啓請祭孔子用太牢，祭啓聖公用少牢，其爵帛粢盛籩豆之數，具圖載之。其祭品本國所無者，皆以土産代之。祭期前三日，與祭者皆齋戒。前一日，演禮省牲。丁日，王遣紫金大夫丑時祭啓聖祠，遣法司官寅時祭聖廟，皆行三跪九叩首、飲福受胙禮。是年二月始行此禮，自此以前，以紫金大夫或長史官爲主祭，行八拜禮，不行飲福受胙禮，惟焚楮不用帛，又無齋戒省牲禮，似太簡，故啓請今禮如儀。

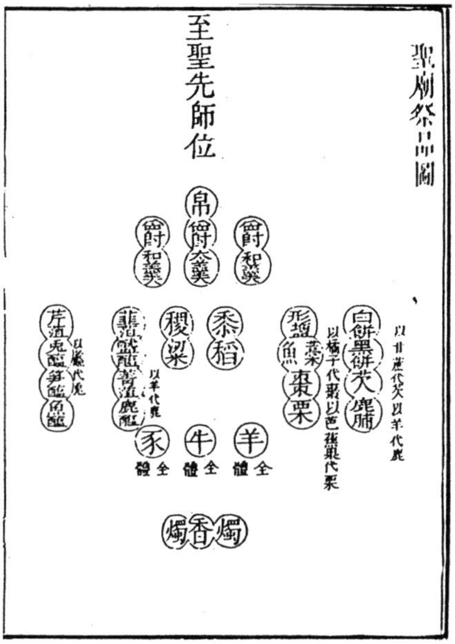

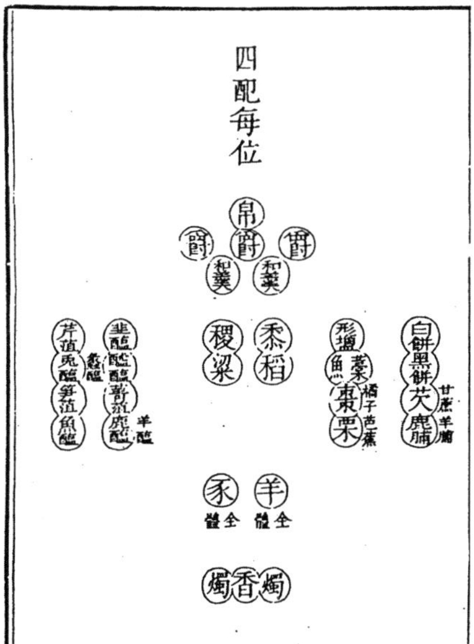

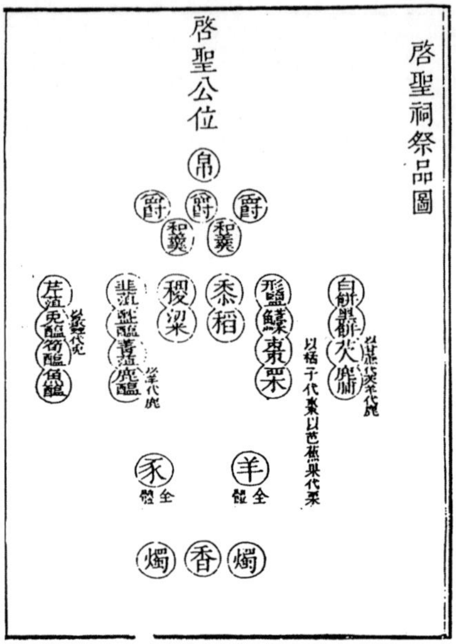

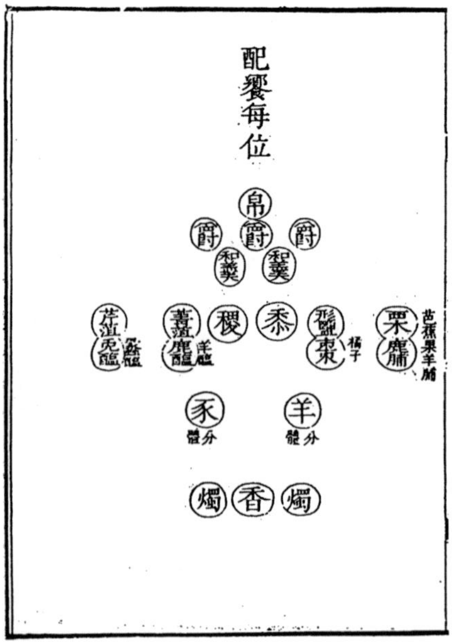

蜡祭　每年五月、六月各地方收穫後舉行報賽田神諸禮。《中山世鑑》云：古初未知稼穡，阿摩美久初分種粟菽于久高島、姑達佳。知念、大川、玉城諸處，春稻夏熟，至今在所春夏四度祭神，二月久高，四月知念、玉城，是爲報本返始之大祭也。

請雨　每於十月墾種後，先三日齋，各官皆詣龍王殿及天尊廟拜請，又請龍王神位升龍舟，至豐見城設雨壇拜請。旱甚，國王親詣椅山雩壇躬禱，或詣雨城在玉城村内。躬禱，首里圓覺寺及波上護國寺皆令僧衆人祈禱。

凡跪拜皆合掌膜拜，伏地久之乃起，搓手爲敬。婦女拜先雙手左右三拂，膜拜叩首與男禮同。見舅姑尊長始行之，平行無交拜等禮儀也。

凡拜佛先膜拜，一叩頭起立，手九拂，再叩一首起立，又三十三拂。父兄代病者、許願求神者共三百三十三拂。

學

聖廟在久米村泉崎橋東，門西向。進大門，庭方廣十餘畝，上設拜臺。正堂三間，夫子像前又設木主，四配各手一經，正中梁上亦摹御書「萬世師表」四大字，榜書，前使汪、林各有記，書木牌上，立左右。文多不録。康熙十三年立廟，尚未有學。康熙五十六年，紫金大夫程順則因學宫未備，取汪、林二公廟記之意，啓請建明倫堂，又於堂中近北壁分小三間，奉祀啓聖併四配神主。五十七年秋七月起工，冬十月告成。明倫堂左右兩廡蓄經書籍文略備。國王又命紫金大夫程順則刊刻聖諭十六條、演義數節，月令講之。舊例以紫金大夫一員司教，每旬三六九日詣講堂稽察諸生勤惰，兼理中國往來貢典，并參贊大禮。又於久米内大夫、都通事、秀才諸人中擇文理精通者一人爲講解師，又擇句讀詳明者一人爲訓詁師。講解師歲廪十二石，設學於啓聖祠内，以教通事、秀才之成業者。訓詁師歲廪八石，設學於上天妃宫，以教七歲以上之初學者。首里亦有鄉塾三所。其外村小吏百姓之子弟則以僧爲師，皆學國字，有草書無楷字。櫺星門内庭中有石碑，大夫程順則記，其略曰：琉球遠在海外，去中國萬里，自明初通中國，膺王爵。洪武二十五年，王子洎陪臣子弟始入太學，復遣閩人三十六姓往鐸焉。萬曆間，紫金大夫蔡堅始繪聖像，率鄉中縉紳祀於家。康熙十一年，前紫金大夫金正春啓請立廟，王允其議，廼卜地久米村，令匠氏庀材，運以斧斤，施以丹雘，迄康熙十三年告竣。越明年，塑聖像於廟中，左右立四配。王命儒臣於春秋二仲上丁日行釋奠禮。既新輪奂，復肅俎豆，猗歟稱甚盛焉。臣順則恭奉教令，摛筆述興造始末，并勒之石，以垂不朽云。康熙五十五年丙申立。程順則又有廟學紀，略記建廟興學顛末，并講解訓詁師姓名甚備。大夫蔡文溥《中山學校序》云：中山自通貢典，文教三百餘年，今子弟遊觀通經甚少，是由父兄之訓不嚴，遂至子弟之業不修也。今我嗣君勤修學問，自王都以及鄉邑各建學堂，選士之通經善行者爲師以教子弟，又遣近使巡宣諭勸諸生曰：爾曹潛心肄業，孤甚嘉之。但學必以不倦爲功，積久而後有成，不可以旦夕效也。且學不但誦讀章句而已，小而灑掃應對、進退之節，大而修身、齊家、治國之道，以至敦人倫、篤家族、和鄉黨、美風俗，無非學也。爲師者當以此教，爲弟者當以此習。即國之取士，亦不外此，可不勉歟？嗚呼！吾君之所以振興文教者至矣，大矣。由是師之所教，弟子之所習，皆以實而不以文，凡所以致知力行之事，致君澤民之道，莫不盡心講求，以養成德器，躋中山於一道同風之治矣。又云：方今新嗣君聰明性成，爰開講席，用進儒臣，日講詩書，以求治國之道，化及於下，首里、那霸皆立學校，以教子弟，文風大振，豈非盛事歟？我唐榮之人，自幼而冠，賜俸養育，立師教子，深蒙國恩，更當倍蓰其功，上不負教養之恩，斯無媿矣。蔡文溥康熙二十五年入太學讀書生之一也，故其言有次序如此。

官生入國學讀書

本朝康熙二十三年，使臣汪楫、林麟焻代題遠人嚮化，求遣子弟入學讀書。二十五年，尚貞王遣官生梁成楫、蔡文溥、阮維新入國學讀書。二十七年九月入監，上爲特設教習一人，福建鄭某教習一年，寧波貢生徐振教習三年，徐振議敘，以州同即用。官生三人皆照都通事例，日給雞一、肉二觔、茶五錢、腐一觔，椒醬油菜等俱備，每年春秋賜綿緞袍掛、紡絲紬褲各一，凉帽一，靴襪各一雙，夏賜紗袍掛羅衫褲各一，冬緞面羊皮袍掛綿襖褲各一，皮帽、皮靴、絨襪、被褥俱備，從人皆有賜，每月紙墨硃筆銀一兩五錢，皆鴻臚寺關給。二十九年，貢使耳目官温允傑、正議大夫金元達到京，國王請遣官生歸國，賜宴，各給賞雲緞紬布等物，乘傳遣歸。

代請官生入學讀書疏

差回琉球國翰林院檢討臣海寶、編修臣徐葆光等謹奏，爲奏請事。臣等奉旨册封琉球禮畢，宴語，王令通事致詞云：本國僻處海外，荒陋成風，於康熙二十五年奉旨許遣官生阮維新、蔡文溥等三人入學讀書，今得略知文教，皆皇上之賜也。自此三十年來，無從上請。今幸天遣使臣至國，求照前使汪楫代請入學讀書舊例，陳明遠人向化之意，倘蒙諭允，得照前例，再遣官生入學讀書，則皇上文教益廣矣。

禮部謹題，爲奏聞事。禮科抄出差回琉球國王正使翰林院檢討海寶、副使翰林院編修徐葆光等奏，於康熙五十九年七月十五日到部。該臣等議得，册封琉球國王使臣翰林院檢討海寶、編修徐葆光等奏稱，臣等册封琉球國王禮畢，宴語，王令通事致詞云：本國僻處海外，荒陋成風，於康熙二十五年奉旨遣官生阮維新等三人入學讀書，今得略知文教。自三十年來，無從上請。幸天遣使臣至國，求照前使汪楫代請入學讀書舊例，陳明遠人向化之意，倘蒙再遣官生入學讀書，則皇上文教益廣矣等因，具奏到部。查康熙二十三年差往册封琉球國王使臣翰林院檢討汪楫等，將該國王尚貞所請，令陪臣子弟赴京入監讀書等語轉奏到部，臣部照其所請議覆具題，奉旨依議，欽遵在案。今琉球國王尚敬傾心向化，既稱再請將官生入學讀書，則皇上文教益廣等語，應如所請，准其官生等赴京入監讀書，應行事宜到日再議具題可也。於康熙五十九年八月初三日題，本月初五日奉旨依議。

禪宗

國無道士，釋有臨濟宗、真言教二種。臨濟宗爲禪門，戒葷酒，多學爲詩。真言教爲人作佛事，如中國副應僧之類，葷酒不盡絶矣。居首里諸寺者皆臨濟宗，在那霸者惟東禪寺、清泰寺及廣嚴寺三處爲禪宗，餘俱真言教也。

國自唐時有佛智圓融國師渡海參學，始有臨濟宗。藏經所有者，惟《法華經》、《維摩經》、《楞嚴經》、《法寶檀經》、《梁皇懺》、《臨濟録》、《中峰録》、《碧嚴録》等。又有《三籟集》，石屋、中峰、侑堂三僧所著，三僧皆元時人。又有高泉禪師，本朝初閩人，後居日本黄蘗山，著有《洗雲詩集》、《佛國詩偈》、《藏林集》，其弟天池閩僧能書。

國禁僧不得渡海入中國，惟至日本參學者有之。僧衣多用朱黄色等紬絹爲之，袈裟外更有一衣如背心狀，名斷俗，帽多用氊，如中國笠帽然。

僧禄

僧披剃後，有名著籍上之理梵司，皆有廪米。圓覺寺僧爲國王本宗香火所在，僧禄特重，歲八十石。天王寺、天界寺、崇元寺即先王廟。歲二十四石。臨海寺亦二十四石，護國寺四十石，二寺在海濱，爲國王許願獻佛之所，故禄石次之。其他有萬壽寺、神德寺、聖現寺、龍福寺、安國寺，不論僧衆多少，每年支米八石。一云支口糧四名，每名一石三斗五升，共五石四斗云。

中山傳信録卷第六

風俗

中山風俗已見前録，兹役久淹，見聞尤夥，略爲詮次，以備採風。

正月十六日，男婦俱拜墓。女子於歲初皆擊毬爲戲。又有板舞戲，横巨板於木椿上，兩頭下空二三尺許，二女對立板上，一起一落，就勢躍起五六尺許，不傾跌欹側也。

二月麥穗祭，國中同日祭麥神。此日婦女不作女紅，男不事田野。麥穀四祭皆同。

二月十二日花朝，前二日各家俱浚井，女汲取井水洗額，云可免疾病。

三月三日上巳，家作艾糕相餉遺，官民皆海濱禊飲，又拜節相往來。此月中同日又祭麥神，謂之大祭。

五月五日競渡龍舟三，泊一，那霸一，久米一。一日至五日角黍蒲酒同中國，亦拜節。此月稻穗祭，選吉同日祭稻神，此祭未行，稻雖登塲不敢入家。明夏册使子陽使録云：國中神有女王者，王宗姊妹之屬，世由神選以相代。五穀成時，女王渡海至姑達佳山，採其穀穗成熟者嚼之，各處乃敢穫，若未嘗先穫者，食之即斃，故田間絶無盜採者。

六月稻大祭，選吉同日祭稻神。又有六月節，國中蒸糯米爲飯，家家相餉。此日亦不作女紅，不事田野，同上四祭日。此月有月之夜，士民皆拔河争勝。

七月十五日盆祭祀先，預於十三日夜，家家列火炬二於大門外以迎祖神，十五日盆祭後送神。

八月家家拜月。明夏子陽使録云：俗有待月之願。凡月初三、十八、二十三夜皆修吉菓拜待。初三夜焚香對月拜；十八夜焚香立待，待升明而拜，拜畢乃敢坐；二十三日焚香坐待，待月出則拜，謂可益壽延禧。

白露爲八月節，先後三日，男女皆閉户不事事，名守天孫。此數日内如有角口等諸事故，必犯蛇傷。國中蛇九月出，傷人立斃。同日蒸糯米交赤小豆爲飯相餉。

十二月，逢庚子、庚午日通國皆作糯米糕，櫻葉包裹三四層，和糖蒸食相餉，名曰鬼糕。俗傳古有鬼出，作此祭之，亦驅儺禳疫之意。二十四日送竈，次年正月初五日始迎竈。

每月朔望，家家婦女取瓶罌至砲臺汲新潮水歸獻竈神，或獻天妃前石神。

正、三、五、九，此四月，國人名爲吉月，婦女相率至沿海雪崎洞中拜水神祈福。

官民家有人渡海者，斲木爲小舟，長尺許，檣帆俱備，着竿首立庭中，候風以卜歸信，歸即撤之。

板舞圖

凡許願皆以石爲神。凡神嶽叢祠之所皆有巨石數處離立，設香爐炷香燭於前，燒酒設牲菓酬願，皆就石獻供，不設神像也。舊録有女王女君辦天戈、六臂神之類，蓋即君君、祝祝開國諸神，傳久異辭，不盡覈也。女巫爲人祈疾者，曼聲唄誦徹夜，無鼓樂。

通國平民死皆火葬，官宦有力之家先用生葬，踰時舁出，仍用火葬。前使録云：以中元前後日浴屍于溪水，三四五年後以水入穴，潑屍去腐肉，收骨入甕，藏石坎中，歲時祭掃啓視之。

棺製圓如木龕，高三尺許，温水洗膝蓋，屈足趺殮。

墓皆穴山爲之，既窆壘以石，貴家則磨石方整，亦建拜臺，墓門遠望如橋門。更有穴山葬在層崖之上者。掃墓不設牲菜，用木盤炷香菓、挂蕉扇，設三板於墓側，或摺花供墓前。

男女食皆不同器，各設具別食，食餘棄之。與客會飲不各設具，一梧傳飲，筯一雙着盎間同用。今其貴官對客亦效中國同器分筯飲食，或其居常尚仍舊俗耳。夏子陽録云居官言事必具酒一壺，至其家跪而酌之，酌畢告以所事云。

剃頂髮

前明琉球人皆不剃髮，惟不用網巾。萬曆中册使謝行人杰，閩之長樂人，母舅某從行，攜網巾數百事，至無可售。謝使遲册封禮久不行，云本國既服中華冠帶，册封日如陪臣有一不網巾者，册事不舉。琉人競市一空。福建至今相謔强市者，則云琉球人戴網巾也。至本朝始剃頂髮，自國王以下皆遵時制，留外髮一圍，綰小髻於頂之正中。首里與久米人皆無異。夏子陽録云：首里人髻居偏，久米人髻居中。今不然也。剪唇上髭令齊者，間有之。

五官正

國中惟三種人皆剃髮如僧，一爲醫官，名曰五官正；一爲王宫執茶役者，名曰宗叟，又名御茶湯，六人；又有司灌園六人，皆全剃髮，戴黑色六稜幔頂寬簷帽，名曰片帽。衣外多着短掛一領，比大衣略短二三尺許，黑色。二種人皆趨役，無時櫛髮，恐稽時事，故皆使從徑省云。

屋舍

作屋皆不甚高，以避海風，去地必三四尺許，以避地濕。民間作屋，每一間瓦脊四出如亭子樣。瓦如中國銅瓦，極堅厚，非此不能禦颶故也。無磚牆，每屋四旁皆夾設板爲壁，庭院中圍牆及外圍牆則用蠣石壘成。首里大家外圍牆磨削一面如切成，極堅整。無磚，地多用板，閣高三四尺許。門窗皆無户樞，上下限皆刻雙溝道，設門扇其中，左右推移，以爲啓閉。室中以席裹草厚寸許，緣以青布，布滿室中。入室必脱三板，故名脚踏緜。自王宫以至民間皆然。

屋宇在那霸所見者皆村中民居，首里所見官戚大家，牆垣棟宇皆極華整，然亦一行作屋，分内外，無層構複室也。

惟官署始連楹八九作大屋，每屋一間，柱礎多至二十餘所。屋用樫木作梁柱，堅潤細理，千年不蠹，一名羅漢杉。大島、奇界所出尤良，價亦甚貴，作屋一間，費至五百金。故久米大夫家從宦有年，尚多結茅者。首里大家皆以此造屋鋪地，久之光潤可鑑。

壁既用板，無粉墁牆。多用砑花重粉箋，或白色，或白地緑花者糊之。

竹簾極麤，以細竹全幹編之，挂屋簷四周。

屋中畫軸皆短小，不過四五尺，屋小故也。若首里貴家長與中國畫軸無異。

屏幅字或用四扇，例先書一大字於首，如春夏秋冬、仁義禮智之類，下綴詩語三四行，亦不必與大字相應。

屋中開軒多旁向，或東或西。庭院中設小山石，樹黄楊、烏木、檜、松之類，必剪束整齊，或方或圓，層層有致。茸草如茵，極細軟，柔結寸許，連土不散，布滿山上下。或置小石池，畜魚其中，中立小石，石上植鐵蕉等小

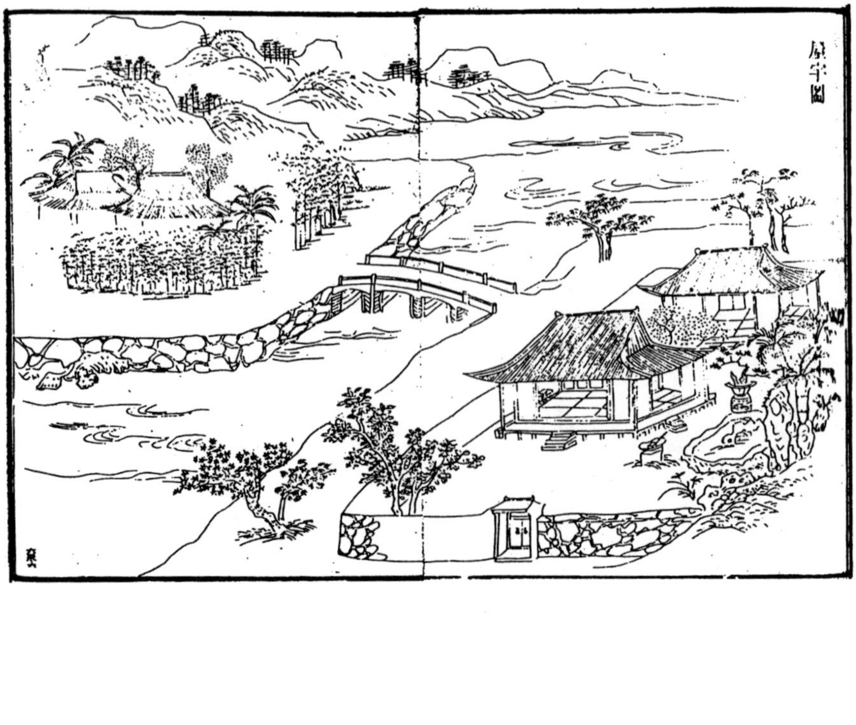

木爲玩。

村逕皆極寬潔，多編細葉小竹作屏籬，剪葉令齊，方整縝密，村落皆是。寺院前或列植黄楊，剪束就方，葉密如牆，數十步許。又有樹葉如冬青，六七月生小白花，香如梔子，極芬烈，土名十里香，亦截作籬屏，將至王宫，夾道數里。

米廩

藏米廩亦懸地四五尺，遠望如草亭，下施十六柱，柱間空處可通人行，上爲版閣。官倉皆如此。村民或數家共爲一亭，藏米其中，分日守望。

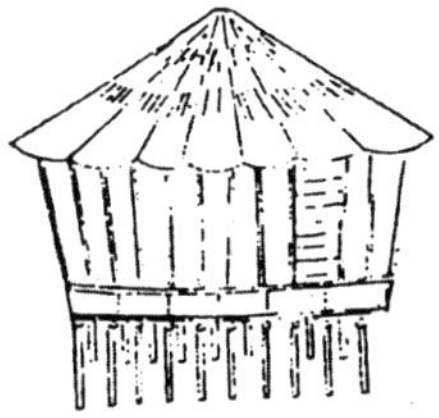

器皿

室中皆席地坐，無椅桌之用。飲食諸具皆低小以便用，其與中土異製者圖之如左。

槃

凡飲食置碗之具如古俎豆，槃器或方或圓，皆著脚，高五六寸許，食羅數具於前。

烟架

烟架一奩中火爐一、唾壺一、烟盆一，室中置數具，人前各置一具。王宫製用甚精飭。

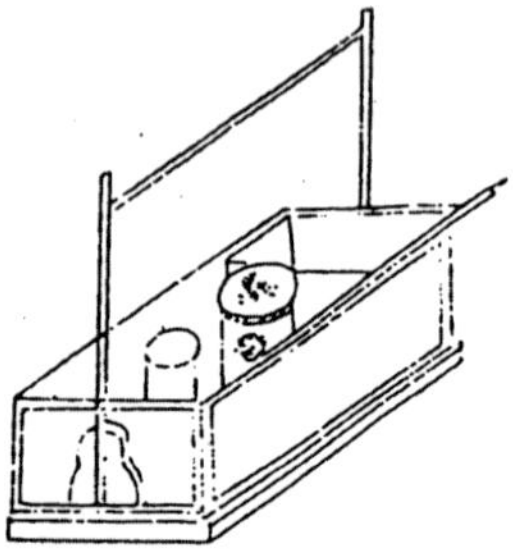

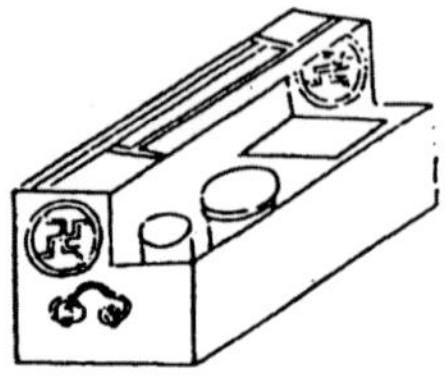

棋枰

棋局高尺許，脚二三寸，面厚七八寸，極堅重，使不傾側。黑子磨黳石爲之，白子磨螺蛤頂骨爲之。人皆善奕，謂之悟棋。下時不用四角黑白勢子，局終數空眼多少以定虧赢，不數實子也。亦有象棋。

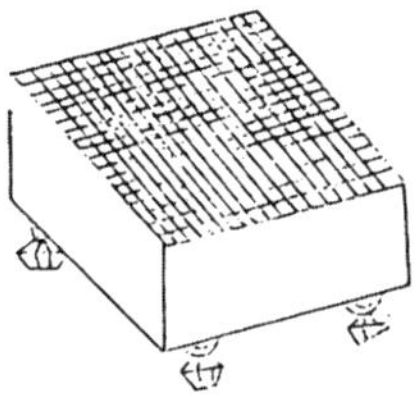

榼

士夫家有一榼，或朱或黑，滲金間采，製作甚精。郊飲各携一具，中四器置食物，旁置酒壺一、盞一、筯二，諸具略備。民家食榼或方或圓，皆作三四層，刳木爲之。

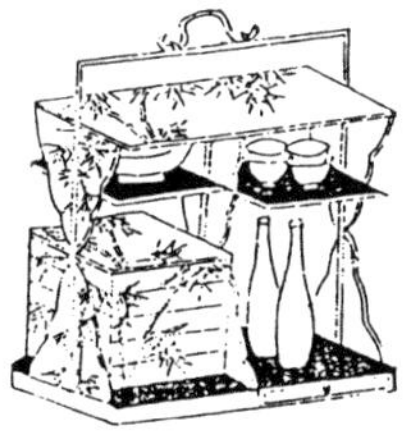

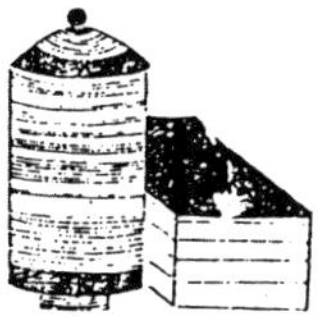

鑪

水火鑪製用輕簡，銅面錫裏，一置火，一置水，外作一小木架盛之。下二層黑漆奩三四事，中藏茗具，入茶擔中，國王令秀才二人值之，客出遊則携以隨。

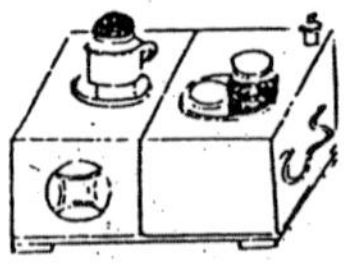

几 書架

曲隱几仿古式，繞身如扇形，高一尺許，加褥其上隱之。書架如鏡架，着小座高半尺許，席地坐用之。

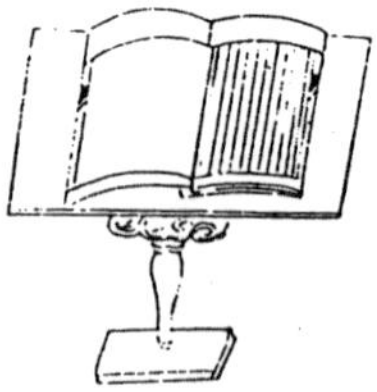

枕

大小套枕，中藏數具，客至則人授一枕。

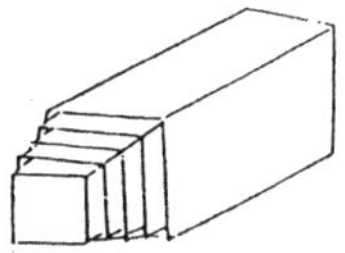

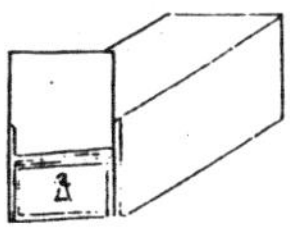

茶甌 茶托　茶帚

茶甌色黄，無白地者。描青緑花草，云出土噶喇，其質少麤，無花但作冰紋者出大島。甌上造一小木蓋，朱黑漆之，下作空心托子，製作頗工。茶甌頗大，斟茶止二三分，用菓一小塊貯匙内，此學中國獻茶法也。若國中烹茶法，以茶末雜細粉少許入碗，沸水半甌，用小竹帚攪數十次，起沫滿甌面爲度，以敬客。

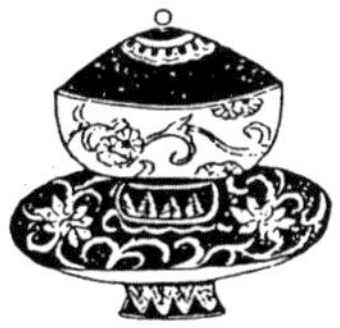

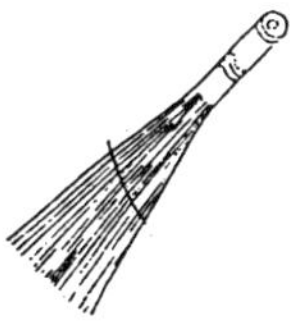

燈燭

燭燈木底四方格，上寬下窄，白紙糊之而空其上，施木柄釘柱上，雖大風不致滅燭也。王宮内所用皆然。民間燈多不用燭，以木作燈，四方糊紙，高木座，籠油碟其中，置地席上。燭如黄蠟而色黑。國中有油樹，取其子榨油爲之。

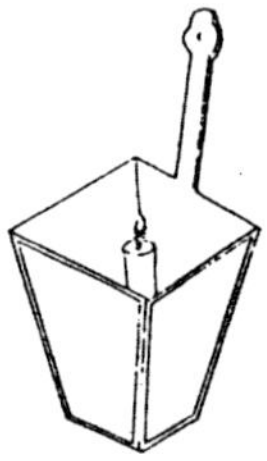

扇

蕉扇圓者爲日扇，男子用之；婦人用者缺其傍如缺月狀，名月扇。

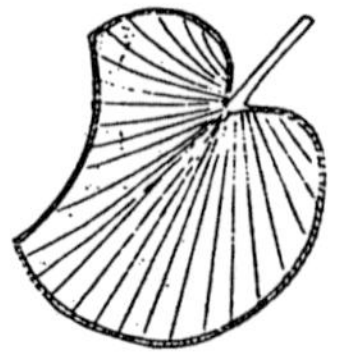

摺疊扇名櫂子扇，即倭扇也。皆單邊，無寬邊者。麤細不等，有絶佳者。本國官民冬夏用之，横插大帶間以爲飾。又有摺腰扇，扇骨兩截，下合上開，僧人所用。

團扇以竹爲骨，繭紙糊之，或青或白，灑金作畫。有泥金五華者名玉團扇，惟王宮中有之，命婦或受賜始得用之。

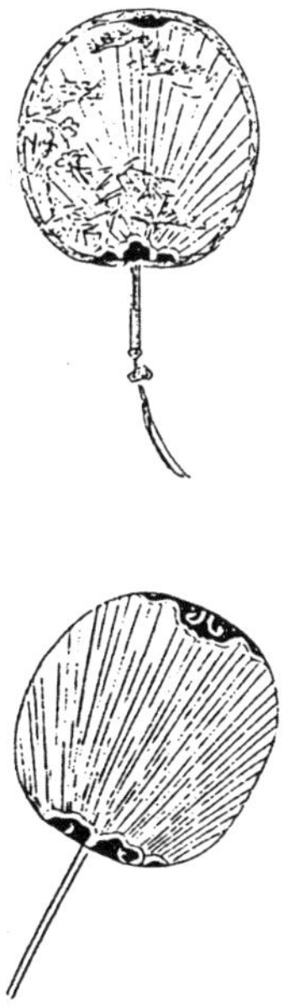

匠具

斧鑿皆類中國，惟鋸用純鐵爲之，形如刀，下着柄，列齒口端爲用。

陶器

瓶罍多類中國，其小異者茶具、火鑪一二種，圖之。

釜

炊爨鍋器皆有鐵者，製亦頗與中國異。或有柄有提處。夏使舊録云多用螺殼炊爨，今不爾，間以大螺殼烹茶者有之。

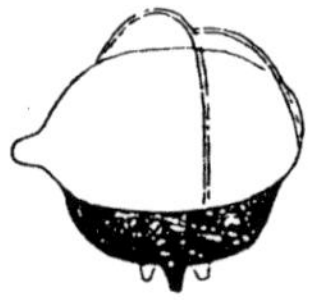

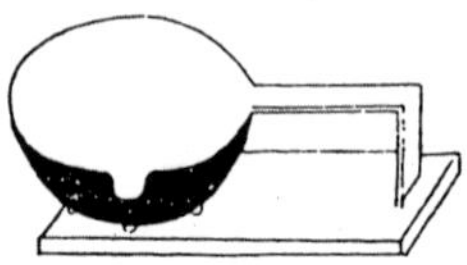

筆

筆用鹿毛爲之，短管，比中國筆較短，僅長四寸餘。竹管似蘆，取其輕細。管之末有番字小帖，筆帽皆有小開處。國人作書皆不倚桌，或立或坐，倒卷紙尾，左手箝頓掌中，懸腕書之，以筆蘸墨則横筆卧捲之。

紙

紙以繭爲之，有理堅白者極佳，其黄色質鬆者名事宜紙，皆切方幅爲用，與高麗繭紙正同。其質厚者染紫色可爲衣，名内用紙，有印花者，如錦極可愛。

耕器

粗犂皆彷中國，但減從輕小。高田惟仰雨澤，下田層列引泉下溉。其江湖通潮者皆鹵不可溉，故無桔皐、戽斗諸具。

織具

機形坐處窄，外寬，高一尺五六寸，低着脚僅三四寸許。機前立竹竿

一，下垂引扣下上。梭長四寸餘，如皂角形。器用輕小，席地爲便，家家有之，縷蕉絲雜紉織之。

漁　具

沿海近港所見皆用獨木小舟，或釣或施繖網，以取小魚，螺、蛤、蟹、蝦、石鮔、海膽，隨潮下上者，夜候潮落，篝火取之。

樂　器

樂器與中國無異，箏笛等俱備。無笙。三絃柄比中國短三寸餘，彈撥惟用食指。笛曲有《青山曲》、即中國《銀絞絲》、《五更轉》也。《落雁曲》、《樂平曲》。太平歌乃神曲，每擊小銅點起調，一人先唱，下乃齊聲和之。

前使張學禮記云：國王遣子壻於從客某所學琴。今已失傳。國中無琴，但有琴譜，國王遣那霸官毛光弼於從客福州陳利州處學琴三四月，習數曲，并請留琴一具，從之。

女　集錢　女飾

市易之所，舊録云向在天使館東天妃宮前平地上，後徙馬市街。今市集移在辻山沿海坡上，早晚兩集。市集無男人，俱女爲市，所市物惟魚蝦、番薯、豆腐、木器、磁碟、陶器、木梳、草鞁等麤下之物，仕宦家多不入市。

市中交易用錢無銀，錢無輪廓，間有舊錢如鵞眼大，磨漫處或有洪武字，已絶少。今用者如細鐵絲圈，一貫不及三四寸許，重不逾兩許，貫口封一紙扣鈐記之，散即不可用，每千值國銀二分二釐。明萬曆中蕭崇業、夏子陽等録即云國中用黑銅錢，極輕小，千不盈掬，凡五貫摺銀一錢，則其來已久，本國稱爲鳩字錢云。其平日皆行寬永通寳錢，錢背無字，或有一文字。按日本寬永元年爲前明天啓二年，歲在壬戌，此日本舊錢也。錢模大小亦與前明萬曆錢相埒，錢質皆赤銅，每百值國銀一錢二分。《國朝典彙》云琉球市用日本錢，以十當一，爲近是。臨時易之，使還則復其舊。國中舊有洪武錢，永樂十一年又賜永樂錢，天順二年王請照永樂、宣德間例所帶貨物以銅錢給賜，禮部寢之。本朝又無賜錢之例，故其國少中國錢。

婦女小民家簪用玳瑁，長尺許，倒插髻中，翹額

上。髻甚鬆，前後偏墮，疑即所謂倭墮髻也。不穿耳，聞國中大家女亦然。無脂粉，無首飾，珠翠俱廢不用。足無所矯揉，或穿半襪，或着三板，或赤足行沙土中。手背皆有青點五，指脊上黑道直貫至甲邊，腕上下或方或圓或髩，爲形不等，不盡如梅花也。女子年十五即針刺以墨塗之，歲歲增加，官户皆然。聞先國王曾欲變革，集衆議，以爲古初如此，或深意有所禁忌，驟改前制不便，遂至今仍之。過市所見，無不盡然。

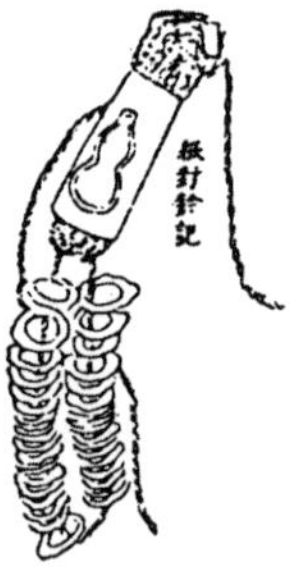

册封日暫行錢

錢文

錢幕

國中常行錢

入市貨物無肩擔者，大小累重皆戴於首，即大甕、束薪皆然。登坡下嶺，矯首曳袖而行，無偏墮者。

土妓行市中，暑月衣襟上亦用紅絹緣於領掖間，以此識別。舊録云良家入市，手持尺布以自別。今亦間有之。

婦人抱小兒者，惟一手操小兒腰臂令騎坐左右腰叉上，所見皆然。

舟

貢舶式略如福州鳥船，船掖施櫓，左右各二。船長八丈餘，寬二丈五六尺。前明洪、永中皆賜海舟，後使臣請自備工

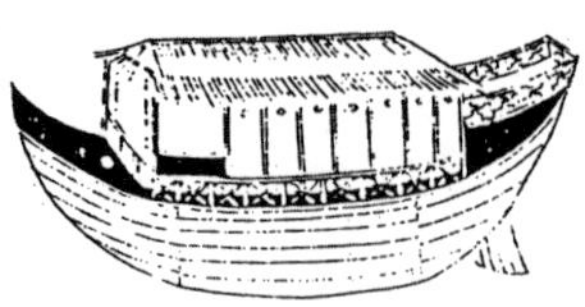
太平山船

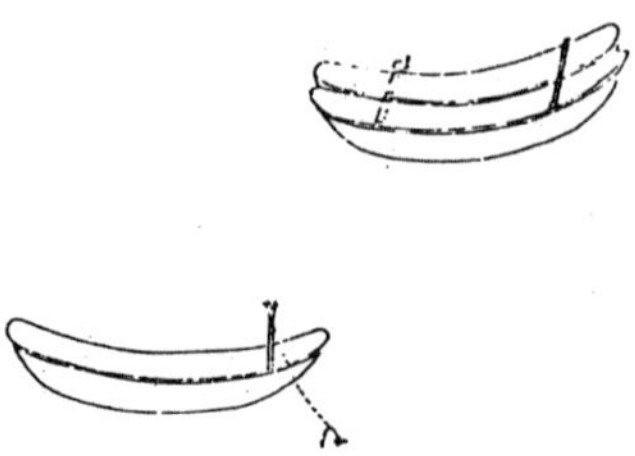
獨木船

料於福州改造，今本國舟工亦能自造如式。其各島往來通載之船，大小皆尖底，底板鱗次。太平山船加飾欄檻爲異，故圖之。小船皆刳獨木爲之，極輕捷，村民、漁户皆用之，一舟不勝載，則雙使爲用。

轎

通國惟國王肩輿彷中國式，或十六人，或八人，轎上亭蓋帷幔，悉如中國。國相、法司以下，皆兩人肩輿，式皆矮小，着扛木於轎頂，二人前後舁之。轎高不踰三尺許，席底趺坐，遠望如籠榼然。前使汪録云不知其中有人，信然也。貴族亦有造作精緻者，用羅漢杉木雕鏤銅飾，錦邊繪裏，紗縠爲蔽，而其高下大小則一也。

國中無車，山谷非所宜也。

轎圖

馬

馬與中國無異，高七八尺者絶少，蹀躞善行，山路崎嶔，上下沙礫中不見顛蹶，此則其所習也。上山涉水則馳。地既多暖，冬草不枯，馬終歲食青，不識棧豆。故雖村户下貧亦皆畜馬，有事則斂用之，事過散還。村家亦有以馬耕者。

鞍：制同中國，黑漆、紅漆不同，有極精者。鞍前後加紅帕四條，分垂左右，以爲馬飾。

韉：與障泥皆從簡略，仕宦者或用紅氈一條。

勒口索：貴家多用五色相間蕉布全幅，入手兩盤，垂之尚及馬脇也。

鐙：以木爲之，式如曲杓形，一邊着繩繫鞍下，空其口以便赤足穿踏。或鞴皮爲之，朱黑漆，有極精者。

國人騎馬皆不用鞭，能騎者縱控令速行，否則摺樹梢用之，下馬即擲去。

宦家女人騎馬擁領蔽面，多側坐鞍上，兩足共一鐙，人控徐行。前使汪録有記，今偶見亦有之。

馬飾圖

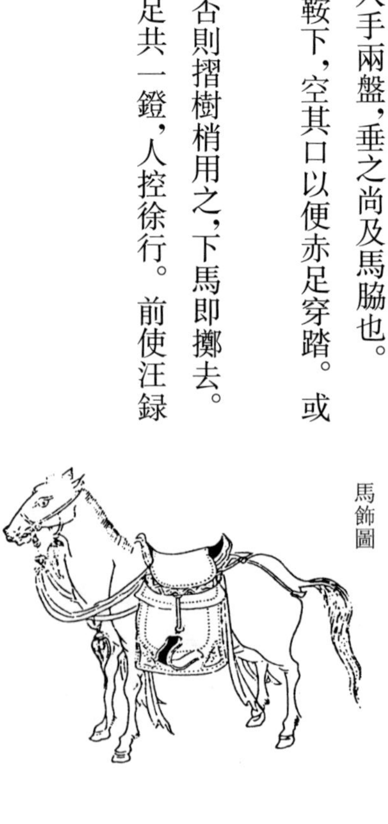

長弓短箭

弓長七尺餘，卓地高齊屋簷。箭比中國箭乃較短一握許。射必卓地，執靶時不在正中，乃就下窄處扣絃，發矢皆用決拾，如古制。發不甚遠。舊録云射二百步外，則未之見。

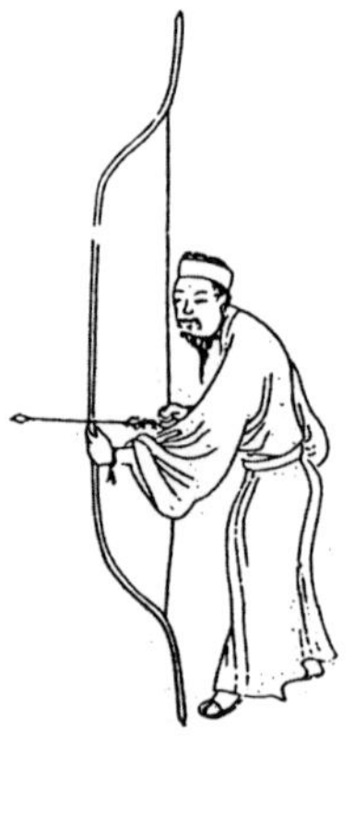

月令

正月　桃夭，碧桃、絳桃、櫻桃俱於是月開。長春始榮，四季開，此月尤盛。蠶豆食新，鶯舌有簧，蛇出於穴，始電，雷乃發聲，枇杷熟。與中國無異，形略長如棗，元旦食新爲百果先。

二月　木筆書空，海棠紅，棠棣華，春菊有芳，百合、麗春花俱於此月開。月橘子紅，月橘一名十里香，花六月開，子紅纍纍，至此月滿樹。萍始生，田豆收，蟋蟀鳴，蟄龍出於海。

三月　粟蘭香，石竹花，玫瑰、薔薇、藤蘿、罌粟俱於此月開。紫蘇生，諸豆畢種，王瓜登於市，麥乃秋，虹始見。

四月　梯沽紅，樹高十餘丈，花如木筆，攢生。榴葵、萱花、金錢花、杜若、鳳仙皆於此月開。鐵錢花開，甘露見於蕉，芭蕉此月始結實，名甘露。山丹吐燄，蔗田熟，楊梅亦於此月熟。青瓜出，竹笋抽林，螳螂生，蜻蜓亦生此月。蜩鳴，鵄養羞，蚯蚓出，螻蟈鳴，鳥鳳來。小鳥名。又有鳥名古哈魯，亦於此月來。

五月　刺牡丹開，右納花，花與秋葵無異，木本，高三四丈。月橘花，色白如雪，香聞十里。夏菊開，茉莉、梔子、木蘭俱於此月開。蓮有華，莧菜秀，桃有實，榴亦於此月實。葓菜生，豇豆出，草不腐爲螢，颶母時怒。

六月　佛桑燒空，三月開至冬，此月尤盛。掛蘭香，蕙亦於此月花。桔梗花，决明開，禾畢登於場，緑豆收，鹿入水爲魚。沙魚躍岸化爲鹿，鹿畏熱，以舌咂水，亦化爲沙魚。

七月　木蘭再芳，海棠、玉簪俱於此月開。棉花收，龍眼圓，玄鳥來，燕至此月始來。寒蟬鳴，刀豆出，絲瓜亦於此月出。野菊秀，如中國青蘘，生滿田中。毛魚陣於水。此月朔前後五日、八月朔前後五日毛魚排隊成陣，他月不然。

八月　木芙蓉華，桂亦於此月花。容蓝至，鳥名。又有鳥名恨煞，亦於此月來。赤小豆收。

九月　梅始華，戊土實，菓名古把梯斯，形如青菓而匾，閩中亦有之，名戊土。八柿紫，木霜乃降，海鷹來，國中無鷹，此月東北風起，自日本飄來。大豆收，麥種下，雷始收聲，或至冬不收聲，時有之。田野畢墾，麻石求子來，鳥名，緑翅白眉。蛇爲暴。此月蛇出，傷人立斃。

十月　緑秧出於水，橘實，田豆下種，鐵樹有花，蛇乃蟄，虹藏不見，松露入土化爲菌，松下土中此月有土菌，形如芋，松露滴入土中所化，色白，出牛糞中者灰色，不可食。紙鳶升，石求讀來。鳥名。又有鳥名莫讀史，與伊石求子，皆於此月來。

十一月　水仙開，寒菊花，枸杞紅，蚯蚓鳴，美人蕉紅，野有黄華，如中國蒲公英，開遍山罅中。大雨時行。

十二月　佛手指空，緑鳩至，蟄蟲不俯，蚊不收聲，無冰。

物産

中山氣候多暖少寒，無冰，霜雪希降，草木常青。土産所有同中國者祇標其名，異産則詳其形狀花卉，并記其開時如後。

穀則六穀咸備，米六種，麥三種，菽有緑豆、赤豆、黑豆、白豆、大豆、小豆。大豆即中國黄豆，毛莢七八月生，田中所見比中國産者特小，僅如細黑豆。異産有番薯，在處皆有之，犂種沙土中，蔓生蔽野，人以爲糧，功並粒食。家種芭蕉數十本，縷絲織爲蕉布，男女冬夏皆衣之，利匹蠶桑。明册使蕭崇業、夏子陽舊録云土不植棉，地不宜茶。今亦間有之，但不甚繁植云。

蔬有白菜、芥菜、菠菜、蘿蔔、香菜、絲瓜、冬瓜、茄子、刀豆、䕼豆、芋、葱、蒜、韭、薑、胡椒、薤、芹、薺、蕨、瓠、菱芰、茼菜、茼蒿、香菰、紫菜、菘、木耳、石花菜。異産有海帶菜、女蒡、辣蕎、茯苓菜、甕菜。又有松露，土音稱爲蓄蘿，九十月中生大松樹下土中，實圓白色，菌類，味鮮美，産具志頭者尤良。灰色者生牛糞中，不可食。海菜有海帶，一名昆布。又有紅菜，類石花菜而少匾，出海灘中。又有雞脚菜、麒麟菜。

木有松、柏、檜、杉、榕、樟、梔、柳、槐、棕櫚、黄楊、梧桐，甚少異産，有樫木等。樫木，一名羅漢杉，葉短厚三稜，與中國羅漢松同。木理堅膩，國中造屋樑柱皆用之。諸島皆有，出奇界者尤良。

福木，葉如冬青，特大，對節生，長二寸許，如腰子形，厚而光澤，一名常盤木。樹直上長丈餘，四時不凋，葉可染緑色，開小黄花，結實如橘可食。又有一木土名呀喇菩，葉皆似福木，亦對節生，白花似梅，十一二月實，俱號君子樹。葉紋對縷如織，中邊映日通明作金黄色。舊傳闘鏤樹葉如橘，當即此也。

鐵樹，即鳳尾蕉，一名海椶櫚，身蕉葉，葉勁挺對出，襹褷如鳳尾，映日中心一線虛明無影。四時不凋，處處植之。

烏木，葉如桂直上，外與常木不異，中心木質黑色，然亦有白理者。又有紅木。

油樹，葉似橘，實如橘大，不可食用，以榨油。又有福滿木，樹高數尺，葉似木槿差小，花如橘子，纍纍紅色，可食。又有樹葉似冬青，高丈餘，花如棗子，纍纍生，如中國女貞子，甘酸可食，亦可染物作青蓮色，名山米，又名野麻姑，當即青精也。

古巴梯斯樹，高二三丈餘，葉大如柿葉，花五椏，八九月實，如青果而少匾，味香甘，閩中有之，名戊土。

右納樹，高三四丈餘，葉似白桐，夏季開花，如中國秋葵，黄瓣檀心。

地分木，高五六丈，葉如榖樹，小白花叢生，冬月開，有毒，可藥魚。

月橘樹，高丈餘，細葉如棗，五六月開小白花，甚芬烈，名十里香。結實如天竺子稍大，二月中紅纍纍滿樹。

梯姑樹，高七八丈，大者合數圍，葉大如柿，每葉抽作品字形，對節生，四月初花，朱紅色，長尺二三寸，每幹直抽，攢花數十朵，花葉如紫木筆，吐燄高麗，種出太平山。

悉達慈姑樹，高丈許，葉類桃，子如葡萄，穗纍纍深藍色，名慈姑奶，不可食。

花有梅、桃、杏、桂、木蘭、木蓮、水芙蓉、紅櫻、雪毬、山茶、安石榴、杜鵑、杜鵑十月開花，至三月止，花絶大，四倍於中國所産者。佛桑、千葉者有大紅及淺紅二色，單葉者惟大紅一種，中心蘂高出花瓣外一寸許，如燭承盤狀，故一名照殿紅。四時皆花，六月爲盛。山丹、比中國特大，有成樹長丈餘者，紅花四出，數十朵攢生如火，有千葉者，重臺甚艷。《五雅統注》云山丹、扶桑同出日本，始入中國。蘭、四時皆開。菊、茉莉、海棠、長春、水仙、十月花。剪秋羅、月季、薔薇、千日紅、銀臺、金盞、即水仙。杜若、菖蒲、百合、葵、雞冠、萱、石竹、仙人掌、雁來紅、藤。異産有名護蘭等。

名護蘭，葉短而厚，與桂葉同，大僅如指，三四月開花，與蘭無異，一箭八九朵攢開，香清越，勝蘭。出名護嶽巖石間，不假水土，或寄樹椏上，或以棕皮裹懸之。又有風蘭，葉比蘭較長，香如山柰、茴香，蔑竹爲盆，懸挂風前，極易蕃衍。俗皆尚蘭，號爲孔子花。

粟蘭，一名芷蘭，葉如鳳尾，花如珍珠蘭。又有松蘭、竹蘭、棒蘭。狀如珊瑚樹，緑色無葉，花從椏間出，似蘭較小。

野牡丹，土名苻花，葉與牡丹無異，二三月花開作叢，纍纍如鈴鐸，素瓣紫暈，檀心如碗大，極芳烈，其葉嚼之以爲口香，種出大平山。又有野海棠、仙人竿、箒桃、野蘭。即中國青蘘。

文萱花，一名歡冬花，花如萱花特小，葉有青白相間紋。

山蘇花，一名猿蓫花，無花無幹，出土長不及尺，葉如蕉而小，堅厚有紋。

雷山花，土名吉茄，葉如鐵梗海棠，花如牽牛花差小，鵶翠色，四五月開，至十一月結子如豆莢，如榴房，藏子數十粒，可種。

吉姑羅，一名火鳳，人家牆上多植之以辟火。幹似霸王鞭草，葉似慎火草，花似黄菊，亦有紅者，名福禄木。

果有藕、蔗、西瓜、青瓜、木瓜、橘、數品。香橙、金柑、佛手、荔枝、龍眼、葡萄、櫻桃、楊梅、覆盆子、形如楊梅。栗、柿、核桃、枇杷、梅。小如龍眼。異産有蕉實等。

蕉實，芭蕉所結實，名甘露，花紫紅色，大如瓢，日開一瓣，結寔如手，五六指並垂，採久之，膚理似藕之最嫩者，可蒸食之，如薯而甘。

阿呾呢，葉長，旁有刺，久成林，連蔓堅利，可爲藩墻。葉可造席，根可造索。開花者爲男木，花白若蓮瓣，合尖左右迸叠十餘朶，直上五椏，蘂露如杖，長數寸，芳烈如橘花。女木無花，結實大如瓜，膚紋起釘，皆六稜，可食，云即波羅蜜别種，粤東亦有之，名鳳梨。

櫧子，一名芝子，如橡栗而小，山中處處有之，一名椎子。

竹有苦竹、猫竹、虎斑竹、鳳竹、竿竹、箒竹、烏竹、大竿竹、矢竹、笏竹。異産有觀音竹。

觀音竹，着地叢生，葉長尺許，寛三四寸，紫色。

獸有牛、馬、羊、豕、犬、猫、鹿、猿、山豬，無虎、兔、獐。《明一統志》言其土産有熊、羆、豺、狼，今考皆無之。

畜有雞、鴨、鵝。異畜有太和雞，比常雞特小，短足長尾，種出七島。

禽有雀、烏、鴿、鷺、鷗、梟、鴨、班鳩、緑鳩、十二月來。野鳩、鶉、鵁、俗呼神鳥。田鳥、雉、鵪鴿、杜鵑、鴛鴦。燕七月來，不巢人屋。鷹九月中東北風從外島飄來。雁偶有之，不恒至。鶴或一有，亦希見之。

異鳥有古哈魯等。

古哈魯，金黄毛羽，長觜短尾，四月鳴。

麻石，翅羽緑色，白眉，九月來。又伊石求子，似麻石。

烏鳳，一名王母鳥，四月來。

恨煞，毛羽似鷹而差小，八月來。
容葴，翅灰褐色，黑頭，八月來。
石求讀，毛羽似雀，十月來，春乃鳴。
莫讀史，緑毛，十月來。
蟲有鼠、蝙蝠。蝎虎，能作聲如雀，冬夏皆然。蜥蜴，生水池中，紅腹，背有金光。又有四脚小青蛇，常見之。國中蛇最毒，九月中每出傷人，人立斃。前使録云其蛇不傷人，未然。蚊蠅皆冬生，蟻與中國同，但腹亮如晶，斃之有點水。
鱗族有鮫、鯉、鮒、鰻、鰍、蝦、金魚、銀縷魚。異産有毛魚、針魚、燕魚等。其緑色、紅色，緑鱗紅章，五彩相間，或圓或長者，不可勝數，士人就其色其形呼之，皆無名海魚。生切片夜中黑處視之皆明透有緑火光，色如熱河夜光木。
毛魚，細小，外視似腐，咀嚼有味，閩人皆重之，爲珍品。七月朔前後五日、八月朔前後五日於海中排陣出，他月則否。
針魚，頭戴針形，亦名鱵。
靴魚，頭長如靴。
燕魚，如燕，有翼能飛，古名鰩，俗呼飛魚。
介族有龜、黿、鼈。異者有玳瑁等。

玳瑁，甲如鼅鼊，首尾形少尖，頭帶淡紅色。

海馬，馬首魚身，無鱗，肉如豕，頗難得，得者先以進王。

石鮔，首圓，下生四尾，屈曲，土人皆以入饌。

蟳，肉最佳，味如蟹而大，性温。

蟹，大小種族各異，有小蟹，五色，兩螯左大右小，小以取食，大以外禦。惟大螯朱紅色，名曰照火。小蟹居螺殼中，名寄生。

海膽，背生刺如蝟，蠕蠕能運，徐行，味如蝦蟳。

螺族尤異，五色璀璨，形狀詭出。蜱螯大如盤，國人以爲盎，爲户樞，爲釜，皆是。異者有壁虎魚等。

壁虎魚，螺殼上生五六爪，形如壁虎，名壁虎魚。

桅螺，殼尖出如桅，生刺滿之，名桅魚。

貝有數種，一種外白色，内朱紺色。一種玳瑁斑，内紫白色。

龍頭蝦，名鰝，大者一二尺，形絶似龍，時以供饌。蛤蚶之族，不可勝紀。

佳蘇魚，削黑饅魚肉乾之爲腊，長五六寸，梭形，出久高者良。食法以温水洗一過，包芭蕉葉中，入火略煨，再洗浄，以利刃切之，三四切皆勿令斷，第五六七始斷，每一片形如蘭花，漬以清醬，更可口。

海松

海松生海水中，大者二三尺，根蟠海底石上，久之與石爲一矣。國人亦名曰礒松，似言松本木類，附生石上，如義甲、義髻之義，此字甚切。按字書「礒，石貌」，别是一意。其枝葉纖細與側柏無少異，鮮啖如火，疑以柏枝，葉成朱色，有腥氣，不可近翫。其根木色，輪囷屈曲，如老樹根，以刀刻之，拒不可久，儼然石也。生馬齒山者較他處尤良，紅色不即褪落。又有一種，無枝葉，拳石殷紅，上作蜂窠，細眼攢蹙徧滿，如雞冠花頭，皆生海底，惟馬齒山漁人能泅水深没取之，中山漁户能入水者亦不能及也。

石芝

石芝生沿海海底石罅中。天使館西北海上有小石山名石笱崖，土人亦稱爲波上。此崖之下，石芝所聚。前使舊録云有根有葉，大者如盆，小者如盎，其他如菌如菊如荷葉者不可勝數，靈壁、羊肚俱不足道，亦惟馬齒山人能深没取之。鹽水久漬而成，腥氣尤不可近。出水久之，腥氣漸退，然脆摺亦難致遠，故不貴重云。

凡石大小皆極嵌空，大者如樓如屋，玲瓏明透，古藤縈結葱鬱。即拳石亦有奇致。山崖海邊遍地多有，但質甚鬆利易脆摺，惟磨刀石甚堅而膩，以爲礪勝中國者，故世以充貢。

字母

琉球字母四十有七，名伊魯花，自舜天爲王時始制。或云即日本字母，或云中國人就省筆易曉者教之爲切音色記，本非字也。古今字繁而音簡，今中國切音字母舊有三十六，後漸簡爲二十八，自喉齶齒唇、張翕輕重、疾徐清濁之間，隨舉一韻，皆有二十八母，天下古今有字無字之音，包括盡矣。今實略彷此意，有一字可作二三字讀者，有二三字可作一字讀者。或借以反切，或取以連書。如春色二字，琉人呼春爲花魯二音，則合書八口二字，即爲春字也；色爲伊魯二音，則合書イ口二字即爲色字也。若有音無字，則合書二字反切行之。如村名泊與泊舟之泊並讀作土馬伊，則一字三音矣。村名喜屋武，讀作腔字，則又三字一音矣。國語多類此。國人語言亦多以五六字讀作一二字者甚多，得中國書多用鈎挑旁記，逐句倒讀，實字居

上，虚字倒下逆讀，語言亦然。本國文移中亦參用中國一二字，上下皆國字也。四十七字之末有一字作二點音嫣，此另是一字，以聯屬諸音爲記者，共四十八字云。

元陶宗儀云：琉球國職貢中華所上表用木爲簡，高八寸許，厚三分，闊五分，飾以髹，釦以錫，貫以革，而横行刻字於其上，其字體科斗書。又云日本國中自有國字，字母四十有七，能通識之便可解其音義，其聯輳成字處，髣髴蒙古字法，以彼中字體爲中國詩文，雖不可讀，而筆勢縱横，龍蛇飛動，儼有顛、素之遺。今琉球國表疏文皆用中國書，陶所云横行刻字科斗書，或其未通中國以前字體如此，今不可考。但今琉球國字母亦四十有七，其以國書寫中國詩文，筆勢果與顛、素無異。蓋其國僧皆游學日本，歸教其本國子弟習書。汪録所云皆草書，無隷字，今見果然，其爲日本國書無疑也。

琉語

臣按：前明嘉靖中册使陳侃記云稱有夷語、夷字附録卷末，所傳鈔本闕而未見。萬曆中册使夏子陽給諫使録刻有琉語，本朝張學禮册使亦略載雜記中。今就其本少加訂正，對音參差輕重清濁之間，終不能無訛也。

天文

天町　日飛　月子急　星夫矢　風喀買子　雨阿梅　雷喀呸渺一　雲枯木　雪又急　電賀的　霜什嘸

下雨阿梅福的　下雪又急福的　霧氣力　露秃有　霞噶喀泥　雹科立　明日阿着　起風喀買福的沽　天陰町奴姑木的　天晴町奴法力的　後日阿煞的　大後日郁加

地理

地池　土足池　江密乃度　河喀哇　海烏米　山呀麻間字亦讀同麻音　水閔子　冰谷亦里　路密之　岸倭喀　石一是　井依喀喇　泥巴羅　沙是挪　灰活各力　磚呀及一什　瓦喀哇喇　遠土煞迷　近土古尼迷　長拿夾煞　短陰夾煞　前媽乜　後嘸什的　左分搭里　右名急里　上威　下昔着　東窟之　西尼失　南灰北屋金尼失　府間切　村毋喇

時令

春哈羅　夏約之　秋阿紀　冬灰唷　冷晦煞　熱阿子煞　寒辟角羅煞　暑奴羅煞　陰姑木的　陽法力的　晝皮羅　夜唷羅　朝阿噶子吉　晚有煞嘸的　時吐吉　氣亦吉　年多式　節些谷尼即　正月夏括子　二月膩括子　三月三括子　四月式括子　五月吾括子　六月六姑括子　七月失之括子　八月瞎之括子　九月空括子　十月躅括子　十一月躅一之括子　十二月躅膩括子　初一之搭之　初二福子介　初三之搭之密介　初四之搭之唷介　初五之搭之一子介　初六之搭之美介　初七之搭之挪介　初八之搭之鴉介　初九之搭之哭古魯　初十之搭之土介　十一之一子泥子　十二之泥泥子　十三之三泥子　十四之唷泥子　十五坐古泥子　十六坐六

古泥子　十七坐十七泥子　十八坐瞎之泥子　十九坐苦苦泥子　二十瞎子介　二十一瞎子介疸　二十二瞎子介泥泥子　二十三膩徂三泥子　二十四膩徂嗗介　二十五膩徂姑泥子　二十六膩徂六姑泥子　二十七膩徂失之泥子　二十八膩徂瞎之泥子　二十九膩徂苦苦泥子　三十三徂泥子

花木

茶札　花豁那　葉豁　枝又打　樹那吉　果吾乜　松貿子　柏貿子那吉　竹托几　笋打吉　棗那多乜

木雞　草谷煞　梅花呿梅　蓮花臨　龍眼客梗　木頭梅呿梅拿乃　杉木思雞　榆木搯雞　烏木哭羅雞

桃莫莫拿乃　杏色莫莫　柳現其　芭蕉巴拉　石榴花石古魯　藕菱公　扶桑花菩薩豁那　榕茄子埋大

梧桐谷多　桂雞花　雞冠雞朵　茉莉木一乖　鳳尾蕉靴底子　荔枝利市　甘蔗翁吉　胡椒窟受　蘇木司哇

鳥獸

龍達都　虎土拉　鹿呵呿失失　馬嘸馬　獅施失　牛兀失　兔兀煞吉　熊谷馬　象喳　雞推　鵝烏孤欲士

猪呀嗎失失　狗因　皮喀哇　鼠聶　鶯打荅噶　羊皮着　蛇密密　猴煞陸　龜喀乜　雀由門多里　鳳凰呼窩

麒麟其鄰　孔雀枯雀姑　獬豸瞎宅　仙鶴司禄　象牙喳冷其　玳瑁喀也那各　牛角兀失左奴　喜鵲孔加喳司

鶴頂掩立奴谷之

宮室

宮迷耶　屋耶　門濁　户耶獨可之　窗馬都　牆搯几　垣仝上　亭堤　園膩滑　堦乞齋乭書又喀呸條書瓦房喀喇亦棄牙

器用

弓憂米　箭一牙　担桶呸格　木杓你波　脚踏棉波着子　棹琫　浴桶克搭里　椅子倭里那　風爐魯牙刷番呸脚雞母魯　畚箕失忒　戥子法介依　天平廳馬荅白　刀和着　刀鞘絲古禮耶　轎子夾介子　木套阿書着　傘夾煞　竹廾兀執　床閑札古　燈禿羅　面桶他古又他里　鍋那脾　鍋蓋福大　瓦罐之呸　瓢彌呸掃箒火氣　船胡你　箅盤山姆盤　油盞雖之既　木梳沙八巳　甕客浼　索争拿　斧頭霞爽　湯盆他阿喇　竹籠古衣八古　篩賣生，又皮爬失　鎖柴心，又沙四内古　烟筒啓力　荷包荷作　茶鐘茶碗　飯碗麥介衣　銅罐約慣　爉簽式執直　圍棋古　香爐科爐　箱子科阿里阿哥　面盆汗你及里　盤他喇古　匣哥八　水注閔子磁之　鏡子喀敢泥　酒壺虧奴　燭簽亂思古荅　短簪喀你煞失　長簪彌誇　酒盃失六加泥　象棋冲棋　盔噶塢吐　甲幼羅衣　弦子奴　鎗牙立　盆大匊　瓶匹胡平　船莆泥　桅花時　舵看失　櫓羅　篷賀　帶文筆　書什麼子　畫夷夷喀之　字阿三那　筆夫的　墨細米　紙瞎皮　硯思子里　扇子丫吉　屏風飄布　花瓶抛拿香盒福法名　倭扇枉其　玉帶衣石乞各必　金杯孔加泥麻佳里　圍棋右

人物

皇帝倭的每　國王哭泥華　王妃倭男禮喇　王子倭奴鬱勃人誇　朝廷倭每奴　大夫大福　長史大史使者使臣　通事通資　正使申司　副使付司　大老爺阿几噶那什　老爺安主　大臣沈噶　女壻母姑　祖五虎之　孫子姆馬噶　父會几噶烏耶　子括　女兒會南姑括　大五晦煞　小枯煞　弟婦唷美　妻拖厨　夫户多弟屋多　兄洗之　朋友獨需　你呀　我乞吔　妓俗里　母會南姑烏耶　男會几噶　女會南姑　丫頭土母　僕濃煞　親戚喂街　公子三波堤　客人客姑　主人堤就　唐人叨濃周　姊洗之烏乃　妹屋多烏乃　貧平素奴周富喂既奴周　和尚巴子　醫生一着　伯洗之渾局　叔屋多渾局　姑娘喂媽　爹靴羅買　娘阿姆買　阿姪威小孩子歪拉培　丈人色多　師父失農褒　琉球人倭急拿必周　日本人亞馬吐必周　朝貢使臣噶得那使者琉球國王倭急拿敖那

人事

作揖禮及　洗浴阿美的　上人洗面烏木的阿采　下人洗面思答阿來來　拳頭打蹄子烘　打烏兄　脱衣輕化子榮　殺枯必起　大醉威帝　睡殷帝　上人吃三衣米小利　疼呀的　痛阿格着　洗東西阿約的　採花抬奴吉之　行路阿之　等待末之　病牙的　生一吉之　死失直　傷風哈那失几　興屋起堅　走迫姑一甚　行亞立其　好優答煞　不好乞煞　買科的　賣屋的　打更柯北音　言語麼奴喀答里　上緊走排姑亦急　上御路惡

牙密即約里　夢一梅　瘦捱的　肥滑的　再叩頭麻達喀籃子其　入朝大立葉密達　鞠躬曲尸麻平的　底頭喀蘭自之　立住荅止歪立　叩頭嗑籃自之　謝恩温卜姑里　朝貢密加妳吸之　平身度漫思吾　慶賀密由烏牙表章彪烏　賞賜吾加一毎奴　起來揭之　進貢喀得那　進表漂那阿傑的　報名包名　辭朝畏之謾歸　回去闔都里一其　早起速都密的　下程司眉曰尸　筵宴札半失　敕書倭眉脚都司墨　曉得識達哇　不曉得失籃　聖旨由奴奴失　御前謝恩悪牙密温卜姑里　且慢走慢的　拿來一得姑　放下由六尸　給賞烏鵲没谷古里　方物木那哇　多少亦加煞　請來子失之

身體

髪哈那子，又喀拉齊　頭他喇子　眉賣由　眼美　耳你米　鼻豁納　舌失着　口潤生　齒夸　鬚非几　手蹄　脚爍　身搯韃　心氣麼　頭頸科必　胸呫尼　奶齊　牙諾其　額失脚衣　臍哭素　指頭威彼　臂非之　腿膜膜

衣服

衣裳衾　帽搯煞　衣服密子滿吉，又豈奴　褲子哈加馬　帶烏必　手巾梯煞几，又皮沙之　被烏獨　帳子喀着　氊單木心　枕媽括　褥子福冬　襪搭弼　衫子哈加　笠由沙　纓毛疽　靴呵牙　鞋煞巴　汗衫阿米琴　冬短衣木綿景　夏短衣百索景　紬亦周　緞動子　紗撒　羅羅　絹活見　布奴奴　綿衣奴奴

木綿　紗帽紗帽　網巾網巾　圓領員領　裙喀甲眉

飲食

飯阹班　酒煞几　煙塔八孤　油阿阹打　醬彌沙　醬油沙由　米可木　鹽麻蝦　豆腐托福　茶札　肉失

失　菜綏　索麵錯閔　菜瓜喂　蒜非徒　西瓜烏貽　冬瓜失布衣　生薑那没燒介　黑豆枯羅馬馬　蕉寔巴煞

那　番薯番子母　豆牙菜馬米那　餅木之　芋羹坤軋姑　菓刻納里　粉由諾姑　魚一由　蝦一必　蛤蜊克培

螺甸阿古噶　蟹夾煞眉　硨渠阿札噶　海獅子菩拉

珍寶

金枯軋膩　銀喀膩　錢一層　銅阿里喀膩　鐵窟碌喀膩　錫右碌喀膩　鈔支膩　玉依石　珠撻馬　石一

石　瑪瑙吾馬那達馬　珊瑚牙馬那達馬　水晶血子達馬　玉石撻馬一石　琥珀它喇　犀角吾失祖奴　硫黄

油哇

數目

一抵子　二打子　三乜子　四夭子　五一子子　六姆子　七納納子　八呀子　九科過碌子　十拖子　十

一拖抵子　二十膩徂　三十摻徂　四十細徂　五十古徂　六十六古徂　七十錫汁徂　八十河汁徂　九十苦

徂　一百夏古　千先　一千一貫　萬漫　兩聊茶切　錢層　分風　一半納加那　一樣一奴摩奴　輕喀羅煞　重呸卜煞　多屋火煞　少一革拉煞，又速都　長那夾煞　短陰夾煞　闊非羅煞　狹一伯煞　中屋之　上威　下昔着　滿抵子密之　淺阿煞之　里利　一錢一止買每　二錢尼買每　三錢山買每　四錢申買每　五錢吾買每　六錢六姑買每　七錢式之買每　八錢法之買每　九錢枯買每　一兩執買每　十兩撒姑每　一百兩撒牙姑　一萬個麻孰吐失　千歲森那　萬萬歲麻由吐失

通用

甜的阿媽煞　酸的闘爽煞　辣的喀喇煞　鹹的什布喀煞　淡的阿法煞　黄綺羅　紅阿夾煞　青啞煞　白稀羅煞　念書西米那那容　看妙母　聽得乞介楞　不聽得乞介藍　有阿美　無你嬾　臭哭煞煞　求討答毛里　説話麼奴喀達里　知道識之　不知道失藍子　不敢揚密撒　東西加尼尼失　閒謾圖押里　説謊由沽辣舍　賓話馬訟沽夷　不見迷鬧　快活括其　辛苦南及之　笑瓦喇的　啼那其　叫院的　瘂課沙　明早起身阿着速圖拖枚榻支　抛球馬一　捉七子一深虐古　下碁古烏韃　唱歌屋韃

琉球土人居下鄉者不自稱琉球國，自呼其地曰屋其惹，蓋其舊土名也。

中山傳信録後序

自古聲教四訖，未有如我國朝之盛，而遠奉簡書，採風異域，亦未有如徐太史之慎以周者也。余獲附星槎，抵中山，遍探鮫俗，見聞殊異，蓋其國禁素嚴，事無鉅細，皆噤不語客。自有明通貢，三百餘年，嘉靖以後奉使者人人有録，而皆不免于略且誤者，職是故也。副使徐太史奉册命于康熙己亥六月朔至其國，明年二月始還，在彼八閱月，使事之暇，孜孜採訪，凡其貴官士庶，求書問字，謁請者概與延接，尋繹舊聞，質疑削妄。又致語國王，求其山川圖籍。于是其屬三十六島之名與其國三省轄屬之制，今始大顯。置棋聚米，繪以爲圖，太史日居小樓，手自題署。因并海舟、針路、封宴、禮儀、世系、官制、冠服、風俗、物産之詳，一一備其形狀，右圖左録，凡二十餘目，分爲上下兩册，縹裝錦裹，以爲使歸之獻。庚子秋七月十一日至熱河行宫復命，既陳乙覽，藏之秘府矣。兹以副墨排纂，分爲六卷，而少加詳焉，命曰《中山傳信録》。今年秋鋟板始成，余遊京師，適與校讐之末，獲觀其全，先後銓次，不支不漏，有典有則，以云傳信，誠哉其無媿斯目已。余隨封逾年，太史採風，幸附搜討，今三省五嶽，太史圖録已標其大，以余所聞，又有四森焉。森猶云府也，其地有名山，森森然，如首里有辨嶽、龜山，泊府則有天久，久米有雲巒，那霸有辻山，此四府皆王公冠蓋里居，故得稱爲森，其他民廬聚落，但稱間切而已。《中山世鑑》世系備矣，竊聞天孫氏開闢此土，如中國之盤古氏，二十五傳至舜天，當南宋時，誅逆臣定國，三傳至義本，求賢于野，而禪以位，如中國之堯舜。尚巴志雄武能一其國。尚圓崛起北山，臣庶推戴，如中國之湯武。尚圓弟宣威既立六月，能掖植幼主而退居臣位，謚爲義忠，如中國之伊周。此國中故老所傳，可補史贊。太史載筆謹嚴，先其大者，余竊掇拾之，以附于次。又聞國中有《三國志》，載中山、山南、山北王時事甚悉，而未見其書，則闕以俟考，皆太史志也。至其採訪之勤，蒙也不才，屢獲遊從，披殘碑于荒艸，問故壘于空山，涉海探奇，停驂吮墨，詳慎苦心，實所親見，故忘其固陋，爲志數言于後，以見採風之使，誠未有如兹役者。日出海隅，彬彬文物，昔之稱斯邦者云何，今之稱斯邦者云何，覽是編者，于聖朝風教之遠，不已略見其一斑矣乎？康熙六十年辛丑秋八月，海槎從客建安翁長祚謹述於京師之梁氏園。

中山贈送詩文

中山王尚　敬

只飲山頭一勺泉，靈槎攀挽易經年。乍瞻玉册臨荒島，又送雲檣入遠天。水驛還鄉旌節麗，台階耀色使星連。八分墨彩留屏幛，展對如親絳闕仙。太史八分書《孝經》一通作屏幛見贈。

國相尚　祐佐菴

君子歸兮，其澤維遺。其澤維何？卹我實多。
草木無心，風來必偃。君之高風，如蘭九畹。
海天萬里，重晤難求。旌麾靡駐，恩德維留。
元輔儲德，指日以陞。海東有衆，永歌令名。

王弟尚　徹

鳳凰於飛越海東，翽翽其羽鳴雝雝。八月來集佳楚峰，去我歸兮乘長風。乘長風兮不可止，天隔一方兮從茲始。鹿毛筆兮繭紙，書我情以贈遠兮聊爾爾。我邦之思君子兮，如海之靡底。緊予小子之有心兮，亦何能以已已。

凌霄亭飲別

國丈毛邦秀峻山

屋後凌霄亭，岧嶢出雲表。空岩滴松雨，仄磴隱叢篠。貴客健登陟，來遊破清曉。入門不就坐，振衣躡縹緲。螺鐺煮广側，酒瓠挂林杪。噀手橘初熟，香盤櫧新炒。殊方樂雖異，絲管亦杳眇。願言盡此觴，起舞忽忘老。

末吉山即事送別

法司向聖廣元公

離筵傾別酒，隊舞彩衣童。載榼山亭上，吹簫松徑中。舉杯邀落日，欲別起悲風。此後龜山勝，登臨孰與同。

辨嶽餞別

法司翁自道誠齋

追遊辨嶽下，陟巘一鳴珂。勝地山當海，豪情酒滿螺。深情難盡譯，離緒且高歌。此會人生少，臨岐白髮多。

紫金大夫程順則寵文

春風回暖送君旋，一點雲飄入遠煙。萬里簡書歸闕下，半江彩鷁到門前。張騫槎自天邊轉，蘇軾文從海外傳。莫道歸裝無長物，盡收景物入詩篇。

紫金大夫阮維新天受

病卧經年欲退耕，喜逢大典結朝纓。風儀方仰天家使，姓字偏知太學生。枯樹逢春榮有色，征帆催客去無情。橋門石鼓摩娑遍，舊識煩君一致聲。

紫金大夫王可法

前朝巨牓已無存，椽筆重書天澤門。扶杖來觀還舊蹟，摩娑老眼見朝暾。天使館儀門上前朝萬曆中册使夏給諫子陽書「天澤門」三字，久失去。徐太史重書，頓還舊觀。

紫金大夫蔡　温文若

頒封來漢使，鮫窟覩天麟。陟海魚龍静，乘風羽蓋新。威儀將國典，廉節撫夷民。莫謂中山僻，歌聲達紫宸。

旌麾辭北闕，驛路到江鄉。麟服榮家慶，龍章册國王。人門瞻上國，風采播殊方。豫筭還朝日，萱庭花正芳。

紫巾官向嗣保

迎風海浪大於島，目送浮槎萬里旋。船峭九帆鵬翼展，天垂四面笠形圓。壯觀一任仙才賦，小國還憑史筆傳。傳信至君方有録，好從貢舶惠新編。

耳目官毛弘健元疆

海水東流人不住，振玉佩，還朝去。鯨波一碧浮槎泝，自有水仙神護。倚閭日望臨江樹，一隻蘭船輕渡。王程兩載從頭數，已盡天邊路。調寄《望江東》。

察侍紀官向鳳彩瑞菴

太史聲名重帝京，一行華彩滿東瀛。新詞獨出標天秀，異域争傳學鳳鳴。

申口官何文聲美庵

呈詩卷就正太史

詩卷雖存天地間，不曾一字落塵寰。三千餘年法從古，八十一家文盡删。魚目驪珠恐相混，班香宋艷誰同攀。一緘投寄莫嫌遠，使者聲名到北山。文聲病退，久隱北山。

那霸官毛光弼

從天使幕從客陳君學琴成聲報謝

古樂入天末，七絃轉南薰。廣陵遺調在，拂軫一思君。

正議大夫蔡文溥天章

聖朝錫節航溟海，萬里鮫宫紫氣臨。五色雲霞天子詔，一江秋水使臣心。東藩向化忠忱篤，北闕頒封雨露深。共賦皇華勳業盛，九重復命沐恩霖。

特簡名流使異方，銜書丹鳳出仙鄉。風雲萬里馳星節，龍虎雙符壯海疆。聖代頒封唐典禮，鮫人被服漢冠裳。殊邦未拜日邊客，舉國先傳姓字香。

靈槎向日至扶桑，萬里鯨波静不揚。星節已辭丹鳳闕，麟袍猶帶御爐香。看山好處留題遍，醉月圓時惜夜長。當代人文誰第一，中山争説探花郎。

正議大夫陳其湘楚水

種蕉使院

種蕉使院偏，暑月弄清快。朝樹夕蔭成，凉颸倏如灑。赫赫扶桑隅，化作清凉界。

正議大夫蔡肇功紹齋

采石芝呈徐太史

碧海靈芝秀，粼粼見底清。采爲君子壽，光映使星明。

長史阮　瓚贊玉

城嶽松下集字即席賦呈

消暑古松下，琴書草際横。奇思編碎錦，集字總天成。

長史梁得宗文在

燕集金福山下賦送

相從古松下，高高金福山。仰止在咫尺，身親霄漢間。清言見今古，勝概出塵寰。使事無淹役，靈查那可攀。

都通事紅　士顯

使館堂前徐天使植榕四株紀事

天家雨露灑扶桑，嘉樹移栽敷命堂。十畝清陰勤護惜，使臣手植是甘棠。

徐太史見訪報謝四章

仙江院衲宗　實際外

天落珠璣古院傳，聲名藉甚玉堂仙。頒封再見中朝使，不識春秋復幾年。康熙二十二年癸亥，天使汪、林兩公至國，皆有贈句，時僧臘三十有三，至今三十六年矣。

彩鷁飛來那霸津，首蒙垂問媿高真。新詩莫怪酬君晚，病卧山雲一老身。

一庭苔蘚滿林榛，獨喜蒲團隔世人。自古隱棲閒是寶，任他門外起車塵。

三生石上覺前因，嘗見汪林一笑新。今日使星臨海島，又開禪户待仙人。

又送一首

前　人

遠泛仙槎破浪行，地分南北隔鵬程。一天不礙華夷月，萬里雲中眼共明。

名護嶽萬松院衲元　仁東峰

蒙惠山僧金玉篇，瑶箋宛若降於天。胸羅二酉才偏富，筆掃千章語倍鮮。廉節流恩涵海岳，高文寫物遍山川。焚香捧讀清人骨，好作空門世寶傳。

又送一首

前　人

銜書彩鳳下天邊，翰苑先聲海國傳。枉駕空山尋北衲，挑燈秋夜話東禪。争傳史筆推班固，競説

才名似馬遷。冊禮欣成迴絳闕，思君幾度對瑶篇。芝山衲蘭　田

徐太史題拙詩後見贈報謝

衣裹珠光恨未含，濫裁貝葉滿空龕。三千舌底瀾翻偈，何似禪心在碧潭。石虎山衲智　津梁天

殊方異語盡知君，太史聲名獨出群。彩筆如椽摇碧海，驅來盡化墨池雲。奥山衲心　海

此日無涯喜，從天降德音。筆花生覺樹，慧業契禪心。松老開山久，林幽客坐深。平添奥山勝，留供白雲潯。

送菊使院

島荒秋有色，寺冷只黄花。莫歎東籬遠，攜來就客槎。天界寺衲廓　潭

山院淒清落葉時，殷勤話舊及先師。百年古寺增光彩，永鎮禪林天使詩。興禪寺衲了　道

皇華貴客謫仙才，騶從無聲小隊來。躑躅空庭無一語，瘦梅根畔踏蒼苔。天王寺衲得　髓

天王寺昔有老僧瘦梅能詩，

天使來訪遺蹟，徘徊久之。

徐太史過訪屢問先師不羈詩卷賦謝

蓮花院衲德　叟

古衲遺文已莫尋，頻煩枉問見情深。空庭剩有蒼髯叟，傴屈難酬天上吟。

題徐太史菊影詩卷後

櫻島衲不　石

檀槽隔院喧，滿地霜華冷。仙客獨含毫，寒燈對孤影。

附録

送徐亮直編修奉使册封琉球

湯右曾

黿鼉梁已駕東瀕，寶册光華寵命新。受吏遠來滄海使，宣風暫借玉堂人。神魚跋浪迎旌纛，仙草環洲集鳳麟。一品錦衣歸獻壽，此行最喜是娱親。

（清乾隆刊本《懷清堂集》卷十九）

海天植前輩徐澂齋館丈册封琉球詩序

汪士鋐

國家撫臨萬方，薄海内外，無有小大，咸來臣順。於是康熙五十五年十月十一日，嗣琉球國世曾孫臣尚敬遣陪臣夏執中、蔡溥等來獻方物，頓首稽首上言：「臣小國僻處海表，仰沐皇風，虔奉正朔，至於今四世，蒙天子二聖慈惠，綏懷遠人，兩遣使持册宣賜。今臣嗣守疆土，非請命於朝，無以列蕃衛，奉臣職。」天子下其議，禮部尚書臣某等議曰：「琉球效順貢職，多歷年所，今恭請册命，宜加典禮。」制曰可，命翰林院檢討海寶爲使，翰林院編修徐葆光爲副，麟袍玉檢，承命以行。

先是，康熙二十三年翰林院檢討汪楫使還，疏請陪臣子弟入學讀書。後四年，梁成楫、鄭秉鈞、阮維新、蔡文溥等四人偕貢使來學，肄業三年，仍遣歸國，錫宴賞賚如貢使。時左春坊左中允汪士鋐爲國子生，教習八旗子弟，親見成楫等讀書明理，容止有度，進退有儀，於其歸，賦詩贈之，垂三十年矣。琉球貢使春秋不絕於道，今二君又奉命踰鯨波，涉大海，恬風息浪，宣揚聖天子德意，還必如故事請子弟入學，兹又命筭法館二人隨以行，測日景，紀道里，將見其國風雨和，年穀登，在此行也。因各爲詩以贈，遂爲之序。

（清乾隆刊本《秋泉居士集》卷二）

送編修徐澄齋同年使琉球

林佶

島嶼環海中，錯落如棋布。職貢修中朝，琉球最恭附。覲獻接踵來，代襲必趨赴。前明三百年，舊事存典故。使者十六輩，衽席來楂渡。我朝亦再舉，慎擇公選注。采望遣詞臣，遴布拔豐羽。今年出乾斷，簡在由宸顧。堂堂兩侍從，卿材類能賦。陛前受使指，册禮依例具。祇憑風信行，勿慮征程誤。載令協律郎，往彼測天步。維時我徐君，被命同囑付。慷慨樂乘軺，過家上冢墓。且欣拜萱堂，稱觴展孺慕。玉韆麒麟裳，八騶擁韎鞋。丈夫志馳驅，皇華稱殊遇。况乃萬里遊，萬頃淩煙霧。豈無簡書懷，事會適相忤。不得同君歸，相與驂鸞鷺。送君出春明，秋風吹遲暮。帆揚揚子江，旌抗楓橋路。父老夾道觀，兒童走傴仆。紅葉照仙霞，早梅綴柘圃。此時詩興發，宜儲錦囊句。瀹茗建溪船，探荔鳳岡樹。嶔崎道山亭，縹緲瓣香炷。岁崱海濤風，汹湧螺江怒。此時興轉遒，編摩託豪素。明年至日臨，東南温風足。三日抵中山，那霸館前駐。閱冬至夜長，好把帆檣固。破浪挾濤飛，自有神靈護。忠信久堪涉，聲靈況憑寓。入境宣恩威，概用柔懷諭。日本與暹羅，皆令聞置措。皇圖恢八紘，蠻荒徼雨露。鯨浪波不揚，蛋樓釋兵戍。彭湖一髮浮，鷺島半規吐。歸來徵使録，豈特廣鞮鞻。

（清乾隆家刻本《樸學齋集》卷一）

送徐澂齋先輩奉使琉球

吴　襄

浩渺滄波隸九州，貢航不絕大琉球。嗣王册命今三錫，自注：國朝册封琉球今爲第三次。使者才名第一流。龍節高擎天北極，星槎直泛海東頭。書生報國宣威德，敢詫乘風萬里遊。

（清乾隆教忠堂刊本《國朝詩別裁集》卷二十三）

送徐編修册封琉球序

儲大文

琉球明初始入貢，與婆羅、東西洋諸國之能自達者同遣官册封，後三佛齊、滿剌加亡，榜葛剌、錫蘭山、古里、柯枝、蘇門答剌、浡泥、爪哇胥荒遠，或一再封輒寢，暹羅斛、真臘、占城、安南封貢亦多中絕，日本絕不通中朝，唯朝鮮、琉球迄今襲彝典不少變，而使琉球諸録，紀楊載後姓氏尤析。朝鮮、安南封使多院坊司寺官，或間遣重臣，而琉球自正統七年例遣給事中、行人，至今天子紀元之二十有一年，始用檢討、中書。五十有七年戊戌，乃命編修長洲徐先生偕檢討海公以往。兩詞臣並命，益以章聖朝文教之遠，而秘院本儲殿閣選，國家兼出班制撫，入筦銓樞，則其所博考而詳畫者，詎止於周咨之録、外紀之編而已乎。

夫琉球自南宋迄明，立國顛末，迥於古判，隋、元所圖，雅可不論，元兵威雄海内外，而獨詘五龍，楊詳、張浩師亦挫縮，尤以滋經國者之疑，而不知晉、宋、隋、元於林邑、占城，唐於百濟、天竺，元於爪哇，明於錫蘭山、蘇門答剌，未嘗不就俘翦，琉球山恃姑米、太平，沙恃鐵板，而老模之馘，島槌之執，未嘗不載於書傳，海外諸國所以奉琛恐後者，正繇國家威德震耀億萬里，是故愓息而不敢肆。則夫東沙之馭舟，那霸之演武，不得以爲微瑣而莫之簡察也。

琉球雅號守禮國，事中朝尤謹，然北通朝鮮，南通暹羅，前志畫然可考。而隋之辨彛邪，久布甲，明之敕諭於柴山，詗實於陳甲者，不得以法司耳目，暨迎伴諸職役絶口不道而輒置之，況舉國臣民多通文字，如蔡瀚、鄭迵皆能往來關説，披露情款，又不得以海寓肅謐，萬不至如明季世有懼洩其謀而屬令無貢者，而不圖所以訊覈之也。當明之寖潰，嘗警奏北山外五百艘協取鷄籠。今彭佳且爲内地，鷄籠、浪嶠，紛綸禮樂，群不逞如林道乾、劉香輩亦且銷聲匿影，胥化耕甿，萬無萃嘯洲島之慮。然自明武肅以降，和蘭干系臘市易舶貨充牣瀕海郡邑，而攘據大崙、萬老，以爲銛鏢巨礮、鰐𩨦鳥逝之叢窟，又性懾彊獷，易隸驅役，則夫當日之籌海氛所以北至閑山、臨津，西至八百、古剌，而國家之所以東西洋胥不波者，其淵謨勝筭，南運於青州城而東及於西海、南海路也。鷄籠爲琉球更船道，夫亦梯臺朗嘯，慨然北望而誦王會職貢之篇乎？琉球初繇廣東東莞貢，市舶隸廣州，後移於福。其出海之道繇梅花，復移五虎。先生偕海公明歲秋冬蕆封典，復繇鷄籠、小琉球以達虎門入，奏文石陛，當驟膺制撫銓樞殿閣之擢，而益晝海疆，吾知拂菻以西，日本以東，且胥海外而朝鮮、琉球之矣。

（清光緒静遠堂刊本《存硯樓文集》卷十一）

送徐亮直册封琉球序

方　苞

皇帝御極之五十有七年，册封琉球國嗣孫尚敬爲中山王。故事，以部郎儀狀端偉蓄文學者假一品服奉册以行，天子命擇詞臣，衆皆隱度徐編修亮直爲宜，及命下，果爲介。

自秦漢以後，中國有事於四夷，其爲將則效命力於鋒鏑，其爲使則摺衝口舌之閒以求得其要領，故承命者多以爲難。今天子德威遐暢，方外鄉風，小夷喁喁，企瞻使節，承命者有將事之榮，而無失得之恤，故人争羡之，遭遇異時，亦物情之不足怪者也。吾聞古之贈行者必告以所處，今亮直之行也，雖摺衝口舌之勞無事焉，又其地絶海萬里，政教所不經，即詩人所謂諮詢諏度者亦無庸以告也。亮直夙以文學知名，兹其行也，其耳目震駭乎乾坤之廣大，而精神澡雪於海山之蒼茫，吾知其文章必有載之而出者矣。

（清咸豐味經山館刊《望溪先生全集》文集卷七）

送徐亮直編修奉使琉球

惠士奇

海神擎日映波紅，此去扶桑直向東。鯨眼常明無月夜，鷁身能使不帆風。天書捧到恩應渥，唐帕傳來語盡通。自注：唐帕譯者之名。想見中山迎使節，踏歌齊擁紫髯翁。

（清乾隆教忠堂刊《國朝詩別裁集》卷二十二）

徐編修奉使琉球過家賦

李　紱

國家威德隆盛周乎四際，海隅日出，罔不率俾，奉正朔，執玉帛來王者無算。航海之國則琉球尤恭順，朝貢以時，歲事來辟，遇元旦、長至及聖壽節，設龍亭，率其陪臣行慶祝禮，與內地亡異。繼世即位，必請命於朝，受册寶乃敢稱嗣王，長其國人。蓋其國自有明入貢，遣陪臣子弟入辟雍學，歸教其國中，故習知禮法，小心而畏義若此。然吾聞琉球立國，三代以還，未與中夏通。隋劫以兵威不屈，元招以文告不從，固亦未易馴伏。乃自我朝定鼎，即來請册命，更敕寶，通貢獻，七十年於兹，不懈益虔，自非國家深仁厚澤，汪濊洋溢，所以内奥外覃者，足以淪浹其肌髓，而皇上聰明睿知，繼天立極，實有以被四表，格上下，亦安見首出而萬國寧，聖作而萬物覩，使遐荒絕域，敬信慕悅，莫不尊親如是。昔太和在成周，宇宙間越裳氏來朝，謂天無烈風淫雨，海不揚波者三年，知中國有聖人，故重譯來貢，此感彼應，豈誣也哉！今歲琉璃世子以嗣位來請命。故事，用翰林官或給事省郎一人，貳以中書、行人，充正、副使以往。天子念琉球世篤忠貞，益重其典，出由中之詔，正、副使並用翰林官。於是編修徐君偕檢討海君並賜一品冠服，八騶導擁，承命往將厥事。徐君以上南巡時拔置内廷，旋以第一甲第三人賜進士及第，列在史館，試必魁其僚友，今復銜命使海外，雄才博學，修髯偉貌，中於專對之選。又徐君自通籍爲九重所眷服，官十餘年，不得一請急歸。太夫人今歲躋七十，適奉使，驛路直過里門，將登堂爲太夫人稱兕觥上壽。於是公卿以下，咸踴躍歎羡，謂朝廷用得其人，而徐君又克遂其省覲之私，有皇華之榮，無將母之怨，蓋古來使臣萬乃有一之遭逢，競作爲詩歌古今體文詞以贈其行。或獨疑徐君奉使命乃先過其家，若如君言不宿之義有間，而未知使者有釋幣於禰之文也。余於徐君同官又相好，頗習知經義，既爲詩十二韻以贈，又感或人之論，不能以無言。因念古之送行者必歌詩王式，所稱「驪駒」是已。唐時若「渭城朝雨」有三疊之節，亦無不歌，若今人則賦詩焉爾，未有歌者。劉中叠云，賦者明不歌而頌，今世既不歌，則贈行宜莫如賦，用敢騁詞抽思，竭其固陋，敷陳國家得賢之盛，併以明徐君舉動中禮，所以得兼備其忠孝者，以附於不歌之義。遂爲辭曰：

客有叩於李子曰：册使嚴程也，琉球殊方也，九重之命至崇也，徐君士大夫之良也，奉册寶以往，銜天語，灑天澤，呵殿冠寮寀，章服擬上公，此邦家之光，非閭里之榮也。子亦知徐君之所以行乎？謹對曰：知之，而未察也，客亦有説乎？幸無祕焉，庶有以相發也。客乃有汰其體，載盱載衡，軒然而起，曰：蒙聞唐虞之治，以柔遠爲重；國士之任，以奉使爲先；使命之選，以遐方爲慎；方域之阻，以望洋爲艱。是故魯叟論誦詩以使四方，覘風雅之效；漢帝求賢材以使絶域，與將師齊觀，蓋其難也。國家承天景命，包大地以立宅，羅九有以爲藩。東逾朝鮮，西貫吐蕃；北窮朔漠，南極荷蘭。莫不重數譯以獻，見願内屬而款關。幅員之廣，實前古所未嘗。聞王會之盛，超元而軼唐，包漢而越秦。洪荒所不及闢，三五所未嘗賓。稽顙接踵，願爲帝臣。故蕃服之禮，益重其文；册封之使，益慎其人。徐君以命世之材，質貫天人之學，藝試三場，魁多士，垂紳乎禁近，橐筆乎嚴邃。蔚乎青瑣，挺乎丹地。超群而軼倫，出類而拔萃。宜乎簡在帝心，孚於天意。不謀於臣工，獨委以使事也。

且夫琉球之爲國，始聞於隋代。遠踰島嶼，阻絕溟澥。東南晴望，渺若煙靄。土多山洞，地匿海外。厥姓歡斯，或名邪久。可老羊以爲主，多拔茶以爲配。遡開國之茫然，蓋莫詳其年輩。至其波羅檀洞，壍栅三重，引水以環其外，編棘而處其中。樹有鬭鏤之奇，帥有鳥了之雄。垂螺爲佩，懸珠爲容。長鼻深目，怒而相攻。月虧而乃識節改，草枯而乃知歲窮。地氣雖近乎嶺嶠，物産或同於江東。然於中土，固迥乎其不相蒙矣。夫五方之民，言語不通，嗜欲不同。達其志，通其欲，必心謀而目營，不獨寄鞮所掌，象譯所稱也。是故禮從宜，使從俗，事或貳而莫兼，心主一而無適。其在於《詩》曰「駪駪征夫，每懷靡及」，蓋王事爲亟，而他意莫敢屬也。今徐君膺獨眷之主知，將至重之王命，使險遠之絕國，馳官驛之嚴程，宜乎朝而拜命，夕而飲冰，載驅載驟，莫敢或寧。過里門而不入，指海澨而揚舲。庶言傳號涣，萬里奔走，震一人之聲靈也。乃徐君方且治綵衣，具冠披，從容戒行，言旋其里，起居高堂，來歸燕喜，載念母氏之劬，適攬初度之揆。將雍容而拜慶，抑逡巡而酌醴。析忠道以作孝，因臣職而克子。由國以及家，舉一而收二。遇誠奇矣，情亦摯矣。然於奉使之法，或非例乎?記有之，凡爲人君使之禮，已受命，君言不宿於家，言公與私不能以或逾也。當其捧册以辭闕，建旌以出都。服絺繡以麟飾，冠有曜於明珠。蛟龍奮於旗，鳥隼揚於旟。三事是式，八座以趨。士闐戟以夾乘，吏弩矢以前驅。

發金臺，踰滹沱，掠青兗，經淮徐。倚棹乎蕪城，弭蓋乎姑蘇。渡來鳳之峻橋，乘駟馬之高車。溪猶前渚，宅在故區。某水某丘，孰佃孰漁。自我不見，十年之餘。慨然而嘆，觀者相呼。婦女窺覘乎牆頭，童孺鼓舞於路衢。施施于于，睢睢盱盱。千態萬狀，若震若疑。比相如之諭蜀，擬翁子之守吴。固前光而後輝，亦跡同而事殊。於是瞻衡宇下，里閭載清；觴臨前除，華帨晨張。錦衣晝婁，太夫人有晬其容。顧而色愉，一爵而灑如，三爵而油油。如稱壽千百其樂只，且蒙亦黯焉，顧獨謂如使禮微有疏也。

余蹙然左顧，憮然爲間，徐進而陳詞曰：客所謂末學膚受，貤繆重惾，知其一説而不知又有一説，局於章句而未能貫串乎經義，辨《曲禮》之一節而莫識《儀禮》之定制者也。《儀禮》之式，君卿圖事，使者辭而不獲，則率衆介朝服而夕。管人布幕，陳書與幣，幣含於朝，受書莅事，厥明朝服，釋幣于禰。祀事有嚴，禮儀孔大。乃命有司，肆筵設几，先行以祝。主人在右，再拜祝告，又拜乃釋厥幣。維何元三纁二，其長維制，丈有八尺，釋諸几下，出户而俟。祝在牖西，又入取幣，卷幣以實于笲，埋諸西階之次。既乃釋幣於行，受命而去。上介釋幣，如賓之制。古時王朝，公卿大夫，仕不踰國，食采王都。家廟與宅，同一里居。朝受命而陛辭，夕謁祠而抵家。其在諸侯，入爲卿士，亦有湯沐之邑，用爲退息之廬。爰立宗廟，名邑以都。或祖或禰，告奠不踰。烏有所謂過門不入，不告禰而疾驅者乎？帝王代更，不相襲禮，官人以禄，罕復授地。或千里而事君，曠宗廟而莫祀。一旦持節符，奉簡書，望故鄉兮僻左，訊驛傳兮阻紆。祖禰不及告，宗祊不得趨。典以曠而莫舉，禮以廢而日疏。宜客之少見多怪，以過家爲禮之所無也。今徐君忠誠所通，孝思所格。屬有浮海之命，往省過江之宅。舉告禰之文，修釋幣之則。太夫人之壽適相直焉，則天所以慰良臣而綏孝子，用今法而合古式，情之所必致，亦禮之所必飭也。人欲行禮，而覆用爲疑，客之所見，毋乃僿乎？今客亦知釋幣之禮何爲而設也耶？人子之事親也，出必告，反必面，所遊必有常，所習必有業，此人子之疏節也。若夫委贄從王，國爾忘家，則夙夜在公，定省不能以無闕也。春雨秋霜，亹亹不能以躬達也。於是乎有休沐之期，於是乎有不從政之別。至於奉使出疆，驅車越國，踰歷山川，淹弭時月。悵昔往於楊柳，怨我來於雨雪。將父將母，念之心怛；陟屺陟岵，望焉情熱。於是有告祖告禰之文，釋幣釋奠之節。蓋王者以孝治天下，通人臣之窮而體其衈也。矧夫釋幣之禮，盥洗具焉。齊以齊其心，明以潔其身，拜以將其虔，幣以表其純，筭以明其藉，埋以志其真，凡以告精白於神也。使者載天朝之聲靈，歷都邑之緐富。張雲旍，揚旌枻，倏伸倩浰，魚麗麟萃，所至聚觀，爭先快覩。僑、肸之徒，獻縞投紵。雷動而天隨，風發而泉注。至於琉球海物惟具，雖錫無元龜，珍尠白雉，亦有瑋麗之觀，珍奇之器。銀罌金椀，黃白陸離。障面屈絜，璀璨藻繪。馥烈乎椒茇，豔明乎茜翠。函冑堅緻，劍矟銛利。螺盤髹桼，鬆煙番紙。咸足以侈遠方，矜佹異。匪直木有楓栝樟松，楩柟杉梓；穀有稻粱床桼，菽答麻累而已。然而聖世不貴異物，明王不殖貨利。彼夫栴檀瑪瑙，南金象齒，我皇上已於御極之初，念非土物，裁省貢例。徐君仰承上意，亮跡貞軌，廉處計先，敬惟德聚。學本乎詩禮，德原於積累。軒然而威鳳翔，矯然而清鶴峙。輕財重禮，遠人以厲。比楊盤之却遺金，羅復仁之辭吉貝。早於告禰時洗心而自勵矣。且客知昔之琉球，未晰乎今之琉球也。昔無文字，今備書契矣。昔無律歷，今審節氣矣。昔矜鬬争，今習禮義矣。昔聚髑髏，今崇殿陛矣。昔承戈鋋而負固，今入承均而講肄矣。客所譸張，皆《通典》之逸聞，《星槎》之野紀。陳侃所請，乞下史館，正其繆盭者也。有禮之邦，宜以禮涖。徐君敬於承命，必嚴於將事。不簡於家廟，必不疎於遠裔。忠信以爲楫，禮義以爲枻。開梅花之洋，摩雞籠之嶼。颶風息，祥飈起。澒濛闢，零曀洗。扶光逸駭，梢雲靉靆。天吴歌舞，海若欣喜。穹龜負舟，巨鼇作砥。水鴻溶而不波，島隱轔而獻翠。於是佇天使之館，載色而載笑；過迎恩之亭，載驂而載驅。歷歡會之霞聳，度瑞泉之雪沸。仙仗施警，龍旂夾位。宣朝廷之德意，正中山之令緒。哀以卹其先，榮以芘其嗣。其於義也，肅然而不可踰。其於貨也，皭然而不可滓。將使遠方之人知天子之久道化成，而使者之猷守兼備也。又可於告禰時，燭照而數計矣。且吾聞告禰之禮，往則釋幣，反則釋奠。釋奠之禮詳，釋幣之禮簡。徐君蒇事而歸，成禮而返，又將徑長洲，截茂苑，訪吾廬，適前館。啓祊拂祏，酌觥獻醆。釃酒有萸，籩豆有踐。告成事於先人，明所生之無忝。展覲北堂，版輿親輓。洋醁載觴，海鮮惟饌。再拜上壽，純嘏遐算。太夫人亦且喜布颿無恙，御一觴而色驩。斯時也，禮耶非耶？客又將奮其小辨，蚩爲偃蹇也。

言未既，客即席而起，負牆而退，遷延而辭避曰：蒙乃今而知禮有是也。徐君之習於禮，誠無歉於使也。朝廷之任使，誠得士也。能以禮使，以孝治也。徐君之過里也，孝其事也，潔其志也。振久廢之典，能以禮示，蓋一舉而數善備也。蒙雖失詞，其受子諄誨，固靡既矣。

（清道光奉國堂刊本《穆堂全集》初稿卷一）

送徐亮直編修奉使琉球兼過家省覲

李紱

柔遠宵衣切，還鄉晝錦榮。幾年三及第，當日一書生。青瑣竟無瑕，白雲空有情。忽承專對命，去作省親行。南海琉球國，東吴閶闔城。問途剛過里，上壽恰稱觥。弩矢前驅肅，郊宫舊道清。三公崇冕服，八座擁千旌。經術殷員外，文章馬長卿。孝知宗族羡，才識尚藩傾。鳥返經時哺，鵬飛萬里程。遄歸還拜慶，喜起待君賡。

（清道光奉國堂刊本《穆堂全集》初稿卷十四）

徐編修亮直册封琉球

李果

今皇五十有七載，天下寧謐休戈兵。仁滂德厚冠初古，梯航九譯咸歸誠。琉球之國在南海，墨黥兩手花紋明。隋元出師未内附，勝國脩貢朝神京。興朝以來秉正朔，子孫五世膺寵榮。今年中山復嗣服，稽首請封詞屏營。天子敕下禮臣議，遴選重望儒臣行。翰林臣寶臣葆光，雞林海國傳文名。詔曰咨寶汝持節，光其副汝東南征。于時光也承俞旨，道經故里來吴城。值公慈母壽七十，使星輝燭婺星精。錦衣拜母便趣駕，慈命不敢稽王程。是時孟夏風水順，樓船迅發驅長鯨。瞬息龍門復彭島，飛揚羽蓋虹蜺旌。中山一點望中是，番兒負弩争歡迎。彩虹駢駕候飛度，國王陳樂聲伊嬰。公捧金函布威惠，三跪九叩禮數成。綺文銀印耀蕃落，何假諭蜀來馬卿。海邦風土入新詠，蠻布争織弓衣呈。祝公還朝上雅樂，鏗鏘九奏齊咸莖。大開明堂受朝賀，坐令八表歌昇平。

（清乾隆刊本《詠歸亭詩鈔》卷三）

送大兄隨册使徐諒直之琉球

方貞觀

故國飄零遠向燕，星槎更泛斗南天。生涯何至須航海，筋力況當非壯年。萬里回瞻中夏月，八蠻遥辨島夷煙。難餘兄弟相爲命，此際能毋一泫然。

（清乾隆刊本《方貞觀詩集·南堂詩鈔》卷三）

送徐編修澂齋册使琉球

李重華

人言地缺東南陬，群川萬派争歸流。譚天誌怪寓言耳，寧知地體圜如毬。中華正居赤道北，列宿照耀分齊州。河環嶽匝限大海，人文道化雄千秋。奇肱鑿齒候朝貢，歸往大國爲綴旒。扶桑之西地以萬，盡控絶島如萍浮。吾皇手啓天地鑰，八紘六幕綱維周。揆文奮武四十載，西北小蠢指掌收。乾端坤倪順迴斡，五石不鍊鼇無愁。便馳玉簡諭聲教，火淵冰海匪遐脩。帝言覆載悉寓下，來王待册惟琉球。探花才人翰林首，汝副大使敷鴻猷。玉堂崇班一品服，顔如渥赬鬚髯虬。牙旗畫鼓駭溟渤，大官餞飲擁上游。桅高百尺飃六道，柁以鐵力沙棠舟。百靈開明萬怪伏，禽魚翔泳隨櫂謳。白洋横分亘其腹，上看南極當船頭。珊瑚瑇瑁作海底，幻化五色光通幽。中山君民共雷抃，盟心望拜依神州。窮歡極讌坐宫殿，炰膾異族臚珍饈。飽求詞賦乞書翰，星斗爍爚龍蟠蟉。鐫之屏風刺弓韣，寶玩萬祀英名留。此行何止使不辱，神人坐致懷且柔。宣威播澤報天子，乘槎漢客安能儔。歸更作寰海誌，他年考据當九邱。承天付畀無内外，混一四方上下同金甌。

（清乾隆刊《貞一齋集》卷三）

送徐瀓齋使琉球序

張大受

蓋聞赫聲濯靈，威行於四溟之外；元衮赤舄，恩被乎萬里而遥。故行人掌賓客，贊覲朝，訖乎蕃國；而翰林任馳驅，供諮訪，授以璽書。古禮可稽，皇朝尤盛。

康熙五十七年，册封琉球國主，特命編脩徐葆光副檢討海寶以往。念此中山，越在南海。漢、唐未錫爵土，洪、永始來享王。猗與聖代，柔彼遠人。朝貢以時，錫命惟再。茫茫瀛海，環九州而不揚波；爍爍扶桑，包八德而出妙寶。皇帝臨軒而遣使臣，太史奉簡以涖蠻服。皇華四牡，多慰勞之辭；冕服九章，備寵嘉之典。絲綸乍布，圭幣方將；六節揚威，百靈效順。天高地下，山水生成於其間；日光月華，潮汐呼吸於其側。聖天子之洪庥，大行人之貞信。九層鸞鳳，夾樓櫓以遥迎；千丈魚龍，望舳艫而退避。風和濤息，霧散帆懸。方丈、蓬萊，本神仙之居處；裸人、黑齒，被禮樂以文明。旌戟森排，鼓鐘雅奏。爇香奉醴，九拜於使館之前；彩仗黄帷，三呼於詔書之下。皇恩累葉，聖壽萬年。澤國屢豐，教獠猱而負耒；島夷知禮，遣子弟以肄經。俾海隅舞且歌，如域中壽而富。

大受與副使同叨薦牘，共纂史書。文章則願把珊瑚，交友則可談風月。今兹乘傳宣恩之日，恰值上堂拜慶之辰。忠孝兩全，洵丈夫之樂事；水天一色，抑使者之壯游。姓字金填，向聞於海外；風謡筆録，歸報於朝端。白太傅之詩行雞林，千金市值；蕭侍中之書重百濟，三日舟停。驛使即是文昌，輝光迴照；海濱方爲樂國，德澤覃敷。斯役也，天朝有寵命，士大夫有歌詩。佑之神明，榮及荒裔。包乾括坤之宅，常拱日邊；帶河礪山之封，不遺海角。詔從金殿，昭中外之禮儀；職在詞林，肅神人以號令。

（清乾隆刊本《匠門書屋文集》卷十六）

奉使琉球詩

〔清〕徐葆光　撰

校點説明

《奉使琉球詩》三卷，清徐葆光撰。

徐葆光生平及出使琉球事，已見前《中山傳信録》介紹。

徐葆光歸國後，先將有關出使事及琉球國情况作《中山傳信録》刊行，隨後整理有關詩作，將自京赴熱河行宫請訓，及出都過家，自家達閩，在閩逗留時所作編爲《舶前集》；自登封舟海行，至琉球記事遊覽等所作爲《舶中集》；自琉球回閩，赴京復命所作爲《舶後集》；又將有關詞作及文三篇附於卷末，總題爲《奉使琉球詩》。徐葆光此行前後達一年之久，所作詩達四百餘首，爲歷朝使臣之最，在琉球所作，後使周煌於所作《琉球國志略》中採入特多。

李果序云徐葆光詩「高華典麗中含沉著，兼杜、韓之長，其陸離光怪，亦如海中之雲霞滃鬱，直以元氣行之也。山水諸詠超軼，在晉、宋諸公間而不泥其辭，筆堅意遠，人所罕及」。言徐詩兼杜、韓之長，自是爲人作序之諛詞，言所作山水詩「超軼」，倒是實話。縱觀本集，徐詩以鋪叙見長，抒情摹景，深入細膩，很少用典，故能令人讀之如聞似見。與衆不同的自然還屬航海及在琉球遊覽之作。如《海舶謡》、《後海舶謡》等，歷述放洋、針路、風浪等；在琉球所作《球陽竹枝詞》等，多記山川、風物、民俗，正如其《中山月令成示蔡大夫》詩所云「詩篇具土風」；凡此，均可與所作《中山傳信録》一一對照，更顯精彩紛呈、形象飛動。

本書刊刻，據書末汪楝序，直到徐葆光歸里多年後，于雍正十一年（一七三三）前使汪楫之後人汪楝方請刻之，故今書之末首已連類收入雍正五年送琉球官生鄭秉哲、鄭謙歸國詩。後于其歸國「二十餘年」，「歸老於家」，又請劉大槐作序，題集名「海船三集」，不知是否重刊。本次校點即取上海圖書館藏雍正刊本爲底本，個別誤字，徑行改正。書末附劉大槐序及彭啓豐題詩一首。

（賀詩菁）

目録

奉使琉球詩序

同年徐君亮直以進士第三人官編修，我聖祖稔君才識通敏踔絶，蔚爲國華，康熙五十七年六月朔，特命册琉球封，而介檢討海公寶以行。自奉册出都，迄五十九年九月報命，凡三年。凡所經歷及遊宴、贈勞，各紀以詩，共若干首，分三卷，爲舶前、舶中、舶後，總題曰「奉使琉球詩」，而命予爲序。予讀古遣使之《詩》曰「皇皇者華，于彼原隰。駪駪征夫，每懷靡及」，蓋言使臣被君之光寵，敏於赴功，惟恐不逮也。夫王事不越列國之近，馳驅止在原隰之間，猶憂深思遠若此，况出使海東萬里之國，擘洪波，亂溟渤，得毋怖悸驚惶之不暇乎？君獨從容鎮定，雖涉險至再，而吟嘯自如，予是以服君雅量爲非人所及。《四牡》之四章曰：「王事靡盬，不遑將母。」五章曰：「豈不懷歸？是用作歌，將母來諗。」言王事不可不堅固，不暇將養其母而作此詩以來告也。君奉使南下時，便道吴閶，適賫癸巳覃恩誥敕以歸，爲太夫人介七十觴，又寬以程期，從容卒歲，如《歲交》詩云「三冬雨雪休行役，一夕團圞賴簡書」，是古人奉使苦將母之不遑，君獨兼而有之，予是以歎君之遭際有特隆爲可慶幸焉。《詩》又曰：「載馳載驅，周爰咨諏。」言當周徧其所而詢問之，以廣人君之耳目也。先是汪檢討楫使琉球歸，作《中山沿革志》，僅購得琉球《世讃》一圖。今君至中山，既册封禮成，乃能按其圖籍，考其山川疆域，咨訪其大夫士民，凡朝廟燕饗之禮，官秩、衣服、飲食之制，與凡土俗、民風，搜羅薈萃，著爲《中山傳信録》，較之舟次所編倍加詳核，爲不失古使臣廣人君耳目之意，而是詩所紀，又復與之互相發明。予是以知君才實足以光我邦家，無忝君命也。然是役也，君似有不甚慊然於中者意，蓋具見諸《歸舶歎》一詩，至云「一載倚閭心，屢夢寢門欬。餘生尚驚魂，牽裾淚重灑」。又《後出塞》云：「萬里越疆使，三載違天顔。餘生重謁帝，不覺涕汍瀾。」嗚呼，忠臣孝子之思，愷惻纏綿，其終無已時也已。雍正九年冬十月，同學年弟杜詔。

又

琉球國在南海東，漢、唐、宋不通中國，明洪武中始遣其臣朝貢。國有中山、山南、山北王之號，後山南、北并於中山。率以三年一貢，又遣陪臣子弟入國學。我朝聲教誕敷，琉球不待期會，共職尤謹，天子亦兩遣使臣册封。康熙五十七年，中山國世曾孫尚君敬嗣立，走陪臣陳辭乞封，聖祖皇帝詔選儒臣中通達國體者二人以重其任，而翰林院編脩澂齋徐先生實副檢討海公，秩服視一品如舊典，節幢旄鉞，八座以往，正、副使俱用史官，則前此未有也。先生於六月朔奉册命出都，自泉、漳以出彭湖東行。迄五十九年九月復命，歷三年。往來所經幾萬里，凡鉅海之浩瀚，齊魯之河嶽，富建之谿谷，莫不有詩，共五百餘首，名曰「奉使琉球詩」，以舶前、中、後分之，蓋亦盛矣。果嘗受而讀之，長篇多至一千餘言，高華典麗中含沉著，兼杜、韓之長，其陸離光怪，亦如海中之雲霞滃鬱，直以元氣行之也。山水諸詠超軼，在晉、宋諸公間而不泥其辭，筆堅意遠，人所罕及。夫通才實難，士大夫擅於文者未必敏於事。又昌黎云：今人適數百里，出門惘惘，有可憐離别之色。以海東萬里之國，越鯨波，涉彭島，滄溟瀾漫，不測之險，皆足以驚心動魄，先生單舸遠赴，造其國都，昭布聖天子之休命，俾其國受玆寵典，時和歲豐，耆艾歌舞，禮成而歸，遐荒震叠，且得以馳傳過家，將母上壽，以勞臣而展子職，可不謂難矣哉！余又聞，先生出五虎門以五十八年五月廿三日，兩日無風，二神魚長數丈，左右夾舟，文鰩亦數丈，出水無定。先生倚危檣掀髯顧視，未嘗幾微怖悸形於顔面。已而海面沙亘，細若疋練，雲霞五色，周布熒惑。夜半出海口如燈，日出之景尤麗，遂以七日抵其國都。蓋其屹然鎮定，不撼於疑懼駭愕之境，故能肅恭詳慎，宣上威德，而又從容宴豫，吟詠不輟者歟？隨行者又謂先生使還之日，屏除陋習，有唐韋丹却私覿之風。而又按其圖籍山川土風，著《中山傳信録》一書，蓋合古使臣皇華咨詢之意焉，而不獨以詩傳也。果於六義之學内慚荒陋，辱先生垂示此卷，竊歎先生學力之閎博，異日者當必有載之國史而傳之後世爲無疑也，遂爲序。五峰樵人李果。

奉使琉球詩卷之一

舶前集

康熙戊戌六月朔奉命副檢討臣海寶册琉球封述懷三首

我生寡行役，敦敦肘書案。少長太湖旁，臨涯渺無岸。竭來京國遊，涉江已三歎。濁流益奔駛，疑向銀河亂。今將事瀣東，寵命賁冗散。皇靈暢九垓，當險敢云憚。銜綸出區夏，郵籤浩難算。八千閩越路，未及溟程半。涉川守忠信，古人寧我謾。茲遊縱目初，奇絶平生冠。

去家逾一紀，有母嗟尸饔。微名雖獲忝，禄薄仍固窮。侍養曰有季，顧我如飄蓬。玄髮恐日霜，倚門望屢空。七十古云稀，茲秋欣已逢。膝下闕親拜，壽書徒爲恭。聞命蹶焉起，問驛江之東。我家官河壖，水郵當此從。省覲始一遂，長跽獻泥封。癸巳覃恩誥軸始賚回。王程幸非迫，且復樂融融。

家貧如屋敗，榱桷强撑拄。大者既就橈，薄弱成何補。瘦妻豈云健，乃委持門户。二女皆獲歸，紉緝良辛苦。相見且歡喜，謪怨茹不吐。佳兒得嘉偶，此日來歸祖。新婦前致辭，堦前綵雙舞。不覺愛憐生，拭淚相姁語。水清石纍纍，茲事自前古。到家不成歸，離緒還縷縷。

赴熱河行在出安定門一首六月初四日。

遠趨凉殿山邊路，仍向炎官繖下行。出得城來覺小異，荻粱没馬午風清。

孫河晚渡

將到孫河指夕曛，臨流簇騎正紛紛。潢汙忽作稽天潦，牛馬難分隔岸群。日落駝裝争晚渡，雨收龍尾卷歸雲。茫茫占斷漸車路，更繞高原轢古墳。

牛欄山

平原漫漫白狼河，望見牛欄喜上坡。山接狐奴藏堠驛，路穿靈蹟拂煙蘿。紅雲光黯人歸店，白月凉生酒滿螺。苦樂乘除今日事，征衫一脱卧巖阿。

石　槽

瘦馬跉𨁈度石槽，依稀猶見古城壕。清時不廢門庭備，過客今看弓矢橐。古鎮嚴烽銷晚戍，斷橋壞溜咽奔濤。書生始遂遊邊志，短後輕裝韡袴刀。

密雲寄陳學士璋楊中允中訥

塴垷森森一望收，三門重壯古檀州。子城曲避白河險，巍櫓遥連燕障秋。沙礫豈憐瓜杵碎，暮山如訴草亭休。暮山亭，二公同年惠吉士周愓宰此縣時構。尋芳十步伊人在，弭節披荆爲少留。

石匣

前山陡立勢崢嶸，漸轉坡陀却砥平。石匣斗城當孔道，金溝廢館避王程。金溝館，遼時古北口驛路，今偏在東四十里。乍原乍隰屢高下，一堠一亭如送迎。重嶮新開入邊路，牛車方軌嶺頭行。

古北口

蛇行斗摺幾重山，乍到山頭已出關。一騎徑從青壁度，九邊都在白雲間。鳴鑾出塞門常闢，空壘騎墻戍自閒。從古潮河稱絶險，細流飲馬尚潺潺。

譚戚勛名已漸銷，中山舊址轉岧嶤。雄才並借岡巒險，兵氣猶纏草木驕。百戰先聲馳絶漠，三邊餘餉及中朝。夕陽駈馬投誰宿，玉帳談詩久寂寥。

出塞九首

我事在溟東，我行先塞北。微軀銜遠命，動必踰疆域。叠鄣徑新鑿，重嶮羊腸仄。山山夾日車，午交景已昃。火雲蔽空下，喘閉不得息。疲馬秣林臯，仰首羡恬翼。

片雲笠上凉，四望山如火。蜂掠馬頻驚，塞外馬蜂比常蜂絶大。危鞍屢愁墮。獨樹蓋溪陰，磐石臨流妥。十步忽成秋，欲歇轉未果。

土蜂穴土岡，戢戢攢萬窠。舉族飽厓蜜，藏螫紛誰何。道旁有蛲螂，股甲尤么麽。一朝風蜕仙，騰上最高柯。下視弄丸處，車轍幾相磨。

盡日偶逢人，况此凌晨發。山店雞一鳴，脂車猶見月。喬木閟重厓，山石露零滑。朝曦漏叢灌，照我行勃窣。六月擁紫茸，清寒猶到骨。

鳥道徑百里，蟻行磨萬重。刖岡鑿路轉，髡嶺懸車通。車摺更西騖，隔嶺聲隆隆。奇峰面面合，身在夏雲中。

層厓含衆色，苯蓴非一睹。前車忽停轍，暗石似窺虎。燒炭前山煙，射雉隔林弩。獨行顧無侣，日景正亭午。

容駝土谷門，倒馬危崖石。上岡汗流骭，下坂風生腋。蟬聲覺有異，清磬落巖隙。泠泠感客心，瘃然念疲役。

路轉得平曠，縱目烏城限。烏城，國言喀喇河屯，向爲避暑行宫，戊子、己丑至熱河山莊，此處爲遞頓行在所。行殿蓋山椒，門户參差開。塵漲前山坳，騰蹋萬馬來。駞裝金錯落，宫錦花褭佪。蕃王來入覲，受賜暑宫回。

六月十四日上御避暑山莊宫門命臣海寶臣葆光至陛前訓諭周詳恭紀二十韻

聖治中天日，恩光暨海東。嗣封綿遠服，將命選群工。遠役先期戒，微才承乏充。飲冰持使節，受事款行宫。門啓瞻天近，春温被物融。遣行諄命切，柔遠德聲隆。跨海三年役，揚帆二至風。小邦宜撫恤，大體貴寬沖。五世邀封久，中山錫命崇。奎章長作鎮，康熙二十一年，御書「中山世土」四字額賜中山王尚貞。篚貢歲來同。更念裨瀛遠，疇將道里窮。遣官寰域外，識景島夷中。測海蠡何用，量天尺可通。女牛連分野，章亥到洪濛。遣測量日景使二人同往，以定海程道里遠近。前役由廷舉，兹行簡帝衷。門推慚甲第，秩賜視三公。君使寧辭險，王言若發矇。人微因國重，羽弱借風雄。滄海茫茫路，王臣蹇蹇躬。周諮來報命，何以達堯聰。

跐合歌熱河行宫直廬爲古北鎮總戎覺羅保住作

將軍鐵面髯倒軒，長城屹屹鎮北蕃，戴鶡扈蹕屬紫垣。宫前瞥見鷙虎蹲，旁人爲言本龍孫，天潢世襲今歸原。伊昔大軍趨漢源，將軍之父留軍屯，問名王姓爲嘉婚。五月從軍遺腹存，倉皇欲别聲淚吞，裂旗留記申誓言。君有奇表真將門，左足五趾一缺痕，請以爲驗歸後昆。孤鴻别鵠分飛翻，撫孤卅載更寒暄。將軍十三帶兩韃，功勛自樹俄騰騫。再遷身擁節旄旛，建牙迎養榮春萱，昆池鼓吹娱朝昏。先任副將雲南。母氏於邑含煩冤，爲出遺帛常使温，將軍跪受淚沄沄。往來求索窮無垠，體遺缺趾時自捫。黄河終自還崑崙，歲在乙酉謁帝閽。就浴肆舍來荒村，先有老父踞澡盆。一見缺趾驚心魂，族姓年齒互討論，蓬飛葉落俱歸根。朝來入覲告至尊，詔還帝宗承特恩。上大喜，詔賜覺羅歸宗。我叨史職敢憚煩，作歌來諗志勿諼。

熱河直廬留别侍從諸公

此别無更遠，况辭天上人。衆星環斗極，一葉落楓宸。萍跡竟浮海，王章媿賜麟。家勳遺舊印，贈我篆猶新。陳學士邦彦以賜麟服牙章贈行，云：汝家武功舊印也。

自口外回至密雲道中車摺軸遇雨一首

出山復入山，顛頓不知幾。瘦馬怯孱顔，兩轂鬬石齒。脱嶮就夷曠，泥行鈍亦喜。中軸忽摧摺，輪轉不踰咫。勞薪不能言，事敗悔方始。解軛就牛車，落日照行李。駛雨截山來，壞雲翻墨起。橋阻斷虹邊，路辨掣電裏。風吹袛裯單，沾濕行未已。將經滄海身，平地已如此。

閏八月八日恭賫詔册儀仗蟒紵銀絹出朝一首

天文直賫海東陬，捧出彤廷焕女牛。琉球分野女牛。綸綍半通銜命重，槎浮一乘應星流。龍章上服連三錫，賜國王、妃緞紬紵三十二品，上降封今第三次。銀綺殊恩徹九幽。祭故王焚帛百，賻二百兩。域外行人初攝事，宣風渚島總懷柔。

賜正一品服紀恩一首

前事兵垣主出疆，行人白澤副麟章。前例琉球封以兵科爲正使，賜麒麟服，行人副之，賜白澤。兹行並選瀛洲侣，極品均頒御府藏。此役二人皆用翰林，皆賜正一品麟服。節重假威臨絶域，官庳加秩敵蕃王。儒臣捧册邀榮遠，壓帽瓌珠照海光。

閏八月廿一日奉册出都留别若林顥少寶傳子展諸同年

人去長安落葉前，旗亭槐柳故依然。鄉心吴岫雲飛處，王事扶桑日出邊。蹈險不辭因省母，將歸有淚爲諸賢。重溟不隔天南月，與爾同看十二圓。

新城曉發

旅枕宿未安，腮月窺半露。明鐙戒首塗，荒臯霜滿樹。前旌辨色飛，雙綆引輿步。騶騎遞頓供，挽畀徭村户。駿奴强作豪，徵索時發怒。偶假一節光，乃忘重趼素。亭堠舊相識，我來策蹇路。

白溝河路傍村家小憇口占調陸大我田是日陸墮馬。

墮馬人來占樹陰，護萍池鴨羨浮沉。似君明瑟園邊路，只是泥中車輾深。陸有園在上沙，極勝，朱竹垞先生題曰明瑟園。

趙北口道中遇同年湘潭張孝廉璨自汝南入都省兄

鐵面黄鬚一騎來，路旁班席暫徘徊。且同旅次傾燕酒，誰向風塵識楚材。威羽養成狂客老，隋珠投闇路人猜。脊令原上飛何急，春日南行秋又回。

擔上菊花和我田

籬邊一别恨匆匆，相見景州小市東。偶落塵衢還不俗，淵明半醉筍輿中。

齊河道中望岱

齊魯依稀未了青，今朝馬首漸分明。平生最仰三門壯，惆悵猶賒一日程。笑指巍峰窺海日，早摩雙眼辨吴城。弱毫儻負登高賦，鞅掌虚爲域外行。

自泰安州曉行至山下兜上口占

青連州北去，微徑接蒼茫。野店松毛屋，村家鵞卵墻。山寒香市散，木落石間荒。磴壞黄礓亂，何由到上方。五月大雨，泰山石磴皆壞，方遣官督修。

紅門

窅窅白雲封谷口，高高細壤積空虚。氣含西顥秋容肅，日上東皇曉色舒。一統登封漢唐宋，三州表鎮兖青徐。域中第一名山句，徑向紅門兩版書。

歇馬厓

龍馭猶憑首輦過，厓邊駿骨幾銷磨。五車石勒塵中轡，三闕門連天上珂。白石漸移人過樹，黄流細繞帶爲河。書生平地無艱阻，乍到羊腸唤奈何。

御帳坪

帳殿經宵石柱痕，祥符鑿枘至今存。升厓暫駐通天蹕，捧牒親酬賜策恩。芝草駢生如有種，帛書載降豈無言。冀公夜夜虚前席，共此巖阿造膝論。

處士松

風雨無功偃蓋松，當年豈盡污秦封。大夫竟與斯高伍，處士寧爲鄒魯從。日暖脂融潛養珀，濤翻鬣動細吟龍。青青夾峙垂天幙，數到厓巔幾萬重。

天　門

行蟻回旋五十盤，梯空矗矗上雲端。扆開南面垂天正，盂覆東垂鎮地安。九點煙分青漠漠，千層蔓聳碧攢攢。不知已到重霄頂，何用增高幾尺壇。

碧霞元君祠

何代山巔祀碧霞，欞門雲瑣虹音絳帷遮。流星光景中宵麗，翠羽明璫上界花。匝地金錢官掃殿，一春香火稅連車。喜看旛脚元君字，應禱疑同護客槎。海神天妃亦有元君封號。

無字碑

倉頡前頭那有碑，若非政徹更誰爲？空磨巨碣燒書後，盡黜煩文議禮時。功德可刊寧掣肘，神仙能致肯傳疑。李斯小篆相如札，千古虚摹絶妙辭。

磨崖銘開元十四年御製御書。

不須螭首與龜趺，萬仞磨崕御寶鸁。五十三行，行廿三字。大手無煩借燕許，高辭自欲媲黄虞。國同天久鐫如礪，筆抉雲開入寸膚。巨蹟千秋誰並峙，中興片石隔蒼梧。

孔子廟在山頂，或題孔子小天下處。

聖域階天寸步分，大觀一一證遺聞。仰來自喜今方止，登處誠如古所云。戢戢衆山初覆簣，茫茫百代總浮雲。雞鳴日觀無長夜，獨立何愁近夕曛。

日觀峰

超然身已到東瀛，俯瞷湯池浴日生。谷底勞驂方息駕，竿頭霜旭謾摇旌。崇朝雲自巖頭宿，子夜雞從天上鳴。白晝微生同在照，悔來絶巘暗中行。

開元磨厓銘歌

有唐六葉號全盛，開元天子來東封。歲在乙丑月建子，開元十三年十一月。百寮蕃客皆雲從。突厥亦隨封。親御白騾上玉册，《開元傳信記》云：上將封泰山，益州進白騾，乘之上山，不知登降之倦。才下山，騾無疾殪，謚曰白騾將軍。金泥石䃢藏其中。逾年磨崖紀其事，大書鑱壁連蒼穹。是時明皇方嚮治，璟繼臣崇在相位。煌煌貞觀開王業，祖烈孫謀竟無二。四方大定年屢豐，群臣乃言將有事。七十二代曠莫追，長生秘牒終奚爲。光武應圖升禮後，隋文敢續登封儀。隋文爲壇山下設祭，不登山。太宗謙德重厥典，房魏議定猶遲遲。高宗乾封始上祀，姣后亞獻羞壇壝。舞鶴臺邊帝臨汝，那容錦繡施帟帷。高宗名封祀壇曰舞鶴臺，皇后武氏亞獻，率六宫以登，帷帟皆錦繡，群臣瞻望竊笑之。開元艸儀差近古，聚訟無煩集鄒魯。朝覲有頌刻右方，蘇頲撰《東封朝覲頌》。宸翰亭亭日當午。五十一字廿三行，貼天鸞鳳群迴翔。不求神仙不祈福，爲民請命辭光昌。我來厓下及秋霽，墨雲猶吐通天氣。想見神工刻畫時，運斤直入豪芒細。泰山一豪芒。秦碑漢碣篆久磨，唐家有隸留巖阿。若非天寶陵谷變，高比九皇寧自多。「高視千古，自比九皇」，銘中本文。

登岱四十韻與我田同賦

到此小天下，蹉跎始一登。半生剛具眼，舉世忽無朋。漠漠神扶屐，霏霏霧繞縢。儀分兩初判，氣合一常凝。目眩影將倒，天親呼欲膺。九州平帖泰，萬象聳騫騰。海底窺金鏡，山腰帶玉繩。衆形皆可按，四顧總難憑。高世九皇在，登封百代仍。穹碑丞相立，秘牒子侯增。曠絶禮難考，分明識可徵。磨厓唐紀美，坪帳宋留懲。聖德超前古，謙衷貴不矜。巖阿曾駐蹕，龍馭偶時乘。康熙四十二年癸未幸泰山。西望嗤秦觀，東封笑茂陵。壇碑雖九尺，茅脊豈三稜。海上神仙遠，宫中鬼祀興。黄虞不再作，功德果誰稱。馳道清時廢，傾巇劣步升。天門瞻昳蕩，凡骨怯凌兢。鐵綆垂雙引，霄梯拾萬層。低頭争尺寸，反顧覺崚嶒。脉脉身緣壁，纍纍臂掛藤。山膚含雨潤，石鼎觸雲蒸。松偃陽崖暗，龍潛陰竇澄。神靈鄒與魯，瑣細莒兼鄫。濟北縈河帶，汶陽錯繡塍。徂徠高拱揖，梁父曲連肱。目送回峰雁，肩隨禮嶽僧。投林如病雀，迎客有神鷹。廟貌依天肅，靈庥庇物弘。排空千柱殿，照世九光燈。遠役來親禱，齋心切敬承。馨香山葹備，祝號谷神應。自許精誠達，寧求福禄膺。今朝登絶嶮，此去履春冰。使職期無忝，文章敢曰能。一生釣鰲客，十載秘書丞。夢繞吴門練，魂飛渤澥鵬。皇華更將母，任重恐難勝。

羊流村刈

饑雁低飛急，村村碾稻場。鷵收連擔重，箕側借風揚。争穗兒童鬨，嘗新餅餌香。年豐行路樂，况日近江鄉。

青駝寺陂望

登高已見鄉，旅思轉蒼茫。暫許塵勞息，終然水驛長。過家身似客，遊遠路無方。枯草連天處，荒荒下夕陽。

重陽過沂州寄若林子展兩同年

蒙陰山上雨濛濛，吹過沂州又向東。霜後艸枯蟲語歇，村邊葉落柿林紅。平沙不見登高地，隔夜空驚落帽風。去歲城南攜榼伴，菊花滿把與誰同。

涉沂成詠

涉彼沂兮言邁，漸我車兮奔流。溯詠歸兮在兹，勞我生兮安休。誓將去兮澥之東，貝闕兮琳宮，風引去兮焉窮。守成命兮遄往返，鯨虬戢兮紫瀾緩，指日出兮道何遠。風飄飄兮波湯湯，蹄涔九瀛兮葦可航。振我組兮褰吾裳，行非求仙兮何渺茫。

至清江浦貽安來迎

一身隨簡書，輾盡車塵路。濁流不照影，獨上黄河渡。清江浦口一笑春，有兒秦贅託貴姻。綰髮十年離大母，今拜堂下孫有婦。江霞爛錦風飄衣，檣烏啞啞傍楫飛。半生繞樹無依客，一路將雛反哺歸。

淮陰釣臺

古臺猶背水，釣國餌誰吞。袴下無雙士，平生一飯恩。功成沙久棄，王假廟猶存。漂母自千古，清淮繞墓渾。刷黄以後淮水常濁。漂母墓在泗口南岸。

寶應王殿撰式丹挽詞

魯殿惟存舊典型，那知一夕落文星。萬言疏就全歸哭，五鬼窮來却有靈。老眼曾青浮海客，單車空過草玄亭。家居著作寧無用，遺草猶堪答大廷。

宿平山堂後閣迷樓舊址，雷塘在閣東北一里。

何代鑾輿最遠遊，繁華自昔數揚州。鑿開汴水渠千里，博得雷塘土一抔。蕪草連城皆入苑，江煙迷望總成樓。道衡死後銜泥燕，終夜空梁話舊愁。

前使汪檢討楫家獲觀琉球畫障作歌示令子寶裘令孫篪先

海程千里不到處，俄然一目窮秋毫。問途已經得遺蹟，流虯半面留生綃。縹裝爲我拂蠹粉，紫瀾滿壁風蕭蕭。幅連十二海山出，高華一朵盤靈鰲。郎君指點舊遊地，親隨使節凌滄濤。南風三日越重嶮，釣魚諸嶼隨飄漂。一針姑米到那霸，迎恩亭下初回潮。傾國來觀天上使，兩厓蟻聚紛僬僥。大小寨官沙際列，錦帕露髼龍磐腰。嗣君守禮未踰閾，起居陪隸趨昏朝。佳蘇魚腊米肌釀，錋羹筥米加牲牢。祭先册後兩大典，禮儀添注參前朝。蓋海旌幢絳霄仗，蓬萊高處來招摇。觀旭霞光照英蕩，長虹天馬連雲鑣。前驅已度萬松嶺，後隊未轉茶崎橋。天孫賜錦自天下，光浮十乘鶩潛鮫。首里坊開榜歡會，瑞泉刻漏三門高。王宫行闕儼咫尺，煌煌天詔垂煙霄。綵隊連袂蹋節舞，聒雲螺鼓轟硠磝。月殿娱賓羽衣曲，蛟潭競渡驪龍標。禮成七燕難盡繪，此圖及見年方髫。前役到今乍卅載，康熙二十二年癸亥。追尋典故何寥寥。鞮鞻舊掌既散佚，周諮雜記多紛淆。何幸登堂覩粉本，指掌可按群疑銷。奉命初驚望洋䰟，披圖始覺乘風豪。一槎穩泛張騫路，深媿前賢鑿空去呼勞。

宿天寧寺寄端揆弟丁酉秋端揆寓此。

一刹繁華地，城樓壓寺門。高甍大謝宅，靈運捨宅。古樹六朝根。香市長廊徧，名園修竹存。池塘春草歇，舊夢託苔痕。

平山堂留别同社諸子

躑躅滄海心，悄爾一登臨。舉目江天闊，愁人雲水深。三州歸暮檻，數客共寒岑。歸詠得新月，一鈎楓樹林。

題費處士錫璜掣鯨集後四絶句

孤艇殘春付後人，處士尊甫費密有「大江流漢水，孤艇接殘春」，阮亭先生以爲名句。燈昏掩卷欲傷神。

投詩海底成何用，集中有《觀海》詩，序中云以詩文二卷投海中。爛却珊瑚幾刼春。

江上長謡風雨驚，虹光騰閃玉横庚。掣鯨筆力銷群怪，攜去東遊碧海平。

古今才力豈難齊，强半新詩是舊題。奇崛尋常皆貌相，莫將鵬翼問醯雞。

平山堂上獨遲君，一卷神交冰雪文。好待來秋槎返日，遍將靈怪証奇聞。

金　山

化城波上涌，水驛往來經。佛土青蓮岸，仙宫浴日亭。半江封鐵甕，一朵插中泠。四面奔濤注，居然鎮百靈。

海門歌

京江海門未到海，百里外障爲甸山。大沙洲渚互渟蓄，大沙順江洲諸處居民各數百家。焦山象山對峙爲江關。海門凡八九里，水底有石脊隆起，乃過峽也。中間萬馬日奔注，朝潮夕汐相迴還。我從瓜步截江渡，側望門外疑與滄溟連。東面望洋但瞠若，何異伏井窺奔川。少讀騶衍裨瀛説，外海環九疑譚天。西洋異人近代入中國，西洋人來自利瑪竇始。始知五洲萬國果若星羅駢。其《萬國全圖説》云：天下五大洲，一亞細亞洲，百餘國，中國居其一。二歐羅巴洲，中七十餘國，意大里亞居其一，即西洋國也。三曰利未亞洲。四曰亞墨利加洲，内又分爲二洲。又有墨瓦臘尼加洲，爲五大洲。我皇手握玉衡柄，三百六十五度隨心旋。竪亥步自西極至東極，五億十選能以一線測景知其然。今遣海東量日使，浮槎共探湯池邊。芥舟尚在坳堂裏，一門九里何涓涓。

十月十八日舟至姑蘇驛奉安册館歸覲喜賦一首

役遠無憂雨雪寒，蘭船一隻駐江干。子心歸舍兒童喜，玉册臨門里巷看。不宿君言逢驛住，如天壽算荷恩寬。十年錫命今初獻，綵舞驚迴紙上鸞。是日并奉癸巳覃恩誥敕到家。

上冢用山谷過家韻

別家歲看斗，杓轉十二運。徒與父老睽，空説雲霄近。華門喜如故，鄰里歎已盡。上冢遵舊阡，蹊田换新畛。回憶送葬徒，晨星數姻親。孫子成老翁，我祖見應哂。松團翠滴衣，冢松是冬結毬，人以爲瑞。蓬飄雪沾鬢。况將挂鵬颿，海濤走雲陣。舶中縱平安，那有鴿傳信。海舶中有平安鴿。慈齡迫桑榆，孺慕慚童齔。忽忽遊子吟，莫報春暉寸。

歲交雜詩

爆竹依然此歲除，較量今昔意何如。三冬雨雪休行役，一夕團圞賴簡書。那許蓬蒿同斥鷃，漫將鐘鼓樂鶢鶋。屠蘇跽進慈顔喜，詎料今宵免倚閭。

屋煤蛛網幾番塵，敝帚輕揮陋室新。祭竈黄羊連舍樂，堆盤紅縷廿年辛。嶺梅夢繞香村雪，官柳心驚驛路春。好是風光行色動，江籬日日對通津。

身先社燕返蓬門，雪裏叢萱長舊根。啖蔗年光愁脱手，逢塲簫鼓獨驚魂。臨分倍戀殘燈燄，將曉難留去夢痕。修到梅花須幾刼，一生長住水邊邨。

嚷嚷鬧遍薊州春，夢裏歸來今始真。兒戲滄桑傀儡换，里門時世髻鬟新。江鄉月影將圓夕，人日天涯未去身。南北蓬行終未定，縱逢佳節也傷神。

己亥二月十二日奉冊自姑蘇驛啓行留别里中同學諸子

亦知聖世鯨波靖，未免去家兒女悲。生本無涯今日事，槎回有信隔年期。任天仗節鵬飛路，渡海辭親髮白時。底用浮榮誇里巷，畫船笳吹聒龍旗。

垂虹橋夜泊

息燭對華月，清光暨海東。孤舟如得伴，幽景與誰同。石厲横波偃，星河隔浦通。天涯初夜客，輟榜倚垂虹。

鶯脰湖守風送汪秀才尚文歸黄山

鶯脰湖干驛路賒，一宵風雨即天涯。半生萍梗今浮海，三月鶯花又别家。雪盡岸邊春水闊，鳥飛雲外暮帆斜。黄山高卧書堂穩，應夢勞人八月槎。

清明過石門

十度清明京雒塵，南來又及石門春。聲聲社鼓江鄉樂，漾漾鷗波海客身。屋角桃腮初映日，橋邊柳眼故撩人。香風一路羅紈膩，細雨朝來桑葉新。

西湖雨泛同俠君我持無亢集功諸子作

好是西湖二月春，只愁雨色妬芳辰。塵中雞犬皆憎客，郭外鶯花却待人。山暈重重點眉黛，水雲淼淼作魚鱗。可憐暫到勾留處，不及蓴絲滿把新。

遥望孤山夾水斜，柳邊行殿隱朱霞。半開螭户摇空碧，一桁山光學翠華。御竹移來根透石，曲橋通處水浮花。宸遊宛是山莊路，熱河行宫名避暑山莊。誰信西湖屬内家。

孤山林逋墓

論定蓋棺後，西湖只爲君。隱來惟放鶴，蜕去尚留墳。楊髡發處士墓，惟竹杖一枝。殘碣寒岡艸，荒亭春水雲。梅花正清絶，一樹倚斜曛。

筧　泉

山泉股引入僧廚，刳竹迢迢自灌輸。繞磵千盤連碧玉，伏龍萬斛吐明珠。幾支遠近源常合，一缶清泠用不枯。機械盡捐歸自在，朝朝擔水又何殊。

韜光菴

招提最上方，湖外見錢塘。種竹入天翠，焙茶隔嶺香。舊有茶局。題名古居士，白、蘇題名皆在。卓錫老韜光。誰識巢溝隝，雲頭一寺藏。

錢塘江口雨後進船富春渚

久讀大謝詩，今來富春渚。川途浩如昨，定山渺何許。潮上挾風雨，瀧流下奔注。怒薄漸兩平，演漾入漁浦。瑟瑟半江波，寥寥廓天宇。濕帆帶霧收，逸棹凌空舉。擊汰雖少艱，揚舲轉容與。遠遊踰昔賢，發軔此行旅。龍蠖豈豫期，微弱嗟一羽。將命貴專對，吾行有徒侶。緬懷古達人，所慎在出處。尚友得心期，將就嚴陵語。

釣臺二首

已安漢鼎不須扶，獨踞桐江當剖符。伸脚那知侵帝座，掉頭一任罵狂奴。溪迴七里人澆酒，亭圮雙臺石隱趺。守冢子孫三百户，鬱葱佳氣勝南都。嚴陵子孫山後聚族連村。

局外千秋似有神，與人國事總難伸。不逢東漢中興日，果有西臺慟哭人。臺對岸謝皐羽墓。異代希風堪作伴，孤墳許劒恰爲鄰。停橈試問招魂處，如意歌殘松柏春。

自桐廬經釣臺宿七里瀧寄同館諸子用劉隨州韻

夢想桐廬江，未到已滿望。逆流拒進艇，將到轉惆悵。錢塘借我潮，輕舟始𣈆漾。青翠兩厓來，沐雨更千狀。偃卧拓窻舷，左右皆列向。漢鼎一絲風，遥遥古臺上。臺上匾曰「漢鼎一絲」，用山谷詩語。老樹媚春姿，危磯屹奔浪。百代宋孤臣，擊石戛悲唱。謝皐羽西臺慟哭遺蹟皆在。何似聖明初，披裘就閑曠。我役方未已，空言非所尚。會當及時還，三舟醉陶釀。不釣千載名，羔雁將安訪。

嚴　州

片帆不向釣臺收，七里灘迴百綆舟。躑躅連山紅數叠，畫眉聲裏到嚴州。

贈嚴州守吴使君永祚

上瀧已七里，未見嚴州城。雨積通岸水，漫漫蛙黽鳴。沙頭日初霽，五馬遥相迎。太守金閨彦，慈愛憂黎甿。涖此旬未浹，始政先祈晴。三日戒屠割，一禱通神明。危闤免水齧，餘惠及旅行。漢唐古賢守，先事隄防成。况兹山水隘，溝隍每愁盈。左承金衢水，二流已合并。右接新安江，勢尤如建瓴。其上三百里，有壩魚梁名。碣石壅黟水，江流乃常寧。廢來三十載，蓄洩無虧贏。下隘瀧瀨梗，横流埤垷平。五月每巢居，一雨憂城傾。幸當賢守來，鼓舞如更生。講求剔害本，移檄先經營。方今海塘役，督修正嚴程。畚築期並舉，淫潦人無驚。水鄉盡復業，荷鋤及春耕。安坐希范堂，府署堂名。今古同休聲。

瀧口曉發日照西巖百卉麗鬱順風挂席未至蘭谿二十里泊汝步

一宿釣臺下，超然遺世情。役夫事牽挽，南榜復孤征。陰翳豁澄霽，百卉敷朝榮。初陽耀西嶺，屏幛列采横。候禽悦巖曉，下上相嚶鳴。時物非不適，浮悰感易生。昨夜鼓點雨，篷背聲敲鏗。四山草木晦，竟夕雷雹驚。詎謂反覆間，邁此春景明。逆溜船頭風，暫許挂席行。上瀧力已盡，上灘始發程。

此身委輕檝，息慮勝百營。

溯蘭谿灘過龍游未至衢州十五里泊雞鳴山

風回篷脚轉，輕舠漾蘭谿。淺灘層溜急，逆上如登梯。千篙戰石根，尺浪不肯低。一拳偶當阨，寸步皆見擠。去郭未亭午，及暮猶聞雞。上流木有梳，迅下如浮鷖。擁楫嘯中流，顧我殊雲泥。三衢負峻嶺，建瓴水東西。來去順逆均，勞逸理亦齊。春溪若罨畫，花濃鳥亂啼。文石甃清瀨，雜采紛朱綮。王命非急宣，憑橈爲少稽。

上　灘

淺灘忽爾借風高，欲進輕舟却自勞。邪許百聲争尺浪，潺湲片石拒千篙。黄頭意氣隨帆斂，白日安閑捩柁牢。一笑平生飽經慣，只將遲鈍付驚濤。

過衢州寄靳太守樹德

一雨春江入市舩，家家水底有良田。千村簫鼓城西社，三月三來賽水仙。
暴漲連江雨更頻，祈晴太守正行春。老牛浮鼻中流渡，閑却耕犂卧水濱。
蝴蝶飛飛動作團，木奴萬本隱江干。滿城霜後垂朱實，太守秋來領橘官。

篁步溪泛

候吏津頭鼓，隔江如送迎。晴沙遥見鷺，雨柳不聞鶯。帆影當風落，篙聲鬬石清。近南山色異，斗岸起霞城。

曉發衢州至江山清湖鎮再寄靳衢州

漲落露城郭，三版留溪痕。浮梁已綆斷，急溜猶箭奔。水鳥宿高樹，田蛙占荒村。祈晴及上巳，我來見桑暾。柏林積雨晦，麥壠連溪渾。迴碕與突岸，沿溯迷朝昏。雙堠迎復送，孤嶼吐又吞。行役雖淹滯，居者尤煩寃。帶溪受衆潦，一瀉到海門。蓄洩兩難施，自古殊泉源。雨晴三日事，水旱已并存。所以灾荒牘，年年告帝閽。惜非過賓事，聊與使君論。

舟眠偶覺

南風鎮日當頭大，上水舩遲枕書卧。兩岸山花夾水香，舷窗開處遊蜂過。

小江郎

江郎山不見，片石此中流。古廟臨官渡，清潭絆客舟。花香釣魚嶼，樹老伏龍湫。一弭江湖楫，徘徊盡日留。

清湖鎮步遊仙人洞度谿嶺至泉家壠山家小憩一首

山淺不拒客，偶到無前期。獨往欣有獲，稍深覺漸奇。激碓水活活，被版花離離。仙踪杳莫攀，石洞留殘棊。來術失回步，褰裳涉荒陂。雲遮半嶺樹，徑没三春荑。雞鳴空谷午，煙起隔峰炊。耕夫指路迷，爲我停其犂。攀蘿入窊窱，低頭款茅茨。山家喜客至，况當茶笋時。男女競有獻，清甘滿浮甆。言笑漸歡洽，童稚相娱嬉。咫尺清湖渡，武陵復在兹。家國去日遠，海島行栖遲。勞人此少憩，轉忘岐路悲。但媿鰲客踪，幾成漁父疑。不敢道名姓，恐被此中嗤。

清湖輿行至峽口過溪度仙霞嶺

灘盡捨輕筏，踰嶺始清湖。早見江郎山，招我即修塗。砥平鑿山嶮，壁立穿雲衢。已蹋大姚磴，還乘峽口桴。竹樹漸蒙密，前行聞鷓鴣。關門扼霞表，巍闕封仙都。盤山梯層翠，屢歇我馬瘏。聳身塵壒外，流目盡海隅。招提得小憇，花雨何紛敷。前賢有題句，版刻亭之隅。雨花庵小亭上有周櫟園先生詩牓。善道目前景，若我意中圖。微吟更周覽，日下前山晡。

江郎山

萬古同根石，江郎四海聞。山春華萼並，峰午雁行分。似傲獨行客，長爲入望雲。參商天上宿，墜地不如君。

別江郎

清湖渡邊草正芳，驛路連岡石磴長。步步山頭似相送，回頭不忍別江郎。

楓嶺山行至黎嶺

風泉聒旅枕，壁鐙照客起。雲木滉初陽，蒙茸猶谷底。笳鳴驚宿禽，旌影照溪水。虹橋接楓嶺，閩程從此始。仰見黎山巔，霧行猶十里。陰崖竹梢空，寒碧光蕤蕤。山北向。山僧延客坐，孤亭翠微裏。亭邊方竹叢，乍見心尤喜。稜稜節目勻，端正比君子。我行既在嶮，所恃匪圓美。從僧乞杖材，中矩皆如砥。行行步亦步，扶我歷濛汜。

山店

山静客寢安，鳥啼客夢醒。野店傍巖陰，日出窻猶暝。纏縢行脚中，偶此得禪定。多事梨嶺僧，隔山遞清磬。

宿漁梁驛晚遊萬葉寺

踏盡衢州山，始就漁梁宿。入閩破初程，山山見修竹。何來雲外鐘，有寺在深谷。是時日斜舂，牛羊半歸牧。發興拂征衫，彎環入山腹。巖芳雜燒枯，仄徑蒙蘢曲。暗石疑虎蹲，夜瀨驚雷扑。纖纖新月鈎，爲我挂林麓。遥見七松門，濤聲和飛瀑。門有古松七株。山衲過谿迎，爇脂當炳燭。名刹坐休糧，久絶人間躅。夜闌聞足音，兹遊果成獨。

又絶句一首

萬葉寺前雷瀑飛，步隨虎跡款雲扉。山深夜到不成宿，一路松明送客歸。鐵筐燃松脂引照甚明。

南浦橋别邑宰端臨宗兄

揖仙半程雲，仙陽嶺下揖仙橋至浦城三十里。飛行到南浦。尚恨馬行遲，過客喜得主。一聚水上萍，一别橋下雨。無期滄海悰，兄弟河梁語。

南浦橋下聞蟋蟀

炎方物候早，撥觸旅人心。二月黃梅雨，清明蟋蟀吟。霜輕秋氣薄，地暖土膏深。只怪山頭笋，無雷未出林。

輿行自石陂至塔嶺沿亂石大碨等灘至營頭司驛

輿轎入嶺谷，一摺仍溪灣。舍楫傍灘行，所見已萬端。連峰兩崖走，千里蛇屈蟠。怪石矗波面，急流更巑岏。巨脊黿鼉蹇，銛鋒劍槊攢。分陣踞水隘，奔雷出其間。片石梗尺水，漩洑猶迴瀾。况當趨嶮處，萬馬争一關。猛下忽更立，勇往俄成還。噴薄久乃决，餘怒猶潺潺。嗟彼擁橈子，注目隨迴湍。不言摇手時，危坐心神寒。何如沿溪者，奇勝歸安閑。

建陽道中

建陽驛路天下稀，連岡樹合重重幃。我來煙雨初霏微，山風吹來斜濕衣。谿流潏潏鳥亂飛，疲馬不行行客饑。山家供客筍蕨肥，茆茨一覺真如歸。

建陽雨發

簷溜逼窻曉，門前候吏齊。山城嫌客住，嶺堠怕雲迷。雨逐聲聲厲，泥驅步步嘶。低頭問行潦，底急向前谿。

浦城山行

村店門初啓，籃輿已半程。山燒通嶺燄，碓響隔雲聲。南鳥作人語，蠻花漏古名。煙巒分十站，日晝中行。

驟　雨

春山不借雨，雲自嶺頭生。觸石爲天澤，飛空尚瀑聲。驟添溪溜急，忽斷路人行。小向郵亭憩，斜陽映樹明。

磳　田

山田不畝平，高下復縱横。人慣緣厓種，牛知避石耕。科秧分嶺色，疊溜學灘聲。農事春前足，田蛙正月鳴。

建溪二首

建溪無止水，盡日自潺湲。一往惟知海，千盤未出山。漲來全借雨，嶮處若争關。祇有清流子，輕橈日往還。

灘勢建瓴下，回瀾自舞花。石鐫秦底柱，湍急漢褒斜。一櫂流中箭，單輪浪裏車。長年雖見慣，招手敢輕譁。

山　家

山水窟中住，無田可力農。肩䞓皆善擔，頭白不知春。造紙連坊竹，然脂照夜松。採樵俱可隱，借我建陽峰。

延平驛館夜起

山泉吹雨夢初醒，鈴柝沉沉户不扃。夜半推牕殘月霽，蛩聲螢火滿山廳。

延　平

一郡無平地，城頭壓萬家。隔溪團縣界，對嶺見官衙。列肆朱藤枕，滿山烏桕花。兑來順昌酒，邀月酹張華。

劍化閣

變化曾何定，由來會合難。昔賢傳異跡，神物護空灘。能向斗邊露，終爲泥底蟠。我來當閣夜，星影落溪寒。

延平守漲

水行本無程，况此灘溪惡。延平三日雨，暴漲蝕城脚。左右會交流，奔湍劍雙躍。長年篷底眠，束手氣何索。我行期已愆，復此孤舟泊。悄然念同役，有事將安度。渾渾溪中流，所趨在一壑。我蹤豈爾殊，涓涓浩難託。誓言守成命，將事貴不怍。海天一笠歸，扁舟返初約。

竹崎

水天平遠不多山，擁楫篙師對我閑。漾漾米家圖畫裏，不知已過竹崎關。

水口曉發

水宿不聞雞，朝來渚禽聒。連山白雲流，翳翳迎晨豁。榜人徐理楫，昨嶮欣已脱。喧豗大瀧雷，到此不留沫。攔頭撤大招，柔槳事輕撥。渟瀠漾晴曦，川光浄如潑。兩岸少石碕，遠山何巀𡾊。我役無津涯，連朝困顛蹶。逼仄清流船，前軒後已跋。守漲更阻風，書空但咄咄。廓焉就夷曠，形神坐超越。此生本寡求，心眼亦少闊。所遇尚難齊，取適在微末。緬懷楊朱泣，何似莊周達。圓笠如蓋茅，外境何能奪。

宿洪山橋寺

千柱凌波立，長橋亘卧虹。山山溪漲合，日日海潮通。古寺閑門閉，繁花小樹紅。老僧忘歲月，頭白水聲中。

贈鄭機亭學士開極，年八十二。

科名早在我生前，順治辛丑進士。當代靈光尚儼然。浙水英才皆弟子，辛巳歲督學浙中。京江元老舊同年。京江張相國是科進士。久抛雙瑣門邊綬，長作三山海上仙。笑我後來頭已白，浮槎細與話張騫。先生爲言前使汪檢討楫册封事甚悉。

遊開元寺贈涵心上人與士龍洙雲同作

偶到湖中寺，寺在西湖心。題詩客已稠。獨遊非夙約，同志似先謀。鏡水涵山静，漁村帶郭幽。筍輿歸去晚，無酒爲僧留。

登烏石山頂贈陶隱君 仿半山體句運古人名。

山高霞寓室，虛白樂天真。烏石君房隱，青牛仙客身。靈苗段秀實，素節李栖筠。種柳宗元亮，居然第五倫。高霞寓見《唐書》，石君房即石顯。

遊鼓山贈恒濤和尚

鼓山七閩秀，奇勝兼滄溟。城東列巖障，岃崱何亭亭。滉蕩浴朝旭，嵯峨矗天星。清和雨初霽，濯濯開幽坰。窅窕陟松磴，飄飖敞雲屏。拂衣謝紛紜，洗心汲清泠。靈泉化城湧，巖竇開金庭。千年象教力，一埽潛龍腥。梵唄隔山應，煙月連厓冥。高僧接軟語，一夕塵勞醒。

喝水巖

奇境蘊山腹，石橋架空壁。重厓古木陰，清寒閟炎赫。奔澗已斷流，巖半苔痕跡。

石橋夜坐贈聽月上人

爲愛泉聲坐石橋，無言相對已中宵。一天松月流空界，隔嶺鐘魚應海潮。靜悟別從禪外得，喧囂原借定中銷。自逢一喝巖東涸，到此遊人轉寂寥。

自鳳皇池遊白雲泉三首

雨色閉空山，隔嶺聞清磬。俯矙白雲泉，倒落蓮華影。

披徑陟崇岡，招提指上方。危厓半邊屋，古佛一龕香。

山高别有天，石罅疑無路。脚下亂雲浮，一杖凌虚度。

贈茶園老衲

結屋石廬下，盡日風吹雨。巖上無心雲，偶然自飄舉。

鼓山石厓見嘉靖中琉球册使陳給事侃題名

一片鼓山石，前朝使跡存。題名透山骨，紀績没苔痕。海霧陰常濕，鯨波墨尚吞。褁回鑿空下，欲去手重捫。

西施舌二首一名沙蛤。

江瑶有柱蠣有房，蟶苗乍熟香螺香。遠人不知爾許事，且食蛤蜊已未嘗。不知許事，且食蛤蜊，語見

《南史》。

情多舉網何難得，入箸纖纖味可珍。唐突饞涎徒一飽，金錢輸盡笑吴人。

夏至後四日將登舟福州荔支未熟制府滿公驛致興化種見餽報謝一首

客去空歌荔子丹，煩君遠致餽盈盤。海濱熟遂楓亭早，楓亭驛在興化，荔熟最先。驛遞來殊梅嶺難。開元貢荔在廣東踰嶺。釘膜裹囊霞縠縐，冰肌沁齒玉津寒。亮功紅入書生手，欲擘愁同盧橘酸。

别鷓鴣

閩山叫鷓鴣，蜀山嘑子規。萬古兩禽語，我馬猶奔馳。奔馳到海行不已，更借檣艫指濛汜。日出流波東復東，鯨牙鋸舟魚眼紅。那知上下四方六合外，屈魂不到宋玉招詞窮。自有舟車遠行具，弱水火山都是路。眷屬繞身身不住，小鳥啾啾誰覺悟。君不見，精衛朝朝銜木填，那用空言行路難。

奉使琉球詩卷之二

舶中集

封舟行

渡海樓船强百尺，寬比中人數家宅。水井能藏萬斛泉，壓船取盡山頭石。千年鐵木作鹽柁，排比年庚合龍脊。龍脊合成船有神，躍出木龍如蜴蜥。白頭長年老海中，此船造自西洋工。番木質如鋼百鍊，堅緻不數杉與松。歸泊周山衆舟裏，宛若魚隊横蛟龍。制帖一下獨中選，移來已抵三年功。舊典封舟使親造，窮崖購木連山倒。牛馬交馳歷歲時，十丈舟成萬家秏。前使汪公悉其弊，破除俗見浮雲掃。即移戰艦載封綸，浩費煩功十日報。及今事踰三十年，大役復舉民驚傳。那知一檄周山去，龍驤已達南臺前。牽挽不煩百姓力，飛揚旗纛摇晴川。征夫一到亦息肩，衹候南風三日便。

夏至後五日奉册出南臺登舟留别三院諸公

律轉薰風已滿旗，指南有路向東維。啓行奉册光臨海，祖送傾城返自涯。日候兩潮知遠信，星回二至卜還期。鼓山十月梅花放，待我歸艅共一巵。

海船謡

午日初逢夏至回，皇綸神護出南臺。九重一語通天地，果見靈風應候來。上年六月十四日熱河聖訓云：爾等來年夏至後西南風方可出洋。今年午日夏至，初十日出南臺，船上旌旗皆東北指矣。

太平港口駐封舟，檣影羅星塔共浮。持綆船頭望江拜，先抛銀錠入中流。羅星塔下名太平港，前明鄭和通西洋，海船皆駐此取水。十五日祭江，抛一銀錠水中，名曰買水。使臣親持綆汲一器，船中水井受水七百石。

乍離洋嶼到怡山，縹緲靈祠广石間。閣上卅年留寶册，恩綸今日又新頒。羅星塔前小村名洋嶼，二十日大船行至广石怡山院，諭祭天妃，後閣前使臣汪楫建，藏寶册於上。

萬斛俄成片葉輕，一軒一輊作車行。回頭五虎猶相望，已報樓船第一更。廿二日未刻出五虎門放洋。

旌旗轟轟滿煙臺，八槳雙飛送舶開。螺角嗚嗚聲漸遠，閩安鎮上哨船回。有司撥鎮上八槳哨船送出五虎門，至官塘進士門而回。哨船以螺角爲號，聲最遠。

兩船並駕梅花頭，東湧分綜最急流。未見雞籠聞好讖，一針已到小琉球。取雞籠山頭必先過小琉球。

萬象都歸碧一圍，朝朝靈物弄清暉。銜窠白鳥隨波宿，有翼文鰩出浪飛。廿四日早見白鳥群飛，拜魚出水。

過溝沉水兩豨羊，撾鼓摐金拜谷王。萬派龍涎堆碧浪，舟師報過米糠洋。内外洋分界名過溝，沉活豬羊以祭。米糠洋水面浮黄沙如龍涎，横亘無際。

靈旗不滿插花風，船共九帆，一布帆名插花。日外朝霞東更東。高卧柁樓迎日出，桑暾夜半滿牀紅。

雞籠山去釣魚臺，黄嶼應先赤嶼來。旗脚靈風三日夜，暗中飛過幾蓬萊。舟行太東下，諸嶼皆當見不見。

海波如靛切空虚，兩舶安行五日餘。玉册在船清海怪，朝朝夾送兩神魚。外洋水如靛色，四圍空碧，一無所見。廿六日風止船停，船旁見兩大沙魚浮漾。

參差六點亂雲間，國北先看葉壁山。舟漸行來山漸合，芙蓉一朵擁煙鬟。舟行七日始見東北小山六點，接封大夫云此國北葉壁山。將近山，合爲二，過之回望已成一山。

西北靈風應禱生，樓船回柁向南行。一針讀谷山頭轉，號火連岡萬炬明。五月廿九日舟過葉壁，將由陸以達那霸。東北風微作，乃回針，指一小山云此名讀谷山，由此可達那壩。夜三鼓風大利，船上舉號火，國頭山沿海等處皆舉火相應，光徹夜。

舶行七日至琉球從客甌寧翁長祚作帆海千字詩因用其韻載述成篇

物於天地間，惟海最云巨。其中包衆有，一賦豈勝敘。今來萬象虚，空碧混穹宇。静涵團筌浮，動合大塊煦。時清波不揚，輸委勢莫禦。島夷富環瀛，琉球乃稱寠。萬里來獻琛，青雲歲干吕。本朝三請封，康熙二年遣使張學禮，二十二年遣使汪楫，今封第三次。重譯表當宁。賫册遣行人，遴選及鄒魯。前役遣使先由廷推再三始定，今役葆光名開列第三，蒙恩欽點。半載抵閩疆，冬行已及暑。古律中蕤賓，夏至值重五。有司夏至請使臣登舟。戒期月下弦，乘潮出五虎。向年封舟出洋皆由梅花所，今改竟出五虎門。皇靈暢八荒，舟徒成一旅。軍吹聒笳簫，戈船備干櫓。九帆鵬翼張，片葉龍驤舞。噴濤頭乍仰，跋浪尾更俯。杌如踰嶺嶠，疾若激箭弩。舵樓浩吟風，四顧曠無侶。回首指中原，舵後青一縷。遊空絶纖塵，洞下無尺土。蔚藍徹天澄，涓滴含地鹵。過溝忽摐金，投以兩豨羜。舶至海中央，以海水極清爲溝界。鯨吞寧易饜，得此若我與。風止帆偶停，二十六、七兩日午後無風。衆伎莫進艫。蕩飈息微瀾，粼粼如曲渚。夾舟兩神魚，舶左右見兩沙魚，長數丈。出水雙文羽。文鰩出水飛數丈，又没水。飛躍相娛嬉，浮沉共延佇。眼明若射犀，纖悉皆在睹。蛟螭蚯蚓蟠，鱗鬣可毛數。龍涎歕細沙，横亘瀰天浦。蹴浪散之而，迴淪動牙距。六月龍涎亘海面如疋練。雲物夏本奇，霞綺晚尤聚。四圍合錦襴，雲裳繡天黼。晚霞五色，四周海面。日入衆星爛，躔次各參伍。水鏡寫垂象，海童覆棋譜。火宿最晚出，夜半燿神滸。初疑魚眼明，或曰蚌珠吐。徐行入牽牛，五緯數始補。熒惑夜半出海如燈。殘夜海東明，潛然隔重釜。跛趾浴桑津，羲車駕玄圃。冉冉紅旭升，忽發鴻蒙瞽。萬道燭龍迸，駭避東皇主。金鏡遠誰擎，銅槃近可撫。蕩蕩汎朝華，溶溶漾天乳。日出景尤奇麗。兩舶指東行，海邦渺何處。首取雞籠山，臺灣一名雞籠。目斷釣魚嶼。温源灌沃焦，不見山如黍。用正卯針太落東北，四五日行不見一山。三日鬣尾風，幾點龍腥雨。弱柁强自捩，危檣梟相拄。不顧坎蛙驚，頻發天吴怒。海程眩東西，日景總亭午。來往斷舟航，問途絶商賈。逐景乃東騖，倒行學夸父。精白昭大川，玉册龍所扈。沉璧抵淵宫，投綆繫鰲柱。布筴得吉兆，共喜邀神祜。禱於天妃，卜許二十九日見山。陰霾破砰訇，颶母劈雷斧。雷發聲颶散。匍匐盡起立，倏若頭風愈。重購望山賞，雙鴉意争賭。見山者懸賞。鴉班二人踏檣上下如飛。緣索上桅巔，輕捷竄鼯鼠。朝來果見山，一抹修眉嫵。國北葉壁山。海國鯷洿東，溟疆水分部。姑米作南屏，葉壁稱北户。門開六百里，遥遥兀相距。封舟貴圖南，姑米針是取。落北見葉壁，垂戒指南簿。其諺曰：寧遲三日，勿見葉壁。云何六日行，迷惑衆心蠱。既見國北山，鄉道色皆沮。接封陪臣三人在舶爲鄉導。安得廣莫風，六月來助汝。六月無北風。性命毫毛輕，漂泊無處所。坐成七聖迷，出此三物詛。舟師舞婆娑，喃喃告媽祖。海舶呼天妃曰媽祖。祝版雖繁詞，奠斝已無酤。肸蠁寧有聞，示象若垂許。忽見雀翩翩，何來蝶栩栩。天妃示應，每見雀蝶。霓裳颭檣端，天妃救使高麗舶，紅裳坐於檣頂。回飈若振組。禱畢倏轉北風。鐃吹競嘲轟，旌纛盡飄舉。斜指讀谷巔，左轉椅山股。改用東南針取此二山而行。萬點應船烽，徹夜照山炬。沿海山上列炬，船上亦舉火應之。飛踔程六百，利涉行無阻。一夜抵那霸，六月朔至國。我生寄若浮，王事尚靡盬。此行本忘身，將到意轉憮。男子志四方，桑弧早自努。疇昔出疆使，不越秦齊楚。猶爾歎不遑，陟彼屺與岵。浮槎始何人，足跡過神禹。鑿空犯斗杓，支機探河鼓。闢此梯航塗，卉貢集筐筥。蕞爾滄波臣，阻絶自前古。有明始來賓，洪武中始朝中國，至今無間。遂作東藩輔。歲使走星軺，大貢舟二，小貢舟一，間歲迭來。上珍賜天府。賜帛獨取諸内庫。承我清晏休，叶此風雨序。五世再缺封，今王尚敬之父尚益、祖尚純皆未封早卒。一綫留遺緒。敢惜此身微，致綏皇恩溥。況我江東民，力耕守桑苧。分同邱園老，均隨草木腐。濫忝章服榮，寧辭行役苦。願言典禮成，殊域風聲樹。中外合一家，蠻夷通肺腑。日出共太平，來王頌殷武。《爾雅》東至日出爲太平。

六月朔封舟達那霸港午後奉册至使館傾國士女羅拜迎恩亭下口號四首

一片仙颿下九天，海東屬島喜駢闐。迎恩亭下潮初長，百綆争牽萬斛船。那霸港口兩炮臺夾峙，鐵板沙四周，封舟到港候潮上，小船數百挽入。

手捧天書頂禮恭，當今萬壽古難逢。祖孫五世遥遥胄，並是康熙一璽封。康熙二年封王尚質，康熙二十二年封王尚貞，子尚純未立，尚益未及請封，今王尚敬已五世，皆受國寶璽封。

一勺清泠號瑞泉，豐周瓢飲只涓涓。驚傳昨夜仙槎到，涌地銀河倒九天。王宫瑞泉涓涓細流，封舟到日泉涌，日餽數斛不竭。

海國東隅職貢存，星槎七日布新恩。河山帶礪千秋在，跽請重題天澤門。使館儀門上舊有萬曆中册使夏子陽題「天澤門」三字，額已壞，陪臣請補題其上。

停雲樓

康熙癸亥莆田林舍人麟焻副汪檢討楫來居使院西偏小樓，題曰停雲，及今三紀。葆光以介來，亦居是樓，舊額無存，因重書之，且系以詩。

身似孤雲復此停，樓頭舉目海天青。行人舊蹟今何在？鴻爪從來偶一經。

停雲靄靄覺身孤，盡日流觀山海圖。一出隨風栖絶島，無心也憶故山無。

贈接封大夫陳其湘字楚水，能華語。二十韻

海客通華語，重溟久一家。獻琛遵舊職，襲爵俟新麻。隔歲頒天詔，先期候使車。陪臣例於先一年冬至至福建接封。選材知國器，迎勞及皇華。三月廿四日至福建，大夫迎勞於館次。黄帕威儀肅，正議大夫官冠黄帽。清風應對嘉。不須煩譯伴，却喜共星槎。接封陪臣例附封舟，以辨針路。旌纛樓船壯，鯤鵬水路賒。乘虛天直上，傾軸地全窪。風定檣空矗，程迷議漸譁。騰空驚巨鬣，撇浪吒雙鴉。綆水愁無底，舟長日縋繩度水。針山恐少斜。雲容紛擁岫，龍沫亂浮沙。月黑惟占斗，參横喜見霞。望洋人盡渴，水艙將竭，人日止勺飲。疑火衆俱嗟。大夫獨云此火星也。擊鼓神如許，大夫禱於天妃，珓卜示初一日到，已而果然。登檣賞屢加。再三加見山賞。周諮欣有賴，譚笑指無涯。捩柁神常定，更船算不差。福州至琉球船行四十更。家山浮黛出，大夫云此國北葉壁山。鄉樹豁雲遮。乍試窺天管，彌慚伏井蛙。扶桑在何許，爲指日邊花。

陪臣朔望至館起居贈紫金大夫程順則字寵文，工詩，前充貢使至京，有《燕臺集》。

海外初逢有故情，當年職貢日邊行。舊遊曾賦皇居壯，朝士猶傳白雪聲。異域相親惟使日，重溟難隔是詩名。紫巾鶴髮來迎客，衆裏知君心已傾。

使院種蕉

踰海莫逃暑，况兹日出隅。人徒既充院，而復畫地居。主人夙敬客，莽灌咸埽除。庭宇固疎曠，炎鬱乃不舒。朝樹盻夕蔭，十年計何迂。芭蕉葉垂雲，草木無一如。分列植百本，取諸織絍餘。此中人蓺蕉資以織布。微雨衆卷坼，一夕俄紛敷。蠣墻墻石皆崎嶇，狀如蠣房。影交碧，灰野光斂晡。炎風應序來，颯然秋與俱。人事戒欲速，濟變亦良圖。置物苟得所，安往非吾廬。

種榕敷命堂前左右各二株示通貢諸大夫

使館邀綸世一開，聖皇册命已三來。天無稽澤隨時降，樹有餘陰爲手栽。門合海隅迎日月，榕鬚下垂生根，復上爲榕門。根蟠龍爪壓風雷。榕根喜出土蟠石上。諸卿好與勤封殖，若木光中拱上台。

六月二十六日諭祭中山故王尚貞尚益禮成恭紀二十四韻

海島無遺澤，天王歸賵遥。吉辰儀具舉，幽壤禮咸昭。專介求恩卹，貤綸走使軺。經年遲節命，十日降雲霄。仙詔諸靈護，龍光弈葉邀。戒期開正寢，列陛設行朝。鐃吹軍儀肅，氍毹馬步驕。海沉香爇路，火浣帛攔橋。《後漢書·公孫傳》有帛攔船。排仗雲霞麗，侵晨風雨銷。巖松飛翠蓋，鐵樹引雲韶。

抃舞肩相屬，啁嘈語絶囂。望塵迎玉案，謁闕備工寮。緇素猶冠首，銜牙未珮腰。世子素冠服迎安里橋下。拜庭祈祝號，宣祭遣巫招。悱惻天心露，鏗鏘玉韻飄。屏藩動最茂，枝幹恨連凋。海服喪頻告，尚貞於康熙四十八年逝，尚益五十一年逝，迄今已十年。曾孫齒尚齠。時世子年十歲，今年始二十歲。十年今賜恤，三世幸承祧。尚貞世子尚純未立先逝，尚益其子也，立三年未及請封卒。體薦牲牢潔，登歌簫管調。兩楹設銀綺，賜賻銀二百兩，焚絹一百疋。三爵奠蘭椒。昭穆欣同祔，恩光被一朝。刻銘留鼎鼐，頂册秘瓊瑶。焚黄另録諭祭文二道，請留供廟中。寵渥鮫人泣，恩濃鯷户謡。伏鯨長守窟，怒颶不驚條。獻雉趨王會，浮航指斗杓。萬年同壽域，世世戴唐堯。

球刀歌呈同燕諸公

我本書生弄弱毫，恭承天命駕海濤。介事勉將授玉册，禮成宴列嘉賓敖。主人貽我雙珮刀，黝魚皮室象鼻絛。蛟身拔鞘乍尺許，晶英射目寒生毛。燈前轉側銛光幻，摺鐵圓紋細相間。採得扶桑十日華，更著鬼工千日鍊。薄相何緣應此祥，腰間玉櫑愁難綰。難綰，鑄刀人姓名，見盧允言集。我聞日本鐵最精，刃踰一尺神威成。挾之出境厲禁死，此邦何以供吹笙。中外一家通玉帛，三十餘世皆銷兵。旄頭寸鐵不加飾，槍槊木具存其名。鑄就名刀贈華客，歸與上國爲干城。方今西寇正跋扈，嘉峪頓刃勞經營。與宴諸君盡材武，決拾命中力如虎。得此輸君意氣雄，蚤爲廟畫收邊功。

宴罷世子又餉醇酎一壺出寶島，名土噶喇酒。報謝長句

旨酒吹笙爲客娱，中山佳醞似醍醐。歸鞍已怕眠千日，走馬猶煩勸一壺。挹取朝華重作酎，承來仙露不須罏。甘醇在舌終難寫，玉笈新方肯乞無。

月蝕詩七月十五日。

于役之海東，女牛分野與我吴越同。日出月入《周髀》自古有定算，分刌杪忽能以銅儀通。况今中天御極五十有八載，手乾符，握羲策，周知六合無終窮。曆法至今稱最密，意大里亞西洋國名。來神工。其國有人利瑪竇，前明萬曆來朝宗。手畫全圖稱萬國，大洲有五分其中。環瀛海外更有海，騶衍咫聞曾未窺洪蒙。及其譚天與地異，依然三百六十五度之蒼穹。日月五星珠璧合，二十八宿羅心胸。重瞳窺璣有神解，運算轉歷渾天七政歸重瞳。參取衆工及外域，幾何曆本西洋算書名。指示如發矇。開館内廷修其法，分曹推步萬里來。海邦己亥之歲日蝕在《泰》卦，七月之否爲交衝。十五寅正一刻早相望，屏息載拜夜候至曉窺其蹤。東方未明西魄應，玉輪仰暈漸若初張弓。三分有餘未及弦之半，帶蝕西下回首桑暾紅。臣職雖微及護月，越在異域猶藩封。忍與海童盡昏睡，失見妖蟇五更偷入姮娥宫。仰天大呼天不應，聊爾放言紀事如盧仝。

聞雷

疑到無雷國，今朝夔鼓鳴。無雷國見《漢書・西域傳》。《山海經》：夔皮爲鼓，聲聞如雷。炎荒蒸漸解，颶母氣全平。穿屋鼠多伎，巡簷虎有聲。此間壁虎作聲如雀。更須煩一怒，微物正縱横。

七月二十六日册封禮成恭紀四章

海邦萬里歲朝宗，奉册天朝禮最恭。中外一家同壽域，祖孫五世共皇封。康熙二年封尚質，二十二年封尚貞，尚純未立，尚益立三年未及請封，今王尚敬已五世。國泉瑞應天邊詔，翠蓋陰成嶺上松。六十年來三遣使，日邊偏荷聖恩濃。

十里連岡走翠虬，雲璈夾路引珠斿。仗前爭擁夷民拜，域外如親帝里遊。玉檢輝煌天上册，朝儀照曜海中洲。蓬萊仙館環相望，只恐爐烟障遠眸。

中山宫殿壓山椒，設闕王庭儼内朝。乍啓瑶函瞻日麗，高宣天語入雲飄。龍章五色從中賜，御璽三封弈世邀。九列親方隨拜舞，官尊者名親方。紫羅帕首錦纏腰。官尊者巾紫色。錦帶丈許，寬五六寸，纏腰三四圍。

大典重光歡會門，玉函帶礪誓長存。十年攝事猶稱子，此日膺封始拜恩。舞蹈庭中藩禮肅，起居闕下譯詞温。使臣將命無餘事，載筆歸來獻至尊。

康熙二十一年使臣汪楫恭請御書中山世土賜中山王尚貞爲鎮國寶臣等至王宮拜瞻恭紀二章

錫祚煌煌語有神，帲幪五世命三申。垂封已許天同久，拜賜時瞻墨尚新。玉札半綸爲誓券，滄波一渡作通津。桑田可變恩常在，不怕重揚東海塵。

龍章廿載賁山限，拜舞樓頭五色開。始信天文垂象遠，直從海角覲光來。河山舊誓留千葉，鸞鳳餘輝照八垓。真箇乘槎到雲漢，舉頭咫尺見昭回。

國王日遣人餽瑞泉二斛報謝一首

數斛清甘應客須，碧筒金鎖候泉隅。頳肩得得馳山驛，絳帕朝朝送水符。乍出靈源無點濁，向來渴疾已全蘇。何當一勺遥相報，空説中泠在我吴。

那霸港口嶮石石名馬加。

巨石亘港口，天設海門壯。鰲戴儼若浮，虎蹲屹相向。静鎮齧隄沙，怒擘迎風浪。狂瀾却倒回，安流使徐漲。馮夷送潮來，低頭聽收放。中山形勢雄，碧海流虬漾。地若虬浮海中，故始名流虬。右翼葉壁張，左臂馬齒傍。外島三十六，遥遥若連障。腹地抱重岡，那霸實其吭。鐵板沙四周，雙臺勢相仗。得此砥中流，長隄更新刱。宛宛如遊龍，到海回頭望。當關似一夫，外禦抵千嶂。所以此邦人，雍容自無抗。封貢共升平，萬古皇風暢。

豐見山故城山南王弟故城。

豐見山頭虎豹蹲，霸圖銷歇氣猶存。頽垣宫闕無全瓦，荒草牛羊似破邨。蜂割一房曾並立，蝸空半角是誰吞。故城高嶺遥相望，鏡裏西風暮色昏。山南王故城在高嶺。

燒香曲

偶到蓬萊最高處，天風不動霏煙霧。凉殿南臨瑶席重，海籌無算觴行數。蘭麝薰銷金博山，燒香青童高翠鬟。藕縷纖絺裹孌玉，芙蓉當座摇湘煙。仙語難通隔塵思，真靈欲記無名字。恍遇青霞洞口人，一柯爛却須臾事。

球紙

流求繭紙扶桑蠶，十華擣就藏龍龕。一縑一紙購不得，島客求書致滿函。冷金入手白于練，側理海濤凝一片。昆刀裁截徑尺方，叠雪千層無羃面。我毫弱似凝凍蠅，寒光耀腕愁凌冰。卷叠空箱加什襲，攜歸到剡誇溪籐。十載京師了書債，廨壖寺壁都遭疥。高麗繭紙稱最精，年年貢自朝鮮界。方幅雖寬質此同，兩邦職貢皆海東。邛竹蒟醬一水通，望洋浩浩歌皇風。

遊敞西麻氏隱居

尋幽小步敞西村，一曲池塘未掩門。種樹陰成雲滿徑，灌園人老竹生孫。隔墻翠袖飜蕉影，繞砌文螺疊石根。半醉歸來弦管鬧，泉崎橋外落潮痕。

贈梁秀才名鼎，字廷器。曾渡海至閩游學。

善作華人語，能知海物名。方言歸雅訓，瑣族補荒經。螺虎盧生爪，螺室四周生爪五，長三四寸，名壁虎魚。文鰩鬣是翎。海魚如白鳥，飛丈許入水，名鰩。然犀借君舌，坐論燭幽溟。

奥山僧心海送綠橘

數苞猶帶綠，爲我摘珠林。未到經霜色，長存映日心。甲香常滿手，裹贈不疑金。萬里懷歸夢，遥遥碧海岑。

大風雨窗獨醉

秋光扶屐正徘徊，月暈愁占竟不開。海上飛濤横作雨，風中噫塊自成雷。小樓書罷漏痕滿，隔院歌闌鼓點催。拚得一壺三獨醉，白香山語。何須鑾舞勸深杯。

次韻正使海前輩遊奧山四首

有寺藏山腹，輕橈隔澂通。一笻穿窈窕，雙屐鬭玲瓏。砂石徧地，履之有聲。水遠浮空碧，花繁滿徑紅。登臨同客賞，觴詠播華風。

開山結禪宇，截港疊泉聲。梵典真言授，僧爲真言教。奇花番字名。巖風吹袖舉，人影落波明。碧海爲空界，塵心何處生。

松林無雜樹，一碧並孤岑。當午露猶滴，先秋暑不侵。石枰鏗落子，詩席閒分陰。弦外輕濤響，琴聲向夕沉。

小舟膠斷渚，倏爾到山灣。潮上鷺頻起，月來人欲還。捫星銀漢底，手攪海潮中輒有陰火，青色如螢沸起，着手背不炙，久乃散。流吹白雲間。使職無餘事，清遊盡日攀。

危樓

颶風挾雨來，危樓劇摇蕩。不礙倚楹書，如在海槎上。

拚醉倒休。

波　上 一名石筍崖。

眇然波上秋，挾客一來遊。竹徑連村淨，松寮小院幽。檀槽攏短柄，角調曳纖喉。舞袖更相屬，惟

七夕走筆調日暄弟

年年此夕對神仙，今過銀河阿那邊。一水無波槎竟渡，雙星不動事誰傳。鮫人自巧何煩乞，橋鵲無踪可用填。此間無鵲。隔斷塵寰成獨住，翠屏畫燭照秋眠。

夢蔣四觀察洞。時在甘肅軍前。

江介匆匆舉手辭，君西絕域我東夷。夢中會合不知遠，依舊羅衾翻酒時。

偶遊民居

開門面滄海，丈室猶方池。幽居延客步，有木連蜷枝。酌我太平酒，酒出太平山。祝我安瀾詞。咿嘤不盡解，厚意乃共知。聖化被日出，海民若媚私。此飲紀月日，使歸奏雲墀。

復遊波上

未果遠遊諸，還尋波上秋。嬾行向山路，隨潮弄滄洲。亂踏珊瑚枝，海月當我頭。茸茵列樽俎，島客參朋儔。弦管間華夷，遞拍還相酬。一笑四海通，無煩譯語郵。燒鐙延溟曙，中區無此遊。

中秋宴小樂府十章

丹桂飄雲落，金風拂殿來。仙洲娱上客，偏舞袖新裁。

當筵呈帖子，第一起神歌。海國羲皇代，天孫降福多。

皇恩如海深，海深不盈掬。隊隊綵衣童，聲聲太平曲。

朱笠垂曼纓，珊珊摇雜貝。繁絃何滔滔，和雅與心會。

竪頭箜篌郎，曲項琵琶部。後行引吭歌，前行蹋節舞。

宫漏秋來永，方諸月正中。燕開長不夜，樂奏迭無終。

魚龍動夜瀾，戢戢仰雲端。似聽霓裳曲，天風落廣寒。

國醑傾池飲，王人徧作賓。譯辭郵勸釂，語隔意偏親。

星流湯谷沸，火迸燭龍旋。凉夜浩如水，當杯月正圓。

皓魄流華采，清暉間九行。重輪瞻聖德，中外共環瀛。

重陽宴龍潭曲 集長吉錦囊句。

搖搖錦旗夾城暖，蛇子蛇孫鱗蜿蜿，松谿黑水新龍卵。鳶肩公子二十餘，鬬乘巨浪騎鯨魚。黑幡三點銅鼓鳴，銀浦雲流學水聲。煙底驀波乘一葉，海綃紅文香淺清。毒虬相視振金環，舞霞垂尾長槃跚。亂捲黃河向身瀉，秋肌稍覺玉衣寒。秋寒掃雲留碧空，凉夜波間吟古龍。玉宮桂樹花未落，燭龍兩行照飛閣。方花古礎排九楹，銀雲櫛櫛瑶殿明，玉壺銀箭稍難傾。擣鐘高飲千日酒，主人稱觴客長壽。山頭老桂吹古香，玉喉窱窱排空光。亂袖交竿管兒舞，午夜銅槃膩燭黃。挐舟海上尋神仙，斫桂燒金待曉筵。天河落處長洲路，遥望齊州九點煙。

遊東苑東中山王四首

一曲碕山路，峰回啓苑扉。繚垣藤絡石，蓋地毯爲衣。巖瀑當門落，林禽背客飛。置身瀛海上，寥廓坐忘機。

極目浩無界，超然八景空。雲開識名山在首里南三里。翠，日上久高土名姑達佳，屬島□東面海中。紅。宫闕仙山近，樓臺蜃氣通。望來高閣上，坐禦列仙風。

昔構原從簡，今來未改觀。依山微鑿磴，倚樹借爲欄。景色圍空翠，煙雲洗碧丹。亭中祖訓在，澹泊素能安。茶亭中有尚益王書「麤茶淡飯飽即休」之句。

叠叠南山繡，都歸東苑偏。海濤晴帶雨，嶽色午浮煙。辨嶽在苑東，中山最高處。儉德存遺構，清遊繼昔賢。壁紗籠句處，猶寶鳳池篇。壁有前使林舍人麟焻《東苑》詩。

食魚

五色斑斕入市魚，分金間采畫難如。更憐片片留陰火，暗裏晶光吐鱠餘。海魚作鱠未熟，暗中視之，片片明徹有光。

奥山

水遠平如鏡，山圍翠作堆。分明洞庭渚，不見雁飛來。國中無雁。客去山更寂，回首俄成昨。明月棹歌聲，又向泉崎落。

琉球三十六島圖歌

琉球屬島三十六，畫海爲界如分疆。羅列衆星皆内拱，中山大宅居中央。往來税賦有期會，冬夏候汛輪舟航。其北大島號爺馬，境鄰倭國分東洋。太平諸山作南鎮，臺灣直北遥相望。前王察度通朝貢，島酋始附中山强。星槎舊録缺地紀，其國有禁多周防。封舟此來落國北，葉壁六點斜相當。勒柁回針取那霸，船頭但見椅山黄。椅山，三十六島中最小者。姑米馬齒渺何許，面南極望空青蒼。今來三月遍諮訪，海濱踏盡猶徬徨。洲嶼雖能舉一二，更船遠近猶迷方。主人輸誠出圖籍，題寫六六何周詳。棋置尺幅三千里，對音繹字標其旁。其中各島語言別，譯詞受事中山王。顓顓獨居乃恭順，無一自大如夜郎。聖人聲教彌六合，河源佛國歸堂皇。天下全圖成一覽，朱書墨界窮毫芒。上近遣使探河源，歷烏斯藏，又遣官四出測量道里，繪天下全圖新成。琉球彈丸綴閩海，得此可補東南荒。朝來張挂向東壁，紅旭冉冉升扶桑。

院旁八景

泉崎夜月

明月送潮來，橋上不知暮。遥見渡頭人，紛紛廠西去。

臨海潮聲

晨鐘應潮生，夕唄應潮止。老僧無我聞，常定潮聲裏。

粂村竹籬

村村編竹墻，筠緑滿秋徑。客伴迷東西，隔籬忽相應。

龍洞松濤

中山松最奇，臨水更增勝。虚濤應暮潮，颯然滿秋聽。

筍崖夕照

日日晚來遊，殘霞水外浮。鄉心隨日下，不覺海東流。

長虹秋霽

跨海卧長堤，秋來宜曉望。脚底彩雲生，身在虹霓上。

城嶽靈泉

瑞泉托王居，巨榜標金闕。玉乳瀉巖溜，泠泠自幽絶。

中島蕉園

蕉影墻頭合，人家住緑雲。機聲織明月，幅幅冰綃紋。

波上琴席中山諸大夫分賦

錦囊古曲向誰工，幸有諸賢雅調同。蕭寺共歡攜榼酒，夕波初上弄潮風。身如孤羽飄天外，客似群仙聚島中。異域莫忘同醉樂，鬮藏盞底一花紅。

贈阮大夫維新字大受，康熙二十三年入國學讀書。

束髮觀光到玉京，海南文筆動公卿。歸來應著東華録，貴後猶稱太學生。内裏賜衣仍在篋，朝中舊友徧呼名。同來四儁惟君在，金福山邊一老成。所居名金福山。

紫金大夫程順則送盆松報謝一首

虬枝蟠盎亦森森，移置墻隅古色侵。蕭灑恰爲閒客伴，青蒼已見大夫心。空庭謖謖卷虚籟，拳石疎疎得好陰。滿地緑苔新掃徧，遲君月夕共横琴。

採芝歌贈蔡大夫肇功

石筍厓邊水空碧，蕩潏沈沈數千尺。靈潮吞吐孕仙芝，歷刼玲瓏化爲石。浮光高映日月華，深根下託黿鼉宅。傳聞秘寶陰蟉蟠，鐵網千尋亦難索。中山風雅諸大夫，就中好事推君謨。愛石兼有米癲癖，家畜馬齒黄頭奴。八月邀看弄潮戲，躡足騰踏如飛鳧。濤頭倏上波旬立，海底直下長鯨趍。是日風高浪噴雪，拍手兩厓争叫絶。出入洪波直等閒，一朶瑶華已輕摺。芝樓雲蓋何寵袉，捧獻樽前衆賓悦。石上餘涎尚帶腥，倉皇奪目潛虬舌。

贈中山草書童子向俊歌

草書獨步惟少年，不見懷素今猶傳。殘碑斷縑有遺墨，奔弩飛掣蛛絲纏。中山侍書丱角仙，能事不待鐵硯穿。十三槖筆王宫裏，今來十八神工全。向聞此邦草法精，不芝不旭皆天成。自小學書便懸腕，左卷紙尾能縱横。欲求妙手看落筆，蛟龍字體須滄溟。主人踟蹰重其選，向生應教來王庭。是日邀賓赴靈嶽，琴書席地松爲幕。靈泉一勺滴蟾蜍，化出煙雲滿邱壑。鹿毛短管五寸强，筆用鹿毛爲之。横掃空中萬丈落。松鬣鬖鬖散雨花，巖藤嫋嫋垂風索。半日匆匆恨未多，懷歸争攫當如何。更煩一揮贈百紙，莫負樽前醉客歌。

蚊

行歌客每自空來，立豹紛紛那撥開。妖蜃樓邊昏有市，驪龍窟裏睡驚雷。翠幬隱隱偏工入，團扇翻翻只暫迴。但解撓人通夕寐，螟巢汝睫不知猜。

蠅

曾向長安熱處逢，那知千里附飄風。聞腥豈肯饒蛟窟，本質終難諱馬通。瑣瑣乘炎飛有力，營營逐臭欲何窮。暗中得意橫成玷，摇翅輕翾岸幘紅。

龍洞放鵞

未能絶餉遺，偶致生鵞饋。肋月不充俎，闌棲擲如棄。航海儲鱻庖，此物亦在内。顛嘔莫自保，微命嗟同寄。何忍恣鸞刀，爲我口腹累。哀鳴船檻旁，囚中雙翅碎。就館兩月來，珍錯日羅備。無故既不殺，況同萬里載。舒翼廣庭中，三五自遊戲。毛羽日長成，潔白頗可愛。延頸窺書窻，長鳴警宵寐。雞鴨自爲群，昂藏少同隊。掌肥衆垂次，倉猝難汝庇。僧寮縱爾生，庶免鼎鑊悔。巖泉通海潮，咫尺滄溟事。雲鵬縱非儔，池鵠尚同類。豐翮莫豐肉，一蜚儻能致。

天授山萬松院歌爲東峰上人賦

我聞中山萬松院，舊有名僧號不羈。同伴苦吟三老衲，瘦梅宗實俱工詩。元僧實存有遺集，杭僧實存有《白雲集》。流傳海外皆宗之。仙島同游日倡和，滄溟萬象搜無遺。至今忽逾三十載，我來已晚徒增慨。萬松舊院改蓮華，老僧滅度今無在。臺下悲濤惟古松，聳肩松下人難再。踟蹰遍訪覓遺篇，色相俱空舍利碎。白頭法嗣有東峰，開院北山仍萬松。自言身住最靈境，天花雲石相葱蘢。山名天授不可到，但求詩句標幽蹤。數言楚楚字畫勁，一班直已窺宗風。我役萬里窮水陸，山海之觀未盈掬。蓬瀛咫尺漏芒鞋，聞語心神已飛逐。《白雲》舊集貯瓠蘆，移錫開山志重續。煩師更作畫圖看，萬壑松風卷空瀑。

遊東禪寺

絶島寡塵事，晤言必緇衣。空門混疎親，禪話時依依。寂莫東禪寺，經聲出翠微。榕門掩清晝，苔徑行蹤稀。揭來當秋霽，向夕敲巖扉。茶煙正輕颺，馴鴿彎環飛。僧徒兩三輩，瑶席披清機。梵語少通俗，默焉離是非。松陰霜月落，脱屨坐忘歸。

題蔡大夫文溥詩後四絶句

幾年肺疾得詩工，槐市英才兩禿翁。上國知名成薄祜，步兵一樣怯頭風。大夫與阮維新大夫同入太學讀書，阮亦病瘍。

擁被攤書作病呻，訝君才力轉精神。春風髩雪雖難化，筆底吹來五色新。藁中「春風髩雪」之句極工。

高門遺胄自端明，歷敘源流中外清。三十六家亡譜牒，煩爲世表記唐營。賜户聚居久米村，故舊名唐營。

君是中山第一才，詩排數寸付心灰。昌黎五鬼無歸處，應自中原帶得來。

圓覺寺神木 國王本宗香火奉祠於此。

圓覺古松號神木，廣庭深護朱欄曲。三尺蟠根二百年，虬枝拳翠攢苔緑。佛座長明無盡燈，珠幡上頌無疆福。右廡重簷廟南向，國王家祠神龕肅。始祖尚圓宗尚貞，高曾四代分昭穆。上一堂三龕，中奉始祖尚圓，右高祖尚質，左曾祖尚貞。下一堂三龕，中奉世宗尚貞，右祖尚純，左父尚益。至今廟食儼如新，山龍藻火施章服。崇元寺裏受恩綸，歸向靈前申號祝。安里橋西先王廟名崇元寺，乃歷代先王廟也。廟中僧禄比貴臣，歲廪王田八十斛。中山之始本三分，山北山南鼎連足。自昔巴志好弄兵，左右齒邦盡强肉。永樂、宣德中尚巴志始并山南、山北爲一。豈知未及五六傳，天道好還反乎覆。尚圓修德起伊平，葉壁山一名伊平，尚圓此山人也。歸仁山北王故城。一綫如遥續。綿綿禋祀比松年，成化中尚圓有國，至今王二百餘年。號曰中山實山北。國祚長休木不凋，濯濯靈柯似初沐。

喜雨詩贈國相王叔尚祐 十月下稻種祈雨，雨壇在豐見城，城爲國相采地。

豐見城頭一片陰，及時應禱遍爲霖。數峰雲色遥連海，幾處耕犂待雨金。水滿秧田寒漠漠，滴殘蕉院夜沉沉。莫言遠客空高卧，也有農人望歲心。

贈王弟尚徹

守禮坊邊客再過，王弟邸在守禮坊外。臨風未覩玉枝柯。弱齡事外耽文史，朱邸門中謝綺羅。何事可方爲善樂，不群須是聚書多。共聽刻漏王宫前第二門榜曰刻漏。時同被，花滿樓前蕚棣和。

圓覺寺八景歌爲興禪寺僧了道作了道本師喝三國師舊主圓覺。

圓覺寺在中山巔，山圍橋轉藏龍淵。鑑圓池中水空碧，天女亭外環青蓮。蓬萊庭中古松嶺，香積厨下清泠泉。園裏雜華四時好，朱幡朝夕飄香煙。山中世祀三百載，八景自昔名僧傳。我來欲訪喝三徑，白頭弟子移興禪。蒙茸逼仄入蕭寺，本師塔號猶高懸。咫尺珠林是遺蹟，重題舊景空潸然。

秋燕

春社中原秋社歸，天邊見客故依依。來遲不肯巢人屋，斜日空山獨自飛。燕至七月盡始來，不巢人屋。

子夜

子夜危樓聽碧簫，彩雲片片落空霄。銀河幾處通槎客，明月無端應海潮。夕萎朝華憐木槿，雨成風敗笑芭蕉。夢遊只是須臾事，莫信靈娥纖手招。

鷹　來

九月黄花背客開，西風搣搣獨登臺。海南數點横秋望，錯認鷹來是雁來。中山無鷹，每歲九月輒有數十隨東北風來。

九月八日作

半生客裏菊花秋，浮梗飄蓬豈自由。記得去年逢此日，西風滿馬過沂州。

偶　成

山丹艷如火，那比扶桑紅。芭蕉葉最大，偏是不禁風。

棘茨墻頭生，芳蘭墻下開。翩翩弄風蝶，底爲過墻來。

中山秋思

是處樓能接大荒，闌干一倚便斜陽。只聞鷹背西風急，不見籬邊野菊黄。木槿榮時先怯晚，芙蓉醉裏可知霜。洞簫何與銀蟾事，乍按珠光已過墻。

院中疊小山作

思作一邱隱，空庭俄頃爲。樹從鄰圃乞，石向海濱移。地罅將苔補，花欹倩竹支。排當猶未了，好鳥已先知。

小東軒

半庭花藥好，鑿牖小樓偏。卧席看雲變，規窗學月圓。一琴消院漏，薄醉作去呼秋眠。燈影凌虚泛，吴江舴艋船。

效山谷體贈建寧翁山人長祚

建寧才子山澤臞，能續《爾雅》箋蟲魚。荻書内授絳紗學，翁幼時母夫人授學。花曆編成錦字珠。仿《花月令》作《百花詩》百首。我來域外愁無書，博物一篇萬卷如。有《博物論》，最工。更纘荒經續《山海》，歸裝滿載百蠻圖。

九日石筍厓登高與翁長祚黄子雲同作

去歲登高屐，穿雲泰岱巔。今年望鄉處，拳石筍厓前。帽插無霜菊，潮來斷雁天。中原銜地日，照我海東偏。

子夜歌十二首

歡從何處來，一笑便相許。只與歡同眠，未與歡同語。
不解龍綃曲，但識龍姑心。招手拂巾舞，海波深未深。
前門約歡來，後門送歡去。月黑踏沙行，記取門前樹。
借郎合歡被，裁作身上衾。壓席雙鴛鴦，顛倒上前襟。
脱我玳瑁簪，花葉盤黄金。爲歡高挽髻，倒插緑雲心。
旋螺磨作杯，滿酌勸歡酒。中有九迴腸，常願入歡手。
兩手約蕉裳，行來曳地長。春風小開處，露出紫荷囊。
倒翹簪一尺，魚尾紅斑斑。戴筐幾許重，壓匾翠雲鬟。
招摇市上遊，席地如雲鬧。衆裏見歡來，點頭不成笑。
藕作連理枝，秋荷那成蓋。歡要結同心，蕉衫却無帶。
床前無月光，秋夜漫漫長。爲歡歌宛轉，絃促檀槽短。
歡如天上星，妾似海底泥。誓詞莫指日，朝暮易東西。

秋夕

銀河瀉影露華寒，何處繁絃促夜闌。窗月半楞清夢覺，膽瓶卧見一枝蘭。

夜起

秋夕無霜也颯然，枕中潮響不成眠。披衣踏遍空階影，一月當頭獨自圓。

贈際外和尚舊名宗實，前使汪檢討記録中山三詩僧瘦梅、不羈、宗實，今惟宗實存，年六十九，改今名。

海外三僧海内傳，瘦梅化去不羈仙。山中禪老惟師在，數臘春來七十年。
一到靈山便問津，世人消息總非真。目前不識球陽老，刼外常留定裏身。
一彈指頃卅年因，檢討遺編記尚新。支許交遊只如昨，禪關莫拒後來人。

古意二首爲蔡秀才作

盆裏莫種松，如有傷根容。地下莫種蘭，野草來相干。
桃李種成林，秋來得其陰。荆棘種滿地，秋來得其刺。括《韓詩外傳》語。

城嶽野望

城嶽西邊多水聲，壺家山上夕陽明。秋原漠漠行踪絶，野菊滿田人暮耕。青蘘滿地生黄花，土人名爲野菊。中山田秋耕冬種。

九月十八日波上候月

閑行心事一笻知，又向滄波立片時。凉露滿衣猶待月，仄輪碾上碧雲遲。

南山野望

垣花村外野人家，當見山連小禄斜。荷葉田田不成蓋，西風吹老慈姑花。

應潮雞

潮生喔喔忽連村，側枕先驚是客魂。日裹金雞那知夜，扶桑枝上叫黄昏。

夜坐偶成

細雨燈昏獨坐餘，倦來抛却讀殘書。縵湖潮上月初墮，篝火扣舷聞夜漁。

寄金福山阮大夫

黄花消息客中稀，憶爾柴門掩翠微。佳節須從步兵飲，中山醞熟海螯肥。

遊奥山期梁天上人不至却寄

塵慮澹蕭晨，端居近禪性。遠招白雲侶，共踏青松磴。叢薄葦花明，鷺影川光浄。高僧期不來，獨聽寒林磬。

廓潭送菊天界寺僧。

一别東籬滯客槎，布金禪地爛秋霞。高僧分我重陽色，滿把香浮天界花。

城　嶽

一邱古廟只荒榛，叢灌無人敢作薪。渡海人歸還賽社，祠旁澆酒石爲神。

扶　桑

只憑碧海托孤根，借得朝華作錟噴。十日攢光結花蘂，也隨朱槿怕黄昏。

菊　影

獨自燈前話昔因，陶家醉裏未知親。澹香浮動非關月，傲骨孤騫不向人。坐對形神渾欲化，畫來面目總非真。一枝原問高僧乞，空色難分定後身。

贈紫金大夫蔡温

中郎才品果無倫，兩鬢青青映紫巾。柳檻春風陪講席，爲國王師。星軺金葉請皇綸。海中諸島進貢例用金葉表。霸江碑上鴻文麗，首里坊邊賜宅新。最羨壎篪聯錦帶，弟蔡淵同官中議大夫。父蔡鐸七十餘，以紫金大夫致仕。朝回雙奉白頭親。

贈中山向公子鳳彩三首

殊才生異域，覿面隔款曲。秀色結芝宇，無言詩意足。才艷比春林，錦心有杼柚。談藝東禪寺，高僧共幽獨。東峰、梁天兩禪師同坐。挂冠寄事外，雙鬢如眉緑。袖裏出瑶華，五色難爲目。寄興一何遥，幽蘭秀空谷。始信中山靈，風雅歸公族。

辭章何汗漫，經籍富中華。捃摭事剽掠，乃雜泥與沙。詩本性情出，靈機撰心花。兹土既少書，天教屏淫哇。元僧《白雲集》，清圓妙無加。鋟版注國字，乃莫置齒牙。只此一編足，專業可成家。不見刀圭餌，脱骨凌雲霞。國有板刻元僧實存《白雲集》，旁注本國鈎挑讀法，清圓二字是其詩訣。飲水思其源，數典莫忘祖。詩體分古今，三百自東魯。楚騷與漢賦，建安乃接武。四聲生八病，唐律漸歸伍。異曲本同工，靡靡日違古。此邦富英才，詞壇競振組。聲病已盡諧，盍追古樂府。域外采詩翁，待續國風譜。

由迎恩亭南渡遊山南王弟故城泛潮至奥山有作

逍遥涉江渚，散策越層岡。微風吹襟袖，連山藥草香。薯町已就壟，芋陂葉未黄。即勝欣有獲，忘此山路長。賓從四五人，小憩松陰凉。遥見樹攢鬱，不知宫殿荒。憑弔亦何有，大城在高嶺，山南王故城。屹相望。叢棘擁頽垣，寒苔卧牛羊。但見玉橋下，其下有真玉橋，頗壯麗。潮來浩茫茫。遠客昧往事，躑躅心徒傷。沿流棹歌去，葦花滿斜陽。

戲答方大郊雀謝箋扇絶句

敘年潘岳漫嗟衰，艷體風情可自持。砑粉輕箋乞新句，桃花色映玉溪詩。

杜牧豪情過不留，只將扇底作揚州。含風幾片湘江竹，自拍新聲好暗遊。

驟雨

海雨仍如浪，排空叠叠來。怒飛時挾颶，迅擊自成雷。鼓點打窗急，潮聲逐夢回。不知行沛澤，何用毒龍催。

冬至前三日偕正使海公遊淩霄亭贈主人王舅毛公四首

仙家樓閣本凌霄，山頂吹笙遣鶴招。上苑煙扉開絶磴，内人樂部列横簫。巖邊叢篠垂雲合，屋後飛泉作雨飄。轉過層崖靈境豁，松風萬壑應回潮。

中山坊外指金城，村名。獨占雲峰别有名。蕉荔蒙茸行徑仄，松杉剪剔樹梢平。螺尊屬酒親方舞，椰椀匀茶宗叟執茶役者名宗叟。烹。坐久渾忘最高處，風鈴吹落半天聲。

曲崎深塢净囂塵，鶴骨仙人戴紫巾。奇木無名疑鬭縷，寒花五色總長春。朱門偏有煙霞氣，戚里常閑泉石身。廬下茶鐺樹根酒，行厨到處逐番新。

夢想蓬萊縹緲間，拍肩許我共躋攀。隔谿先指庭中樹，入户狂遊屋裏山。紫邏對調歌宛轉，銖衣連袂影斑斕。一陽時候偏難夜，陔夏留賓醉月彎。

遊山南絲滿村白金巖下聯句

白金巖下會群英蔡温，絲滿村頭潮乍平葆光。古木西風微雨歇子雲，夕陽邊土暮山横葆光。故王舊蹟城猶在子雲，遠客狂遊願竟成葆光。亂踏海濤忘遠近長祚，歸程三十數唐營蔡温。

砂川走馬行

山南砂嶽矗海中，大嶺高嶺遥巃嵸。長川邊土三十里，海潮乍漲猶能通。我來促騎亂流渡，蹴雨嘶風助驕怒。百步沙痕忽千跡，《漢書·西域傳》小步馬注：百步千跡。踏破粼粼横作路。海童奔逸爲前駈，天吴騰閃蛟鯨趨。卅里長川一瞬過，回頭漠漠潮平鋪。我本江南釣竿叟，慣使吴舠趁波走。無端騎馬京華塵，得得韁銜不離手。去年奉使萬里行，水陸奔馳半載程。渡海樓船雖百丈，衝風一葉身爲輕。今日初爲踏潮戲，弄槳摇鞭與争利。倘得天風駕海濤，何煩更借垂雲翅。

山南紀遊八首

垣花村在迎恩亭對岸。

欲問山南路，垣花第一程。横橈弄清淺，振策上峥嵘。過儀見山而南。冬雨秧田緑，寒陂水岸平。

勸農初遣使，應向此間行。十一月下旬秧田插蒔，國王例遣官四人分巡三省勸農。

大嶺

孤村背嶺住，一徑野人家。叢棘種成樹，畬田耕帶沙。岡寒牛卧日，潮去岸留楂。回首山南石，峻嶒疊海霞。村南山石最奇。

砂川

沙浄潮初上，粼粼散馬蹄。蹴波飛作雨，破浪踏成蹊。石立雲根漏，川横嶽勢低。麻姑如可望，幾點没鳧鷖。正南爲麻姑山。

砂嶽

漱海無頑石，山根鐵板沙。映波横嶽面，回沫吐鯨牙。脚底舒雲葉，潮頭結浪花。醉來平處坐，一一似尊窪。

絲滿村白金巖

邊土行將盡，喜屋武極南邊土，去村口半里許。摇鞭絲滿村。溪深查渡馬，廬合樹爲門。村女窺崖隙，山農列酒罇。白金聯句就，書破翠巖痕。

高嶺城山南王故城。

高嶺餘空壘，瓦松生繚墻。披圖尋往蹟，策馬踏荒岡。文砌支豨楯，宫溝瀉雁梁。中原人一到，徙倚立斜陽。

惠　泉在高嶺下。

勺水無興廢，泠泠傍故城。猶堪資谷汲，只守在山清。石罅通泉脉，松間作溜聲。夕陂還歇馬，一掬漱餘酲。

石火橋在石火嶺下。

涉海不知遠，盤山覺路遥。暮煙迷絶磴，驚瀑撼危橋。前嶺火相應，隔谿人互招。山山名字别，譯語問歸樵。

澹　園大夫蔡温别墅。

澹園一曲倚王城，賜第依然舉室清。松嶺乍通粗闢徑，草亭未蓋已題名。烹茶共品家泉味，剪韭同嘗采地羹。海外荒經與誰續，赤平村裏有端明。

留別蔡大夫温

未覺此別遠，星分同在兹。琉球與吴越同屬女牛分野。滄波一渡隔，貢船半年期。共曳登山屐，聯吟刻石詩。興狂猶未遍，遺恨識君遲。

留別向謁者鳳彩。時爲勸農使出巡山南、北。

冬田雨足卜年豐，謁者巡行騎馬驄。日映碧油圓影下，紫髯飄動緑秧風。
山南山北勸農耕，歸客難遲一月程。綵滿村中如歇馬，巖前尋我舊題名。

鐵蕉

蕉葉棕櫚身，樹汁鎔精鐵。襹褷鳳尾張，向日中心徹。

雪朝

宿火炷茶鐺，寒宵鳴不絶。同心破曉來，共煮空庭雪。

冬耕二首

寒風颯颯却爲霖，高下連山耕事深。十月芋田葉未老，隔稜已透緑秧針。

菊含英處已尋梅，六月收田十月栽。有稻常聞兩番熟，無花不是一年開。

爲陳大夫其湘題畫蘭

國香一穗落毫端，沅沚傳來墨未乾。醉讀《離騒》千遍後，隱囊側卧對湘蘭。

答中山王贈行句并謝惠扇

冬夏常温仙島泉，不須冰雪换新年。嶺頭梅信偏驚客，海上風濤正拍天。館踰三秋傾宿廪，饌加七燕入春筵。臨行更贈懷中扇，借我歸帆九葉便。九葉扇見齊詩「舶上帆九葉」。

贈得髓上人天王寺僧。

溪邊叢竹寺門開，屐齒幽尋古院苔。當日瘦梅消息在，白雲深處暗香來。天王寺舊有詩僧瘦梅，學《白雲集》中體頗工。

遊辨嶽贈翁法司自道時際外和尚在坐

蓋嶺氍毹紅照海，紫瀾嶽動一峰寒。螺盃吸盡如堪渡，醉倒何愁歸路難。

訪向鳳彩儀保村

尋君儀保村，深掩緑蘿門。松日上書幌，巖花落酒尊。山經周八表，水注見中原。好作枕頭秘，中郎共討論。以《水經注》、《山海經》贈之，中郎謂蔡大夫温。

球陽竹枝詞

小船轟起半天中，一尺檣懸五寸篷。渡海歸人當有信，竿頭昨夜是南風。渡海之家例造小木船，桅帆畢具，置竿頭立庭中，候風以卜歸期。自閩歸國皆以南風爲候。

衾子垂垂不繫腰，招風長袖學芭蕉。不知螺髻東西墮，玳瑁簪長尾倒翹。女衣名衾子，腰無帶，被身上。頭髻甚鬆，東西偏墮，蓋古倭墮髻也。女簪玳瑁，長尺許，倒插髻中，尾翹額上。

纖纖指細玉抽芽，三五初交點點瑕。墻上空憐小垂手，迴風如卷落梅花。女十五黥手指背墨點如梅花。

海濱魚市早潮還，細徑斜通失汁山。頭戴荷筐趁墟去，歸來壓匾翠雲鬟。辻山一名失汁山，女集所。

海光晴漾碧天雲，三五龍姑自作群。石筍崖邊朝不動，雪崎洞裏拜龍君。波上山一名石筍崖，寺中有神，手劒而立，名不動。波上山東有小山名雪崎，下有洞，正、三、五、九月謂之吉月，女子相約拜洞以爲常。

中秋滿月照空村，雞犬無聲晝掩門。八月靈辰惟白露，家家三日守天孫。白露節國中爲大節，前後三日閉門不語，静坐守天孫。天孫氏，國中開世祖也。

小窗傍晚向西開，忽見纖纖落鏡臺。豫筭初三拜新月，隔墻先約小姑來。俗有待月之期，初三夜焚香對月拜，十八夜焚香立待月升，拜畢乃坐，廿三夜焚香坐待月上乃拜。

海波日出静無垠，子午靈期又一新。銀蟾今日團圞夜，汲取新潮獻竈神。每月十五女至炮臺取潮水獻竈。

題中山何文聲詩集 申口官何文聲，字美菴，七十餘歲，退隱國頭地方，土名宇良親雲上。

詩格不肯落第二，西江骨力涪翁餘。常談到手變奇崛，枯筆着墨生芙蕖。揭來中山半載居，窮搜雅材飢渴如。獨冠群英得此老，海外採風今不虚。

爲不石上人題飛來石

不石上人何好奇，爲石寫貌求新詩。靈鷲飛來伴禪寂，蓬崑朝夕相娱嬉。谷口沙明漾寒玉，崖邊冰瀑懸空澌。萬仞岡巒一點蹙，海山横黛何參差。歸槎所見只爾許，合掌讚頌當如師。

中山月令成示蔡大夫文溥

使職惟咨訪，非君孰發矇。借書鄰架上，問疾董帷中。譜牒羅前代，詩篇具土風。更煩編月令，瑣細及昆蟲。

冬　蚊

輕霜送殘暑，故故趁人來。空擬九秋别，還成十月雷。風林寒市散，燈幔夜嗚哀。有客披裘坐，頻將扇摺開。

左旋螺

貢篚文螺異，虚中獨左旋。仄輪斜掩月，九曲小週天。佛髻學偏墮，仙房應側眠。新從東海獻，能吐日華鮮。

壁　虎

緣壁自稱虎，依然跂脉身。大聲爲雀語，壁虎昂首作雀聲。微族託龍姻。掉尾斷猶活，騰簷攫有神。藏形休趁伎，方朔射來真。

松露 松樹下秋露結成，惟蔡大夫文溥采地具志川有之。

松露秋來實，珠凝崖石邊。披根仙掌出，入鏇土芝圓。切玉盤蔬脆，餐雲客饌鮮。一甘分采地，深愧大夫賢。

别中山

六月鵬一息，三時役久淹。歸心輕海闊，春汛喜風恬。回望虬形壯，周知海族纖。海山三十六，圖記喜新添。

往事

往事猶傳百貨陳，島中事局一番新。婆娑小髻金簪好，唐帕空來市網巾。

颶

無端一怒自稱雄，遠客頻聞絶島中。欲助狂瀾掀地軸，誰將噫氣惱天公。楚王好夢驚應斷，周相流言埽豈空。指顧終朝威盡失，柔條不轉蕙蘭叢。

留　客

留客狂飈百日迷，歸帆欲挂又重稽。不如更向扶桑去，趁得羲車到海西。

歲暮詠懷

聒耳蚊雷已暮冬，蹉跎只見歲成功。寒潮自作殘年雪，歸路難尋跨海虹。心事白鬚添鏡裏，身謀黄口共羅中。東皇若與玄冥便，好借先春十日風。

緑樹陰中見乳烏，征帆不與歲俱徂。殘棋局盡惟留刼，孤注盤中未作盧。寢問可通惟夜夢，王程無定是川途。區中最是人心嶮，那及豚魚信可孚。

奉使琉球詩卷之三

舶後集

歸舶述懷寄家五十韻

滯矣季冬役，春仲始言邁。前役例以十一月冬至發琉球，今候汛至二月十六日放洋。三時迹久淹，越歲期乃屆。星迴知律窮，濤怒覺海隘。嗟此暘谷偏，不受玄冥誡。驕陽涣莫收，嚴霜履空戒。秋蛩更寒號，夏蚊及冬嘬。潛燃九州鼎，誰鼓大地韝。驚潮拍天翻，奔潏連山壞。碇宿共呻吟，望洋日睚眦。斗回辰在婁，大壯月應卦。陽侯威乍斂，颶尾力稍懈。連綣峭我颿，九道懸天掛。出港脱雙緶，自辰至午潮退舟始出港。一葦凌萬派。東風齊着力，只用東風爲正。軒然弄澎湃。宿霧閉洪濛，朝曦穿沆瀣。兩龍夾檣升，百尺緪疑絓。梭騰波不揚，角戲威尚殺。鬐胡近易扳，鱗甲紛可畫。爪攫蔽天雲，尾掉跋浪蠆。俯仰浩同宇，未覺身如芥。行行寒暑分，舶行七日近中國始漸寒，二月重裘。忽遇風雨快。星月閟精輝，陰曀發光怪。閃閃走銀沙，熒熒零露薤。囊螢壓浪浮，浴日倒景曬。睹此競叫絶，雨立竟忘憊。已踰半月程，何處過溝界。海水滄黑，不見溝界。十日南杞針，歸舶取温州南杞山。朝朝空望拜。麻力兩舷艙名麻力，可容一二百人。困顛頓，嘔逆盡凋瘵。俄見天際鬟，遥露浪頭髤。雙魚曝浮髻，四霜凝積簣。魚山、四霜山皆針所取。共喜遂生還，沉疴霍焉瘥。六鰲那可求，失計投五犗。龍姑共娱嬉，鮫客尤狡獪。泣淚當瓊瑰，閉藏靳估賣。巨鱗失其勢，群飛羽皆鎩。蜂聚更蟻屯，噆膚體遍疥。我倅事無專，有羅乃同掛。力薄挽千鈞，使輕真一介。嗟已共浮沉，且復學聾瞶。青蠅恐易點，薰蕕懼同敗。衆口屢成虎，摇尾始脱械。噩夢落蛟潭，蘧然醒猶喟。人心富波瀾，海胷無芥蔕。安穩送歸槎，徑渡等溝澮。周諮有新録，拜手獻圭玠。土物繪嬴蜃，織篚收管蒯。一載倚閭心，屢夢寢門欬。餘生尚驚魂，牽裾淚重灑。早謝塵世榮，贏了雲水債。歸作養皃翁，餘年老蒲稗。

後海舶謡

百艇争牽雙緪遲，封舟出港施百丈緪二，獨木小船數百引出海，港口淺處潮上時插竹記之。傾都驪唱海東詞。達官法司駕船送海口，傾國人士男女皆至炮臺兩岸拜送，齊唱夷歌云：「天使寶船開洋，舉國拜送遥望。我目送至馬齒，我心送到帝王鄉。」有望舟垂涕者。回看馬齒分還合，正似初逢葉壁時。東西馬齒兩山，封舟過之，見青黛横斜九點。來時始至國，見葉壁山六點，過之合爲一，與今所見同。

身在滄溟不見潮，海中行不見潮勢生長。野狐風緊海波跳。大檣上加布帆二十幅名頭巾頂，《宣和奉使録》稱爲野狐帆。二月十六日開洋，是夜風利，頭巾繩索連斷三次。夢回麻力中間暗，似卧帷車上坂摇。舩旁艙名麻力，人番居之，黑暗卧，轉側隨舟簸蕩，正如車摇。

颺尾風輕不滿旂，風暴後力弱，謂之颺尾。陰蘳薄霧隱朝暉。海濤一線隨雲上，坐看雙龍夾舶飛。二月十七日晨霧龍二見船左右，各四五丈許，水沸立二三丈，如細雨噴薄。

風雨連天先夜冥，柁樓獨坐見青熒。黑洋自捲潮頭火，點點疑翻海底星。大雨夜晦，潮頭皆火色熒熒，徧海如星沙層卷。

一點針頭當柁正，兩條浪脊夾檣高。玻璃漏盡人不覺，嗟爾舟師獨自勞。舶中以玻璃瓶二枚對口過沙，懸針盤上，沙盡爲一漏，仍倒懸之，一日夜約二十四漏也。柁工主針者夜不交睫輪值之。

身經蛟窟不聞腥，却怪魚飛自有翎。載得山泉供客飲，不曾一勺費滄溟。舟中水井、水艙載水七伯石，三伯人飲之，十日不竭。

湄洲靈蹟豈無憑，海神天妃湄洲嶼人。左右歸艎喚欲膺。舶中有隨封道士三人，時時醮祝，隨禱隨應。天末雲生無鬣尾，鬣尾雲主颶。船頭月黑有神燈。

開綣篷回倚綣斜，篷在左曰開綣，在右曰倚綣。如飛下上有雙鴉。鴉班二人上檣望溫州南杞山。千尋海底探沉綆，一朶峰頭出浪花。舟中時時縋水一二百托，外洋滄黑處不能及底，水見綠色縋水四十八托，登檣始見台州山。浪高於山，舟漸行山漸從浪頭出。

一霎歡雷動九溟，見山酒盡倒空缾。見山皆喜酌酒名見山酒。隨他十二瀛洲好，不及魚山兩點青。二十四日晨見魚山。

七星山過四霜山，回洑中流椗莫攀。一夜風雷朝脱嶮，三舟雁次入南關。二十八日泊七星山，夜半颶作椗走，祈神幸免觸礁，與二號船及琉球謝恩貢船相次過南關，泊定海所。

驚定誰招落漈魂，琉球之東無國，舟去不返，舊稱落漈。銀牌流櫬事空存。舊録云：使臣載櫬行，繫銀牌於櫬上，急則入櫬投海中浮行，冀人見收。今役不設此。回頭一笑别滄海，今日生還五虎門。三十日午正進五虎門。

三十日怡山院諭祭海神天妃迎神送神辭二章

黯黯兮海光，煙霏霏兮神之堂。祝告册兮下上四方，神歆歆兮樂康。雀飛飛兮蝶栩栩，雲車來兮糾御風。節招摇兮翣爲簿，婆娑舞兮坎坎鼓。明珠璫兮翠鬟，燭摇紅兮酡顔。佑我人兮德無涯，薰其吹汝往兮廣莫烈烈其回槎。肸蠁兮來告，紓我呻兮易嚬以笑。春秋享兮云報，神無違兮明詔。

神之降兮湄之嶼，福我民兮海爲宇，祥飈起兮霓裳舉。冥冥兮積陰，舶無鄰兮載浮沉。颶毋厲我兮俄相尋，群生之求無他兮祇一心。上徹九光兮下九土，明明鑒兮汝肺腑，神之慈兮寧不汝許。紛塵寰兮神何遥，誠不一兮詞徒勞。

題海外摺枝花小幅贈呂雨村中丞猶龍

寫來奇談尚如真，挂向衙齋迥絶塵。絹素儻時加拂拭，不須著土亦逢春。

建溪返溯

我行既愆期，歸心實孔迫。王事有定程，復此建溪役。春盡水方生，攢石哽川隘。偪仄溯流上，船腹着山脊。輟棹更牽挽，進寸退踰尺。厓木叢衆秀，春鳥猶弄舌。去歲當兹辰，飛翰載玉册。逸棹意凌雲，跨海輕遠適。歸期指孟冬，詎意仍夏澤。層灘設重險，滯我將歸客。溟程浩無籤，來去祇十日。此溪宛如帶，遥遥顧難必。大海自安瀾，淺灘有危石。忽忽生還身，憑橈轉若失。

蒙洲古樟行

建昌灘下有古樟，輪囷偃蹇老不僵。十尋之幹百圍腹，中如數間巖洞呀開張。茸葉半凋不改四時色，枯皮壅腫腊帶創。日光穴穿雨罅漏，凝脂流液如雪霜。材大不中樵採用，長與不材樗散留蠻方。我來歎息坐竟日，雖非匠石相度頗能詳。擎天八桂柱棟樑，徑圍尺度成明堂。十丈可取爲舟航，大川利涉須艅艎。餘枒斲削器物良，肌理膩潤多文章。莖葉極細猶麝香，施門畏鬼辟不祥。初生七年始可辨，到今幾刼同空桑。出火自燔心不死，更生柯葉隨時昌。我行栖栖極灰野，孤萍漂泊東南荒。日出湯池地鼎沸，若木九光枝下陰無凉。嚴冬尚恐被焦灼，及春遄返魂倉皇。灘行苦熱念休息，塵勞安得清虛房。半畝之宫如許借，我將自稱樟隱蒙洲旁。

泊金星灘夢遊武夷寄崇安陸明府 廷燦

人生仕宦山水窟，踞其絶勝惟崇安。仙山入管連縣治，牕中列岫皆煙巒。按圖夙仰幔亭奥，每啜茶荈思雲翰。溯溪十日未百里，飛洪倒落金星灘。篙師指點武夷近，由兹分路尋仙壇。公家程期有拘迫，咫尺一櫂難回瀾。仙山覿面失交臂，停橈延佇空長歎。夜來紓鬱卧篷底，心魂恍惚遊巑岏。雙丫髻童我前導，交蕤幢葆排仙官。飄飄凡骨若神换，羽衣霞佩乘虯鸞。上凌倒景俯絶壑，滄溟歸路猶漫漫。沖祐靈宫啓玉户，藤蘿關鎖蛟螭蟠。武夷君來高抗手，廣筵重席留盤桓。雲璈雷硠雜間作，麒麟脯擘白玉盤。百琖不醉千日酒，臨行贈我青琅玕。仙蜕巖邊斗絶處，忽見雲亘王喬棺。神仙自古亦有刼，好夢倏醒灘聲寒。延平市上朱藤杖，不信俄頃同邯鄲。舟人飯罷正鑠釜，吁嗟辟穀無金丹。緬懷仙宰拄頰坐，煙雲變態供朝看。寄我靈芽若封髓，白雲菴下期同餐。終當踐夢徧九曲，錢籛二子寧相謾。

上灘行

祇命走閩服，崎嶇敢求安。紙舩托微命，上灘復下灘。下灘逆水怒，求進尺寸難。片石扼我嶮，日費千篙攢。下灘得水利，雙楫如輕翰。穿針與走馬，皆灘師語。一瀉百里寬。順流雖云樂，觸激無堅完。灘師頭易白，鬭捷摧心肝。上水既失利，小心事驚湍。救墜愁脱手，引汲危上幹。釜懸船掛壁，溜急魚升竿。步步自牽挽，力疲神轉閑。于此互乘除，得失如循環。上灘與下灘，請君擇其間。

山驛雨阻

壞山雲重漏天低，萬瀑奔厓并力齊。行到閩山將盡處，一峰一個鷓鴣啼。

雨行過仙霞嶺峽石溪張宿民家

川嶮已飽歷，渡海又上灘。舍舟轎踰嶺，喜指仙霞關。黎嶺接風嶺，大竿復小竿。田原遞起伏，取路蛇屈蟠。倦翮赴林麓，疲馬愁巑岏。行無三日晴，前路常漫漫。峰頭雲冒絮，雨脚風回湍。涉川尚餘厄，步步生波瀾。簦笠蕉葉敗，祇裯荷衣單。騶隸困霑濡，村户叩夜闌。屋漏屢移榻，竟無一席安。擔夫隔籬卧，語笑如團圞。前山與後嶺，來往如蟻盤。朝別暮又歸，那知行路難。

四月十六日至清湖重遊小江郎是日五十生朝。

頭顱如許一身微，歷盡川途未拂衣。灘石迴瀾猶伏嶮，海鷗離伴始忘機。此生經得幾回過，今日已成萬事非。只有江郎水中嶼，歸來好作釣魚磯。

浦城至清湖山行雜詩

仙家住層巘，幾叠夏山雲。雲外泉聲落，幽人許共聞。

晝樹涵暝色，遥峰雲外青。無人尋絶境，山雨濕溪亭。
朝厓曦光合，夕嶺斜曛透。疎林露石骨，片片蒸霞秀。
怪石亂相支，峰迴結靈境。空山日月長，茆屋林風影。
層巖涵日華，矗起半天霞。林花連影合，一逕入仙家。
溪山無限好，石壁下清流。誰領箇中趣，輕舟正獨遊。
林深不隱屋，山遠自飛泉。仙境不可造，居然小有天。
架空别有地，鑿壁竟開山。四面墨雲合，仙樓不可攀。
春回燒後山，雨濕溪邊樹。荒村四五家，雲深不知處。
夏嶺氣猶赤，春嵐翠欲流。聚廬此中住，曆盡不知秋。
煙光豁初霽，颯颯山容冷。遥峰映蔚藍，圭角刻秋影。

五雜組五首

五雜組，扶桑霞，往復還，浮海槎，不得已，羡井蛙。
五雜組，彩鷁漂，往復還，錢塘潮，不得已，付輕橈。
五雜組，倭髻簪，往復還，贈客金，不得已，誓海深。
五雜組，繡葆纏，往復還，斷紙鳶，不得已，仰望天。

五雜組，掃花帚，往復還，嫁婦醜，不得已，見姑舅。

范村雨泊六和塔下

泊舟范一作萬。村煙樹迷，一節未許窺雲棲。溯潮忽見臨江塔，冒雨還尋隔水谿。石伏迴塘疑暗虎，蛙鳴遠聚如荒雞。禪關捫蘿叩不應，戍口暮歸聞鼓鼙。

江口

葉葉風帆向我飛，依然趁得順流歸。白雲空自横江口，細雨原來不濕衣。

陳方韓妹壻五十生日

與爾同庚算六身，與余同辛亥生。相看只我鬢毛新。無端海外三秋别，共是尊前半百人。醉倒不忘年少樂，生還如轉老來春。濠邊便是神仙宅，浪迹蓬瀛總未真。

長虹橋晚泊

樓堞映遥碧，横江亘卧虹。人來尋塔影，恰在渌波中。

簰上樓居贈友

縛木支篷着岸邊，陸居非屋水非船。只須穩臥三間足，不羨乘風萬里便。占定狂瀾原有地，敢將弱纜暫回天。銀河珠斗中宵近，何異飛槎八月仙。

海門歌

我舶東行七見日，今過海門風一息。兩點篷窗瞥眼青，還驚島嶼飃邊失。六尺形骸半寸眸，域中區外亦何求。不如長伴瓜廬住，一任門前江水流。

焦先三詔祠

伊人千載下，宛在又無涯。石洞尋遺蹟，有焦先洞。山形似舊蝸。一名身後隱，自宋以下碑皆誤以先爲光。三詔夢中加。宋真宗有夢焦仙送藥愈疾詔。此後誰真逸，華陽又一家。

雷轟石

瘞窟此石下，遺銘識右軍。雷轟劈斧跡，潮漱偃波文。披蘚尋餘墨，殘巖已割雲。歸來華表恨，哀唳隔江聞。

周鼎

應圖尋泗鼎，國寶閟僧龕。雨後蟠螭潤，江深古碧涵。曾容楚問九，忍見漢分三。雲篆無人識，何時一遇郯。

海門

遥見一門闊，匌山尚幾重。咽潮尋伏脉，渡峽見真踪。石挂對江壁，雲連隔岸峰。岷精歸井絡，萬里此朝宗。

金山

遥指江心寺，輕橈往復還。題名唐宋後，弔古齊梁間。處士中流樹，都官無地山。何人賡絶唱，萬古水雲閑。

妙高臺留題

中流拳石何崔嵬，化城已作金銀開。山迴北固千重落，門對西川萬里來。泉在江心誰識味，身從鰲背更登臺。留連勝絶都忘返，龍尾垂雲遣雨催。

江都許黃州錫齡釣艇圖題後

小卷綵綸守一竿，紅橋相送蓼花灘。回頭笑問歸槎客，萬斛何如一葉安。

後望岱

三載悠悠復一過，依然雲裏碧嵯峨。通天門下仙人住，歇馬厓邊勞者歌。似爲青齊蟠海曲，獨留秦漢壽巖阿。南荒踏遍名山路，若數靈奇無此多。

河間道中

平疇雨過穟如雲，没馬横流忽水濆。驛路如河南北徙，鬲津徒駭總難分。斜連瀛鄚白溝遥，瀁漭誰知宋與遼。渡海猶非出疆使，區區塘濼笑前朝。

塘濼二禽括《容齋隨筆》語，不外增他字。

瀛莫二州塘濼上，有禽二種生其中。其一類鵠一類鶩，二禽稟賦殊不同。鵠色正蒼喙長咫，凝立水際不移趾。魚過其下乃取之，終日無魚亦如此。是名信天緣，其性何恬然。鶩乃奔走水上逈不停，泥沙腐草啄啄不少休。名曰漫畫乃真漫，十畫九空徒自亂。信天緣若無能極，乃與漫畫均度日，反加壯大無飢色。

七夕口外作。

行雲細卷碧空流，習習微涼灩灩秋。未到黄昏眉月露，忽成清淺絳河收。人間此會稀逢巧，天上今宵肯寄愁。下界蘽砧無此遠，一時都倚望星樓。

後出塞五首

萬里越疆使，三載違天顔。復命又及暑，仍走離宫山。秋風已轉候，秋熱殊未闌。摺軸戒前輸，短後扳輕鞍。促騎國北門，摇鞭指白檀。依然去時路，我行歲月寬。餘生重謁帝，不覺涕汍瀾。

燕障一角回，斜抱密雲縣。白河繞城濠，遥望如匹練。新甃及時畢，樓雉壯畿甸。築此三年壘，沙礫經杵遍。當時黔皙歌，杵歇人亦散。疲役又獨來，巡堞忽三歎。

縛木渡灤水，遞頓連五城。紆迴興州坂，提轡升天行。榛苞路旁坼，沙蟲蘆中鳴。穗高没駝封，梨大侈瓜罌。近天雨露低，塞秋物早成。温泉滋苑草，悠悠海上萍。

塞外有奇木，熤熤生夜光。海中有陰火，灼灼隨波揚。重晦積幽焰，極異皆至常。伯益《山海經》，靈怪羅四荒。我親赴沃焦，戴日升扶桑。一照六合内，聖化皆光昌。

皇靈暢瀛極，日出靡弗同。厥異惟土俗，一一周諮通。山川草木狀，備列圖經中。齎來松漠表，獻入甘泉宫。身侍玉案側，手畫滄溟東。坐觀甌海外，毫末歸重瞳。

九月朔敕賜琉球宴金謝恩恭紀

賢王侑幣手封題，蛟窟神工鑄褭蹏。宴後兼金仍繼餽，使還異數許重齎。開緘色欲迷宫闕，惠下恩殊却象犀。康熙五年免其貢馬及貢非土物十餘種。慚愧微勞叨遠物，刻銘世寶自東鯷。

送琉球謝封使紫金大夫程順則歸國十首

君是中山第一流，銜書重上帝王州。瓊河一棹燕京路，重數山川總舊遊。大夫先充貢使來京。

由來東國解聲詩，肯讓朝鮮絶妙詞？一卷《燕遊》增後集，星槎收盡域中奇。大夫先有《燕遊集》。

雪霽胥江捲凍雲，寒原荒草指孤墳。殊鄉上冢無前事，光賁重泉只見君。大夫尊人以貢使道卒，賜葬胥江塘内，今再至展墓。

鹿毛秃硯富如材，東望滄溟雅化深。學校振興官制備，數篇著作史家心。大夫有學記、官表等著作。

歸指滄溟東復東，毫鼇千里在盤中。好乘六月南薰便，認取東南針上風。國在正東，用卯針每患船下落北，余爲訂正，當參用辰巽針。

二至靈風送海門，神庥此日荷新恩。怡山院裏春秋祭，盛典頒行久米村。新允春秋二祭，怡山院行禮，久米村有兩天妃宫。

卅載英才作國賓，代將寸牘上楓宸。觀光天上成材易，好遣家駒步後塵。新允遣官生入國學讀書。

陽月猶覊歸客船，鴻臚宣賜捧新編。煌煌正朔頒東海，寶曆初周六十年。十月朔，貢使受新曆歸國。

風度翛然岸紫巾，闕門捧幣受恩頻。禮成重上容臺宴，十五年前舊使臣。

半年攬盡海東奇，五嶽新圖盡在茲。琉球有五嶽。山北山南遊屐伴，憑君萬里寄相思。

送官生鄭秉哲鄭謙隨貢舶歸國

康熙五十九年庚子，代請官生太學讀書，許之。六十年國王遣官生四人來，舶敗俱死海中。六十一年壬寅，復遣官生四人來，路卒一人，入監者二人。雍正三年肄業，五年學成歸國。

三載成均學已成，歸槎還指日邊行。宮墻天上窺弘麗，風教寰中共聖明。水驛過吴逢舊使，雲帆跨海話前程。重溟祇隔經年別，遲爾來秋貢玉京。時葆光在籍。

太學高才數鄭虔，況逢二妙總翩翩。觀光喜睹重華日，陪位曾親釋奠年。乙巳春釋奠，葆光分獻，官生俱陪祭。銀綺每從天上賜，文章今向海東傳。憑君寄問堂前樹，枝接扶桑詎偶然。使館敷命堂前光手種榕樹四株。

詞附

玉漏遲自鳴鐘

左旋三百六，彈丸内，度數何曾少。櫜籥沉沉，只在掌中輕報。番字六時環列，寸杓指，不差芬杪。休道小，僬僥國裏，渾天儀表。坐看孤舶東西磨，盤轉雙丸，應時昬曉。九道誰分，斡動懸空機巧。四望無邊，海屋是何處，添籌聲杳。愁不了，茫茫箇中人老。

應天長千里鏡

滄波天外，遠人極目，茫茫寸圍千里。毫末呈形，一鏡攝來眼底。問通中赤瑄，着幾節玻璃如紙。四照處，洞徹裨瀛，不留纖翳。恨煞東流水，每劃斷蓬洲，望洋無際。方丈何遥，試向管中微睇。黄金銀宫闕，隔一膜、分明如咫。笑往日，徐市求仙，不曾攜此。

一寸金針盤

三寸羅經，一綫中央準天半。把東西南朔，平分兩戒；艮坤乾巽，斜交四面。海道誰能算。捩柁正、一針歸線。始知是、戀北心堅，活潑回旋終不變。鐵性北向，其尾指南。自歎浮踪，風萍浪梗，四顧皆無岸。每曉迎朱旭，桑津莫問；夜看銀漢，斗杓難貫。認定盤心路，波濤裏、萬金不換。須防他、千里毫釐，指掌環瀛徧。

望海潮 沙漏

冰壺長項，一雙顛倒，兩頭空腹如瓜。暗漏無聲，中通一線，玲瓏徐過輕沙。沙盡不須加。看恒河影轉，倒逐羲車。廿四輪番，六時分晝夜無差。行行海國程賒，聽蛟宮鐘杳，鼉鼓誰撾。香篆風銷，魚燈雨暗，候更人擁枯查。炷香候更，燥濕不能刻定遲速。糁玉細如麻。覷兩瓶起落，掣電奔蛇。小小壺天，包藏却歷刦年華。

滿庭芳 龍涎香

冰腦難收，麝臍易散，海南客貢奇方。驪龍窟裏，有沫可留香。日暖垂髯癡睡，誰偷得、頷下珠旁。刀圭劑，海沉蘇合，百和去呼萬金良。雲翔，銀葉上，蟠螭噓氣，星火中藏。如得水潛虬，一勺飛揚。舶上曾經悵望，腥渦卷、糁碧金黃。暑月舶行，見海面龍涎橫亘碧瀾，正如泥金色。仙洲畔，鮫人慣採，一笑解羅囊。

念奴嬌 鹿毛筆

一枝蘆管，比中華舊樣，短來盈寸。海外蒙恬新製巧，攟取斑龍圓印。茸長豪輕，麈揮潁脱，突過中山毚。筆談外乘，大小毛君休論。　箇箇黄白匀齊，想懷瓊素質，千年將近。樂性深山同霧伏，養就文章誰問。偶謂中書，鼠鬚承乏，翦束寧辭困。願修仙籙，盡心老禿無恨。

後庭宴 寄生螺

小小螺房，寄居介族。一螯拒户身蜷局，横行無着。借空廬，雖稱擁劒非蠻觸。　看他堅閉深藏，郭索暫時跧伏。火攻幸免，又羨金爲屋。以火炙螺殼，蟲乃出走。或云以金爲螺房，又遷居之。莫道客無腸，躁心常不足。

鵲踏花翻 板舞

一板横蹻，兩頭起落，雙雙瞥見飛仙駕。翩反如燕身輕，借勢低昂，春風攧袖争高下。一邊乍踏鵲翻枝，一邊已打烏飛柘。　那霸，淤海村名，使館所在。正月彩虹齊跨，驚鴻不着鞦韆架。掀動六尺輕槎，縱然平地，歸客猶驚詫。羡他纖趾會騰空，凌波可學真無價。

望江南 波上箏席

江南客，忽作海南行。眼界寬來天亦小，一遊波上一心驚。何物斷愁生。

中山客，爲我拍瑶箏。義甲輕攏斜柱促，十三小鴈一齊鳴。哀怨不堪聽。

逃禪客，笑我太多情。紅裏琵琶喧醉舞，嘈嘈切切一般聲。何似海潮音。

題舶中集後

望海潮有序

杜詔

比予方袁次數年來紀遊之作，適徐編修澂齋以《奉使琉球詩》三卷屬余爲序，余不禁爲之慨然。予與澂齋同被聖祖恩遇，澂齋以殿試第三人，十年禁近，尋奉命册封琉球，乘長風破萬里浪，爲朝廷宣播德音，以光海邦，用昭國典。而舶行過盧，出入内外洋，周覽三十六島，海之百靈秘怪，恍惚畢見，爲極天下奇觀。如卷中《封舟行》已下諸詩，妙極奇致。以予戢景蓬居，既無尺寸之效以報主恩於萬一，而局於區區方隅之見，即間一出遊，涉江淮，渡河洛，逾涇渭，浮漢沔，由浙西而抵甬東，弭櫂海濱，獨未浮查海上。昨歲以修志之役客山左，冀一觀蓬萊海市，卒亦不果。故凡紀遊之作，都無奇絶處。讀澂齋詩，實不勝望洋之歎，因賦此詞。

蓬山緜邈，蓬居蕭索，多年落拓狂遊。煙雨一蓑，煙波一笠，飄然一葉扁舟。身世等浮漚。盻玉堂天上，簪筆螭頭。好賦皇華，九霄銜命册琉球。　乘風破浪中流，儘天空海闊，萬象都收。雲合四圍，霞生五色，詩傳絶島遐陬。而我苦淹留。渺石華帆底，欲采無由。哭向蒼梧，淚盡空自夢瀛洲。

附 文

書手摹石臺孝經後贈中山王

孝爲百行之原，《孝經》爲六經之要，無貴賤古今一也。自古帝王由此則治，反此則亂，列於典籍者班班具在也。子曰我行在《孝經》，於弟子中詔參加詳，蓋道統係之矣。秦火虐燄，不及簡壁，發之魯共，藏之河間，孔安國以隸古定寫之，迨至漢武之世，其文則著。由兹以降，韋昭、王肅諸家皆有訓詁，至唐明皇乃集定諸注，手書八分，建碑石臺，至今巍如也。我皇上以身盡孝，由此以治天下者垂六十年於兹，古今經籍靡不窺究，而於《孝經》尤三致意焉。既命集爲《衍義》，朝夕觀覽，又御書於石，以示臣下，四海萬姓仰如日星，蓋未嘗不一日心在此經也。中山世封，無間内外，聖道日東，六藉咸備矣，而於《孝經》尤重。王化之遠布，海邦之圖治，皆於是可覘已。及奉命來册封，例先蠲吉諭祭於先王。既及境，王猶稱世子，守次不郊勞，其循禮也如此。迨祭日，世子素服戚容，升降俯仰，威儀卒度，遠人來觀，可謂曰孝。既受封後，詢其土俗，觀其政令，條理井然，有駸駸日向内治之勢。王年雖少，知其能纘承先服，推此於國，心甚嘉之。古人出使，賦詩贈言，以相親厚，禮也。同使之臣既斐乎其有作矣，余忝介列，詞又無文，伏思我皇孝治，此邦共守，百家奧説，義總在經，篋中適有石臺八分墨搨，遂摹一通，爲屏幛以奉王左右朝夕觀覽，以守至治，此使臣之志也。抑尤有進者。經文著於孝武，其享國也五十餘年；經義備於明皇，其享國也亦五十餘年。三代以下，國祚久長無踰此兩君者。今我皇上萬年永定，古今莫並，六十年來，化日初長，四海仁壽，上下安樂者，亦此經之助居多。王富於春秋，尚其實此，仰法皇帝懋勤典學，躬行以曁百姓，海隅日出，罔不率俾，國祚其有涯乎？此尤使臣之所拜手以祝者也。康熙五十八年己亥八月，書於使院之停雲樓。

琉球學碑銘

中國無孔子廟，皆學也。自京師至於十四直省府州縣，無慮數千百，靡不設學。學之中闢堂寢以釋奠於先師，歲再舉，著不忘其自，正所以爲學也。若徒廟祀孔子，與浮屠氏之宫何以異？且聖德侔天，戔戔牲豆，曷克報稱，而以廟爲？中山之祀孔子也，五十餘年矣。其未立廟也，人之謂中山云何及，廟既立，人之稱中山者又云何賢主之世世嚮化，與其賢公卿都人士之遵王路而道日新也，皆於是可覘已。余方奉使時，檢前使刻録，讀汪、林兩使臣《中山孔廟記》，知其興起也有端。及來是邦，封禮未行，先拜廟廷，楹廡秩如，堂序皇如，俯仰之間，又肅焉而生敬矣。大夫程君順則有碑記建廟顛末，實成於康熙三十三年甲寅之歲，時尚未有明倫堂也。今觀其廟之左方有室新建，堂構維傑，上奉啓聖公及四配神主，室廡兩行設學教授，歲立講解、訓詁師三員，維其人豐廩餼，尊體貌，而以通事、秀才之雋者若而人皆從業焉。月有講，歲有考，六經之文與上諭十六條等書，凡有裨於行誼者皆箋刻而講明之，彬彬乎其日懋，則斯堂之爲之也。八月上丁釋奠之辰，公卿人士咸執帛爵，舉國忻忻，以就典禮，齋宿維三，鼎俎有實，品列上下，有度有文，遠人環觀者皆翕然稱之。大夫又以啓聖祠、明倫堂、儒學三大牓來乞書，余矍然知中山之能尊我夫子也。《閟宫》之詩云：「新廟奕奕，奚斯所作。孔曼且碩，萬民是若。」大夫啓請踵廟成學，以教其民，其自今日進於治歟？夫中國皆由學而有廟，今中山則由廟而有學，登闕里之堂而觀其車服禮器之維一，又何先而何後歟？海隅出日，罔不率俾，堂哉皇哉，殆不越乎學之一言而已。爰拜手而爲之銘曰：

水東流兮歸大荒，中有國兮鄰扶桑。歲職貢兮戴我皇，就日月兮聖道大光。廟貌兮有赫有奕，拜祀兮祝詞重譯。魚爲牲兮蠡爲脯，物從土兮禮則古。弦誦兮兩廡，顒顒海中兮鄒魯。六學昌兮毋忘厥祖，士由世選兮爾藩爾輔。其永永獻琛於壽考兮，來賓旅。

遊山南記

那霸江以南，皆故時山南王地也。自迎恩亭渡，沿江有村曰垣花。左帶南砲臺抵海，右翼小禄，迤連豐見城，村中米廪數區，屋茅蔭樹，一徑南出，道儀見山，高不數仞，可騎而越也。己亥十一月二十一日，偕紫金大夫蔡温、都通事紅士顯，從客翁長祚、黄士龍、吴份、弟尊光等上下騎從百餘人，渡江截山而南。微風從西北來，吹衣不冽。取道田畔，其溝淖處水陷馬足，緑秧初蒔，氣候如中國二月時。南踰坡嶺，三四牧牛曝岡上。徑淖田，循海南爲大嶺邨，灌棘環密，漁户數十家。村盡有泉，西流入海。山石岌巇怪特，佇馬久之。是時午潮漸起瀰漫，遥見海中横嶺鬱然，大夫指曰：「此砂嶽也。」其下砂川三十里，皆細沙，潮至成川，水石粼粼，螺蛤可數。没馬足半尺許，馬性狎水争馳，飛流濺瀑，前後相蹴，如行細雨中。遥見嶽下數馬蹀躞，踏潮往來，如海面上行，乃主人遣爲置頓張幄吏也。既至嶽下，山頂蕉樹攢翠無間罅，下皆巨石撐牙，石根穿漏，如可動摇。時日正午，乍昬，雨驟至，人騎百餘避石下無沾濡者。飯畢，復騎而南。潮益深，馬行益疾，過潮平、志茂田等邨。又二十里，至一邨，曰絲滿，墟前數十家面海，石益奇。以楂渡馬，讌白金巖下。巖高十餘丈，一面砥平如削，古樹蔭翳，石洞蔽虧。邨男女皆隱身石罅中，戢戢窺客。大夫請聯句，題石厓上。日下舂，復騎至高嶺，山南王故城也，曰大里城。故壘如疊髗，中空荒蔓無殿宇。道旁民家豕牢石多文城，或刻螭虎形。摺而西行，譯者曰：「此國吉山也。」下嶺有泉渟瀠，曰惠泉。歇亭掬飲清甘。俄至大里橋，此山南外城濠也。大夫曰尚巴思襲山南時燬之，今以木梁之，磵聲淙淙。時已昬，大夫預檄諸邨民遞燃巨葦數十，導行谿谷中，崎嶔下上，不辨厓術。由真玉橋、和久田、泉碕橋歸館，夜漏三鼓矣。是遊也，去涉海，歸度嶺，往來六十里。譯者曰中國人嚮無問塗者，兹行殆鑿空云。

跋

澂齋徐先生以康熙戊戌夏奉使海外册琉球封，於役三年，至庚子秋使還，往來得詩如干首，分三卷。先自京赴熱河行宫請訓，及出都過家上太夫人七十壽，又自家達閩，塗中之作，爲《船前集》。中自登封舟海行，至其國記事遊覽之作爲《船中集》。末自琉球回閩，抵京赴熱河復命，爲《船後集》。其詞與文之有關聲教紀述者，附於卷尾。吾家方伯舟次公康熙癸亥由翰林檢討充使琉球，一時名人如阮亭、愚山、竹垞、家堯峰諸公皆有詩序贈行，方伯公歸，亦刻有使録及《中山沿革志》。然棟聞方伯公在琉球，有《球陽竹枝詞》百首，述其土風海物甚備，至詩歌亦篇帙繁富，惜未經刊刻，鈔本流傳四五十年之間，片詞餘韻，僅在人口，使後來者無所據依考同異，證誣信，以訂疑增闕，究其所歸，非徒一人之篇翰零落已也。今先生有《中山傳信録》及諸名公贈行詩文，皆成帙行世，而詩集久未示人。昨年秋，棟從輦下行笈中請而讀之，使事始末，海程遲速，行人典禮，屬國風物，皆歷歷如繪。倘剞劂不時，復如吾家方伯公之《海東唫藁》僅留家篋而外間搜採或致有缺也，因力爲聳涌，攜歸開雕，與其刻録者並行，使後觀風殊域者皆得攬窺焉。至於使職之重，詩筆之工，有雲川、客山兩先生序在，不復贅。

雍正十一年秋八月，新安後學汪棟謹識。

附録

海舶三集序

劉大櫆

乘五板之船浮於江淮，滃然雲興，勃然風起，驚濤生，巨浪作，舟人僕夫，失色相向，以爲將有傾覆之憂，沉淪之慘也。又況海水之所汩没，渺爾無垠，天吴睒睗，魚黿撞衝，人於其中，萍飄蓬轉，一任其挂罥奔馳，曾不能以自主，故往往魄動神喪，不待檣摧櫓摺，而夢寐爲之不寧。顧乃俯仰自如，吟詠自適，馳想於沆瀣之虚，寄情於霞虹之表，翩然而藻思翔，蔚然而鴻章著，振開寶之餘風，髣髴乎杜甫、高、岑之什，此所謂神勇者矣。余謂不然。人臣懸君父之命於心，大如日輪，響如霆轟，則其於外物也，視之而不見其形，聽之而不聞其聲，彼其視海水之蕩潏如重茵莞席之安，視崇島之崕峴當前如翠屏之列、几硯之陳，視百靈怪物之出没而沈浮，如佳花美竹、奇石之星羅於苑囿，歌聲出金石，若夫風潮澎湃之音，彼固有不及知者，而又何震慴恐懼之有？

翰林徐君亮直先生，以康熙某年之月日奉使琉球，歲且及周，歌詩且千百首，名之曰「海舶三集」，海内之薦紳大夫莫不聞而知之矣。後二十餘年，先生既歸老於家，乃命大櫆爲之序。

（清敦本堂刊《海峰文集》卷四）

題徐澂齋前輩奉使琉球詩集

彭啓豐

微茫四海大九州，三十六島環琉球。指南有路重洋修，偉哉汗漫稱壯遊。皇皇寵命頒瀛洲，虹霓影射黄龍舟。靈風應候翻旗斿，鳴笳吹角喧中流。歸墟渺渺天吴愁，牙檣衝動海市樓。日輪燒浪三更幽，矗山魚背沈且浮。百靈恍惚騰深湫，咫尺性命輕浮漚，溟程不與江湖侔。使臣雅望實寡儔，坐看照燭然犀牛。蜺旌前導擁鳴騶，璽書下賁光千秋。五牢三積兼新蒭，禮成拜送歸帆遒。筆端文采何斑彪，如從貝闕攜珠璆。墨華飛浪散不收，蓬萊館裏韻事留，球陽樂府傳笠篌。當年歸舶停虎邱，傾城歎羡瞻星郵。中山傳信紀載裒，光氣上燭斗與牛。願書萬本宣遐陬，鯤鵬擊水壯志優。何時乘槎豁雙眸，鷗波萬里同優游。

（清同治刊《芝庭先生詩文集》卷一）